U1015906

王逢振　主编

詹姆逊作品系列

文化研究和政治意识

[美]弗雷德里克·詹姆逊（Fredric Jameson）著

蔡新乐　等 译

Fredric R Jameson

中国人民大学出版社

·北京·

总　序

众所周知，弗雷德里克·詹姆逊（Fredric Jameson，1934—　）是当代著名的思想家和批评家，也是公认的、仍然活跃在西方学界的马克思主义者。其作品已经被翻译成十多种文字，产生了广泛的影响。因此，在"詹姆逊作品系列"出版之际，对詹姆逊及其作品做一简要介绍，不仅必要，而且也不乏现实意义。

一、弗雷德里克·詹姆逊其人

20 多年前，我写过弗雷德里克·詹姆逊，当时心里主要是敬佩；今天再写，这种心情仍在，且增添了深厚的友情。自从 1983 年 2 月与他相识，至今已经 35 年多，这中间交往不仅没有中断，而且日益密切，彼此在各方面有了更多的了解，因此我称他为老友。他也把我作为老朋友，对我非常随便。例如，2000 年 5 月，他和我同时参加卡尔加里大学的一个小型专题研讨会，会后帕米拉·麦考勒姆（Pamela Macdlum）教授和谢少波带我们去班夫国家公园游览，途中他的香烟没有了（当时他还抽烟），不问我一声，便从我的口袋里掏出我的烟抽起来。此事被帕米拉·麦考勒姆和谢少波看在眼里，他们有些惊讶地说："看来你们的关系真不一般，这种事在北美是难以想象的。"

其实，我和他说来也是缘分。1982 年秋季我到加州大学洛杉矶分校作访问学者，正好 1983 年 2 月詹姆逊应邀到那里讲学，大概因为他是马克思主义批评家，想了解中国，便主动与我联系，通过该校的罗伯特·马尼吉斯教授约我一起吃饭，并送给我他的两本书：《马克思主义与形式》（*Marxism and Form*，1970）和《政治无意识》（*The Political Unconscious*：*Narrative as a Socially Symbolic Act*，1981），还邀请我春天到他当时任教的加州大学圣克鲁兹分校访问。

说实在的，他送的那两本书我当时读不懂，只好硬着头皮读。我想，读了，总会知道一点，交流起来也有话说，读不懂的地方还可以问。4月，我应邀去了圣克鲁兹。我对他说，有些东西读不懂。他表示理解，并耐心地向我解释。我们在一起待了一个星期，我住在他家里，并通过他的安排，会见了著名学者海登·怀特和诺曼·布朗等人，还做了两次演讲——当时我在《世界文学》编辑部工作，主要是介绍中国翻译外国文学的情况。

1983年夏天，我们一起参加了在伊利诺伊大学厄本那-香槟分校召开的"对马克思主义和文化的重新阐释"的国际会议。正是在这次会议上，我认识了一些著名学者，如佩里·安德森（Perry Anderson，英）、G. 佩特洛维奇（G. Petrovic，南斯拉夫）、亨利·列斐伏尔（Henri Lefebvre，法）和弗朗哥·莫雷蒂（Franco Moretti，意）等人（我在会议上的发言与他们的发言后来一起被收入了《马克思主义和文化阐释》[*Marxism and the Interpretation of Culture*] 一书）。此后，1985年，我通过当时在北京大学国政系工作的校友龚文庠（后任北京大学传播学院副院长）的帮助和安排，由北京大学邀请詹姆逊做了颇有影响的关于后现代文化的系列演讲。詹姆逊在北京四个月期间，常到我家做客。后来我到杜克大学访问，也住在他家里。

詹姆逊生于美国的克里夫兰，家境比较富裕，自幼受到良好的教育，幼年还学过钢琴，对音乐颇有悟性。他聪明好学，博闻强记，20岁（1954年）在哈弗福德学院获学士学位，22岁

(1956年)获耶鲁大学硕士学位，接着在著名理论家埃里希·奥尔巴赫的指导下，于25岁(1959年)获耶鲁大学法国文学和比较文学博士学位；其间获富布赖特基金资助在德国留学一年(1956—1957年)，先后就读于慕尼黑大学和柏林大学。1959年至1967年在哈佛大学任教，1967年到新建的加州大学圣地亚哥分校任教，在那里，他遇到了一度是法兰克福学派的重要人物和激进学生领袖的赫伯特·马尔库塞。此后，从1976年到1983年，他任耶鲁大学法文系教授，1983年转至加州大学圣克鲁兹分校。1985年夏天，杜克大学为了充实和发展批评理论，高薪聘请他任该校讲座教授，专门为他设立了文学系(Graduate Program in Literature)，由他当系主任，并决定该系只招收博士研究生，以区别于英文系。记得当时还聘请了斯坦利·菲什(Stanley Fish)、简·汤姆金斯(Jane Tomkins)，以及年轻有为的弗兰克·兰垂契亚(Frank Lentricchia)和乔纳森·阿拉克(Jonathan Arac，后来没去)。从那时至今，他一直在杜克大学，2003年辞去系主任职务，不过仍担任批评理论研究所所长和人文学科教授委员会主任。2014年才辞去所有职务。

1985年他刚到杜克大学时，该校给了他一些特殊待遇。正是这些特殊待遇，使他得以在1985年秋到中国讲学一个学期(他的系列演讲即后来国内出版的《后现代主义和文化》)，并从中国招收了两名博士研究生：唐小兵和李黎。唐小兵现在是南加州大学教授，李黎是中美文化交流基金会董事长。由于詹姆逊对中国情有独钟，后来又从中国招收过三名博士研究生，并给予全额奖学金，他们分别是张旭东、王一蔓和蒋洪生。张旭东现在已是纽约大学教授，蒋洪生任教于北京大学中文系。

虽然詹姆逊出身于富裕之家，但因为马克思主义的影响，生活上并不讲究。也许是为了有更多的时间读书，他几乎从不注意衣着，在我与他的交往中，只见他打过一次旧的、过时的领带。他总是随身带着一个小本子，每当谈话中涉及他感兴趣的问题，他就会随手记下来，过后再进行思考——这也许是值得我们学习的方法。在我看来，他除了读书写作和关注社会之外，几乎没有什么业余爱好——当然，他喜欢喝酒，也会关注某些体育比赛（我记得他很关注世界杯足球赛的结果）。他并不像某些人讲的那样，旅行讲学必须住五星级宾馆，至少我知道他来中国旅行讲学时，大多住在学校的招待所里。1985 年他第一次来中国时，当时交通条件还不像现在这么便利舒适，我和他曾一起坐过没有空调的硬卧火车，在小饭馆里喝过二锅头。他与许多衣着讲究的教授形成鲜明的对照。可能由于他住在乡间的房子里，加上不注意衣着，张旭东在杜克大学读书时，他的儿子曾把詹姆逊称作“农民伯伯”。詹姆逊妻子苏珊也是杜克大学教授，是个典型的环保主义者，自己养了许多鸡，还养羊（当然詹姆逊有时也得帮忙），鸡蛋和羊奶吃不完就送给学生。因此，在不甚确切的意义上，有人说詹姆逊的生活也体现了他的马克思主义情怀。

二、詹姆逊的学术成就

到 20 世纪 70 年代中期，詹姆逊已被公认是最重要的马克思主义批评理论家。但直到《政治无意识》出版之后，他的独创性才清晰地显现出来。他在该书的一开始就鲜明地提出自己的主张：“总是要历史化!”并以此为根据，开始了对他称之为“元评论”的方法论的探讨，对于长期存在的美学和社会历史的关系问题，从理论上给出了一种自己的回答。与传统的历史批评形式相对，詹姆逊不仅把文化文本置于它们与历史语境的直接关系之中，而且从解释学的角度对它们进行探讨，探讨解释的策略如何影响我们对个体文本的理解。但与其他现代解释理论不同（例如罗伯特·姚斯［H. R. Jauss］的接受理论），詹姆逊强调其目标是一种马克思主义的意识形态分析，并认为马克思主义包含所有其他的解释策略，而其他的解释策略都是片面的。

《政治无意识》奠定了詹姆逊在学术界的地位。有人说，詹姆逊是“第二次世界大战以来美国最重要的马克思主义文学批评家。只有英国的雷蒙德·威廉斯写出过和他同样重要的作品”[①]。“詹姆逊是当前文坛上最富挑战性的美国马克思主义思想家。他对法兰克福学派主要人物的解释，他对俄国形式主义、法国结构主义、后结构主义的解释，以及他对卢卡奇、萨特、阿尔都塞、马克斯·韦伯和路易斯·马丁的解释，都对 20 世纪马克思主义和欧洲思想历史做出了重大贡献。詹姆逊对小说发展的论述，对超现实主义运动的论述，对巴尔扎克、普鲁斯特、阿尔桑德洛·曼佐尼（Alessandro Manzon）和阿兰·罗伯-格里耶（Alain Robbe-Grillet）这些欧洲作家的论述，以及他对包括海明威、肯尼思·勃克（Kenneth Burke）和厄休拉·勒奎恩（Ursula Le Guin）在内的各类美国作家的论述，构成了强有力的政治的理解。”[②] “詹姆逊是当前杰出的马克思主义批评家，很可能是我们这个时代最重要的以社会历史为导向的批评家……他的《政治无意识》是一部重要著作，不仅文学家要读，历史学家、社会学家以及哲学家都应该读它。”[③] “在大量的批评看法当中，詹姆逊坚持自己的观点，写出了最动人的谐谑曲式的著作。”[④]

---

① *Contemporary Literary Criticism* (University of Oklahoma Press, 1986), p. 111.

② *Postmodernism and Politics* (University of Minnesota Press, 1986), p. 123.

③ Hayden White 写的短评，见 *The Political Unconscious* (Cornell University Press, 1981) 封底。

④ *New Orleans Review* (Spring, 1984), p. 66.

詹姆逊的理论和学术贡献是多方面的。就文学批评而言，主要表现在历史主义和辩证法方面。他是一个卢卡奇式的马克思主义者，但超越了卢卡奇的怀旧历史主义和高雅人道主义。他所关心的是，在后结构主义对唯我论的笛卡尔主义、超验的康德主义、目的论的黑格尔主义、原始的马克思主义和复归的人道主义进行深刻的解构之后，人们如何严肃地对待历史、阶级斗争和资本主义非人化的问题，也就是说，“面对讽刺的无能，怀疑的瘫痪，人们如何生活和行动的问题”①。詹姆逊认为非常迫切的问题是：对“总体化”（totalization）进行马克思主义的探讨，包括与之相关的整体性的概念、媒体、历史叙事、部分与整体的关系、本质与表面的区分、主体与客体的对立等等，是不是要预先构想一种理想的哲学形式？是否这种形式必然是无视差别、发展、传播和变异的某种神秘化的后果？他大胆而认真地探讨这些问题，但他尽量避免唯心主义的设想，排除神秘化的后果。

在詹姆逊的第一部作品《萨特：一种风格的始源》（*Sartre: The Origins of a Style*，1961）里，他分析了萨特的文学理论和创作。该著作原是他在耶鲁大学的博士论文，由于受他的导师埃里希·奥尔巴赫以及与列奥·斯皮泽相关的文体学的影响，作品集中论述了萨特的风格、叙事结构、价值和世界观。这部著作虽然缺少他后来作品中那种典型的马克思主义范畴和政治理解，但由于20世纪50年代刻板的因循守旧语境和陈腐的商业社会传统，其主题萨特和复杂难懂的文学理论写作风格（那种以长句子著称的风格已经出现），却可以视为詹姆逊反对当时的守旧思潮，力图使自己成为一个批判型的知识分子。如果考察一下他当时的作品，联想当时的社会环境，人们不难看出他那时就已经在反对文学常

① *Postmodernism and Politics*, p. 124.

规，反对居支配地位的文学批评模式。可以说，詹姆逊的所有作品构成了他对文学批评中的霸权形式和思想统治模式的干预。

20 世纪 60 年代，受到新左派运动和反战运动的影响，詹姆逊集中研究马克思主义，出版了《马克思主义与形式》，介绍新马克思主义文学理论的辩证传统。自从在《语言的牢笼》（*The Prison-House of Language*，1972）里对结构主义进行阐述和批判以后，詹姆逊集中精力发展他自己的文学和文化理论，先后出版了《侵略的寓言：温德姆·路易斯，作为法西斯主义的现代主义者》（*Fables of Aggression*：*Wyndham Lewis*，*the Modernist as Fascist*，1979）、《政治无意识》和《后现代主义，或晚期资本主义的文化逻辑》（*Postmodernism*，*or*，*the Cultural Logic of Late Capitalism*，1991），同时出版了两卷本的论文集《理论的意识形态》（*The Ideologies of Theory*，第一卷副标题为“理论的境遇”，第二卷副标题为“历史的句法”，两卷均于 1988 年出版）。随着文化研究的发展，他还出版了《可见的签名》（*Signatures of the Visible*，1991）和《地缘政治美学》（*The Geopolitical Aesthetic*，1992），收集了他研究电影和视觉文化的文章。此后他出版了《时间的种子》（*The Seeds of Time*，1994）和《文化转向》（*The Cultural Turn*，1998）两部论述后现代主义的著作。这期间，他仍然继续研究和阐释马克思主义理论和马克思主义美学，出版了《晚期马克思主义》（*Late Marxism*，1990）、《布莱希特与方法》（*Brecht and Method*，2000）和《单一的现代性》（*A Singular Modernity*，2003）。最近一个时期，他从乌托邦的角度探索文化的干预功能，出版了《未来的考古学》（*Archaeologies of the Future*，2005）。

在詹姆逊的作品里，除了《萨特：一种风格的始源》一书之外，他一直坚持两分法或辩证法的解释方法。应该说，他的著作具有明显的连续性。人们不难发现，从 20 世纪 70 年代初到 80 年代后期，随便他的哪一篇文章或哪一本书，在风格、政治和关注的问题方面，都存在着某种明显的相似性。实际上，今天阅读他的《理论的意识形态》里的文章，仍然会觉得这些文章像昨天刚写的一样。然而，正如詹姆逊在论文集的前言里所说，在他的著作里，重点已经发生了根本变化："从经转到了纬：从对文本的多维度和多层面的兴趣，转到了只是适当地可读（或可写）的叙事的多重交织状况；从解释的问题转到了编史问题；从谈论句子的努力转到（同样不可能的）谈论生产方式的努力。"换句话说，詹姆逊把聚焦点从强调文本的多维度，如它的意识形态、精神分析、形式、神话-象征的层面（这些需要复杂的、多种方式的阅读实践），转向强调如何把文本纳入历史序列，以及历史如何进入文本并促使文本的构成。但这种重点的转变同样也表明詹姆逊著作的连续性，因为从 20 世纪 60 年代后期到 90 年代，他一直优先考虑文本的历史维度和政治解读，从而使他的批评实践进入历史的竞技场，把批评话语从学院的象牙塔和语言的牢笼里解放出来，转移到以历史为标志的那些领域的变化。

因此，人们认为詹姆逊的作品具有一种开放的总体性，是一种相对统一的理论构架，其中不同的文本构成他的整体的组成部分。从结构主义到后结构主义，从精神分析到后现代主义，许多不同的观点都被他挪用到自己的理论当中，通过消化融合，形成他独创性的马克思主义文学理论和文化理论。马克思主义一直是詹姆逊著作的主线，以马克思主义为主导，他利用对意识形态和乌托邦的双重阐释，对文化文本中意识形态的构成因素进行分析和批判，并指出它们的乌托邦内涵，这使他不仅对现行社会进行批评，而且展现对一个更美好的世界的看法。可以说，在马克思主义理论家恩斯特·布洛赫（Ernst Bloch）的影响下，詹姆逊发展了一种阐释的、乌托邦的马克思主义文化理论观。

詹姆逊早期的三部主要著作及其大部分文章，旨在发展一种反主流的文学批评，也就是反对当时仍然居统治地位的形式主义和保守的新批评模式，以及英美学术界的既定机制。20 世纪 60 年代末和 70 年代初，黑格尔式的马克思主义在欧洲和美国出现，《马克思主义与形式》可以说是对这一思想的介绍和阐释。在这部著作中，詹姆逊还提供了其他一些马克思主义者的基本观点，如阿多诺、本雅明、马尔库塞、布洛赫、卢卡奇和萨特等，并通过对他们的分析形成了自己的观点和立场。他偏爱卢卡奇的文学理论，但坚持自己独特的黑格尔式的马克思主义，并在他后来的作品里一直保持下来。

卢卡奇论现实主义和历史小说的著作，对詹姆逊观察文学和文学定位方面都产生了相当大的影响。但詹姆逊一直不赞同卢卡奇对现代主义的批判。不过，他挪用了卢卡奇的一些关键的概念范畴，例如物化，并以此来说明当代资本主义的文化命运。在詹姆逊的著作里，黑格尔式的马克思主义的标志包括：把文化文本置于历史语境，进行广义的历史断代，以及对黑格尔的范畴的运用。他的辩证批评主要是综合不同的立场、观点和方法，把它们融合成一种更全面的理论，例如在《语言的牢笼》里，他的理论融合了结构主义和符号学，以及俄国形式主义。在《政治无意识》里，他广泛汲取其他理论，如弗洛伊德的精神分析、拉康的心理学、德里达的解构主义、萨特的存在主义等等，把它们用于具体的解读，在解读中把文本与其历史和文化语境相联系，分析文本的“政治无意识”，描述文本的意识形态和乌托邦的时刻。

对詹姆逊来说，辩证的批评还包含这样的内容：在进行具体分析的同时，以反思或内省的方式分析范畴和方法。范畴连接历史内容，因此应该根据它产生的历史环境来解读。在进行特定的、具体的研究时，辩证批评应该考虑对范畴和过程的反思；应该考虑相关的历史观照，使研究的客体在其历史环境中语境化；应该考虑乌托邦的想象，把当前的现实与可能的选择替代相对照，从而在文学、哲学和其他文化文本中发现乌托邦的希望；还应该考虑总体化的综合，提供一种系统的文化研究的框架和一种历史的理论，使辩证批评可以运作。所有这些方面都贯穿着詹姆逊的作品，而总体化的因素随着他的批评理论的发展更加突出。

20 世纪 70 年代，詹姆逊发表了一系列的理论探索文章和许多文化研究的作品。这一时期，人们会发现他的研究兴趣非常广泛，而且因其理论功底具有相当的洞察力。他的研究范围包括科幻小说、电影、绘画、魔幻叙事和现实主义与现代主义文学，也包括马克思主义文化政治、帝国主义、巴勒斯坦民族解放问题、马克思主义的教学方法，以及如何使左派充满活力。这些文章有许多收入《理论的意识形态》里，因此这部论文集可以说是他在《政治无意识》里所形成的理论的实践。这些文章，以及《后现代主义，或晚期资本主义的文化逻辑》里的文章，可以联系起来阅读，它们是他的多层次理论的不可分割的部分，表明了文学形式的历史、主体性的方式和资本主义不同阶段的相互联系。

三、政治无意识

应该说，《政治无意识》是詹姆逊的最重要的作品。在这部著作里，詹姆逊认为，批评家若想解释文本的意义，就必须经历一系列不同的阶段，这些阶段体现在文本之中，通过系统地解码揭示出来。为了做到这点，他汲取 20 世纪各种理论资源，从诺斯罗普·弗莱（Northrop Frye）的四个解释层面到拉康的无意识理论，从俄国形式主义到后结构主义，从德里达的解构主义到阿尔都塞的意识形态论述，几乎无一不被加以创造性地利用。在他看来，马克思主义批评不是排他性的或分离主义的，而是包容性的和综合性的，它融合各种资源的精华，因此可以获得更大的“语义的丰富性”。批评家应该考察文本指涉的政治历史、社会历史（按照传统马克思主义也就是阶级斗争的历史）和生产方式的历史。但这些方式不是互相取代，而是互相交叠融合，达至更高层次的普适性和更深层次的历史因果关系。

詹姆逊一向注重对总体化的探讨，包括伴随它的总体性概念、媒介、叙事、部分和整体的关系、本质和表面的区分、主体与客体的对立等等。他认为，总体性是在对矛盾的各阶级和对抗的生产方式的综合的、连贯性的叙事中表现出来的，对这种总体性的观察构成现时“真正欲望的形象”，而这种欲望既能够也确实对现时进行否定。但这种概念的作用不同于后结构主义的欲望概念，它是一种自由意志的结构，而不是存在意志的结果。

詹姆逊对总体性的设想，在他对欲望、自由和叙事等概念之间的联系中，清晰地展现了出来。他在讨论安德烈·布勒东（André Breton）的《超现实主义宣言》（*Premier manifeste du surréalisme*）时写道：

> 如果说超现实主义认为，一个真实的情节，一个真实的叙事，代表了欲望本身的真正形象，这并不过分；这不仅按照弗洛伊德的看法纯心理的欲望本身是意识不到的，而且还因为在社会经济关系里，真正的欲望很可能融化或消失在形成市场体系的那种虚假满足的大网之中。在那种意义上说，欲望就是自由在新的商业语境中所采取的形式，除非我们以一般欲望的方式来考虑自由，我们甚至认识不到自己已经失去了自由。①

① *Marxism and Form* (Princeton University Press, 1970), pp. 100-101.

詹姆逊认为，当代批评的主要范畴不是认识论而是道德论。因此他不是构成某种抽象的存在，而是积极否定现时，并说明这种否定会导向一种自由的社会。例如，德里达虽然揭示了当代思想中的二元对立（如言语与写作，存在与虚无，等等），但他却没有注意善与恶这种类似的道德上的二元对立。对此詹姆逊写道：

> 从德里达回到尼采，就是要看到可能存在一种迥然不同的二元对立的解释，按照这种解释，它的肯定和否定的关系最终被思想吸收为一种善恶的区分。表示二元对立思想意识的不是形而上的玄学而是道德；如果我们不能理解为什么道德本身是思想的载体，是权力和控制结构的具体证明，那么我们就忘记了尼采思想的力量，就看不到关于道德的丑陋恶毒的东西。[①]

詹姆逊把西方哲学和批评从认识论和形而上学转向道德的这种观点，给人们留下了深刻的印象。他对欲望概念的政治化的阐述，在西方具有重要的意义，因而也比后结构主义的欲望概念更多地为人们接受。

大体上说，詹姆逊在《政治无意识》里所展现的理论思想有四个层次。第一，他坚持对各种事物的历史参照，比如人类的痛苦、人类所受的控制以及人类的斗争等；同时他也坚持对著作文本的参照，比如文本中充满对抗的历史语境，充满阶级和阶级矛盾的社会条件以及自相矛盾的思想意识的结构等。采用这种方式，他既接受后结构主义的反现实主义的论述，同时又否定其文本的唯心主义；他承认历史要通过语言和文本的解释进行思考，

---

① *The Political Unconscious*, p. 114.

但他仍然坚持历史的本体存在。第二，他坚持自己的解释规则，即资本主义社会物化过程的协调规则。这种协调采取谱系的结构形式，既不是遗传的连续性，也不是目的的一致性，而是一种“非共时性的发展”（nonsynchronous development）。按照这种观点，历史和文本可以看作一种共时性的统一，由结构上矛盾或变异的因素、原生的模式和语言等组成。因此詹姆逊可以把过去的某些方面看作现时物化因素的先决条件。第三，他坚持一种道德或精神的理解，遵循阿尔都塞的意识形态概念，认为再现的结构可以使个人主体想象他们所经历的那些与超个人现实的关系，例如人类的命运或者社会的结构等。第四，詹姆逊坚持对集体历史意义的政治理解，这一层次与第三个层次密不可分，主要论述超个人现实的特征，因为正是这种超个人的现实，把个人与某个阶级、集团或社会的命运联系在了一起。

实际上，《政治无意识》包含着他对文学方法的阐述，对文学形式历史的系统创见，以及对主体性的形式和方式的隐在历史的描述，跨越了整个文化和经验领域。詹姆逊大胆地建构他的马克思主义文学批评，他认为这是广阔的、最富包容性的理论框架，可以使他把各种不同的方法融入他自己的方法之中。他在从总体上考察了文学形式的发展历史之后，通过对意识形态和乌托邦的“双重阐释”（坚持乌托邦的同时对意识形态进行批判）的论述，确立了真正的马克思主义的解释方法。受卢卡奇启发，詹姆逊利用历史叙事说明文化文本何以包含着一种“政治无意识”，或被埋藏的叙事和社会经验，以及如何以复杂的文学阐释来说明它们。在《政治无意识》里，詹姆逊还明确谈到了资本主义初期资产阶级主体的构成，以及在当前资本主义社会里资产阶级主体的分裂。这种主体分裂的关键阶段，在他对吉辛、康拉德和温德姆·路易斯的作品的分析中得到了充分表现，并在他对后现代主义的描述里得到了进一步深化。

《政治无意识》是理解詹姆逊著作的基础。要了解他的理论，必须读这本著作，或者说读懂了这本著作，就克服了他的著作晦涩难懂的问题，就容易理解他所有的其他著作。

四、后现代主义文化研究

詹姆逊对后现代主义的研究，实际上是他的理论计划的合乎逻辑的后果。他最初对后现代文化特征的分析见于《后现代主义和消费社会》一文，而他的综合思考则见于他的《后现代主义，或晚期资本主义的文化逻辑》。根据马克思主义关于资本主义的理论，他对作为一种新的“文化要素”的后现代主义进行了系统的解释。

詹姆逊根据新马克思主义的资本主义发展阶段论的模式，把后现代文化置于社会阶段论的理论框架之内，指出后现代主义是资本主义新阶段的组成部分。他宣称，后现代主义的每一种理论，都隐含着一种历史的断代，以及一种隐蔽或公开的对当前多国资本主义的立场。依照厄尔奈斯特·曼德尔（Ernest Mandel）在其著作《晚期资本主义》（*Late Capitlism*）中的断代方式，詹姆逊提出，资本主义有三个基本阶段，每一个阶段都标志着对前一个阶段的辩证的发展。它们分别是市场资本主义阶段，垄断资本主义阶段或帝国主义阶段，以及当前这个时代的资本主义（通常人们错误地称作后工业资本主义，但最好称作多国资本的资本主义）阶段。他认为，与这些社会形式相对应的是现实主义、现代主义和后现代主义等文化形式，它们分别反映了一种心理结构，标志着某种本质的变化，因而分别代表着一个阶段的文化风格和文化逻辑。后现代主义的主要特点是商品化的思想渗透到各个文化领域，取消了高雅文化和通俗文化的界限；同时，由于现代传媒和电子计算机的广泛应用，模仿和复制也广泛流行。与这两种情况相关，人们开始产生一种怀旧情绪，出现了怀旧文化。詹姆逊指出，后现代主义还是一个时间概念，在后现代社会里，时间的连续性打破了，新的时间体验完全集中于“现时”，似乎“现时”之外一无所有。在理论方面，后现代主义主要表现为跨学科和注重“现时”的倾向。

在《后现代主义，或晚期资本主义的文化逻辑》、《可见的签名》和《文化转向》里，詹姆逊进一步发展了他的主张，从而使他成为著名的马克思主义文化理论家：他一方面保持和发展马克思主义的理论，另一方面对极不相同的文化文本所包含的政治、意识形态和乌托邦思想进行分析。他的著作把文学分析扩展到通俗文化、建筑、理论和其他文本，因此可以看作从经典文学研究到文化研究这一运动的组成部分。

《时间的种子》是詹姆逊论后现代主义的一部力作，是他根据在加州大学欧文分校一年一度的韦勒克系列学术演讲改写而成的。虽然篇幅不长，但因那种学术演讲十分重要，他做了精心准备，此后还用了两年多的时间修改补充。在这部作品里，詹姆逊以他惯有的马克思主义辩证观点和总体性，提出了后现代性和后现代主义的种种内在矛盾：二律背反或悖论。他关心整个社会制度或生产方式的命运，心里充满了焦虑，却又找不到任何可行的、合理的方案，于是便发出了这样的哀叹：“今天，我们似乎更容易想象土地和自然的彻底破坏，而不那么容易想象后期资本主义的瓦解，也许那是因为我们的想象力有某种弱点。”然而他并不甘心，仍然试图在种种矛盾中找到某种办法。出于这种心理，詹姆逊在《时间的种子》里再次提出乌托邦的问题，试图通过剖析文化的现状，打开关于未来世界的景观。确实，在《时间的种子》里，每一部分都试图分析判断文化的现状，展望其未来的前景；或者说，在后现代的混沌之中，探索社会的出路。

詹姆逊对后现代性和后现代主义的理论阐述，其基本出发点是对美国后期资本主义文化的反思和批判，是对后现代之后社会形态的思考。这在《时间的种子》的最后一节表现得非常清楚。他这样写道："另一方面，在各种形式的文化民族主义当中，仍然有一种潜在的理想主义的危险，这种文化民族主义倾向于过高地估计文化和意识的有效性，而忽视与之同在的经济独立的需要。可是，在一种真正全球性的后期资本主义的后现代性里，恰恰是经济独立才在各个地方又成了问题。"

从总体关怀出发，詹姆逊认为，现在流行的文化多元主义应该慎重地加以考虑。他以后福特主义为例指出，后福特主义是后现代性或后期资本主义的变体之一，它们基本上是同义词，只是前者强调了跨国资本主义的一种独特的性质。后福特主义运用新的计算机技术，通过定制的方式为个人市场设计产品，表面上似乎是在尊重各地居民的价值和文化，适应当地的风俗，但正是这种做法，使福特公司浸透到地方文化的内心深处，传播其消费主义的意识形态，从而难以再确定地方文化的真正意义。詹姆逊还通过对建筑的分析指出，跨国公司会"重新装饰你们自己本地的建筑，甚至比你们自己做得更好"。但这并不是为了保持自己已有的文化，而主要是为了攫取高额的利润。因此詹姆逊忍不住问道："今天，全球的差异性难道会与全球的同一性一致?"显然，詹姆逊认为，美国所谓的多元文化主义只不过是一种策略，其目的是推行消费主义的文化意识形态，因此必须把它与社会生产关系联系起来加以审慎的考虑。

詹姆逊的所有著作都贯穿着他的辩证思想。但他只能比较客观地面对后现代资本主义的现实，而没有提出解决现实社会问题的办法——这也是当前普遍关注的一个问题。尽管如此，詹姆逊的探索精神仍然是值得尊敬的。也许，一切都只能在实践中求取。

进入古稀之年以后，詹姆逊仍然孜孜不倦，从理论上对资本主义及其文化和意识形态进行探索。在全球化的形势下，他关注世界经济的发展变化，关注全球化与政治、科技、文化、社会的关系，揭露资本主义的内在矛盾，并力图从理论上阐述这些矛盾。在他看来，资本的全球化和高科技的发展可能会导致新的社会和文化革命，出现新的政治和文化形态，但马克思主义的原理并不会过时，而是应该在新的条件下进行新的解释和运用。他仍然坚持乌托邦的想象，认为随着全球化的发展，可能会出现新的世界范围的“工人运动”，产生新的文化意识，而知识分子的任务就是要从理论上对这些新的情况进行描述和解释，提出相应的策略，否则谈论文化研究和文学研究就像空中楼阁，既不实用也没有基础。《未来的考古学》，就是他的一部论述乌托邦的力作。而《辩证法的效价》（*Valences of the Dialectic*，2009）则是他对自己所依托的理论的进一步阐述，该书根据辩证法的三个阶段（黑格尔、马克思，以及最近一些后结构主义者对辩证法的攻击），对从中产生的问题进行理论探讨，把它们置于商品化和全球化的语境之中，借鉴卢梭、卢卡奇、海德格尔、萨特、德里达和阿尔都塞等思想家的著作，通过论述辩证法从黑格尔到今天的发展变化，尤其是通过论述“空间辩证法”的形成，对辩证法提出了一种新的综合的看法，有力地驳斥了德勒兹、拉克劳和穆夫等人对辩证法的攻击。詹姆逊自己认为，这本书是他近年来最重要的作品。（原来他想用的书名是《拯救辩证法》，后改为现在的名字。）

随着年事增高，詹姆逊开始以不同的方式与读者分享他的知识积累，近年来先后出版了《黑格尔的变奏》（*The Hegel Variations*，2010）、《重读〈资本论〉》（*Representing Capital*，2011）、《现实主义的二律背反》（*The Antinomies of Realism*，2013）和《古代与后现代》（*The Ancients and the Postmoderns*，2015）。这些著作虽然不像《政治无意识》或《后现代主义，或晚期资本主义的文化逻辑》那样富于理论创新，但他以自己深厚的知识积累和独特的视角，对不同的理论和文学及艺术问题所做的理论阐发，仍然对我们具有明显的启示意义。

五、詹姆逊的历史化

在某种意义上，文学批评与现实世界的关系取决于文学作品的价值。因此，爱德华·萨伊德不止一次说过，这种关系贯穿着从文本价值到批评家的价值的整个过程。在体现批评家的价值方面，詹姆逊的批评著作可以说是当代的典范。2003 年 4 月，佩里·安德森在一次和我的谈话中也说，在 20 世纪后期和 21 世纪初期，詹姆逊的著作非常重要，不论是赞成还是反对，都不可能忽视，因为他以重笔重新勾画了后现代的整个景观——带有宏大的、原创的、统观整个领域的气势。这里安德森强调的是詹姆逊的大胆创新，而这点对理解詹姆逊的著作以及他的学术经历至关重要。

如果全面审视詹姆逊的著作，人们肯定会对他的著作所涉的广阔领域表示赞叹。他的著作运用多种语言的素材，依据多国的民族历史，展示出丰富的文化知识——从城市规划和建筑到电影和文学，从音乐和绘画到当代的视觉艺术，几乎无不涉及。他最突出的地方是把多种不同的思想汇聚在一起，使它们形成一个整体。这种总体化的做法既使他受到赞赏也使他受到批评，但不论是赞赏还是批评，都使他的作品充满了活力。由于他的大胆而广泛的融合，在某种意义上他成了当代设定批评讨论日程的人文学者之一。

因此，有人说，詹姆逊的著作历史体现了对一系列时代精神的论述，而对他的著作的接受历史则体现了对这些论述的一系列反应。对詹姆逊著作的接受大致可分为两类人：一类根据他对批评景观的一系列的测绘图，重新调整自己的方向；另一类继续使用现存的测绘图或提出自己的测绘图。第一类并不一定是不加批判地完全接受詹姆逊的著作；相反，他们常常采取质疑的态度。例如，在《后现代性的起源》里，佩里·安德森虽然基本上同意詹姆逊关于后现代主义的看法，但对他的阐述方式还是提出了批评。第二类基本上拒绝詹姆逊总体化的历史观，因此不赞成他的范式转换的主张。这一类的批评家认为詹姆逊论后现代主义的著作只不过是一种风格的批评，因为它们无视后现代主义更大的世界历史的含义。换句话说，他们忽视了詹姆逊的主要论点：后现代主义是深层的历史潜流的征象，需要探索它所体现的新的社会和政治组织的状况。

对这两种不同的态度的思考可能使我们想到詹姆逊著作的另一个重要方面。也就是说，几乎他每一本新的著作都介入一个新的领域，面对一些新的读者。这并不是说他无视过去的读者，而是他不愿意老调重弹，总是希望提出一些新的问题和论点。就此而言，这与他在《文化转向》里对齐美尔的评论有些相似："齐美尔对 20 世纪各种思潮的潜在影响是无法估量的，这在一定程度上是因为他拒绝将他的复杂思想整合到一个单一的系统之中；同时，那些非黑格尔派的或去中心的辩证法式的复杂表述经常由于他那冗长乏味的文体而难以卒读。"当然，詹姆逊因袭了黑格尔的辩证法，除此之外，就拒绝铸造特定体系和以沉重的散文隐含思想观念而言，他对齐美尔的评价显然也适合他自己。此外，在某种意义上，詹姆逊的影响也常常是潜在的。

总的来说，詹姆逊的影响主要在方法论方面。在他第一部作品《萨特：一种风格的始源》里，他的一些解读方法就已经出现。该书出版时正值冷战时期高峰，单是论述一个马克思主义者本身就具有挑战性，但今天的读者似乎已经没有那种感觉。因此一些批评家认为那本书缺乏政治性，至少不像它的主题那样明显地具有政治性。确实，詹姆逊没有论述萨特哲学的政治内容，而是重点强调他的风格。不过，他实际上强调的是风格中的“无意识的”政治，这点在他第二部作品《马克思主义与形式》里得到进一步发展。无论是其目的还是内容，《马克思主义与形式》都具有明显的政治性，而且改变了政治问题的范围。这两部作品预示了他后来著作发展的某些方面，他对风格的分析不是作为内容问题，而是作为形式问题。

对形式的强调是詹姆逊把非政治的事物政治化的主要方法。正如他自己所说：“艺术作品的形式——包括大众文化产品的形式——是人们可以观察社会制约的地方，因此也是可以观察社会境遇的地方。有时形式也是人们可以观察具体社会语境的地方，甚至比通过流动的日常生活事件和直接的历史事件的观察更加充分。”[①] 在这种意义上，形式批评为詹姆逊独特的辩证批评提供了基础。在构成这种方法的过程中，他融合了许多人的思想，如萨特、阿多诺、本雅明和卢卡奇等等，但很难说其中某个人对他有直接影响，然而他的著作中又都有这些人的影子。可以说，他的著作既是萨特式的、阿多诺式的、本雅明式的或者卢卡奇式

① Fredric Jameson，“Marxism and the Historicity of Theory：An Interview with Fredric Jameson，” *New Literary History* 29 (3)，1998：360.

的，但同时也不是他们任何人的。有人简单地说他是黑格尔式的马克思主义者，但这种说法也不够确切，因为他的立场更多的是挑战性的综合。1971 年，他的获奖演讲“元评论”（Metacommentary）所提出的“元评论”的概念，实际上就表明了他的方法。虽然最近这个术语用得不那么多了，但它一直没有消失。“元评论”的基本活动是把理论构想为一种符码，具有它自己话语生产的规律，以及它自己的主题范围的逻辑。通过这种符码逻辑的作用，詹姆逊寻求揭示在这种文本和文本性的概念中发生作用的意识形态力量。

在《马克思主义与形式》之后，詹姆逊出版了他的最重要的著作《政治无意识》。这是一部真正具有国际影响的著作，据我所知，至少已有十种语言的译本。该书刚一出版，就在大西洋两岸引起了强烈反响，受众超出了传统的英文系统和比较文学系，被称为一本多学科交叉的著作。当时多种杂志出版专号讨论他的作品。《政治无意识》产生了多方面的影响，对当时新出现的文化研究领域影响尤其明显。它通过综合多种理论概念，如黑格尔、马克思、康德、弗洛伊德、阿尔都塞、德里达、福柯、拉康等人的，为文化研究的实践者提供了一种有效的方法，使他们可以探索和阐述流行文化和大众文化文本的意识形态基础。

就在詹姆逊写《政治无意识》之时，他已经开始构想另一部重要著作，也就是后来出版的那本被誉为具有划时代意义的论后现代主义的作品——《后现代主义，或晚期资本主义的文化逻辑》。《政治无意识》出版于 1981 年，同一年，他在纽约惠特尼现代艺术博物馆发表了“后现代主义，或晚期资本主义的文化逻辑”演讲。正是以这次演讲为基础，他写出了那本重要著作。在他出版这两部重要著作之间，詹姆逊在许多方面处于“动荡”状态，1983 年他离开了耶鲁大学法文系，转到加州大学圣克鲁兹分校思想史系，1985 年又转到杜克大学文学系，其间于 1985 年下半年还到北京大学做了一个学期的系列讲座。这种“动荡”也反映在他的著作当中。这一时期，他的写作富于实验性，触及一些新的领域和新的主题，而最突出的是论述电影的作品。在此之前，他只写过两篇评论电影的文章，但到 20 世纪 80 年代末，他完成了两本专门论述电影的著作：一本是根据他在英国电影学院的系列演讲整理而成，题名《地缘政治美学》；另一本是以他陆续发表的与电影相关的文章为基础，补充了一篇很长的论装饰艺术的文章，合成为《可见的签名》。与此同时，他至少一直思考着其他四个未完成的项目。

有些人可能不太知道，詹姆逊对科幻小说很感兴趣，早在《政治无意识》的结论里，他对科幻小说和乌托邦的偏好已初见端倪，而且在 20 世纪 80 年代确实也写了不少有关科幻小说的文章。后来由于其他更迫切的项目，他搁置了一段时间，直到 2005 年才出版了专门研究乌托邦和科幻小说的著作《未来的考古学》。当时他想写一本关于 20 世纪 60 年代的文化史，虽然已经开始，但由于种种原因而未能完成，只是写了三篇文章：《六十年代断代》（“Periodizing the 1960s”）、《多国资本主义时期的第三世界文学》（“Third-World Literature in the Era of Multinational Capitalism”）和《华莱士·史蒂文斯》（“Wallance Stevens”）。尽管他说前两篇文章与他论后现代主义的著作相关，但他从未对它们之间的联系进行充分说明。关于华莱士·史蒂文斯的文章是他的“理论话语的产生和消亡”计划的部分初稿，但这项计划也一直没有完成，只是写了一篇《理论留下了什么?》（“What’s Left of Theory?”）的文章。

在探索后现代主义的同时，詹姆逊对重新思考现代主义文本仍然充满兴趣，尤其是与后殖民主义文化相关的文本，如乔伊斯、福楼拜和兰波等人的作品。2003 年他出版了《单一的现代性》，以独特的视角对这些作家进行了深入探讨。随后，他将陆续写的有关现代主义的文章整合、修改、补充，于 2007 年出版了《现代主义论文集》（*The Modernist Papers*，该书由中国人民大学出版社以《论现代主义文学》为名于 2010 年出版）。这些著作仿佛是对现代主义和后现代主义之间的过渡进行理论阐述，但奇怪的是它们出现在他的论后现代主义重要著作之后。关于这一点，也许我们可以认为，他试图围绕后现代主义从各种不同的角度进行验证。

20 世纪 90 年代中期以后，以他的《文化转向》为始，詹姆逊开始从文化理论方面阐述新出现的世界历史现象——全球化。简单说，詹姆逊认为，全球化的概念是“对市场的性欲化”（libidinalization of the market），就是说，今天的文化生产越来越使市场本身变成了人们欲求的东西；在今天的世界上，再没有任何地方不受商品和资本的统治，甚至美学或文化的其他方面也概莫能外。由于苏联的解体和东欧的剧变以及社会主义遇到的困难，资本主义觉得再没有能替代它的制度，甚至出现了“历史的终结”的论调。实际上，詹姆逊所担心的正是这种观念，就是说，那种认为存在或可能存在某种取代资本主义的社会制度的看法，已经萎缩或正在消亡。正如他自己所说，今天更容易想象世界的末日而不是对资本主义的替代。因此他认为当前最迫切的任务是揭露资本主义的内在矛盾以及掩饰这些矛盾所用的意识形态方法。就此而言，詹姆逊的项目可能是他一生都完不成的项目；而我们对他的探讨，同样也难有止境。

此次“詹姆逊作品系列”包括十五卷，分别是：《新马克思主义》《批评理论和叙事阐释》《文化研究和政治意识》《现代性、后现代性和全球化》《论现代主义文学》《马克思主义与形式》

《语言的牢笼》《政治无意识》《时间的种子》《文化转向》《黑格尔的变奏》《重读〈资本论〉》《侵略的寓言》《萨特：一种风格的始源》《古代与后现代》。这些作品基本上涵盖了詹姆逊从1961年至2015年的主要著作，其中前四卷是文章汇编，后十一卷都是独立出版的著作。考虑到某些著作篇幅较短，我们以附录的方式补充了一些独立成篇的文章。略感遗憾的是，有些作品虽然已在中国出版，但未能收入文集，如《可见的签名》、《未来的考古学》和《辩证法的效价》等，主要是因其他出版社已经购买中文版权且刚出版不久，好在这些书已有中文版，读者可以自己另外去找。

对于“詹姆逊作品系列”的出版，首先要感谢中国人民大学出版社，在几乎一切都变得商品化的今天，仍以学术关怀为主，委实令人感动。其次要感谢学术出版中心的杨宗元主任和她领导下的诸位编辑，感谢他们的细心编辑和校对，他们对译文提出了许多建议并做了相应的修改。当然，也要感谢诸位译者的支持，他们不计报酬，首肯将译作收入作品系列再版。最后，更要感谢作者詹姆逊，没有他的合作，没有他在版权方面的帮助，这套作品系列也难以顺利出版。

毫无疑问，“詹姆逊作品系列”同样存在所有翻译面临的两难问题：忠实便不漂亮，漂亮便不忠实。虽然译者们做了最大努力，但恐怕仍然存在不少问题。我们期望读者能理解翻译的难处，同时真诚欢迎读者提出批评和建议，以便今后再版时改进。

王逢振

2018年5月

目　录

论“文化研究”*

文化研究是一种愿望，探讨这种愿望也许最好从政治和社会角度入手，把它看做是一项促成“历史大联合”的事业，而不是理论化地将它视为某种新学科的规划图。这项事业所包含的政治无疑属于“学术”政治，即大学里的政治，此外也指广义上的智性生活或知识分子空间里的政治。然而，眼下正值右派势力开始发展自己的文化政治，竭力再度征服学术机构，尤其是各种学术基金会和高等学府，在这种时候，谁要是仍然把学术政治和知识分子的政治主张仅仅看做是“学术”问题，就显得不明智了。看来右派势力已经完全懂得，正是文化研究（不管它指的是什么）的事业和口号构成了这场运动的关键目标，而且实质上已成为“政治可靠性”的同义词（所谓“政治可靠性”在本文里完全可以看做是各种“新社会运动”——诸如反对种族主义、反性别歧视、反同性恋惧怕症——的文化政治主张）。

如果以上属实，而且文化研究应当被看做是有关各社会群体大联盟设想的表现，那么文化研究作为知识分子或教育事业的系统表述，就可能不像它的追随者所感觉的那么重要。这些追随者提出重新发起左派斗争，力图正确表现文化研究的路线：重要的不是基本路线，而是由基本路线反映出来的社会联盟的可能性。这是一种症状，而不是一种理论。因此，最可行的还是对文化研究本身进行文化研究式的分析。这也意味着，在最近由劳伦斯·

---

* 本文译自《社会文本》杂志第 34 期，1993，杜克大学出版社。

格罗斯伯格（Lawrence Grossberg）、卡里·奈尔逊（Cary Nelson）和保拉·A·特莱契勒（Paula A. Treichler）编辑的集子《文化研究》[1]里，我们所要求（和发现）的只是某种全面性和广泛的代表性（这一点41位撰稿人事先可以保证），但我们并不否认，研究或筹划这一课题也可以通过其他途径或完全不同的方式进行。这倒不是说这本集子的疏漏和缺陷无足轻重，不值得评论（该集子基本上是1990年春在俄班纳—山槟［Urbana-Champaign］召开的文化研讨会上的论文发言汇编），而是说对这个特殊事件及其所包含的文化研究“观”进行评论的时候，应该采取诊断的方式，而不是动不动就建议人家采取更适当的方式（会议“观点”、纲领或“路线”）。可能我应该马上亮牌并直言相告才是：尽管我认为目前讨论和辩论文化研究的问题有重大意义（理论上也很有意思），但我并不特别关心文化研究最终采取什么形式，甚至也不在乎是否会首先出现一种文化研究的官方学科。这首先是因为我不太相信各种学术计划的改革，另外，我认为一旦公开出现正常的讨论或辩论，文化研究就一定能达到目的，至于采取什么样的框架则无关紧要（我这句话主要是针对一个我认为是最关键的实际问题，那就是保护年轻人在这个领域里发表文章，帮助解决他们的终身教授职称问题）。

针对一些定义（阿多诺曾提醒我们，尼采从不屑于对历史现象本身下定义），我想我不得不说，我认为我们已经知道什么是文化研究；如果来下定义，无非是排除与其无关的东西，犹如雕塑家除去多余的黏泥，使塑像呈现端倪，凭本能或直觉划定界限，从而全面甄别哪些属非文化研究因素。这样一来，无论最终是否有确切无疑的定义，讨论都会有成效。

暂且不论文化研究到底是什么，它的崛起是出于对其他学科的不满，针对的不仅是这些学科的内容，也是这些学科的局限性。正是在这个意义上，文化研究成了后学科。尽管如此，也许正因为如此，文化研究对自身的定义，取决于自身与其他学科之间的关系。所以，讨论文化研究，不妨从那些学科里的盟友对文化研究的不满入手，这些盟友认为刚刚崛起的文化研究忽视了一些他们认为最基本的目标。以下八个部分将分别探讨群体问题、马克思主义、连接概念、文化与力比多、知识分子的作用、大众化、地理政治和乌托邦。

这不是我的领域

历史学家好像对文化人士与档案材料之间的不稳定关系感到特别困惑。该论文集里有一篇极具分量的文章，研究牙买加的英国传教士在意识形态方面所起的中介作用，作者是凯瑟琳·霍尔(Catherine Hall)。霍尔表示，“如果文化历史不属于文化研究的范畴，问题就严重了”(272)；她还说，“英国主流历史与文化研究之间的接触极其有限”(271)。当然，这不仅是文化研究的问题，也是主流历史的问题。卡罗琳·斯蒂曼继而对这个问题作了更犀利、更深入的观察，并指出了一些方法论上的根本差异。集体探讨与个人探讨之间的差异仅仅是其中的一种：“群体实践是集体性质的，档案研究涉及的则是单枪匹马的历史学家，是一种非民主实践。档案研究要耗费大量的时间和钱，根本不是一群人实际上所能办到的”(618)。可是，当斯蒂曼试图以更积极的方式表述文化研究的特点时，她的表述仍然是“以文本为依据”。文化人士分析的是唾手可得的文本，而档案历史学家却须在各种症状和片断的基础上煞费苦心地进行重构。斯蒂曼的分析里最有意思的是她认为“依据文本”的方法的问世，取决于制度和教育两个方面的因素：“历史学家运用的‘文化概念’……实际上是

1955 年至 1975 年间在学校里首创的吗？我们在英国甚至连一部社会和文化教育史都没有，更无从想到这一点本身可以构成问题”（619～620）。不过，她并未指明这个有待确定的问题应该隶属于哪门学科。

斯蒂曼还暗示性地将伯克哈特列为这个新领域的先驱，并简略地交代了一下新历史主义。新历史主义在该论文集里未占任何篇幅（只有彼得·斯代莱布拉斯［Peter Stallybrass］在某处稍稍提及新历史主义，旨在否认与这个运动有任何瓜葛），这一事实在另一方面而言意义重大。新历史主义无疑是文化研究的竞争对手，无论从哪个历史角度来看，新历史主义与文化研究都具有一脉相承的症状（二者都审慎地、令人敬佩地继承了马克思主义）。当然，也可以说，文化研究忙于探讨现在，不可能什么都管，什么都关注。我想这一点会使人联想到研究大众或普及文化的学者对当代的关注与文学批评家带有倾向性的历史回顾这二者之间的传统对立（虽然经典作品仍属“现代”，在时间上也只有咫尺之遥）。该集子除了凯瑟琳·霍尔的文章外，最具分量的还包括拉塔·曼民（Lata Mani）对焚烧寡妇的研究，珍妮丝·拉德威（Janice Radway）关于每月新书俱乐部的文章，彼得·斯代莱布拉对莎士比亚作为性格导演崛起剧坛的研究，以及安娜·赛弥尔（Anna Szemere）对 1956 年匈牙利事件中的语言艺术的讨论，所有这些文章都是档案意义上的历史文献，并倾向于像发疼的拇指一样突出出来。它们应该备受欢迎才对，为何大家反而因此感到别扭？

社会学与文化研究也属志同道合的学科，关系十分密切，二者之间很难进行任何转换（正如在卡夫卡眼里德语和依地语之间的类似性导致二者之间很难转换一样）。但是，难道雷蒙德·威廉斯 1981 年没有指出“所谓‘文化研究’，最好理解为一种探讨普遍社会问题的特殊途径，而不是什么属于少数人的或专门化的领域”（233）？然而，这种跨学科的关系似乎也表现出与历史关系的某些相似之处：一边是“依据文本”的研究，另一边是职业化的探讨。西蒙·弗里斯（Simon Frith）的不满很有代表性，不妨全文引录如下：

> 目前为止我讨论的是如何对待大众音乐；按英国人的说法，大众音乐不属于文化研究的范围，而属于社会人类学和社会学的范围（我可以列举一些别的例子，如麦维丝·贝顿［Mavis Bayton］1940年对妇女成为摇滚音乐家的过程所作的调查）。我发现这项调查有重大意义，因为它着眼于一个被文化研究彻底忽略了的领域：那就是文化生产本身的基本原理与文化生产者的地位和思想。但是令我感兴趣的却是另一事实（这也是为什么本文将采取完全不同的叙述方式）：狄克·海伯狄吉在比较我和爱因·钱伯斯（Iain Chambers）的社会学方法时曾说，尽管钱伯斯的文章华而不实，异想天开，纯属印象派，而且不伦不类，但与钱伯斯的大众文章相比，像我那样一味关注只有人种科学家才关心的细节和精确性，未免枯燥乏味。（178）

珍妮特·沃尔夫（Janet Wolff）却认为这两种方法之间存在一种张力，在这种张力的背后有更本质的原因：“问题在于主流社会学对于理论方面的发展，即使不怀敌意也是自以为是地漠不关心，无法认识文化和再现在社会关系中的构成性作用”（710）。结果彼此都感到，“后结构主义理论和话语理论，在表明社会生活的话语本质的同时，却鼓励对社会生活的忽视”（711）。沃尔夫力主两者之间的协调，可谓颇得要领，“这种方法把文本分析与对文化生产制度及其所依赖的社会、政治程序和关系的社会学调查结合起来”（713）。但是这种做法并没有使人们在面对这个怪物时避免局促不安，就像科内尔·韦斯特（Cornel West）的提法曾引起同样的反应一样。韦斯特认为文化研究的优越性主要在于大家熟悉的“交叉学科”性质（“文化研究成了一个大范畴，被用来维护我认为是健康的发展，即大专院校里的交叉学科的研究”[698]）。“交叉学科”这一术语沟通了好几代人的学术改革方案，应该把它的来龙去脉写下来，并审慎地把这一层意见渗透到这一术语当中（实质上，按照定义来说这件事从来没有做到）：我的感觉是，各学科之间应该贯穿着共同的研究对象，但在具体的学科里，这种共同的研究对象却具有各自的特色，正因为这些关键特色常常受到压抑，“交叉学科”的研究课题才不断涌现。与大部分类似的学术改革方案相比，“文化研究”这个名称似乎更能表现这个存而不见的共同研究对象；相比之下，原有的表述方式则闪烁其词，模糊不清，似不足取。

也许，“传播”这个词才更符合要求：只有传播项目是新近出现的，在许多方面（包括人员方面）都与文化研究这种大胆创新的尝试相互交叠。真正使传播区别于文化研究的是传播方面的技术（这二者之间的分野犹如肉与灵、文字与精神、机器与鬼神之间的区别一样）。只有当某个特定的视角得以统摄传播学领域的各方面研究对象时，我们才能了解文化研究以及文化研究与传播学诸项目的关系。乔娣·伯兰德（Jodi Belland）对加拿大传播理论的研究令人耳目一新，可引为例子，不能把她的文章仅仅看做是对麦克卢汉（Mc Luhan）以及麦克卢汉传统和先驱们表示敬意的举动，因为她在这篇文章里，以更新颖的形式，提出了一整套关于娱乐意识形态的新理论。同时，她还指出了为什么加拿大传播理论有必要不同于美国传播理论，虽然她没有指名道姓，而是委婉地称后者为“主流传播研究”(43)。加拿大文化人士在认识上略胜我们一筹，尤其是他们能把空间分析和对媒体传统所作的研究结合起来，这种认识论的优越性显然要归功于他们受制于美国媒体帝国这一事实：

> “文化技术”这一概念有助于我们理解这个过程。文化技术是空间生产的一部分，这种空间生产既是决定因素，又是有待研究的问题，形成于学科与反学科的实践中。从这个意义上而言，文化技术同时包括了职业化、领域化和转换诸话语。如果要对在美国帝国主义的阴影笼罩下产生的大众文化进行分析，这些都是必不可少的三维度的方面。当代文化技术寻求性情千差万别、代表不同地区、处于不同境况的“观众”，名正言顺地扩大自己的空间范围和话语势力。也就是说，文本生产无法脱离空间生产。至于是否应该把扩大空间视为殖民主义行为，尚有待观察。不过这个问题直接关系到能否理解采取空间形式的娱乐活动。(42)

伯兰德使我们清楚地认识到，对理论（或理论家或学科）情形的关注必然牵涉某种辩证关系：“(对于英美媒体理论而言）意义是靠观众的活动和作用产生的，因此，消费地图日益被当作社会地图，并且进而取代社会地图，于是实践中出现的东西又在理论中再现出来”(42)。富有戏剧性地引进地理政治这一层面，把某种文化和传播理论看成是加拿大理论，与称霸世界的英美观点形成鲜明对比（英美观点自称具有普遍意义，因为它发源于世界中心，无须打上民族性的烙印)，这种做法根本性地转移了大会关注的问题及其后果。对此，我们将在后面更详细地论及。

另一方面，我们尚不清楚伯兰德主张同方兴未艾的文化研究保持一种什么样的关系。集体或群体幻想的逻辑总是具有寓言性质[2]，这种逻辑可能导致某种联盟，就像工会主张与这个或那个黑人运动联合行动一样，也可能跟某种像北大西洋公约组织或新自由贸易区这样的条约组织形成更紧密联系。可想而知，“加拿大传播理论”没有一味追随规模更大的英美运动，以免丧失自己的个性。同样，它也不可能完全使自己的方案具有普遍意义，要求“中心”全面支持一种只能是有限的、“从属的”或“半边缘化的”观点。我想这里显示的是这样一种认识：在一定的时候，这里所指的分析有可能转换符码甚至翻译成另一种语言，这就是说，在某些战略节骨眼上，一种特定的分析既可解读为文化研究观之一斑，也可以解读为加拿大传播理论特色的见证。不同的观点（在某个特定的汇合点上）会产生共同的目标，同时又保留各自的特色或特殊性（如何称谓或更恰当描写这种交叠现象则是一个显然由“文化研究理论”产生的新问题）。

对这种多学科视角的交叠现象渲染得最淋漓尽致的要数在该集子里被挥来挥去的各种偶像了：例如几乎每个人都在徒劳无益地引用已故雷蒙德·威廉斯的名字，企图从他那里获得道德力量，为自己的罪恶（或德操）辩护。[3]一个文本如果不断被人引用，成了物神，那么它便成了多体裁框架的万能文本，这正是我们在这里要说明的问题。我们可以以保罗·威利斯（Paul Willis）对英国青年文化所作的研究为例（顺便说一句，他没有参加这次文化研讨会）。该书的标题是《学会劳动》（Learning to Labour，1977），可以看做是某种新文化社会学领域里的经典著作，也可以看做是“富有原创性的”伯明翰学派（后面会详细提及）的先锋文本，甚至可以看做是文化人类学，一种令人豁然开朗的东西，它像一根联结两极的中轴一样，把传统的人类学领域和文化研究的新领域贯穿起来。

人们已不可避免地意识到，倘若文化研究是一种新兴的范式，那么人类学本身，远非什么比较“传统的”学科，也正在发生翻天覆地的变化，在方法论和文本规则方面都在进行大幅度的改革（大会注册簿上出现詹姆士·克利福德的名字就足以说明这一点）。“人类学”现在指的是一种新型的文化人类学，一种新型的文本的或解读的人类学，这种新学科与新历史主义有某种远亲关系，它在克利福德和乔治·马库斯（George Marcus）与迈克尔·费希尔（Michael Fischel）的著作中臻于成熟（还应提到格尔兹［Geertz］和特纳［Turner］等先驱）。“厚度描写”是由安德鲁·罗斯（Andrew Ross）提出的，他那篇讨论新时代文化的文章具有开创性意义，他指出：“对文化团体所作的不遗余力的、更深入的、更具‘文化人类学意义的’研究，给新兴的文化研究带来了最激动人心的发展”（537）。有关厚度、结构和内在性的修辞学在令人难忘的约翰·费斯克（John Fislce）时期被公认为名正言顺，这时期的另一长处在于暴露了这场辩论的一些实际危险（这些危险绝对不会转化为各种学科对立主张之间的舌战）：

> 我想从文化理论中的“距离”概念谈起。我在其他地方曾经论证过，“距离”是区分高雅文化与通俗文化，区分生机勃勃和软弱无力的社会形态所特有的意义、实践和快乐的首要标志。文化距离是一个多维概念。在养尊处优和有权有势的社会文化阶层里，文化距离表现为艺术对象和读者/观众之间的距离：这种距离从社会和历史方面贬低具体的解读实践，宣扬强调普遍性的超验鉴赏和超验审美感觉，鼓励人们崇敬或尊重文本，把它

> 看做是货真价实、值得保存的艺术作品。除此，距离还有区别艺术作品的生活经验和日常生活的作用。这样的“距离”使艺术作品获得非历史的意义，放任社会成员追随一套高雅的社会理想和准则，这些理想和准则被一些极端的美学理论奉为超越历史条件的、具有普遍意义的理想和准则。与历史形成的这种距离也是与身体感觉形成的距离，因为与具体的历史和社会状况难分难解的正是我们的肉体。超历史的艺术观把我们跟平平庸庸的社会生活截然分开，它同时也把心灵观照的审美愉悦跟所谓感官的、廉价的、唾手可得的肉体快乐截然分开。这种距离最终表现为与经济需要形成的距离；将审美跟社会生活隔离开来的这种做法纯属社会精英的所作所为，只有他们才可以无视物质需要的束缚，因此他们建构的美学不仅拒绝赋予物质条件以任何价值，而且一味重视那些超越物质条件的艺术形式。结果这种批评和审美距离最终成为区分两类人的标志：一类人有条件将文化与日常社会、经济状况隔离开来，另一类人无法这样做。(154)

然而，罗斯的主张在该集子里并未得到有力的响应和支持，只有他本人对那个极其暧昧的“解读阶层”即新时代人的雅皮士文化所作的思路清晰的研究，对他的观点是一种支持。费斯克的号角声也没有将我们引向作为一门实验学科（和写作方法）出现的人类学，而是将我们引向了一整套知识分子的新政治主张。

其实，克利福德的论文——论文对旅游和观光人类文化学所作的激动人心的新探索——已经转移了传统文化人类学对“户外研究”的构想，含蓄地重新界定了论战的前提：“文化人类学

（在20世纪人类学的标准实践中）把居住关系置于旅游关系之上”（99）。克利福德的发言断然地把知识分子和人类学家——文化人类学家——观察家重新定义为一种旅游观光的角色，顿时改写了这次学术会议的基本调子。该会的本意是想定义所谓的“文化研究”——远非学术和学科的争端——结果竟转而探讨知识分子在所谓新社会运动或新社会微型群体的政治斗争中所处的地位。

我这样表述，目的在于使大家清楚地看到，克利福德的“温和的建议”在许多与会者之中难免引起不快：大部分与会者根本不想做“观光游客”或旅行家，他们只想做“有机知识分子”，除此之外别无他求（可是“他求”又指什么?）。甚至霍米·巴巴（Homi Bhabha）提出的离国散居的知识分子这一与放逐或新放逐同源的概念（巴巴对拉希迪事件的看法——他认为“亵渎神明是移民出国后耻于归国的原因”[62]——我认为极其中肯，发人深省），也倡导一种主观与客观、声音与实质、理论家与“原住民”之间的间歇或接替，从而确保知识分子获得一种具有同等间歇性的群体会员证，一种白人男子作为克利福德者（以及本文作者）无法享受的礼遇。

社会群体：大众阵线还是联合国?

有机知识分子被称作是一种愿望，这种愿望无所不在，当然它在斯图尔特·霍尔那里经常表现得最为公开。霍尔在这次大会一个最具乌托邦意味的时刻，提出了一种理想，那就是“有一天将会出现规模比小资产阶级知识分子运动更大的运动”（288）。以下是霍尔在这方面对葛兰西的阐述：

> 我不得不承认，虽然我读过许多构思严密、老练圆熟的论述，但我还是觉得葛兰西的论述最能表现我们力图从事的事情。当然，“有机知识分子”这一词语不无问题，但是我认为我们无疑试图在文化研究中寻求一种产生有机知识分子的实践。我们原来也不知道这样做对于70年代的英国社会意味着什么，而且即使能够产生这样的知识分子，我们也未必能够一眼就辨认出来。有机知识分子这一概念所引起的真正问题，在于它似乎把知识分子跟一个正在兴起的历史运动挂钩，然而我们无论是当时还是现在都不知道去哪里寻找这个历史运动。我们充其量不过是一些没有有机参照点的有机知识分子，一些怀旧的、有意志、有憧憬的知识分子（借用葛兰西的语言），希望有一天，当这种关系出现时，我们会有充分准备。更确切地说，我们准备在这种关系尚未出现的时候，去想像、去塑造或模拟这种关系：这就是所谓“悲观的头脑，乐观的意志”。(281)

这个来自葛兰西的概念有两个焦点，在结构上包括知识分子和社会不同阶层，然而，在该论文集里，对这个概念的解释却没有指涉联盟政治、历史性大联合，也没提到把“有关群体”组织起来，以形成一场规模更大的政治、社会运动。然而，无论在葛兰西的阐述还是在霍尔的解释里，这些都构成了这个概念的内涵。

在该论文集里，这个来自葛兰西的概念似乎普遍指涉新社会运动的“身份政治”或德勒兹所说的微型群体。文化研究无疑已被公认为是这一类的联盟空间，尽管在葛兰西的意义上而言，不能确切算作一种运动，除非你把这远大的学术抱负也看做是政治，甚至把它看做是这种文化研究所特有的政治。所谓远大抱负，指的是争取传统院系和新右派的承认、支持和保护，以获得终身教授的职称。[4] 于是，文化研究对于女权主义、黑人政治、同性恋运动、美籍墨西哥裔文化研究，对于迅速发展的“后殖民主义”研究团体，以及形形色色的大众文化的比较传统的追随者，还有各种马克思主义追随者（大都来自外国），统统表示欢迎（而这些在传统的学术界却可能成为遭受诬蔑和迫害的少数派）。41 位（已出版的）与会者中，男女比例比较恰当（一共有 24 名女的，21 名男的）；其中包括 25 个美国人，11 个英国人，4 个澳大利亚人，2 个加拿大人，匈牙利人和意大利人各 1 名，白人占 31 名，黑人占 6 名，美籍墨西哥裔占 2 名，印第安人 2 名，好像至少有 5 位同性恋者。系或学科代表的分布情况大致如下：英语系独占鳌头，11 个人，属意料中事；传播社会学和艺术史专业远远落后，各 4 人；人文专业有 3 名代表；妇女研究有 2 名代表，文化研究、意识思想史与电台、电视和电影专业各 2 名；宗教和人类学专业各一名代表。

但是这样的分门别类（颇具印象派意味）并没有准确反映群体、亚群体或亚文化的意识形态立场。比如，至少有两个同性恋发言，矛头直指仅有的四篇“传统”女权主义文章。在五篇黑人发言里，有一篇亦提出了女权问题（更确切地说，米歇尔·瓦勒斯的文章表述的是名副其实的黑人女权主义立场），而另外两篇则提出民主问题。两个美籍墨西哥裔的发言中有一个是女权主义立场。有 10 篇一望而知是有关群众文化或者涉及文化的文章，它们把重点从“身份”问题转向“媒介”问题。

我这样不厌其详地分门别类，不光是想表明文化研究问题包括了什么，而且也想表明它忽略了什么。我认为只有三篇文章算是重点讨论了群体身份的问题（有关保罗·吉尔罗伊对这个口号的攻击，本文另一处将有很好的分析）；其中只有埃尔斯帕丝·普洛宾那篇引注浩繁的文章，企图确立一种集体身份的理论，至少是集体阐述的理论，它劝诫我们“超越松散的不同立场，摈弃危机再现模式……着手建构关心集体身份的社团，让我们的身份听起来掷地有声”（511）。然而，这些调子听起来未免太离谱，就像有人对我们说，“自我形象能极其有效地扰乱、削弱话语的稳定结构和话语外围的期待”（506）。

不过，科贝纳·默塞和马科斯·桑切斯-特朗魁利诺与约翰·塔格等人的文章，实际上已经在探索某种大大不同于经典身份理论的东西。事实上，默塞开创性地探讨了20世纪60年代黑人富有斗争性的形象如何为其他群体的政治斗争提供了发人深省的、解放思想的模式。桑切斯-特朗魁利诺则将心理学意义或哲学意义上的“身份”问题还原为有关民族主义的社会问题：“70年代末期美籍墨西哥裔少年团伙犯罪再度引起关注，这里引起争议的是如何把这种团伙犯罪解释成一种具有民族主义运动性质的身份政治斗争，从而再现其战斗性。这些问题是一切民族主义面临的问题……”（562）

也许是这样。不过这些民族主义——更确切地说是分裂主义——在这里却没有露面，女权主义和男女同性恋的分裂倾向并未得到名副其实的再现；而且即使尚有黑人分裂主义的残余，也同样没在这里露面。至于其他少数文化群体，只有美籍墨西哥裔在这里占了篇幅，他们除了代表自己，也许还代表其他运动（但不能代表比较传统的民族文化，民族文化的问题有别于这些问题，正如有关希腊作为少数文化的辩论所证实的那样[5]）；同时，“后殖民主义者们”则不厌其烦地强调，移民散居这一事实和经验与民族分裂主义恰好针锋相对（霍米·巴巴的文章即可为例，前面已提及）。

也就是说，这块被称为文化研究的特殊空间并不特别容易接纳清一色的身份；恰好相反，它似乎欢迎对混杂的身份以及各种新的复杂结构进行宣扬和分析。这是借用巴赫金的对话式语调驱散独白式话语（难道文化分裂主义不正是渴求某种独白式话语吗?）：“克利福德希望在一定程度上缓解对作家/人类学家的独白式控制，而不是提倡一种幼稚的多作者民主制度”（100）。斯代莱布拉斯那篇关于创造“莎士比亚”的文章，写得精辟，以一种“协力关系网”取代了现代的“单一作家”，也就是提倡两个或多个作家之间、作家和演出公司之间、演出公司与印刷商之间、作者与校对人之间、印刷商与检察官之间的协力关系；这样一来，在任何时候都不会有“个体文本”（601）。我们从个性导演这个问题认识到，在什么程度上有关集体性的单一行动的叙事观仍然在影响形形色色的身份观念（在该集子的最后一页，这种叙事观会再度显现：安克拉·麦克罗比［Argela Mc Robbie］满腔热情地吁请90年代的文化研究以某种方式揭示人们怎样把自己……看成积极的行动者，并使他们的自我感在广泛的文化实践范围内投射和表达出来［730］）。但是那种孤立主义的群体身份概念，在最佳情况下会开拓一个文化研究的空间，在这个空间里每个群体，就像联合国大会发言一样，各抒已见，而别人也会很有政治觉悟地洗耳恭听。也许有人会说，这不过是一种既非令人兴奋的又非很有成效的演习。

然而，该集子里所讨论的“身份”基本上是双重性质的：黑人女权主义便是这种身份的范式（在安琪·查巴拉姆-德内塞欣生动活泼的文章里，美籍墨西哥裔女权主义也是一种范式）。说到这里，我不禁要提示一句，当今的文化研究（至少这本集子和这次大会提倡的那一种是这样），在很大程度上是一个双重国籍的问题，即具备双重国籍，如果不是多重的话。如果没有力图结合、引导和协调各种身份、各种责任和立场的促动性张力，就不可能出现真正有意义、富有成果的作品和思想。这好像是在搬弄萨特的一个老说法，那就是一个作家要想更加成功，就得同时对至少两种截然不同的、互不相干的读者说话。说到这儿，又回到了斯图尔特·霍尔那里（作为一个老派的伯明翰文化研究学派的先驱或创造者），他对此有过许多富于思辨的、旁征博引的看法。他认为事实已经证明，这些张力是无法避免的（284）。不用说，他此处指的是文本与社会、上层建筑与基础之间的张力，亦即被他称作文化由社会现实向想像界的必要转位。但他在此前也曾告诫马克思主义、女权主义、结构主义或后结构主义语言学派，应该把多意识形态的各种影响和承诺所导致的张力看成是各种截然不同的引力；构成某一派别的丰富内涵的，正是对这些张力作出反应的举动，而不是作出盖棺定论式的分析，也不是排除矛盾把多意识形态的操作消解为一个统一的大纲或大方案的做法。比起前面已经提及的各学科之间模棱两可的关系来说，各种群体身份之间的张力能够提供一种更强大的角逐场，但是这一切有可能被争雄的后现代主义及其所提倡的多元论变相地抽空或解除，而这正是本次大会全面回避的问题，回避的理由已变得十分清楚。

文化研究代替马克思主义

要想迎头痛击后现代主义，论证文化研究的哲学必要性，则需要重新评估一般的文化研究运动跟马克思主义的传统关系，然而这正是该次大会无人问津的。文化研究显然有别于后现代主义，因为它并不鼓吹抹杀高雅与低俗之间的疆界，宣扬微型群体的多元论，也不鼓吹以形象和媒体文化取代意识形态方面的政治斗争。在这次大会上，马克思主义基本上被明显地理解为另一类型的群体身份（但却是个微不足道的群体，至少在美国如此），而没有被当作斯图尔特所描述的那类有待探讨的问题（“那些被马克思主义这项理论事业摆到了议程上来的问题，……所谓问题，指的是如何接近马克思主义，如何研究马克思主义，如何反对马克思主义，如何追随马克思主义，力图发展马克思主义”[299]）。然而更重要的是认真对付这些问题，就美国的情况而言，正如迈克尔·丹宁（Michael Denning）在为文化研究的前身美国研究进行辩护时所说的那样[6]，文化研究能够同样被看做是对马克思主义的替代和对马克思主义的发展。雷蒙德·威廉斯曾经策略性地对马克思主义作了英国式的重新解释，把它称之为“文化唯物主义”，可是就连他的理论在这里也被忽视了（美国人对如何回避“唯心主义”不太关心）；威廉斯的思想里蕴涵着政治意志，伯明翰学派同样也隐含着政治意志，但集中的文章普遍未对此作出论证，因此有必要反复强调，（对于威廉斯和伯明翰学派双方来说）文化研究或“文化唯物主义”实质上不啻为一项政治事业，而且实际上确实是一种马克思主义事业。外国理论跨越大西洋时，往往丧失许多原有的时空环境联想（许许多多法国理论最终都变得枯燥乏味便是例子）。然而，这个过程在美国最引人注目，比如在英国原属富有战斗意义的事件和对重大社会改革的承诺，一传到美国就被改头换面了。

然而，美国常有的聒聒不休的反马克思主义的调子在该集子里并不多见，偶或有也属应景文章。桑切期-特朗魁利诺和塔格狂热主张对马克思主义进行系统的改造（然而出于某种理由他们并不把这种改造看成是“后现代”举动）：“只要博物馆可以被看做是意识形态国家机器……就可能想像出另一个所在，另一种意识……现在，随着这些范畴和逻辑遭到破坏，以上双方好像都遭到摈弃，或者说都被卷进了没有引力的空间……诸如此类的社会学解释力图批判的学科内部已经瓦解，结果使得这些解释本身也陷入危机之中”（556～557）。

值得庆幸的是，很少听到有谁愚蠢透顶地说马克思主义是反对女权主义的或排斥女性的；然而，偏激的女权主义却老调重弹地大肆指责文化研究不该再继续运用大理论（“所谓大理论，指的是把浩大的世界历史性问题摆到普遍性的层次上展开讨论，结果没解决任何问题”［莫里斯 466］）。这种指责矛头直指马克思主义，但似乎相当彻底地抽空了女权主义、精神分析法、拉康主义（Lacanianism）、解构主义、波德里亚、利奥塔德、德里达、韦瑞利欧（Virilio）、德勒兹和格雷马斯等以外的任何大理论和名人（雷蒙德·威廉斯属例外，他仍然是新运动的偶像，但作用却有限；至于葛兰西、布莱希特或本雅明，则又另当别论，他们不再享受威廉斯的待遇了）。

不过，对“大理论”的最刺耳的贬斥来自澳大利亚的与会者。这一事实可能与澳大利亚激进分子的怪癖和无政府主义根源不无关系。事实上，托尼·贝内特对马克思主义带有政治色彩和行动主义倾向的批判足以证明，这种在其他情况下也许无害的反唯智论，正是在澳大利亚才变得这么左。贝内特在急急忙忙把“新社会运动”从他自己有关政治行动的改良结构中排除以后，接着描述了他的立场：

> 我反对的是处理和沟通这些政治过程两个方面（各种联盟和单项争端的政治斗争）的方式，因为这种处理和沟通的方式预示着统一的阶级、统一的性别、统一的民族或种族的产生，并为之鸣锣开道，而这些统一阶级或群体作为社会行动者，当促使其产生的过程最终在政治上圆满实现时，可能采取决定性的行动。我这样做完

> 全是因为这些政治计划和支持这些计划的建设措施在很大程度上阻碍了更具体、更直接的政治考虑和行动，而这些考虑和行动可能改善上述阶级或群体的社会状况和机会。(32)

拉克劳或墨菲对葛兰西？对列宁？贝内特对拉克劳或墨菲？这里的参照系无法确定，尤其是因为（左派方面）至今还没有人相信任何“统一的阶级”、性别、民族或种族的存在（葛兰西肯定不会相信，但他在前面几页里一句话就给打发掉了，说他不再“具有政治作用了”[29]）。贝内特的思想属于真正的“他体思想”，他忙于以传统的阿尔都塞式的气势汹汹的恫吓方式，追踪和谴责所有这些左派方面敌人的意识形态错误。他建议与曾经被称作意识形态的国家机器对话并与之合作，而不是一开始就把它们消除掉；然而，当这些意识形态的国家机器看似证实人们最不幸的功能主义预言时，又以一种自我实现的预言批判他们。可是，贝内特没有意识到，他的这种建议在美国左翼读者听起来是多么的令人反感。他请大家停止呼唤马克思主义口号（大理论），加入（可以说是模模糊糊社会民主化的）政府。这在一个有社会主义传统的小国家也许有些意义，但是在这里纯属张冠李戴式的劝告（并且根本无法实现）。这篇文章，由于字母顺序关系，被列在卷首，极其醒目，然而，其调子令人难以捉摸，对于读者理解整个集子的精神有误导作用。更可悲的是，这篇文章暴露了作者对于当今各种民族形势之间的结构差异竟一无所知，而这种差异正是该集子的中心主题之一。而且自相矛盾的是，这个主题主要是由澳大利亚与会者确立的，这一点我们不久就会看到。

但是，贝内特的这种表达导向了马克思主义的基本俗套，因为刚才引用的那一段话可以毫不费劲地译成老掉牙的流行贬义词

“总体化”——即服从于某种极权主义的、同质的有机总体；反对马克思主义的人认为马克思主义让一切差异服从这个总体。然而，在萨特那里，这个原属哲学的用语指的仅仅是各种观察、工具和素材如何被某一个事业的统一视角联通起来，结成关系（如果你没有事业，也不想要一个，这个概念就显然不适合你了）。这个概念是否真会投射出一个模式（或者是否是根据这个模式的形象构成的），我没有把握，但我认为这不要紧，因为对关系的各种构想——尽管它们力图使各个用语清晰有别、泾渭分明——往往会变成未经分化、浑然一体的形象。不妨以“有机联系的”这一大众哲学概念的命运为例。这一概念表达了身体各器官之间的功能上的根本差异（马克思在《政治经济学批判大纲》里引用的一个基本比喻是“新陈代谢”），可现在这个概念好像指的是把各不相同的器官变成同样的东西。于是，同“线性历史”（此语我认为出自麦克卢汉）一样，“有机联系的”也被后结构主义视为一个基本的谬误标志（至少在“总体化”出现以前是这样）。当然，为了策略起见，可以停止使用这些词眼（从而不必像我这样，做这么详细的词汇学和语文学方面的解释）；不过任何人，只要平心静气，都可以看到，这本集子本身就充满了各种各样的总体化举动，所以犯不着无济于事地去落实、清理，除非你的目的在于回到那种一丝不苟的清一色的理论概括中去。这样的理论概括，连同追求清一色身份的政治主张，已首先被认为与文化研究的兼收并蓄性质水火不相容。

连接：卡车司机手册

然而，这些总体化举动隐藏在一个新修辞格的背后，这个新修辞格，与萨特的总体化铸造不一样，在理论上具有令人肃然起敬的后结构主义的无懈可击性（与其他修辞格一样，它对于旧有的修辞格只作稍稍改动而已）。这就是“连接”这一无所不在的概念，为此我们亟须在体现这个时代客观精神的意识形态性质的大词典里专设一个词条。像“有机联系的”一样用来指涉身体各部分之间的关系，“连接”指的是骨架的各部分及其联系，而不是指软性有机器官（也许正是因为“连接”的严密和机械性质才使此词在今天成为常用词）；不过它旋即改变了指涉内容，转用于语言表达。这种指涉转换使人想起表现“语言转折”的寓言里出现的指涉转换。我觉得我们对这个词的强制性使用，要归功于阿尔都塞（他的影响可能波及福柯所谓分化和空间可分性这些更带强制性的比喻），之后这个词又通过本·布鲁斯特在英语里的优美再造，普朗沙斯在政治意义上的延伸与波埃尔·菲利普·雷的人类学而进一步推广，后来辛迪斯和赫斯特也使用了，很快成为一种普及化的通用理论词汇，不久又与“擦除”、“流通”、“建构”等词一道使用。然而，常常被人忘记的是，实际上阿尔都塞是在马克思本人的著作里发现了这个似乎属于阿尔都塞的、听起来有结构主义意味的词，更确切地说，是在 1857 年 8 月那篇伟大的没有完成的纲领文章里发现的，这篇文章本来是作为《政治经济学批判大纲》[7]的导言而写的。

这里 Gliederung（划分）指的是生产、分配和消费这些范畴（和实际情况）之间的连接（这是个富有启发性的模式，其应用尚有待探讨）。同时还应该强调，在种族、性别和阶级关系的交错造成严重理论问题的关键时刻，伯明翰学派对连接这个概念也作出了几乎是独立卓绝的丰富发展。凯瑟琳·霍尔对连接的系统表述具有典范意义：

> 我不认为我们已经具有一种有关种族、阶级和性别

> 连接以及这些连接如何运作的理论。这些术语经常具有某种应答祈祷的作用，旨在证明政治上的正确性，但这并不一定意味着以下这些分析形式，是通过对相互联系的力量轴的工作情况进行把握而形成的。实际上，把握这种情况极不容易，因为分析的层次必然极其复杂，每时每刻都有许多变数在发生作用。所以，对具体例子的研究，无论是过去的还是当代的，对于我来说都很重要，因为这些研究追溯那些连接在特定历史时刻和一般情况下出现的矛盾方式。(270～271)

也许关于理论应该是什么的暗示（“我们迄今为止尚未形成一种理论”）会给那些对“大理论思维”过敏的人助一臂之力，给他们带来意想不到的安慰，因为有人会认为这里指涉的连接概念本身就已经是一种理论了。它暗含了一种转折结构，一种各事物之间的离子交换，在这种交换过程中，与某一事物相关联的意识形态动力转过来又与另一事物交叠在一起——不过只是临时性地在“某个特定历史时刻”发生，然后再进行新的组合，被系统地改变并吸收到另一事物中去，在无休止的半死不活的状态中衰朽，或者在一场社会危机导致的大动荡中炸得粉碎。因此，这种连接是一种突发性的、有时甚至是转瞬即逝的总体建构，在此总体建构中，种族、性别、阶级、民族性和性生活交错汇合到一起，形成一个发挥作用的结构。斯图尔特·霍尔对此有更详细的论述：

> 由这种组合或连接形成的整体，常常不可避免地成了一种“复合结构”：一种不仅通过类似性而且通过差异性联结事物的结构。这就要求显示连接各种不同特点的机制——因为无法假定有任何给定的“必要的相应关

> 系”或富有表现性的相同关系。而且，由于组合是一种结构（一种连接组合），而不是一种偶然联系，这就意味着部分之间存在着结构关系，亦即支配和从属的关系。(579～580)

事实上，由于能否“再现”这样的复合结构永远值得怀疑，所以这样的分析术语便隐含了一整套诗学。没有预先给定的不仅仅是复合体的结构（比如，种族和性别孰先孰后，哪个一时看来是最终起决定性作用的）；而且用来描写“基本成分”及其相互联系的语言也必须临时创造才行。这样一来，对连接的描述也不可避免地成了自我指涉，因为它们必须评论自己的语言工具，使其发挥效用——对于某个陈旧的比喻性内容，只保留了一点依稀的痕迹（比如关节与骨头一起动作这种纯粹连接的机械感）。

于是，连接成了文化研究的中心理论问题或核心概念的代名词，是这本集子反复说明的对象，尽管它并未被经常置于突出的前景地位。人们能感觉到，在康士坦斯·朋莱关于匮乏、矛盾、替代、补偿——形成这些明显来自弗洛伊德或马克思的概念里，连接已经在发生作用。她在关于妇女《周游太空》的色情描写的文章里，特别强调指出：

> 只有两性关系只指涉一对没有小孩的男人，他们从不需要下厨掌勺或擦洗浴池，而且他们生活在两三百年以后的将来，只有如此，《周游太空》的妇女爱好者才能想像两性关系。我还想说的是，一般说来，对《周游太空》如此着迷，意图在于消除另一种匮乏，即社会关系的匮乏。正是这种匮乏构成了整个美国文化，而星球谜文化的结构正是以这个匮乏空洞为中心的。这种文化

> 所追求的是这样一种社会状况，那就是，像阶级和种族之间的这种根本对立，已不复存在。(495)

但是这里公开的/秘密的或社会的/两性的连接被看成了一种二元论，这种二元论使描述又重新回到更熟悉的弗洛伊德—马克思主义，就像德勒兹和伽塔里在《反俄狄浦斯》中所表现的那样。也可以凭借模式和具有启发性的影响来再现连接，正如柯本纳·墨瑟那篇论述60年代的文章所做的那样。这篇文章把黑人运动和黑人战斗精神富有意识形态和力比多性质的结构连接为一条“能指链”，并且可以在其他政治团体中再生出来。(这也是一个“可以转换/逆转的连接因素”——可以重新送回到种族主义的原有形式中去——这是他振振有词说明的另一点，他及时驳斥了文化研究中比比皆是的好大喜功现象。)但是连接也包含甚至奠定了寓言的基础，以其作为自身最基本的表现结构：所以珍妮丝·拉德威提醒我们注意大众或普及文化是怎样始终如一地被幻想为女性化的(513)：集体幻想的寓言式转换结构事实上无疑是探讨连接作为症状或作为政治方案的基本文本。但是要想清楚了解连接的这些动力，就必须更全面地理解将文化视为单个群体的表现这一认识暗含的种种后果。

文化和群体力比多

所谓文化——即弱化的、世俗化的宗教形式——本身并非一种实质或现象，它指的是一种客观的海市蜃楼，源自至少两个群体以上的关系。这就是说，任何一个群体都不可能独自拥有一种文化：文化是一个群体接触并观察另一群体时所发现的氛围。它是那个群体陌生奇异之处的外化：在这个语境里，有必要注意一本最早关于群体相互关系的著作（关于边界的构成作用和群众之间的相互定义的方式）；它汲取了欧文·戈夫曼（Zrving Goffman）的《耻辱》（Stiqma）对定义性的标记如何为别人服务的论述[8]：在这个意义上来说，一种“文化”是某一团体在另一团体看来所背负的全部耻辱（反之亦然）。但是这些标记更经常作为他体的思想，即我们称为信仰和宗教的东西，被投射到“陌生的头脑”里去。然而，这个意义上的信仰并非我们自身拥有的东西，因为我们的所作所为在我们自己看来总是自然而然的，不需要激发这个陌生的内化实体并使之获得合理性。事实上人类学家罗德尼·尼达姆（Rodney Needham）已经表明，大多数“文化”都不会等同于我们的概念、伪概念和信仰（这些概念和信仰常被译者们非法地投射回到非帝国的、非大都市的语言里去）。

然而，“我们”也经常谈起“我们自己的”文化、宗教、信仰或其他什么。这些可以看做是挽回别人对我们的看法，挽回那个海市蜃楼；正是靠着这个海市蜃楼他体才得以想像我们“拥有”一种文化：这种异化的形象取决于他体的力量，要求他体作出反应，尽管这种反应也许无足轻重，就像美国人在国外碰到千篇一律的“丑陋的美国人”形象不以为然地否认一样无足轻重。也许，这种反应与各种少数民族的文化复兴一样彻底深入，正如印度的民族主义所表明的那样，一个民族凭着这些复兴重新整建那些千篇一律的形象，在新的文化民族主义的政治斗争中证实他们。这绝不能说是回到一种更老的、真实可靠的现实，而是利用（看似陈旧的材料）建构新的东西。

因此文化必须总是被看做是群体之间关系赖以实现的工具或媒介。要时刻警觉地把文化揭示为一个他体的概念，否则那些有关这种在历史中形成的复杂关系的视觉幻象和伪客观认识会长期作祟（因此对于“社会”这样的伪概念所持的反对意见更适合

“文化”这个概念，因为文化不容置疑地起源于群体斗争)。同时，坚持这种翻译计划（将文化概念还原为不同形式的群体关系）能够令人满意地实现各种社会学海森堡原则所追求的目标，胜过目前主张回到观察者位置的个人主义。实际上，人类学家—他体，或个人观察者，替代了整个社会群体，正是在这个意义上，人类学家—他体或个人观察者的认识才成了一种权力。这里，“认识”表示某种属于个人的东西，而“权力”则试图刻画那种我们贫乏的词汇无法描绘的群体之间的关系。

可以说，群体之间的关系是不自然的：它是各种实体之间的偶然的外部接触；这些实体只有内部（犹如单子)，没有外部或外层表面，在这种特殊情况下只有各群体的外部边缘发生接触——外部边缘是永远无法再现的。说得粗糙点，群体关系必须永远是一种斗争或暴力关系：因为群体之间惟一积极或宽容的共处方式是相互分离，重新发现他们的孤立与孤独。因为每个群体都是一个完整的世界，集体是单子的最基本形式，密不透风，无边无垠（起码从内部而言如此)。

群体关系靠着一整套看似有理、更不用说“自然”的看法才得以实现。这一套看法的失败或省略意味着这两种最基本的群体关系自行转化为两种原始的关系——嫉羡和憎厌。在这两极之间摇摆不定起码可以通过威望来作出部分解释（不妨沿用葛兰西的一个范畴)。试图借用另一群体的文化（正如我们已经看到的，这样做实际上意味着制造另一群体的“文化”)，等于向对方表示敬意，是一种群体对群体的承认，表达了集体性的嫉羡，承认了对方的威望。这种威望似乎不应迅速归结为权力，因为经常有人口众多的、强大的群体向臣服他们的群体表示这种敬意，并且借鉴和模仿对方的文化表现形式。由此可以说威望是群体精诚团结、同心同德而焕发出来的一种气质，比起踌躇满志、强大称霸的群体来说，弱小群体更需要拼命培育这种气质，尽管强大称霸的群体也隐隐感到自己缺乏这种粘连性，对作为一个群体本身倾向于分解的情况忍不住感到遗憾。“明星崇拜”是这种嫉羡的另一种强烈表现形式，但属个人性质的，就像占主导地位的“文化”退而模仿从属文化（说了这一切以后，也许不必要再强调在这个意义上明星崇拜者已经是潜在的或原始的知识分子）。

群体憎厌调动了纯洁和危险这些古典综合症，显示了对基本疆界的保护，以防御在他体的存在中看到的固有的威胁。现代种族歧视（换言之，有别于后现代或“新”种族主义的种族歧视）是这种群体憎厌的最缜密的形式之一——整个折变为一种政治计划；它应该引导我们思考成见在一切群体或“文化”关系中所起的作用，而这些群体或文化关系实际上非依赖成见不可。这样的群体必然是一个想像的实体，因为没有任何人能对它获得正确的直观。群体必须被抽象或成为幻想的对象，其基础是不连续的个人接触和经验，而这些接触和经验一经概括便遭到歪曲。无论多么健康，多么公正宽容，多么富有尊重精神，群体之间的关系总是一成不变的，因为这些关系往往都是对其他群体所作的集体抽象。在这种情况下，政治上可行的做法是允许其他群体制造它所喜欢的自我形象，然后遵照那个“官方的”公式化形象行事。但是成见的必然性——群体憎厌、种族主义、漫画式丑化和一切其他相随而来的做法——并没有因此而消逝。于是乌托邦在那些情况下只能意味着两种不同的、最终也许会合而为一的形势：要么是一个没有群体只有个人对抗的世界，要么是某一群体与世界完全脱离，根本就不存在外部成见（或“民族身份”）这回事。成见事实上是非法剩余意义的所在，亦即巴特称谓的神话学里的“恶心”：它是一个抽象过程，在这个过程里，我的个性被赋予寓言内涵，被用来对某种不具体的、不具特性的事物作歪曲性的解释（“我不加入任何组织，也不接受标签”，新近某部影片的一个角色这么说。“你没有必要这么做”，他的一个朋友说，“你是个犹太人!”），宽容大度地摆脱这个困境——消除成见，或伪装不存在成见——是不可能的，尽管我们经常侥幸地照常行事，仿佛在大多数情况下能够做到这一点。

群体总是相互冲突的，正因为这一点，唐纳德·霍洛维兹才在对国际种族冲突的定性研究中[9]暗示人们，尽管马克思主义对这样的冲突所作的经济或阶级论述并不令人满意，但马克思也许在其关于阶级冲突的不可避免的两分结构的设想中，已经不知不觉地预示了现代种族理论的某种根本特点：事实上，对霍洛维兹而言，种族冲突总是有两分的倾向，每一方最终都吸收各种更小的卫星种族群体，从而象征性地重演葛兰西所描绘的某种霸权主义和称霸性或历史性的联盟。但是这个意义上的阶级并非先于资本主义而存在的，而且马克思的“经济”规律理论也不是一成不变的：经济因素常常是一切非经济发展的诱发因素，但这一事实却常常被忘记了。强调这一点具有启发意义，与各学科的结构（和被它们结构性地掩盖和压抑的东西）有关，而不是与本体论有关。马克思主义对于种族理论所提供的是这样一种启发：即伴随阶级形成而出现的某个问题，很可能会使人们弄清楚种族斗争。

完全形成的阶级，自在自为的阶级，通过各种复杂的历史和社会过程获得了“阶级意识”的潜在的或结构意义上的阶级，显然也属于我们这里所指的阶级（尽管我们所讨论的群体很少被看成这样的阶级）。关于这些奇特的、比较罕见的群体，马克思主义有以下两点看法。首先，这些群体比起种族群体来说，发展前途更大：它们有可能发展，并变得与整个社会同步（在那些我们称之为革命的独一无二的、突发性的事件中）。而群体则必然受到自身特殊的自我定义和构成性特点的限制。种族冲突可以发展扩大为阶级冲突，而阶级冲突退化为种族竞争则是一种限制性的离心发展。

（的确，嫉羡和憎厌的交替出现，对行动中的阶级和群体作出了绝妙的描绘：无论有什么群体或身份因素和动机在嫉羡里起作用，它的对立的力比多总是超出群体性的原动力，向阶级方向靠拢。因此，任何人，只要观察最近公开的共和党全国代表大会如何调动群体和身份仇恨——如清楚地表现在帕特·布坎南之流的典型的文化反革命的发言里和嘴脸上的种族和性别仇视——都会立即懂得，从本质上说，在这些狂热及其象征性表现的背后，我们看到的是阶级仇视和阶级斗争。同样地，那些留心观察的人们，如果觉察到这种象征性表现，以同样的方式回敬共和党右派，也可以说他们已经使自己的小圈子群体和身份意识升华到了社会阶级的层次。）

第二点与第一点联系紧密，即只有在种族范畴转变为阶级范畴以后，才能找到消除这些斗争的方式。一般而言，种族冲突不可能被解决或消除，只能升华到一种不同的、可以消除的斗争。阶级斗争，由于它不是以一个阶级对另一个阶级的战胜为目的，而是以废除阶级范畴本身为目的，所以它提供了这样一种升华的原型。市场和消费——亦即被婉转称为现代化的东西，将各个解体的成员改造为普遍的消费者——这属于另一种升华，这种升华看来已经与无阶级社会具有同样的普遍性，但是其成功的原因也许主要在于后封建性北美联邦的特殊情况，以及随着大众媒体的发展而成为可能的社会划一。正是在这个意义上，“美国民主”似乎已经取代了阶级力量，并对上述的群体动力问题提供了独特的解决办法。因此我们有必要考虑各种坚持差异的政治斗争——即涉及“群体身份”的各种政治斗争所固有的差异——之所以可能出现，完全是因为消费社会具有划平社会身份差异的倾向。同时还应考虑这样一种假设：即只有当崇高严峻的古典意义上的他体范畴被“现代化”完全弱化时，差异文化政治才成为可能（所以新种族文化可能有别于古典种族文化，正如新种族主义有别于古典种族主义一样）[10]。

但是这并未缓和群体之间的对抗关系，而是适得其反（这一点可以从当前世界形势得出结论），而且还可以预料，文化研究本身——作为新群体动力赖以发展的空间——也会导致它的力比多高。事实上，能量交换或“连接”的离子形态不可能无关痛痒地出现，而是释放凶猛的情感——自爱的创伤，嫉羡和自卑的感情，对其他群体的断断续续的憎厌。其实我们认为这正是该集子里最优秀的文章所表现出来的。

因此，在该集子一个最富有戏剧性的时候，道格拉斯·克林普追溯艾滋病文化政治自由宽容的实践，最后发现了一个明显的事实，即文中所说的摄影和录像纪录片虽然表面意图在于激起对“受害者”的怜悯与同情，实际上却构成了“可憎的形象，恐怖的形象，因为它们使人想像艾滋病患者仍然具有性生活”（13）。这种自由主义不是没有代价的，其代价就是导致了自由中产阶级同情者不去把病人想像为一个具有性生活的人；这意味着，一般说来，要想对男女同性恋表示开明的容忍，就必须在更基本的层次上富有想像力地压抑这种性生活意识。这里性生活和性别层面使社会层面获得反精神专注或憎厌的特色，使群众反应和憎恨得以滋长。这种群众反应和憎恨一旦调动起来，就会超越这个特定目标群体，为一种不同的、更惊人的联盟政治服务。

正如以上所论证的，憎厌和嫉羡恰好是群体相互关系的情感表现：由于文化研究的对象可以定义为群体关系的文化表现（有时候具有全球规模，有时候只在个人身上体现出来），所以关于反感和群体嫉羡的符号学应该在这里发挥更大的作用。关于这方面的论述，应首推劳拉·基普尼斯（Laura Kipnis）的那篇耐读的文章，不过文章标题“（男性）欲望和（女性）反感：解读《赫斯勒》”（Reading *Hustler*），并没有清楚地表明它其中的一个主题是讨论——追随布迪厄的《区分》（Distinction）的精神——阶级意识如何借助人体的厌恶的外表装饰：

> 肉体与社会之间的解码互换建立了一整套机制，使得肉体成为一个高明的表现下层社会阶级的政治比喻，而且使得粗俗的肉体转而成为对占主导地位的意识形态的批判。粗俗的力量可以从它与高雅话语之间的相互排斥与对立上表现出来。这些话语本身的目的就在于预防低俗话语的堕落……（376）

不过，在处理与这种文化入侵行为有关的“主体立场”这类复杂问题时，基普尼斯甚至走得更远（比布迪厄本人走得还远），她的处理方式如果用来对待阶级意识也并无不当，因为阶级意识就定义而言本身就是一种关系，一种斗争形式（在文化入侵中，女人被讽喻为上流阶级和高雅文化，而男人，正如杰弗雷·克雷恩所称作的“蓝领冲动”，被讽喻为下层阶级）：

> 更令人难受的是被当作压抑的主体——具有历史的主体——而摈弃色情可以看成是抵御那些旨在摧残女人主体性的再现。换言之，有关女人的自然性生活和主体观念遭到了破坏，更糟糕的是，并非所有的女人有跟男人一样的色情体验。（380）

但是对集体之间的主体性和主体立场的这种分析，实际上把我们引向一个崭新领域的边界，这个崭新领域既不再是传统的人类学，也不是传统的社会学，但却无疑恢复了文化隐秘内在的意义，使文化成为群雄逐鹿的各群体作出象征性举动的空间。还有一篇文章，即贝尔·胡克斯的《再现黑人想像中的白人意识》，在这个领域里更是如鱼得水，它对黑人想像中对白人的本能的惧怕所作的描述，别具一格，本身就同艺术作品一样生动逼真（这倒不一定是什么最高的赞誉）。

然而，正如我可能在无意中所暗示的那样，这个新领域既不太容易接近也不太容易实现：这里存在着障碍，即使通过最有分寸的内省或最有节制的自传性探索，也无法克服。要想了解这些障碍，我们必须再次回到马克思主义（事实上，前面一节已经描绘了文化研究中总体化的各种形式）。这里尚未谈到社会阶级在目前形成的文化研究中所起的作用，也许这种作用不十分明显，虽然前面已顺便提过。

漂流不定的知识分子

除了作为阶级因素游移不定、变幻莫测地参与各种文化组织外，在这里阶级本质上具有两种形式（正如阶级在基普尼斯对色情文化对象所作的分析中再度出现，或者照性别寓言凭空幻想出来一样）。阶级再度出现时所采取的第一种形式，其中充满了贯穿全书的焦虑，是通过知识分子的作用这样一个不显眼的后门而获得的。西蒙·弗里斯以毫不留情的口吻说："从我的社会学角度看来，大众音乐是对知识分子问题，而不是对年轻人、穷人和无产阶级问题的一种解决方式，一种仪式化的反抗"（179）。弗里斯从自己的职业角度出发，讨论"社会学视角"，对知识分子与社会的关系提出了不同的看法，远非文化研究所能想像的（尤其是他愿意根据这个令人尴尬的问题），也就是被我称作困扰自韦伯和维布伦到布迪厄以来的诸大社会学家的“悲剧意识”——彻底摆脱这种社会现象，而这种彻底摆脱是社会学家获得正本清源认识的先决条件，并排斥对社会事务的积极介入——亦即作出通常意义上的政治承诺，以免失去以背离人性的认识论为代价而获得的真知灼见。

在我看来，这是资产阶级（或前马克思主义）对这个问题的认识，但它却表达了对一种不容置疑的真理的信念，那就是关于知识分子作为观察者的地位的“海森堡定理”（“Heisenberg Principle”），正是这个地位——其本身就是一种社会现实和社会事实——在认识对象和认识行为之间起中介作用。这种社会学极力想认清那些伴随社会阶级和群体斗争并使这些斗争卷入更高层次文化综合的意识形态和为这些意识形态所作的辩解。如果我们现在认识到，要想清楚解释社会关系的真正机制，就必须以弥天大谎为代价，即以知识领域中的战略盲点为代价，那么对与我们自身观察者视点相关的一切的占有，对社会承诺的放弃，将社会认识与世界行动截然分开的企图，以及对世界行动的可能性所持的悲观态度，这一切似乎构成了对这种特殊的（结构性的）原罪的赎罪行为。因为知识分子不仅与其出身阶级，而且与其所选择的阶级，都必然保持一种（构成性的）距离；在当前的语境里，更要紧的是，它必然跟一切社会群体都保持距离；谁要是说新社会运动的斗士们具有本体论意义上的安全，那纯属自欺欺人，而且那些斗士们也觉察到，由于他们是妇女、黑人、少数民族，所以作为知识分子他们算作这些“阶层”的成员，不再需要面对古典知识分子所处的各种困境，具有黑格尔的“痛苦意识”。但是我们现在都已知道，这是不可能的，尤其是因为知识分子的问题在新的范式里被重写为再现的问题，而且人们一般都认为再现不仅是不可能的，而且是不可取的。然而，根据旧的范式，知识分子明明白白地被看做萨特所称谓的“客观的叛徒”，是一种非个人的、非意图性的斯大林主义罪行，而对此除了赎罪或坚持幼稚的信仰以外，别无解决办法。萨特与马克思主义最接近之处在于，他认为当你无法消除某种矛盾时，最好的办法是抱住矛盾不放，从中攫取自我意识。这样做至少比压抑或人为地制造这种或那种良知更可取一些。这并不违背斯图尔特·霍尔所持的乌托邦立场，即我们可以积极行动，仿佛我们想成为其“有机知识分子”的群体已经存在；抑或一旦记起葛兰西关于“每个人都是知识分子”的说法，我们也可以忍受当代知识分子情境中，那种对阶级和流血的负疚感，希望将来有一天阶级和受阶级斗争角逐场冲击的弱小群体的一切冲突统统消灭。

面对这个困境，福柯所制定的那种“个别知识分子”的范畴似乎毫无意义。此外，另一种过时的解决办法似乎也无济于事。这就是，知识分子下放到工厂农村，与劳动群众打成一片，就能洗却那种特殊的原罪，即一旦成为知识分子便成了罪人。但这也叫做大众化，大众化在当前仍然十分活跃，在该集子里也不例外。大众化的消极症状恰恰是［憎恨和厌恶知识分子本身（或现在已与知识分子成了同义词的学术界）］。[11]这是一个自相矛盾的象征性过程，如同犹太人反犹太主义，因为大众化本身就是一种知识分子的意识形态（“人民”不必“大众化”），显示他们竭力企图压抑他们的状况，否认和否定其生活事实。在文化研究领域里，对文化持大众化态度的当然首推约翰·费斯克：

在我试图批判性地思考文化理论中支配和从属地带之间的关系时，我从未隐瞒我的政治主张。我希望我们

> 能够缩小这些地带之间的鸿沟，加强它们之间的交流，因为我相信这样做有助于改变学术机构和其他社会形态之间，尤其是从属社会形态之间的关系。有许多人，他们虽然生活在这些从属形态中，但他们发现自己的日常生活状况和学术界解释世界的方式没有多少联系。我们绝不能坐视这种鸿沟日趋扩大，最近许多极有影响的社会改革运动都促成了大学与被压抑或从属的社会形态成员之间的合作关系。(164)

哪里都有几个具有大无畏精神的人，敢于宣称学者也是人，但是好像没有谁能对研究学者文化的人类文化学的前景特别乐观，因为他们害怕这种自我认识所导致的焦躁不安和郁郁寡欢，不过这种自我认识正是皮埃尔·布迪厄在法国所做的不懈追求（但是严格说来——甚至可以说作为例外——大众化和反唯智论毕竟是一个特殊的美国问题）。对费斯克的责备，主要是针对他含糊不清的文化和上层建筑的概念，对此斯图尔特·霍尔也曾给予警告，他指出上层建筑作为客体具有脱离社会生活、重申半自律的倾向，“显示出必然延宕的倾向……某种有关文化媒体的非中心化的东西……这种东西总是回避将文化媒体跟其他结构直接联系起来”（284）。费斯克的研究建立在对这种脱节的认识上，强调经济压迫和社会剥削的现象，同时又把文化解读为一整套“反抗束缚的手段”（157）。令人担心的倒不在于反抗纯属想像（马克思对于宗教说过同样的话）[12]，而在于有人认为知识分子也许会把宣扬群众文化当作一种仪式，由此想像出自己特殊的结构“距离”，并像爱德华·库尔提斯（Edward Kurtis）那样，与少数民族部落一道载歌载舞，分享他们的团结气氛。有趣的是，该集子里有一篇饶有兴趣的“文本”研究，即威廉·瓦纳（William

Warner）关于《朗波》（Rambo）的论文，这篇论文证实了痛苦在这个群体文本中的作用，比如美国公众就是通过再现战争英雄的肉体痛苦而减轻他们对于战败的内疚；总而言之，稍加注意大众文化和大众文化分析中的“否定性情感”，也许会使该集子更具说服力。

然而，正是米歇尔·瓦勒斯在探讨文化研究的微观政治中再现的反讽时，极其尖锐地摆出了这些问题：在驳斥了别人“再现”黑人女权主义的主张以后，在描绘了黑人女权主义内部颠覆性和制度化（或如《紫色》中演员们所表现出的商业明星地位）之间的紧张关系以后，她继而对黑人女权主义提出质疑，重申盖亚特丽·斯皮瓦克那个著名的诘问：“卑贱者也能说话吗?”

> 我要质疑的是黑人女权主义竟毫无批判性地认为自己有能力为黑人妇女说话，这些黑人妇女大都贫穷不堪，因为教育不足，医疗保险和居住条件很差，以及与外界隔绝而被剥夺了说话的权利。我提出质疑倒不是因为我认为黑人女权主义不应该代表那些无法表达自己思想的黑人妇女，而是因为沉默的问题和再现被剥夺说话权利的人所固有的不足在对立的黑人女权运动中必须被视为一个中心问题。(663)

这种谦虚态度，以及科内尔·韦斯特对黑人女权主义者的直接呼吁，号召她们认识并承认自己是美国知识分子（挑起美国文化史这副担子，虽然比较奇怪的是该集子对美国文化史与“美国研究”只字未提），可以提供渡过或走出文化知识分子困境的最佳途径。

当然，这不是惟一的途径。这次大会中最富创新的知识分子研究是把知识分子当作“爱慕者”的新模式：“目前文化研究中的一些最令人兴奋的探索具有人类学意义，在某些方面把批评家置于‘爱慕者’的地位”（罗斯553)。爱慕者在形象和作用方面至少胜过60年代的明星崇拜者，并意味着群体或人种身份（身份对“明星崇拜者”的吸引力正如灯光对飞蛾的吸引力一样）转化为各种实践和表现，对此我们可以作为置身其境的旁观者来欣赏。这无疑反映了人种论变为新人种论的后现代转化，正如对群体的孤立和压迫升变为媒体承认和由形象导致的新统一（以恰当的黑格尔方式扬弃，既保留又取消原有的特点）一样。不过这种解决办法不无问题那就是：新的爱慕者好像成了爱慕者的爱慕者。写《周游太空》文化的康士坦斯·朋莱和对罗曼史作出过经典论述的珍妮丝·拉德威都仔细证明了“真正”爱慕者和人种学者之间有待消除的距离。西蒙·弗里斯甚至走得更远：“如果正如本书以不同方式暗示的那样，爱慕者是‘大众化’（或有机）知识分子，那么他们也会像我们大家一样，急于成为爱慕者（并从同样的神话里得到安慰)”(182)。这等于强调“人民”转化为“爱慕者”过程中的德里达式的转折：虽然“人民”是个基本实质，本质上始终如一，对于在它周围激动不已、无足轻重的知识分子具有巨大的吸引力；但新的提法犹如开辟了一间四面镶有镜子的大厅，“人民”在里面渴望成为“人民”，渴望“大众化”，感觉到自身在本体论意义上的缺陷，渴望获得无法实现的稳定，通过各种仪式，顾影自怜地企图找回一个从来不曾存在的存在。显然，这种转折会引导我们对群体和种族冲突形成更具精神分析性质的看法（也许与斯拉沃·齐泽克的提议如出一辙)；但是这样一来也会大大挫伤主张大众化的知识分子追求一种集体境界的热情，尽管这种境界并不比原来的境界强多少。

所有这一切都在假设，所谓“人民”好像指的仍然是那些看看电视、喝喝啤酒的中下层做工的（或失业的）黑人、白人、男人、女人，她们往往被幻想构成某种更广泛的、具有种族本质的社会现实。但情况如果不如此又会怎样呢？麦根·莫里斯（Meaghan Morris）说过发人深省的话："这个过程不会牵涉官僚这个始终不可赎救的他体形象。"（465）同时，安德鲁·罗斯在他的文章里似乎也多次意识到，对于文化研究公众来说，他的研究对象模糊不清，这是因为新时代人再也不一定真正属于这种大众化意义上的"大众"，他们所具有的是中产阶级的趣味。（其实，珍妮丝·拉德威眼下正在研究每月新书俱乐部，独辟蹊径，意义重大，因为她将展示这种中产阶级趣味形成的始末，并展示这个过程的社会、政治功能在于压抑或取代大众。）最后，在这次大会一个令人寒心的、滑稽的时刻，伊恩·亨特（Ian Hunter）正好描绘了与官僚他体的这种重要的首次接触：

> 美学批评以及文化研究的问题（只要文化研究仍然陷于滑流［slipstream］之中），在于它自以为单是从大都市的角度，尤其是从大学艺术院系的角度就能理解和评价其他文化领域。但进入这些其他领域——律师事务所，媒体组织，政府部门，大公司，广告公司——就会冷静地发现：这些部门里已经充满了它们自己的知识分子。他们看到你时，只会往上翻翻眼皮说："唔，你到底能为我们干些什么？"（372）

大众化学说

在结束大众化的话题以前，还得再发最后一句泛泛的牢骚，不过这要触及大众意识形态的一些理论和文字仪式。雷蒙德·威廉斯的《关键词》（*Keywords*）在哪里都是一部极重要的参考书，但不妨再假设有一部姊妹篇，叫做《流行词语》（*Buzzwords*）（可以把它想像为有些类似福楼拜的《被接受观念的孪生词典》[Dictionary of Received Ideas] 和《常见蠢话录》[*Sottisier of commonplaces*]）。不行的话，可以建议来一次哲学卫生运动，十几年停止使用“权力”和“身体”这两个词。没有什么比对身体的指涉更抽象空洞的了，除非这种指涉像在劳拉·基普尼斯和道格拉斯·克林普的文章里那样产生多种真实的本能效果；唯物主义很少是通过肉体应答祈祷获得的，而后者倒像是在布迪厄眼皮底下收买唯物主义的群众文化。身体唯物论是18世纪的机械唯物论，基于医学模式（由此可见福柯在推广这两种方法中所起的作用）；身体唯物论不应与历史唯物论混淆起来，因为后者注重实践和生产方式。

不过在更广泛的意义上，我们很难相信指涉身体等于诉诸直接性（黑格尔在《精神现象学》第一章里曾这样警告过我们）；甚至福柯对医学和刑法的研究也可以解读为对身体构造的描述，这种描述也驳斥了不成熟的直接性。结构主义和精神分析学在任何时候都不遗余力地解构有关身体直接性的幻想，所谓直接性完全来自“愿望”。关于折磨的主题并未驳斥这一点，而是证实了这一点，因为它证明了无言的个人身体经验是最孤立的，最难接近的。今天人们对色情、折磨和暴力的着迷，并不证明那种直接性是一种时代精神的表现，俯拾皆是，而恰恰表明那种直接性已不复存在，同时也表明人们对不可企及的物质具体性的渴求。事实上，我们周围存在的一切都只是形象和一成不变的身体信息，这些东西本身往往最顽强地干预我们对身体进行彻底的现象学研究。这是一个永远应该作历史性探讨的问题，本身绝不能被当成一种解码，至少此时此地这样做对于我们不适宜。

至于权力，文化研究就是研究权力的，这一点正是这些文章里反复暗示的（“共同承诺对文化实践的观察，着眼于文化实践与权力关系之间错综复杂的联系”［见内特 23］）；权力对知识分子来说，是个更加危险而又更令人陶醉的口号，他们往往不切实际地认为自己很接近权力。我认为，如果用权力来解释事物，就必须打破神秘化和理想化，产生某种振聋发聩的效果，使我们首先痛苦地摈弃我们自己美化事物的习惯。文化研究无疑是研究这些效果的最佳空间，因为鉴于上层建筑的双重性（以及斯图尔特·霍尔提到的上层建筑与社会环境脱节的倾向），鉴于这个或那个历史时刻的启示——即文化具有社会功能，文化既受制于制度又为制度服务，文化的审美和悠闲、恢复和空想的外表是一种假象，一种诱惑——这种及时的提醒很有益处，对于文化知识分子尤其如此。但是，如果一切都成了权力，我们便不需要这种提醒了，而且它也不再具有非神秘化效果了（非神秘化过程原来有个好处，那就是向知识分子提出挑战）。那样一来，用“权力”来解释事物就像用鸦片来催眠一样，难以令人满意；如果权力无所不在，那么谈论权力就没有多大意义（福柯之所以能这样做，是因为他作为历史学家力求确定现代社会中新权力模式是如何出现的）。说到这里，我要反问一句：那个刚才在这些文章里意外出现的公司官僚，我们诋毁他的权力有什么好处？不如把眼皮放到跨国公司本身的结构上，从而了解纯属大公司文化的影响和生产方式。但是，在种族主义、男子英雄主义、权威主义和有意无意的虐待狂诸行为当中，个人受制于别人的经验一旦转化为更加高级和复杂的社会现象，就会出现混乱：孔拉德（Konrad）和捷林民（Szelenyi）曾经指出，资本主义文化生产的经验领域相对来说是晚期资本主义社会中已经过时的或不发达的、倒退的国中之国[13]。它对充满企业家精神的时代眷恋不已，然而这种精神只存在于早已消逝的企业社会，现在仅仅作为一种怀旧的情绪出现（雅皮士那一套市场说本身就是一种需要作文本分析的文化症状）。因此，毫不奇怪，听命于人、任人摆布的某种封建社会的现象有时也会被带进冷漠的共同的世界。但是在这里这种现象是一个有待分析的文本，而不是一种仍然有助于破译其他当代社会文本的解释密码（然而，对人身的残暴行为或象征性的残暴行为反映出来的可能是社会意义上的权力已不复存在，而不是这种权力的实施）。

通过这种时代错位，文化研究（和其他学科）顿时被注入一整套自由政治理论和意识形态；因为“权力”说兜里揣着许多法宝——比如对经济分析的摈弃，赤裸裸的无政府主义，以及坚持反对派立场的英雄主义与“跟现行制度对话”的“现实主义”之间非神圣的联姻。权力这个问题，韦伯和福柯都先后系统地阐述过，不过研究权力是一个反马克思主义的步骤，旨在取代对生产方式的分析。对权力的研究固然开辟了新的领域，产生了一些丰富的、令人着迷的新材料，但是使用这些材料务必留心它所附带的意识形态后果，知识分子更应该警惕那种祈灵保祐式的如醉如痴的自我陶醉。

地理政治祈使令

在这两个流行词留下的空白里，在批判大众化所留下的意识形态的松懈处，现在我们不仅应该讨论需要做些什么，而且要表明该集子里的许多文章是怎样朝那个方面努力的。

从根本上讲，这是文化研究的空间侧面（这一点乔娣·伯兰德已强调过），这个侧面首先可以从某些外国人委婉表示的对美国地方观念和例外论的反感中看出来。所以斯图尔特·霍尔宣称自己被吓得目瞪口呆。他说，美国出现的巨型爆炸性的文化研究，正迅速地走向专业化和制度化，我们面对这些，绝不会感到遗憾，因为我们也曾试图在伯明翰这样的大学建立起一个边缘化的研究中心。然而我不得不强调，美国文化的这种走向使我想起，我们在英国总是觉得制度化是一个极其危险的时刻（285）。我们已经看到，一些澳大利亚学者在思考美国文化机构（大部分是私立的，与他们国家的不同）的不同意义和重要性时，并未得出必要的不同结论（也可参见格雷姆·特纳对于澳大利亚和加拿大差异的论述［644～645］）。以这种方式讨论文化机构似乎会引导出民族差异的论调（这在该集子里成了一种颇有影响的偏见），但这种看法太局限，太容易产生误解。

这是一种特殊的世界范围的收缩现象，麦根·莫里斯在一次慷慨激昂的发言中，就此作过精辟透彻的论述：

> 这次大会交流使我意识到我尚未讲清楚为什么在这样一个大会里欧洲中心论竟会使我如此忧心忡忡。我有的是一种躁动不安的情绪，而不是一种能够清楚阐述的立场。也许这种情绪只在我发言的时候才流露出来，并未反映在我文章的字里行间。这次大会制定了新的文化研究示意图，但令我躁动不安的是图上未标明的东西，而不是已经标明的东西。我们谈到当今世界区域性或全球性关系时，就好像世界上根本不存在日本、韩国、香港、台湾、新加坡或印度这样的国家或地区，至少没有把它们当作正在兴起的世界权力结构中的一部分。我只有一次听见有人提到太平洋海岸，不过谈的仍然是北美、中美、南美之间的关系，只停留在北美大陆上，并没有涉及太平洋两岸。我不是主张包罗万象，只不过有些全球化结构潜伏着改变未来世界各地人民生活的可能

性，尽管只是在经济方面；这些结构所遵循的也不太像是老一套的两分结构（如英国/美国或美国/苏联），倒是对欧洲中心论的传统性批判有时竟以欧洲为中心地采用这种两分结构。我认为忽视这一点是个政治错误。(476)

这是本次大会的一个高潮，很值得讨论。可以说，用“欧洲中心论”来表示美国地方主义似乎不太适合了：尽管这种地方主义深受欧洲典范观点的影响（充满了重新抬头的不无意识的亲英情绪——继大理论时期的亲法情绪之后），这些观点现在也只表明由美国把持的北约组织对世界的看法，旧欧洲对我们已不复重要，就像伯明翰对新兴美国文化研究不再重要一样。欧洲和英国对于澳大利亚和加拿大人来说无疑很重要，而对于美国来说则不同了。也许这正是麦根·莫里斯发言的潜台词和言外之意，她责备我们对欧洲和俄狄浦斯情绪担心不够，太踌躇满志了。正因为这样，她所宣扬的新太平洋边缘文化在澳大利亚人和美国人眼里才意味着不同的解放，美国人力图与日本人分享这种文化。莫里斯排除了拉丁美洲，这是一个疏忽，由唐娜·哈拉威（Donna Haraway）矫正了。后者对类似的太平洋文化的描绘要是与莫里斯的摆在一起，会给人不少启迪：

我在科罗拉多的一镇子上长大，我曾经以为太平洋发源于堪萨斯的什么地方，而且堪萨斯市以东发生的一切都应看做是东海岸的一部分。我知道科内尔在加利福尼亚长大，但我想你也许在东部呆得太长。保罗从大西洋主义立场对非洲传统、非洲文化和美国黑人所作的重新阐述，也为我重新阐述了许多问题。我想提出一个看

> 法，是关于加利福尼亚的，这个看法密切关系到把世界同拉丁美洲、中美洲、墨西哥联系起来看。这些区域或国家生活在被征服的领土上，就好像魁北克成了加利福尼亚的一部分，而不是你们所谈论的世界的一部分。这就是太平洋主义。我想起了伯尼斯·约翰逊·里根（Bernice Johnson Reagon）关于联合政治的发言，这种联合政治出现在西海岸的妇女音乐节上，是美国女权主义和“有色妇女”这一范畴结构里的典范文本，也是一种女权文化政治和反映新世界文化政治眼光的结构中的典范文本。以上这些没有一样为黑人/白人和美国/英国这种两分法倾向的局限，只是掺入了一点澳大利亚人和加拿大人的东西。这种特殊的世界划分地图排除了这些真正关键的问题。（703）

这一切都似乎印证了克利福德的文化观，他把文化研究当作一种基于旅游和观光事业的模式；但这样也许会忽视更深层、更有意思的冲突，比如莫里斯和保罗·吉尔罗伊双方激烈交战中所表现出来的冲突。吉尔罗伊建议承认和重建一个真正的黑人大西洋文化，这是个了不起的提法，乍听起来好像与太平洋边缘文化形成对称的关系，但他提出的是一个有些不同的议程表：“黑人大西洋文化的特殊性可以通过这种企图超越民族—国家结构和种族及民族特殊性禁锢的愿望在某一个层次上界定”（194～195；我们已经看到吉尔罗伊的文章直言不讳地摈弃了“身份政治”或文化分裂主义）。但是吉尔罗伊能够（也必须）抵制鼓吹英国或美国文化例外论的分裂性趋势（即使是打着英国黑人或美国黑人文化例外论的幌子）：游移不定的、非中心化的加勒比海群岛便支持这种抵制。然而，也许澳大利亚人和加拿大人不会轻易放弃民族这个关键性的问题和范畴，正如乔娣·伯兰德所说的：“我根据历史上围绕传播而进行的斗争传统，拒绝接受身份观念，因为在加拿大谈身份问题既不可能又非谈不可。这是一种进退两难的局面：身份这东西你不得不挂在嘴上说，因为它是一个问题；但你又无法说清这个问题，因为你一开口就把一个单一的定义强加到某种毫不单一的事物上了。”(52)

造成这种棘手局面的部分原因是“民族”和“民族的”这两个词显然仍旧承载着旧式自治民族国的全部含义，令人觉得我们大谈民族文化、民族位置（正如莫里斯在有趣地描述澳大利亚人对这些问题的看法时所说的那样）、民族寓言，仍然是为了搞分裂主义和文化民族主义。这些非常重要，给我们解释了为什么文化研究在结构上与“清一色”水火不容，并且在吉尔罗伊的发言里发挥了很大作用，胜过在莫里斯发言里所起的作用。但是应该提醒一句，自律是后现代时代一个巨大的政治问题；共产主义本身分崩离析是因为在多民族时代专制（甚至好些国家的社会主义）已不再成为可能。我们不应因此把民族主义看做是第二次世界大战以后世界的罪恶和中毒症状，而应把它看做是对不复存在的社会自律的怀恋；“民族”在今天应该用来表示一个系统中的一部分，这一部分永远应该暗指（多于二项的）相关性。的确，在讨论全球和空间问题时需要某种表示关系的全新话语；而我们在这些令人惴惴不安的辩论中感觉到的正是这种需要。[14]我们现在需要的——就多重主体立场以及文化身份的内部结构问题来说——不是连接，而是参差不齐的诸方面复合层叠：莫里斯颇有道理地请求我们“把文化研究当作一门有能力思考区域性、民族性、国际性行动和经验框架之间的关系的学科”(470)；不过，要是以“再现”这个词来取代“思考”也许更富有启发意义。奇怪的是，大卫·哈维在他那本论述精辟的《后现代性的条件》一书中所提出的模式莫里斯却始终拒绝接受：当然哈维的模式也未必是最后定论；但是它毕竟不失为测绘新全球体系的一种方式，可以为我们提供一个起点（其实莫里斯本人也说她的不同模式运用了与哈维相同的经济论点［474］。也许马克思主义有点太过时，莫非马克思主义也持欧洲中心论？事实上，莫里斯在她那篇文章的精彩时刻［455］，好像把那种似有封建意味的“为了英国和马克思主义!”的战斗口号归咎于特里·伊格尔顿［Terry Eagleton］，而这是爱尔兰的同志们永远不愿听到的。）尽管如此，莫里斯对民族文化的自我再现和对文化研究仍然缺乏的至关紧要的国际层面所作的讨论，是所有的发言中最有内涵、最令人振奋的。令人尴尬的是，竟然没有一个美国人思考这些问题（当然克利福德对这些思想作出了更富于反思的/更深沉的反应）。

种种结论和空想

现在应该总结一下这本书的教训（我从该书中学到的教训）：最好是提出未来的任务，或提出一项议程，这项议程不必像该集子的文章那样，局限于狭隘的制度化或未来学科意义上的“文化研究”。这个议程会包括群体、连接和空间，还将为商业化和消费打开新的门户。群体斗争现象——例如在贝尔·胡克思和默塞的文章里——提醒我们，文化文本如果解码得当，总是可望在这个象征性的过程中，构成许多信息，在广阔的冲突中代表形形色色的战略战术，就像在阶级斗争中一样。所以不难看出，适合社会阶级的解释学也应该在这里运用，因为稳定的文化对象、作品和文本应该被重写为群体斗争中的对话式的对抗性举动（这种斗争明确地把获得群体意识当作自身的一个目标），而这些举动常常表现为憎厌和嫉羡。

这种方法似乎用处已不太大，因为正如我们在这些文章中看到的，群体关系的现象已经内化了，已经成为一种显示混合情感和复合主体立场，显示富于创造力的精神分裂或痛苦的共意识的东西：不用说，这一切也可成为某一群体的集体状况。于是连接模式在这里又再度咄咄逼人；在这个特殊的领域里，在这个展示群体相互关系、群体内部现象或更大的整体群体相互关系的建构的领域里，我们从辩证模式（例如在群体之间的斗争里）走向结构模式。这个时期的诗学，相对来说，好像也有别于前一时刻的诗学，因为在那一种诗学里，文本可以转换成一种有象征意义和战略意义的价值，这种价值与文本的表面价值和组织形式同时存在。这里，在一个给定词语的范围内，转换等于解码或同义词，因为任何给定的词都可能同时负载多种截然不同的意义，而这种可能性使同一个文本可以同时为各种截然不同的解码系统（以及那些运用这些解码系统的群体）所用。在这里，群体联系是由某一关键的意核或原子构成的，该意核或原子凭着自身的多义性把不同的解码暂时绑在了一起。

但是这两种意义和分析区域仍然完好无损地保留在“文化研究”里面，文化研究现已被理解为某种广阔的群体战线或大众娱乐活动。第三维只有当我们接触到文化研究的边缘、目光转向真正的他体时才出现。所谓真正的他体即跻身于晚期资本主义及其全球性的制度之中的官僚或公司形象。这是因为这个他体再也不能同化到前面所描绘的那些结构中去，结果与它构成的各种关系必须由外部或空间模式来塑造，并要求一种地理分析，对此我们至今尚未具备特别成熟的语言（我的言外之意是这种分析既不是辩证的，也不是结构性的。这仅仅是一种印象，也许是一个可能的出发点）。于是，我们知识分子的社会作用和地位这时又会突然引起关注，因为这是一种以地理政治为媒介的作用，它的价值是由世界体系本身和我们在其中所处的位置所赋予的。于是在我们个人的解读和分析中，不得不强行重新要求达到一种地理性的反思和地理政治性的自我意识，并要求行之有效地对“民族”形势作某种描述，而我们的分析正是从这种“民族”形势角度来进行的：不用说，“民族”现在仅仅是一个关系词，用来表示世界体系的各组成部分，这个体系也可被看做是各种空间的重叠复合（民族的以及局部的和区域的，世界体系本身的以及地理性联盟的诸种空间）。那样一来，美国文化研究，就像在这里一样，也许不得不更具自我意识地在它的研究成果上写上自己的地址。

但是，谁说美国等于全球资本主义：向全球资本主义的文化发展，那种有别于正在这里发挥作用的任何微型群体的真正他者的能动力，都要求回到某种形式的商品分析，尽管这种分析除了在乔娣·伯兰德有关“娱乐”的意识形态的那篇富有启发性的文章中以外，几乎找不到什么痕迹？也许，我们从某种大众化的角度能够感觉到，把这些文化产品当成即将被纯粹形式化的消费过程淘汰的商品，好像是在贬低它们的形象，降低它们的尊严，忽视它们的其他社会和群体功能（上面已有概括）。但是，如果分析讲究适当的复杂性的话，情况就不同了，尽管毫无疑问，对于具有文化和集体嗜好性质的消费来说，消费行为是一种空洞的行为，对物体的具体内容毫不关心，因此不宜于对消费行为作细致深入的分析。即使如此，冲突，异化，再统一，以及过去被称作非真实可靠的东西，都必须充分注意。任何真正有趣的东西都具有否定性；在考虑真实的时候，应该把谬误和意识形态、假象这些客观事实也包括进来；标准化消费如同音障一样，它将作为一个生活事实和频谱上限的物理规律直接面对意气风发的大众主义。

一步之外便是空想。凡是有朦胧的欣赏、集体性的弹冠相庆和自我陶醉的地方就有空想。空想也在这些文章里悄悄地发挥作用。不过空想必须得到表现，否则它就会被乌烟瘴气的现实窒息。唐娜·哈拉威在一篇博大精深的文章里，对空想下了具体的定义，恕我无法在本文的结尾详加介绍：她以一种流转不已、徐徐更替的方式，为我们的各个方面设置了一系列本质上具有他体性质的或替换意义的空间——如相对我们社会空间的雨林，相对我们物质空间的外星空间，相对我们传统身体的生物医学微观世界，以及相对我们传统头脑的科幻小说的宏观世界。但愿所有这些空想像星汉灿烂的天空一样，照耀着这本大会论文集，实际上也照耀着整个的文化研究。

【注释】

［1］劳伦斯·格罗斯伯格、卡里·奈尔逊和保拉·A·特莱契勒编：《文化研究》（*Culture Studies*，New York：Routledge，1992。本文中引文除特别标注外均引自此书，出现时只标注页码）。

［2］如“马克思主义和女权主义的不幸婚姻”：参见珍·盖勒普近作《1981 年前后：学术界女权主义文学理论》。该书深入细致地探讨了新崛起的女权主义如何运用寓言模式叙述自身崛起的经过。

［3］还应该提到狄克·海伯狄吉的《亚文化》（*Subculture*），这次大会所采用的风格和立场主要是由他首先提出的。

［4］详见卡里·内尔逊那篇得意洋洋的纲领性文章《文化研究无时无处不在》，载《中西部现代语言协会期刊》（“Always Already culture Studies”，*Journal of the Midwest modern Language Association* 24，no. 1 ［1991］，pp. 24－38）。

［5］弗里德里克·詹姆逊：《评论》，载《现代希腊研究期刊》（“Commentary，” *Journal of Modern Greek Studies* 8 ［1990］，pp. 135－139）。

［6］迈克尔·丹宁：《〈美国的特殊情况〉：马克思主义和美国研究》，载《美国季刊》（“‘The Special American Conditions’：Marxism and American Studies", *American Quarterly* 38, no. 3 [1986], pp. 356-380)。

[7] 见马克思《政治经济学批判大纲》(1857) 前言，同时参见路易斯·阿尔都塞 (Louis Althusser) 和艾蒂安·巴里巴 (Etienne Balibar) 的《解读资本》(*Reading Capital* [London: Verso, 1970], 174ff, p. 207)。我得感谢佩里·安德森 (Perry Anderson) 和肯·苏林 (Ken Surin)，多亏他们，我才得以匆匆忙忙拼凑这个谱系。霍泽·里帕尔达·克莱斯泊使我确信连接这个概念在马克思以后变得平庸不堪，继而在中世纪式的经院派那里丧失殆尽。同时，俄纳斯陀·拉克劳 (Ernesto Lacau) 和珊塔尔·墨菲 (Shantal Mouffe) 最近在《支配权和社会主义策略》(*Hegemony and Socialist Strategy* [London: Verso, 1985], 105ff) 一书中对联盟政治所作的精彩剖析中，也使用了这个词，这是个最好的例子。不过该书并未对这个概念作历史性的考察（这个词也未见于格朗姆希的著述）。最近我从迈克尔·丹宁和安德鲁·罗斯那里得知，伯明翰学派用来表达这个概念的最基本的形象——具有历史火车头的意味！——是英国人所谓的"连接好的卡车"。

[8] 哈拉尔德·艾德海姆 (Harald Eidheim)，《当少数民族身份成为社会耻辱时》，载弗里德里克·巴斯 (Fredric Barth) 编：《少数民族群体和边界线》(*Ethnic Groups and Boundaries* [Boston: Little, Brown, 1969], pp. 39-57)。同时参见伯恩纳德·麦克格伦《超越人类学》(Bernard Mc Grane, *Beyond Anthropology* [New York: Columbia University Press, 1989])。该书独辟蹊径地分析了他体在文艺复兴时代、启蒙运动时期和19世纪的不同喻义。在文艺复兴时代，他体被视为恶魔，与金钱和调味作料相提并论；在启蒙运动时期，他体被用来指异教徒和没有启蒙的人，指他们对未知的世界规律一无所知；在19世纪，他体被用来指某一早期的历史阶段。

[9] 康纳德·霍洛维兹：《相互冲突的民族群体》(*Ethnic Groups in Conflict*, p. 90-92)。并参见佩里·安德森在《民族国家和民族身份》("Nation-states and National Identity," *London review of books* 9 [May 1991], pp. 3-8) 一文中对"民族性格"所作的别开生面的分析。

［10］艾蒂安·巴里巴：《存在“新种族歧视主义”吗？》，（“Is There a ‘NeoRacism’?”），原载史蒂安·巴里巴和伊曼纽尔·瓦勒斯登的《种族、民族、阶级》（Etienne Balibar and Zmmanuel Wallersteine，*Race*，*Nation*，*class*［London：Verso，1991］，pp. 17－28）。

［11］例如参见康士坦斯·朋莱的发人深省的见解，他认为在大众的眼里，知识分子——此处指女权主义者——似乎属于上层阶级：“社会底层的人觉得他们无法借助女权主义表达他们对一个更好的、性解放的、更加平等的世界的向往；他们觉得他们无法像女权主义者那样说话，女权主义者也不能代表他们”(492)。

［12］但是有必要像科内尔·韦斯特那样强调，宗教（尤其是原教旨主义）是美国群众文化的一个巨大的组成部分。不过在这里分析得远远不够，而且再现得也远远不够。

［13］见吉奥基·孔拉德和伊凡·塞冷民的《知识分子在通向阶级权力的道路上》(Gyorgy Konrad and Ivan Szekenyi，*Intellectuals on The Road to Class Power*［New York：Harcourt Brace Jovanovich，1979］)。

［14］这种看法对文化生产也同样适合，参见西蒙·弗里斯对音乐文化的研究。他说，“这个世界的冲突与其说表现在业余爱好者和专业人员之间，倒不如说表现在地区参照群体和全国性参照群体之间”。

（谢少波　译）

大众文化的具体化和乌托邦*

大众文化的理论——或大众视听文化，商业文化，“通俗”文化，文化工业，像它被多种多样地理解的那样——总是倾向于相对所谓精英文化来限定它的对象，而没有考虑这种对立的客观情况。如此经常地，它们在这一领域中的立场把自身变成为两种镜像，并通过其价值得以本质的表现。因此常见的精英主义的母题基于接触大众文化的民众数量极其众多而论证大众文化的优先权；对精英或深奥文化的追求于是被指责为是知识分子小群体的一种身份爱好活动。就像它的反知识的攻击所暗示出的，这种基本否定的立场并没有多少理论内涵，但清楚地对美国人民党主义中的一种根深蒂固的信念作出反应，并联系到一种广泛的基本看法，即精英文化是一种确立机制的现象，必然因它与学院尤其是大学的联系而受到玷污。因此这种立场所产生的价值是一种社会的价值：更喜欢论及电视节目、《教父》或《死地》，而不是华莱士·史蒂文斯或亨利·詹姆斯，因为非常明显前者所讲的文化语言，远比知识分子社会地表现的事物对更为广泛的民众阶层具有意义。不过人民党主义的激进分子也是知识分子，因此这种立场带有犯罪过失的怀疑联想；同时它忽略了大量现代艺术最重要形式的反社会的和批判、否定的（虽然一般地不是革命的）态度；最后，它对这些甚至由它维持其价值的文化客体没有提供任何解读的方法，而且对谈论它们的内容也很少有兴趣。

---

* 本文译自《可见的签名》(Routledge，1990)。

这种立场于是在法兰克福学派创立的文化理论中被颠倒了；由于适合人民党立场的这种确切的对立，所以阿多诺、霍克海默、马尔库塞和其他人的作品是真正的理论作品，为精确地仔细分析它所指责的、激进观点所赞扬的那些文化工业的产品提供了工作方法。简言之，这种观点可以说是把马克思主义物化的理论扩展并应用于大众文化的作品。物化（这里强烈地覆盖着马克斯·韦伯的合理性分析）的理论描述了一种方式，在这里，在资本主义条件下，人类活动的旧的传统形式被工具性地改组和“泰勒化”，被按照效果的多种理性模式通过分析拆散和再建，沿着手段和目的之间区分的界限本质性地重组。这是一种似是而非的观念：直至在什么程度上手段与目的分离，有效地廓除或悬搁目的本身得到理解，它才能被适当地欣赏。由此才有了法兰克福学派“工具化”术语的战略价值，它通常将手段本身的组合置于前景，与归于其实践的任何特定的目的或价值相对。[1]换言之，在传统活动中，活动的价值对它来说是内在的，同时对另一目的或价值的定性区分与人类工作或游戏的其他形式相联系。社会地看，这意味着在这种社团里各种各样的工作其实是不可比的；比如，在古希腊，常见的在技艺或诗歌中起作用的亚里士多德学派的四因说（质料因、形式因、目的因、动力因）仅仅对于工艺劳动是适合的，对于具有相当不同的“自然的”——即使说超自然的或神圣的——基础的农业或战争则是不适合的。[2]只有通过劳动力的普遍商品化——马克思的《资本论》认为这是资本主义的基本前提——所有人类劳动的形式才能作为活动的不同类型（采矿与农业相对，钢琴作曲与纺织操作有别）从它们独特的性质区分中分离出来，一切被普遍地安排在定量的公分母下，亦即在普遍的金钱的交换价值之下。[3]于是，在这里，人类活动不同形式的性质，它们独特的和不同的“目的”或价值，有效地被市场体系廓除或悬搁，使所有这些活动作为纯粹的手段或工具从效率方面被自由地无情地重组。

将这种看法应用于艺术作品的力量，可以根据传统的（特别是康德的）审美哲学对艺术的定义来衡量，它认为艺术是一种“没有目的的终结”，就是说，一种以目标为导向然而在商业或政治或具体的人类实践的“真实世界”中没有任何实际意图和目的的活动。这种传统定义无疑对像这样运作的所有艺术是适用的：不是对失败的小说或家庭电影或笨拙的诗歌涂鸦，而是对同样成功的大众文化和精英文化作品。我们观看《教父》时，同我们阅读《鸽翼》或聆听贝多芬的奏鸣曲时一样，都会暂时完全终止我们真实的生活和我们即时的实际成见。

不过，在这一点上，商品的概念将结构和历史区分的可能性，引入到那种被构想为审美经验本身和其他形式的普遍描述之中。商品的概念从不同的角度，从消费的角度穿过具体化的现象——前面从活动和生产方面作了描述。在一个所有东西（包括劳动力）都成为商品的世界里，目的同生产计划一样不被区分——它们都被精确地量化，通过钱、各自的价格或工资可以抽象地进行比较——然而我们现在能够以一种新的方式系统阐述它们的工具理性，它们沿着手段/目的分裂和重组，因而我们可以说，不论任何类型的事物，通过转变成商品，本身都已经变成了对它自己消费的一种手段。它不再有其自身的任何定性价值，而且限定于它能被“使用”的范围之内：各种形式的活动丧失了作为活动的内在固有的满足，变成了达到一种目的的手段。

资本主义商品世界的客体也流露出它们的独立“存在”和本质属性，逐渐成为如此众多的商品满足的工具：常见的是旅游的例子——美国游客不再让风景像海德格尔说的那样“处于其存在状态”，而是拍摄一个快照，从而生动地把空间转换成其自身的物质形象。于是观看风景的具体活动——无疑包括伴随这种活动本身的不安和迷惑，或那种必然出现的焦虑（当人们面对非人的存在不知道他们在那里正做什么，也不知道最初这种遭遇的意图和目的是什么的时候，他们必然会产生焦虑[4]）——被占有它并把它转变为个人财产形式的行动轻松地取而代之。这就是在戈达尔的《带卡宾枪的士兵》（1962—1963）里，新世界的征服者展览他们的战利品的那个大场景的意义：不像亚历山大、“米歇尔—安吉”和“尤利斯”那样仅仅拥有一切事物的形象，神气地展示他们的议会厅、金字塔、华尔街、吴哥窟等众多枯燥图画的明信片。这也是盖伊·狄博在《景观社会》这本重要著作中所作的断言的意义，他认为在当代消费社会里，商品具体化的最终形式无疑是形象本身。[5]随着我们的客体世界的这种普遍的商品化，还提供了对当代显著消费的其他指向性的常见说明，并提供了对我们的客体和活动的性征化的常见说明：新型轿车基本上是一种使其他人对我们怀有的形象，我们消费的是它的抽象观念，而很少在事物本身，而且这种观念对所有被广告精心装扮的力比多投入开放。

十分清楚，只要对商品化的解释隐含着消费社会中的所有事物都呈现一个审美的维度这一含义，那么这种解释就直接与美学相关。然而，阿多诺和霍克海默对文化工业分析的力量，在于它表明了商品结构如何出乎意料地、不被察觉地进入到艺术作品本身之中。不过，这有点像是最终办不到的事情，像是工具化对那种实是艺术本身的“没有目的的终结”的胜利，像是通过手段与目的世界的逻辑对非实践性的最终领域的稳定的征服和殖民化，或者是对纯粹的游戏和反实用的征服和殖民化。但是，一个诗句的纯粹的物质性怎么能在那种意义上“使用”呢？尽管非常清楚我们何以能购买一部汽车的观念，或因演员、作家和模特们手中的香烟所产生的纯力比多的形象而吸烟，但一种叙述怎样能够因为其自身观念的利益而被“消费”却是很不清楚的。

在其最简单的形式中，这种对工具化的文化的看法——它在泰凯尔集团的美学中是含蓄的，在法兰克福学派的美学中亦复如此——暗示阅读过程是沿着手段/目的分离的自身再建。在这里把奥尔巴赫在《模仿》中对《奥德赛》的讨论和他对一种方式的描述并列起来是有道理的，在这种方式里，诗在每一方面就其本身而言可以说是至上的、自我包容的，每一个诗段和场面仿佛都以某种方式是永恒的和固有的，没有任何必然性或必不可少地与它前后的东西相联系；用这种眼光，欣赏当代作品的陌生性、历史的非自然性（在布莱希特的意义上）便成为可能，就像阅读侦探故事那样“为结局”阅读这些作品——书页的体积最终成为纯粹的、没有价值的手段——在这种意义上，在我们因此并非身处真实世界的情况下，“解决”本身是完全没有意义的，而按照后者的实际标准，想像的谋杀者的身份也完全是微不足道的。

侦探故事确实是一种极度特殊化的形式：它可以作为其象征的基本的商品化，仍然能够在当代商业艺术的亚文类中的各个地方被发现，在这种情况下，这种形式的这部分或那部分的物质化逐渐形成一个目的或一种消费满足，围绕着这种满足，作品的其余部分被“贬抑”为纯粹的手段。因此，在古老的冒险故事中，结局（英雄或恶人的胜利，珍宝的发现，女英雄或被囚禁的同伴的获救，恐怖情节成为泡影，或按时到达揭穿一个丑恶的计划或秘密）不仅仅代表具体化的目的，由此其他的叙述被人消费——这种具体化的结构还进入这本书写作的每一个页码的细节。每一个章节本身都概括着一个更小的消费过程，以一种新的反复性的对形势颠倒的凝结形象收场，构成一种实现其单独潜能的平面人物的更小的满足（“易怒的”内德·兰德最终大发雷霆），组织它的句子进入每一个都是亚情节的段落，或者围绕着“至关重要”的句子或“戏剧性”的场景像物体般地停滞，与此同时整个这种阅读过程通过间断的说明被纳入程序，或者在事实之前，或者在事实之后，再次确认我们读者的事业，亦即尽可能地将明显的语言流转变成物质的形象和我们能够消费的客体。[6]

然而这仍然是叙述的商品化中的一个相当初始的阶段。更微妙更有趣的情况是，在这种方式里，自从自然主义以来，畅销书倾向于生产一种准物质的“感受心态”，它飘浮在叙述周围，只是间断地得到实现：比如，家庭小说中的命运感，各种长篇叙事中人间的“史诗”节奏或伟大“历史”运动的“史诗”节奏，它们可以被视为众多的商品，叙述只不过是对这些商品消费的方式，它们本质上的物质性在伴随其电影剧本的电影音乐中得到确证和体现。[7]这种叙述和可消费的感觉的区分是一种更广泛的和在历史及形式上更重要的“听觉崇拜”现象，阿多诺在谈到当代听众重构一种经典交响乐、以便奏鸣曲形式本身变成一种导向对分隔和弦或旋律消费的工具性手段的方式时，也指斥过这种现象。

于是非常清楚，我会考虑法兰克福学派最重要的对大众文化商品结构的分析。如果在下面我设想一种观察同样现象的不同方式，这并不是因为我感到他们的探讨方式已经枯竭。相反，我们几乎还没有开始找出这种描述的后果，更不用说在商品具体化以外制定各种模式和其他特性的详尽清单，而根据商品具体化这样的人工作品还是可以被分析的。

法兰克福学派令人不满的并不是它的否定和批判的立场，而是这种立场所依赖的肯定的价值，即维护传统的现代主义高级艺术的价值，把它作为某种真正是批判和颠覆或“自动”审美产品的轨迹。这里，阿多诺后来的著作（以及马尔库塞的《美学的维度》)，标志着从他以前在《现代音乐哲学》里对阿诺德·勋伯格成就的辩证的矛盾估价的一种后退：后来的判断所删去的恰恰是阿多诺对伟大的现代主义形式的历史性的实质性发现，特别是对其不可逆转的发展过程的发现。但是，如果是这样，那么现代精英文化的伟大作品——无论是勋伯格、贝克特，甚或布莱希特本人——便不能作为一个固定的点或永恒的标准，不能依靠它们来衡量大众文化的“低级”状况：实际上，在最近的艺术产品中，片断的、尚未充分发展的趋势[8]——视觉艺术中的超级或照相现实主义；拉蒙特·扬、特里·赖利或菲力普·格拉斯那种类型的“新音乐”；类似品钦的那些后现代主义的文学文本——表明了高级文化和大众文化正日益互相渗透。

因为所有这些理由，在我看来，我们必须重新考虑精英文化/大众文化的对立，使传统上流行的对评价的强调——这种由二元对立价值体系运作的评价（大众文化是民众的，因而比精英文化更权威；精英文化是自主的，从而与低级的大众文化不可相提并论）倾向于在绝对审美判断的某种永恒领域里发生作用——被一种真正是历史和辩证地探讨这些现象的方式代替。这样一种方式要求我们把精英文化和大众文化读作客观上相联系的、辩证地互相依存的现象，作为在资本主义条件下美学生产裂变的孪生子和不可分离的两种形式。然而在这资本主义的第三阶段或多国资本主义阶段，精英文化和大众文化双重标准的困境仍然存在，但这已经变成一种客观的矛盾——不是我们自己判断标准的主观问题——它有自身的社会基础。

实际上，这种大众文化出现的看法历史地迫使我们重新规定一贯反对它的“精英文化”的性质：旧时的文化批评家实际上易于不甚确切地提出关于过去“通俗文化”的比较问题。因此，如果你将希腊悲剧、莎士比亚、《堂吉诃德》、仍然广泛阅读的雨果型的浪漫主义抒情诗，以及像巴尔扎克或狄更斯的那些畅销的现实主义小说视为是广泛的“通俗”读者与高级的美学性质的统一，那么你注定要陷入相对价值——与莎士比亚甚或狄更斯比较衡量——的虚假问题之中，例如卓别林、约翰·福特、希区柯克甚至罗伯特·弗罗斯特、安德鲁·威思、西门侬或约翰·奥哈拉等流行的当代高品位的名导演的相对价值。如果人们认识到，从历史观点出发，惟一可以说组成与大众文化辩证对立的“精英文化”的形式，是精英文化的生产与大众文化同时发生，就是说，艺术的生产一般指“现代主义”，那么这个有趣话题的无意义性就变得非常清楚了。因而另外一端将是华莱士·史蒂文斯，或乔伊斯，或勋伯格，或杰克逊·波洛克，但肯定不是巴尔扎克的小说或莫里哀的戏剧那样的文化制品，因为这些作品实质上早于精英和大众文化的历史区分。

但是，这种解释显然也迫使我们重新考虑我们对大众文化的定义：如果不是知识分子的不诚实，后者的商业产品绝不会被纳入过去的所谓通俗艺术，更不用说民间艺术了，因为过去的通俗艺术就其产品而言是反映并依赖于极不相同的社会现实的，它们事实上是对多种不同社会群体或阶级的“有机”表达，例如农村、宫廷、中世纪的城镇、城邦，甚至古典的资产阶级——当时仍然是一个有其自身文化特征的统一的社会群体。晚期资本主义对所有这些群体的历史性的、独特的趋势的影响，就是通过普遍商品化和市场体系的腐蚀行为，分解并破坏或分裂它们，使它们成为独立的、同等个体的组合。因此，除非在非常特殊和边缘化的条件下（资本主义世界体系里所谓不发达的内在的和外在的小区），这样的“民众”本身不再存在；当代或工业的大众文化的商品生产，与旧的通俗或民间艺术的形式毫不相干，也没有任何共同之处。

如此理解现代主义与当代大众文化的辩证对立和深刻的、结构上的相互联系，为文化研究开启了一个全新的领域，这个领域比其他研究学科更容易从历史和社会方面理解，虽然其他研究或学科已经从战略上将它们的使命设想为这种或那种专门化的分支（例如在大学里，英语系与通俗文化项目）。现在这种强调必须广泛依赖社会的和美学的境遇——形式和公众的困境——这是现代主义和大众文化共同面临的情况，但以对立的方式得到“解决”。现代主义也只有根据那种商品生产才能被充分理解，而商品生产对大众文化的各种知识结构的影响我在前面已作过描述：单只对现代主义来说，商品的形式无所不在，不是成为一种商品，或者发明一种不会提供商品满足的美学语言，对抗工具化。这种立场和法兰克福学派（或较晚的泰凯尔集团）所维持的现代主义之间的区别，在于我认为现代主义是反应性的，就是说，是一种征象，一种文化危机的结果，而不是自身的一种新的“解决”：不仅因为商品是更重要的形式，单是依据这种形式现代主义就可以从结构上理解，而且因为它的解决的真正条件——现代主义文本作为独立的个人生产和主张的概念，以及它的符号系统作为许多个人语言（“风格”）和个人信仰的逻辑——是互相矛盾的，因此它的美学计划社会地或具体地实现（马拉美的“著作”理想可以作为后者的基本模式[9]）便成为不可能的（一种不应是必须补充的判断不是关于现代主义文本“伟大性”的价值判断）。

不过，在垄断资本主义和晚期资本主义条件下，还存在着艺术境遇的其他方面，它们仍然还没有得到探讨，因此可以提供同样丰富的视角来考察现代主义和大众文化以及它们结构上的依赖性。例如，另一个这样的问题是当代艺术中的物质化问题——一种被很多当代马克思主义理论悲哀地误解的现象（因为明显的理由，这不是一个曾引起学院形式主义注意的问题）。这里，由于与法国传统（因其权威性而受到阿尔都塞和拉康的重视）对“物质能指”和“文本物质性”或“文本生产物质性”的赞扬并置，这种误解被黑格尔学派的传统（卢卡奇和法兰克福学派）对审美具体化现象——它提供一种否定价值判断的概念——的拙劣强调戏剧化了。如果你认为“具体化”和日益物质化的能指的出现可能是一种相同的现象——不论在历史上还是在文化上——那么，这种意识形态的大辩论最终都是以一种基本的误解为基础的。又一次，混淆产生于把错误的价值问题（它致命地把每一种二元对立设计为好和坏、肯定和否定、本质和非本质的两极）引进到一种更合适的矛盾辩证的和历史的境遇之中，而在这种境遇里，具体化或物质化既是现代主义又是大众文化的关键的结构特征。

限定这个新的研究领域的任务，最初会涉及其他这种有争议的主题或现象，因为根据它所可以有效地探讨大众文化和现代主义的相互关系——不过现在做还为时过早。这里，我只想注意另一个这样的主题，它在说明现代主义和大众文化对其共同社会情境的对立的形式反应方面，我觉得具有非常重要的意义。这个主题就是“重复”的概念。这种概念——其现代形式我们归之于克尔凯郭尔——在最近的后结构主义里已经有过丰富而有趣的新的详细论述：比如，让·鲍德里拉认为，他称之为仿真幻影（即没有原本的“副本”的复制）的重复结构，体现了消费资本主义商品生产的特征，并以一种非真实和一种与任何早期社会形态中所经历的任何事物都不相像的自由流动的“参照物”（如迄今被自然、原材料和初始产品或被艺术产品或手工产品的“原本”所占据的地位）的缺失，标志着我们的客体世界。

如果这是事实，那么我们就会期待构成关于当代美学生产矛盾情境的另一种特征的重复，对此现代主义和大众文化只能以这种或那种方式作出反应。实际上这是事实，人们只需援用所有现代的理论和实践的传统的意识形态立场（从浪漫主义作家到泰凯尔集团，经过古典英美现代主义霸权的公式），观察对创新和新奇的战略性强调，对先前风格的必然破除，以及日益增长的“革新”的压力——随着日益加快的暂时性，随着年度或季节的风格和时尚变化，这种压力以几何级数增长，要求生产抵抗和打破“重复”的引力的东西，把它作为商品对等物的一种普遍的特征。这种审美意识形态确实没有任何批判或理论的价值——一方面，它们是纯形式的，通过从任何特定时代的风格变化的具体内容抽象出某种革新的空洞概念，最后甚至拉平形式的历史（更不用说社会的历史），投射出一种循环的变化观——然而，在探求各种现代主义如何不自觉地以其在内形式被迫对重复本身的客观真实做出反应方面，它们却是有用的征象。在我们自己的时代，“文本”的后现代主义概念和分裂的写作的观念，明显表明了这种现代主义美学的使命，即生产本质上不连贯的句子，这种句子不仅在打破旧的形式或旧的形式模式方面无视重复，而且在文本自身的微观世界里现在也无视重复。同时，从格特鲁德·斯坦因到罗伯—格里耶，现代主义设想所占用并使之成为自己的种种重复，可以被视为一种以少胜多的战略，由此令人反感的、无法容忍的外在刺激剂被纳入审美过程本身，从而被体系性地重做或“展现出来”，以象征的方式中立起来。

但非常清楚的是，重复对大众文化的影响同样是决定性的。实际上，人们常常注意到，旧的文类话语——受到各种现代主义革命的蔑视，它们成功地排除了抒情诗、悲剧、喜剧，最后甚至“小说”本身的旧的固定形式，现在被无法归类的文本所取代——仍然在大众文化领域里保持着强有力的后劲。出售纸皮本书籍的杂货店或机场的书刊陈列，加强了现在的所有亚文类的区分，如哥特式小说、畅销书、志怪小说、科幻小说、传记作品或色情文学作品，它们就像每周电视系列的常规分类或好莱坞电影的生产和销售的分类（诚然，在当代商业电影中发生作用的分类系统完全不同于30年代和40年代生产的传统模式，它不得不通过发明新的无类别形式或混合类别形式对电视的竞争作出反应，然而这些形式本身同时又变成新的“类型”，折回到通常的类别陈规和再生产——就像最近的灾难电影或神秘电影那样）。

但是，我们必须历史地详细说明这种发展：旧的前资本主义的文类标志着文化生产者和同阶级或群体公众之间的某种审美的“契约”；它们从审美生产和消费的境遇的社会与集体状况（无疑会根据所说的生产方式发生巨大变化）汲取它们的活力——就是说，艺术家和公众之间的关系仍然以这种或那种方式是一种社会机制，是一种具体的社会和人际之间的关系，具有自身的合法性和特殊性。随着市场的到来，艺术消费和生产的这种制度化的状况便逐渐消失：艺术成为商品生产的又一个分支，艺术家失去所有的社会地位，面临着成为一个“令人讨厌的诗人”或一个记者的选择，与公众的关系也出现问题，后者实际上变成了一种“找不到的公众”（诉诸后代，司汤达的题词“致快乐的少数人”，或者格特鲁德·斯坦因所说的“我为自己或陌生人写作”，这些都是对这种无法容忍的新事态的明显证据）。

因此，在大众文化中出现的文类的残余，绝不能被当作对前资本主义社会公众稳定性的一种回归；相反，大众文化的类别形式和标志，应该非常独特地被理解为是对旧结构的历史地重新占用和取代，服务于性质上迥然不同的重复的境遇。大众文化分裂的或系列的“公众”，想一遍又一遍地看到同样的事物，因此迫切需要类型的结构和类型的标志：如果你对此怀疑，想想你自己发现你从神秘小说书架上挑选的纸皮书竟是一本爱情故事或科幻小说时会多么震惊；想想靠近你排队买票的那些人，如果他们认为要看的是一部恐怖影片或神秘影片，而实际上放映的却是惊险片或政治秘密片，他们会多么恼怒。还可以想想许多被误解的电视的“美学破产”：各种电视系列片无力生产，或是社会“现实主义的”原因或是具有一种超越纯粹变化的美学和形式自治性的情节的那种结构的原因，与所涉及的人们的才能几乎没有任何关系（虽然它必定被不断增加的物质“消耗”和不断增加的新情节生产的发展速度恶化），而是完全在于我们对重复的“设定”。即使你是一个卡夫卡或陀思妥耶夫斯基的读者，当你观看一部警察电视片或一部侦探系列片时，你也会期待已成常规的格式，不想让电视叙述对你提出“精英文化”的要求。同样的情境也适用于电影，不过在电影里已经被制度化了，作为美国（现在是多国的）电影——决定着对类型重复的期待——和外国电影的区分，而这种区分决定着接受精英文化话语或所谓艺术电影的“期待视界”的转换。

这种情境对于尚未被充分欣赏的大众文化的分析具有重要的意义。“重复”的哲学性悖论——克尔凯郭尔、弗洛伊德和其他人作过系统的阐述——在这里可以得到理解，因为它仿佛只是“第二次”发生似的。第一次事件无疑不是任何事物的重复；因此它第二次被重新转变为重复通过了一种特殊的行为，即弗洛伊德所说的“追溯行为”。但是，正如仿真幻影那样，这意味着不存在任何“第一次”的重复，不存在任何“原本”的重复，后来的重复仅仅是副本；这里，现代主义在其著作的生产中也提供了一种奇怪的回响，这些著作像黑格尔的《精神现象学》或普鲁斯特的作品或《为菲尼根守灵》，你只能“重读”（rereading）。然而，在现代主义里，这种神秘的文本仍然存在，不仅是一个仍然要冲击的埃菲尔士峰，而且是一种你可以一次又一次回归其稳定现实的著作，在大众文化中，重复有效地挥发了原始的客体——

“文本”、“艺术作品”——以至于大众文化的学生没有最初的研究客体。

这种过程最突出的演示能够在我们对当代各种类型的流行音乐的接受中看到——如各种各样的摇滚乐、黑人民歌、西部乡村音乐或迪斯科。我想论证的是，我们从不会听到这些类型中任何一个的“第一次”表演；然而，我们在各种不同的情境中一直都在接触它们，从汽车里收音机不停地敲击乐器时的音响，到工作地点或购物中心的音响，一直到那些看上去像是正式的演出，如夜总会、体育馆的演奏会，或者你买了带回家去听的磁带，这种情境完全不同于对复杂经典作品的第一次茫然的试听，那种作品你可以在音乐厅里或在家里再次聆听。人们对这个或那个单一流行类型可能形成的热烈依恋，作为这种依恋特征个人所大量投入的各种内心的联想存在的象征，与作品本身一样完全是一种我们自己的熟悉所形成的功能：通过重复，流行的类型会不知不觉地成为我们自己生活存在结构的组成部分，以至于我们所听的就是我们自己，是我们自己以前的听觉。[10]

在这种情况下，试图恢复一种对“原始”音乐文本的感觉，或好像是“第一次”听到或曾经是“第一次”听到的感觉，是毫无意义的。无论这样一种学术或分析设想的结果是什么，其研究对象与理解为大众文化或曰纯粹重复的同样的“音乐文本”也大不相同，而且其构成也大有区别。因此大众文化学者的困境在于“原始文本”在结构上的缺失或在重复中散失；而且，按照中世纪学者那样重构一部文本的“选集”也不会获得任何东西，那些学者研究前资本主义的文类和重复的结构，只在表面上与当代大众或商业文化相似。我认为，即使求助于当前时髦的术语“互文性”也无法解释，我觉得“互文性”至多只是指出了问题而不是解决办法。大众文化给我们提出了一个方法论的困境，这就是说，以原始文本或作品的形式来假定评论或解释的稳定客体的常规习惯，令人不安地难以集中，更不用说进行解析；在这种意义上，这个研究领域里的一种辩证观念——其中现代主义和大众文化被理解为一种个别的历史和审美现象——也有在其一极假定原始文本残余的优势，并因此为处在另一极的困惑的美学世界的探索提供一种标杆，提供一种信息或导致文本参照消失的符号的轰炸。

以上见解并没有提出——更不用说解释——今天大众文化所面临的所有最紧迫的问题。特别是，我们有些忽略了一种不同的关于大众文化的判断，不甚严格地说，这种判断也产生于法兰克福学派关于主体的观点，但其追随者今天把“激进分子”和“精英分子”都算作左派。这是把大众文化作为由多国公司完全控制、完全进行商业灌输和多元分散的观念，因为非常明显，多国公司今天控制着大众文化生产和分配的每一个特征。如果这是事实，那么显然大众文化研究至多被纳入意识形态销售技术的剖析，归之于广告文本和材料的分析。不过，罗兰·巴特在其《神话学》中对后者的创造性考察，使它们进入到日常生活中文化运作和功能的整个领域；但是，由于操纵的社会学家（当然，法兰克福学派本身除外）几乎肯定地对封闭的或“高级的”艺术生产毫无兴趣（我们上面讨论了这种艺术生产与大众文化的互相依存的辩证关系），所以他们的立场的总的印象是完全压制对文化的考虑，只是在上层建筑的附带现象层面上作为一种沙箱式的问题。

因此这种含义表明，真正的社会生活——当政治理论和战略存亡攸关的时候，值得探讨或考虑的社会生活的真正特征——是马克思主义传统所指明的那些作为上层建筑现实的政治、意识形态和法律层面上的东西。这种对文化不停的压制不仅由大学的结构和各种学科的意识形态决定——因此，政治科学和社会学至多把文化问题归之为称作“文化社会学”的那种少数民族地区和边缘化的专业领域——而且，以一种更普遍的方式，它也是美国商业社会本身最基本的意识形态姿态的无意识的永久存在，对于这种社会，“文化”——归纳为戏剧、诗歌和高雅的音乐会——在日常生存激烈竞争的“真实生活”中，是那种典型的最琐屑无聊的活动。

然而，甚至唯美主义者（在50年代的前政治全盛期的美国最后见到）及其继承人——承认独特的高雅文化“价值”的大学文学教授——的使命，也有一种社会象征的内容，表达了（一般是无意识地）市场竞争所引起的焦虑以及对商品追求和商业价值重要性的否定：无疑，这些就像文化受到那些进行操纵的社会学家的著作的压制一样，它们也受到学院形式主义的全面压制，这种压制有助于说明当代文学研究的抵抗或防御，对于任何有些痛苦地重新引入纯属那种“真实生活”的事物——社会经济的或历史的语境——无不如此，而首先否定或掩饰这种“真实的生活”又是美学事业的作用。

我们必须向那些操纵的社会学家提出的问题是，既然文化远非阅读每月的好书或坐车在露天影院看电影的偶然事件，那么是否文化不是消费者社会本身的基本因素。实际上，从来没有任何社会像这样充满了符号信息。如果我们遵循狄博德关于当今消费资本主义社会中形象无所不在、无所不能的论点，那么，要说有区别的话，那就是真实的优先性颠倒了过来，一切都通过文化来调解，甚至政治和意识形态的不同“层面”基本上也得根据它们主要的表现方式来解决，也就是通过文化的表现方式来解决，霍华德·加韦斯、吉米·卡特，甚至卡斯特罗、红色旅、B.J.渥斯特尔、非洲的共产主义“渗透”、越南战争、罢工、通货膨胀本身——一切都是形象，一切在我们面前都带有文化表现的直接性，对此我们可以肯定的是，它们绝不是历史观念本身。如果我们想继续相信社会阶级这样的范畴，那么我们将不得不在文化和集体幻想的非实在的、无限的领域里挖掘它们。在我们的社会里，甚至意识形态也已经失去了作为偏见、错误的意识，或随时可辨认的观念的明晰性：我们的种族主义在电视和商业广告里与鲜明的黑人演员完全混淆起来，我们的性别主义不得不根据网状系列通过新的“妇女解放者”的模式来进行迂回。此后，如果人们想强调政治的重要性，那就由它去吧：直到这个社会中文化无所不在的情况被认识之前，关于今天政治实践的功能和性质的现实主义概念几乎无法设想。

确实，操纵的理论有时在它的构成中为那些少有的文化客体找到某种特殊的地位，而这些文化客体可以说具有明显的政治和社会内容：如 60 年代的抗议歌曲，《社会中坚》（拜伯尔曼，1954），克兰西·希格尔或索尔·尤里克的小说，美国墨西哥人的壁画，旧金山的滑稽戏剧团等。这并不是提出当今政治艺术的复杂问题的地方，只能说我们作为文化批评家的事业要求我们提出问题，并以某些新的和更满意的当代方式重新思考那种基本上仍是 30 年代范畴的东西。但是政治艺术的问题——如果我们没有认识到这是一个问题，而不是一种选择或一种现成的意见，那么我们对此就没有任何值得说的东西——表明了对这篇文章第一部分概要说明的构想的一种重要的限定。前面那些评论中隐含的预设是，真正的文化创造因其自身的存在依赖于真正的集体生活，依赖于各种形式“有机的”社会群体的活力（这种群体可以从古典的城邦到农村，从城市中少数民族聚居区的共性到革命前严阵以待的资产阶级的共同价值）。资本主义没有例外地系统地打破了所有紧密结合的社会群体的结构组织（包括它自己的统治阶级），并因此使源于群体生活的美学生产品和语言创新受到怀疑。结果如上面讨论的那样，美学表现辩证地分裂为两种方式，现代主义和大众文化，而且两者都同样脱离了群体的实践。这两种方式都达到了令人赞赏的高水平的艺术技巧，但是绝不能期望这些符号结构能够通过命令、奇迹或纯粹的才能变成以其有力形式可以称之为政治艺术的东西，或者在更一般的意义上，转变成实际上我们已经忘记的那种活的、真实的文化——它已经变成了一种非常少见的经验。这就是说，对最近两种最有影响的左派美学——一种是布莱希特—本雅明的观点，希望新生的大众文化技巧和30年代的交流方式转变成明显的政治艺术；另一种是泰凯尔集团的观点，重新肯定语言革命和以现代主义与后现代主义形式创新的“颠覆的”和革命的功能——我们必然不甚情愿地得出这样的结论：两者都没有论及我们这个时代的特殊条件。

今天惟一真实的文化产品，似乎是那种在世界体系中处于社会生活边缘地区的集体经验的产品：黑人文学和黑人民歌，英国工人阶级的摇滚乐，妇女文学，同性恋文学，魁北克的小说，以及第三世界文学；这种产品只有在这些集体生活或集体团结的形式尚未被市场和商品体系完全渗透的程度上才成为可能。这未必是一种否定的预测，除非你相信一种越来越平静的、无所不包的总体系统；不过，打破这样一种体系的——由于工业资本主义的发展，这种体系无疑一直出现在我们周围——确切地说是集体的实践，或者用其传统上不宜指名的说法，是阶级斗争。然而阶级斗争和文化产品之间的联系并不是直接的；你不会以阶级和政治标记装饰你个人的艺术话语来重新发明一种通向政治艺术和真实文化产品的方式。相反，阶级斗争以及真正的阶级意识的缓慢的、断断续续的发展，本身就是一种新的有机群体形成的过程，是集体打破资本主义社会生活具体分裂（萨特称之为连续性）的过程。在这一点上，说这种群体存在和说它产生自己特定的文化生活与表现方式，实际上并无不同。可以说，那是我对资本主义文化和美学命运的最初描述所缺失的第三个方面；不过，在尚不存在的情境中，考虑这第三种真正的文化语言类型所采取的形式是毫无意义的。至于艺术家，他们也认为“密涅瓦的猫头鹰在黄昏才起飞”，他们同样也像列宁在四月时那样认为，历史必然性的检验总是在事实之后，他们不可能比我们任何人知道的更多，究竟什么在历史上是可能的东西只能在经历过之后才能知道。

说过这些之后，我们现在可以回到大众文化和操纵的问题。布莱希特告诉我们，在正确的条件下，你可以把任何人重塑为你喜欢的任何事物（《人就是人》），只是他更充分地坚持情境和原始材料的重要性，而不太主张操纵理论所强调的技巧。关于操纵的概念或伪概念的关键问题，也许通过与弗洛伊德压抑概念的并置可以突出出来。实际上，弗洛伊德的机械论只有在其客体——创伤、强烈的记忆、罪过或威胁的欲望、焦虑——以某种方式被激起之后才能发生作用，而且还可能有进入主体意识的危险。因此弗洛伊德所说的压抑是决定性的，它有特定的内容，甚至可以说有些像是对那种以否定、遗忘、疏忽、失信、置换或代替等表现自身的内容的一种“认识”。

但是，艺术作品典型的弗洛伊德模式（像白日梦或玩笑），无疑是被压制的愿望的象征的实现，或者某种间接的情绪结构的象征的实现，由此欲望可以逃避检查，达到某种程度的纯象征的满足。不过，弗洛伊德模式的最近的一次“修正”——诺曼·霍兰德的《文学反应的能动力》——为我们当前的问题提出了一种更有用的构想，指出了（商业的）艺术作品何以能够说是“操纵”着它们的公众。在霍兰德看来，艺术作品的精神功能必须以这样一种方式来描述：这两种不协调甚至不相容的审美喜悦的特性——一方面是它的愿望实现的功能，但另一方面是其象征的结构保护精神的必然性，使精神避免强有力的古老欲望和物质需求可怕的、具有潜在破坏力的爆发——应该以某种方式协调起来，像单一结构的孪生动机那样确定它们的地位。因此霍兰德关于艺术作品使命的启示性概念，就是要“把握”动机和古老的物质愿望或幻想的这种原始材料。现在，从社会方面重写驾驭欲望的概念，使我们可以在一种单一机制的统一体里同时考虑压制和愿望的实现，并以一种精神折中或妥协的方式同时给予和获取；它在细心的、象征性的遏制结构里战略地唤起幻想内容，而这种结构又使它化解，只是在它们能在短暂停滞时才满足不可忍受的、不可实现的、真正是永恒的欲望。

在我看来，这种模式允许对控制、转移和降级的机制作一种更充分的说明，而这种机制不可否认地正在大众文化和传媒中发生着作用。具体地说，它允许我们不把大众文化理解为空洞的消遣或“纯粹的”错误意识，而是理解为对社会和政治焦虑与幻想的一种改造工作，这些焦虑和幻想必然在大众文化文本里有某种实际的存在，惟其如此后来才能对它们“控制”或压制。事实上，当前这篇文章的基本见解表明，这样一种主题应该扩展到现代主义，尽管我不能在这里进一步展开这部分的论点。[11]因此我想论证的是，大众文化和现代主义与过去的社会现实主义一样都有大量的内容（就这个词不甚严格的意义而言）；但是这种内容在三种形式中加工的方式却非常不同。现代主义和大众文化对基本的社会焦虑和关怀、希望和盲点、意识形态的二律背反和灾难的幻想（这些都是它们的素材）具有压制的关系；但只有在现代主义倾向于通过生产各种补偿结构处理这种材料的地方，大众文化才通过对想像的解决的叙述结构或通过对社会和谐的视觉幻觉的投射来压制它们。

现在，我想通过解读最近非常成功的三部商业电影来说明这种主张：史蒂文·斯皮尔伯格的《死地》（1975）和弗朗西斯·福特·科波拉的前后两部《教父》（1972、1974）。通过重复（在它们可区分的程度上）和以“文本互涉的方式”对每一部影片信息进行解码，我所提出的解读至少与我先前所作的大众文化中原始文本消逝的评论是一致的。

不过，就《死地》来说，解读电影所依据的版本或变体不是粗糙的、令人失望的续集，而是改编成这部电影——电影史上票房价值最高的影片之一——的彼得·本奇利的畅销小说。正如我们将会看到的那样，改编包含着与原本叙述不同的重大改变；我对这种战略选择的注意，实际上可以引起对保留在这两种文本中的法定或“明显”内容的初步怀疑，而且大部分关于《死地》的讨论都倾向于集中在这种怀疑上面。因此，从戈尔·维达尔和俄国的《真理报》一直到斯蒂芬·希思[12]，批评家都倾向于强调鲨鱼本身的问题和它所“表现”的东西：这种思考从精神分析扩展到对威胁美国社会的“他者”的历史的焦虑——不论这种“他者”是共产主义的阴谋还是第三世界——甚至扩展到对今日美国日常生活中的非真实性的内在的恐惧，特别是萦绕于心头而不可言喻的对有机性的坚持——出生、交配和死亡——消费资本主义社会在医院和旧时的家庭中再次疯狂地遏制它们，并通过那种扩大旧的、纯粹的性的委婉语的一整套语言策略来净化它们：这样看来，南土克特海滩“表现”消费社会本身，包括它的光滑的、商品化的令人满足的形象，以及它对自己可能死亡的那种丑恶脆弱的、总是受到压制的感觉。

现在，这些解读没有什么能说成是错误或脱离常规的，但它们本身的多重性表明，象征的作用——杀手鲨鱼——不在于任何单个的信息或意义，它们以其自身的能力吸收并组织所有这些各不相同的焦虑。因此，作为象征的载体，鲨鱼必须根据其根本上的多义的功能来理解，而不是根据由这个或那个观众归之于它的任何特殊内容来理解。然而，恰恰是这种多义性才是深刻的意识形态性，它使基本的社会和历史焦虑可以折回到明显是“自然的”焦虑之中，在看似与其他生命存在形式相冲突的事物中既进行表现又得到遏制。

事实上，对鲨鱼解释的强调，有可能促使这些相当不同的解读转向神话批评，其中鲨鱼非常自然地被当作利维坦（《圣经·旧约全书》中象征邪恶的海中怪兽）最新的化身，以至于它的斗争毫不费劲地又折回到诺思洛普·弗莱神话库中的基本范式或原型之一。因此，从神话方面重写这部电影，就是强调我会很快提到的它的乌托邦的方面，也就是说，它对社会秩序的恢复和拯救所进行的仪式庆祝。不仅从神的愤怒强调这一方面，而且也从拙劣的领导强调这一方面。

但是，这样说也开始把我们的注意力从鲨鱼本身转向英雄——或英雄们——的出现，他们在神话中的任务是使文明世界摆脱原型的妖怪。不过，那正是问题的所在——“神话”英雄的性质和说明——对此影片和小说之间的差异可以告诉我们一些有启示的东西。因为小说在岛上警察布罗迪（罗伊·斯基德尔饰）和上层社会海洋学家胡波尔（理查德·德雷法斯饰）之间的张力中包含着一种毫无掩饰的对阶级冲突的表达，胡波尔常常在东汉普顿避暑，最后以和胡波尔的妻子睡觉结束。实际上胡波尔在小说里比在电影里是个更重要的人物，而由于同样的原因，小说分配给鲨鱼猎手奎因特（罗伯特·肖饰）的角色，与他在影片中的关键存在相比则显得极不重要。然而，对电影观众来说，小说所保留的最富戏剧性的惊奇，显然是发现在小说里胡波尔死了，实际上是一种自杀，是对他的阴郁的、浪漫的、迷恋体现鲨鱼的死亡的一种牺牲。现在，尽管我不清楚美国公众的解读何以能对这种幻想因素的外来的异国情调作出反应——贵族对死亡的迷恋似乎更像是一个欧洲的母题——但对小说解决的社会联想——岛上居民和美国人对颓废的花花公子挑战者的胜利——绝不会使人误解，就像从影片本身系统地清除和压制所有这样的阶级联想一样。

因此，后者给我们提供了一种惊人的、关于整个置换作用的说明，通过这种置换，一种基本的阶级幻想的文字叙述得到加强，在好莱坞的产品中转化成某种极不相同的东西，而这种东西的特点仍然有待于说明。整个对死亡的颓废的、贵族的沉思已成过去，其中阶级对抗被戏剧化的那种情爱竞争也已消失；电影中的胡波尔只不过是一个专家统治论的神童，绝不是什么悲剧式的英雄，而只是一个有资助、有基金、有科学知识的性格温厚的人。不过布罗迪也经历了重要的改变：他不再是一个岛上小镇的青年，娶了一个在岛上避暑的显赫家庭的姑娘；而是变成了一个来自纽约退休的警察，为了逃避城市犯罪、种族冲突和少数民族聚居区的混乱，搬到南土克特来居住。因此，布罗迪这个人物现在引入了法律—秩序的联想和内涵，而不是一种美国人的精明，其作用像是一个电视警察片中的英雄被变换到这种表面上更隐蔽但实际上同样矛盾的环境之中——这就是伟大美国的夏日假期。

因此我想指出，影片中这两个人物之间社会反响的冲突，由于某种有待阐述的原因，已被转变成一种关于他们最终伙伴关系的看法，一种对利维坦的共同的胜利。显然，这是转向奎因特的时刻，他在影片中被扩大了的作用也因而成为战略性的。对解读这一人物的神话批评的选择应该同时得到注意：它实际上试图使人把奎因特视为最终是三重人类年龄的人物，鲨鱼猎队与之明显地连接在一起。胡波尔和布罗迪作为青年和成熟期，与之相对的是奎因特作为长者的权威。但是这样一种解读丝毫没有触动基本的解释问题：在年老的人物遵循麦尔维尔的哈珀的互文性范式走向毁灭，而另外两个人在他的船失事时划了小船胜利地返回这种仪式里，其寓言的意义究竟会是什么呢？或者，用另外的方式来表达，为什么以实玛利那种幸存者的形象被分裂为影片的两个幸存者（并且还被认为是怪兽的胜利的毁灭）？

电影中对奎因特的限定似乎是两种：首先，不像法律强化的官僚政治和科学技术（布罗迪和胡波尔），也不同于进行旅游投资并获取巨大商业利润的腐败的岛上的少数，奎因特被限定为旧式的私营企业的所在，不仅是小商业的个人企业家，而且是本地的商业企业家——因此坚持其美国东北部沿海地区的老练的特征。同时——但这种特征也是对小说中奎因特这个人物的极端图解式处理的一种新的补充——他也强烈地使自己与一种现在已很遥远的美国过去相联系，对第二次世界大战和太平洋战役进行原本没有什么意义的回忆。于是，我们被允许把影片中奎因特的死亡解读为旧美国的双重象征的死亡——旧美国不仅指现已过时的小商业和个人私营企业的美国，而且也指新政和反纳粹主义运动的美国，旧时大萧条和战争的美国，以及传统自由主义全盛时期的美国。

现在，电影所投射的胡波尔和布罗迪之间的伙伴关系的内容，可以从社会方面和政治方面来加以说明，可以作为法律和秩序的力量与多国公司的新技术统治之间的一种联想的寓言：这是一种必须加强的联想，不仅通过它所幻想的对鲨鱼本身不可名状的威胁的胜利来加强，而且更重要的是通过消除旧美国那种更传统的形象所需要的必不可少的先决条件来加强，因为旧美国必须从历史意识和社会记忆中消除新的权力体系才会产生。如果愿意，这种运作可以继续根据神话原型来解读，但在那种情况下，它是一种乌托邦和仪式的想像，而这种想像也是一个完整的——

非常令人惊讶的——政治和社会的规划。它能得到今天的社会矛盾和焦虑，完全是为了把它们用于它的意识形态解决的新任务，以象征的方式促使我们埋葬旧的人民党主义，并对一种政治伙伴关系的形象作出反应，而这种伙伴关系投射出一种全新的合法化的战略社会矛盾和焦虑；同时，它还有效地取代了在消费社会中（和被改编成电影的小说里）继续存在的富人和穷人之间的阶级对立，用一种新的虚假的兄弟关系代替它们，观众为这种关系感到高兴，但并不理解他或她被排斥在这种关系之外。

因此，《死地》是一个绝好的范例，不仅是意识形态操纵的范例，而且是真正的社会和历史内容如何运作的范例，就是说，如果这种内容后来成为成功的操纵和遏制的客体，那么它必须首先以什么方式来得到发挥和基本的表达。在我第二次解读中，我想赋予这种新的操纵模式以一种甚至更具决定性的、悖论的转折。我现在实际上想论证的是，我们不可能完全公正地对待这些作品的意识形态的功能，除非我们愿意承认它们内部也有一种更肯定的作用存在。按照法兰克福学派的观点，我将这种作用的存在称之为它们的乌托邦或超验的潜能——甚至最低级的大众文化的那个方面，无论多么不明显，也仍然隐含着对社会秩序的否定和批判，虽然大众文化作为一种产品和商品也产生于那种社会秩序。于是，在论证的这一点上，前提是大众文化的作品必须同时含蓄或明显是乌托邦的，否则它们不可能是意识形态的：它们不可能进行操纵，除非它们向即将被这样操纵的公众提供某些真正的内容作为幻想的诱饵。甚至非常可怕的纳粹主义现象中的“错误意识”，在“社会主义”和民族主义的掩饰下，也曾得到某种乌托邦的集体幻想的滋养。我们关于大众文化作品吸收权力的主张，暗含着这种作品不能处理关于社会秩序的焦虑，除非它们首先重视这些焦虑并进行某种基本的表达。我们现在会提出焦虑和希望是同一集体意识的两个方面，这样即使大众文化作品的作用在于现存的秩序——或某种更坏的秩序——的合法化，如果它们不在后者的帮助下使集体的最深刻、最基本的希望和幻想改变方向，它们也不可能完成自己的工作，因此，不论它们采取一种多么扭曲的方式，它们也会对集体的希望和幻想发出自己的声音。

所以，我们需要一种能够同时公正地处理大众文化的意识形态和乌托邦或超验功能的方法。正如压制这些方面中的任何一面所表明的，必须找到这样一种方法：我们已经评论过以前那种意识形态分析的无效性，由于这种分析忽视大众文化中乌托邦的组成部分，结果空洞地指责后者的操纵功能和低下的地位。但同样明显的是，补充的最大限度——这是一种方法，它在没有任何大众文化意识形态使命的概念或不提及这种使命的情况下，赞扬乌托邦的冲动——只是在其最学术的、审美化的时刻再次产生重复的神话批评，同时使这些文本失去它们的语义内容，因为它从具体的社会和历史情境中把它们抽象。

两部《教父》在我看来提供了关于这些主张的一种真正是极好的说明；一方面，由于再现了暴徒电影的整个风格传统，它重新创造了黑手党的某种“神话”，而且其方式使我们可以看到，意识形态并不一定是个错误意识的问题，或者是对历史“事实”不正确或歪曲的表现的问题，而是很可能与后者的“现实主义的”真实性相当一致。诚然，历史的不确切性（例如在 1978 年的电影 F. I. S. T. 里，当吉米·霍法的职业叙述从 50 年代进入 60 年代和 70 年代时那样）常常可以提供一种关于意识形态功能的启示性的引导：不是因为在事实本身中存在着任何科学的功能，而是作为一种“内容的逻辑”或者所谓的历史性的实质对抗叙述和意识形态范式的一种征象，它已经被强行纳入了这种范式。[13]

不过，《教父》显然在一种风格常规的置换中运作，而且它本身也是一种风格常规的变换；人们可以写一部这种常规不断变化的社会和意识形态功能的历史，说明类似的母题怎样被用于不同的历史情境，策略地传递出独特而又可以象征地理解的信息。因此，典型的30年代电影中的暴徒（鲁滨孙、卡格尼等），被戏剧化为一些精神变态者或病态的孤独者，冲击一个基本上由健康人构成的社会（这些人是新政时期人民党主义的"普通人"的民主的原型）。第二次世界大战后博加特（Bogart）时期的暴徒仍是这种意义上的孤独者，但是出人意料地变得具有悲剧的同情色彩，其方式表现为从第二次世界大战中归来的老兵的困惑，他们与冷酷无情的制度进行斗争，最终则被一种褊狭的、惩罚性的社会秩序摧毁。

在这些早期暴徒范式的电影里，都吸收或涉及黑手党的素材，但直到50年代晚期和60年代初期，黑手党的素材并没有真正出现。这种非常独特的叙述内容——一种专家或家族作品的素材，类似于中世纪的"英烈歌"，周期性的情节和传奇人物在不同的视角和语境中反复出现——因其集体的性质可以同时从结构上与旧的范式区分开来。在这一点上，反映出一种向有组织的主题和协同叙述的进化，像威尔·赖特论西部电影《六响枪》和《社会》的著作那样，有关的研究已经表明，在60年代其他大众文化的亚文类（西部片、滑稽电影等）当中，这种协同叙述是非常重要的一些发展。[14]

不过，这样一种发展表明了第二次世界大战后美国社会生活的一种全球性的转变，也表明了它的叙述内容潜在逻辑的一种全球性的转变，虽然它还没有具体说明"黑手党"范式本身的意识形态功能。然而这肯定不是非常难以确定的东西。实际上，当我们思考一种针对公众的有组织的阴谋时（这种阴谋触及我们日常生活和我们政治结构的各个角落，根据冷漠的作决定者的命令并以一种抽象的利益概念为名，实施一种野蛮的生态灭绝和种族灭绝的暴力)，肯定它不是关于黑手党的，而是关于我们正在思考的美国商业本身，关于采取最系统化和计算机化、非人化、“多国化”和一体化形式的美国资本主义。布莱希特曾说，与创办银行相比，抢劫银行是什么性质的犯罪？然而直到近些年，美国商业一直享有一种不受大众批评的独特的自由，并明确表现出对集体的怨愤；自从对新政和麦卡锡时代非政治化以来，自从冷战开始和传媒或消费社会出现以来，它一直莫名其妙地没有受到各种公众的对抗，只是最近这种对抗（白领犯罪、对公用事业公司和医疗行业的敌视）才显示出重新出现的迹象。如果我们观察日益增加的贫困，这种不受谴责的自由就更加突出，因为在美国，日常生活离不开大的商业，离不开它那并不值得羡慕的作为纯商品形式的地位，离不开今天在世界各地发生作用的市场资本主义。

这就是黑手党神话的意识形态功能得以被理解的那种语境，以犯罪代替大商业，将美国制度引起的所有愤怒策略地转移到电影屏幕和各种电视系列提供的大商业镜像上面，因此可以理解为对“黑手党”的迷恋仍然是意识形态的，即使实际上有组织的犯罪在美国生活中确实具有这种表现所归之于它的重要意义和影响。实际上，“黑手党”叙述的作品是促使人们相信，今日美国日常生活的恶化是一个伦理问题而不是经济问题，不是与利润相联系，而是“完全”与不诚实相联系，与某种无所不在的道德腐败相联系，而这种道德腐败的神话根源则在于“黑手党成员”本身的邪恶。对于晚期资本主义经济现实的真正的政治洞察，黑手党的神话策略地代替的观点是那种被看做破坏规则的犯罪的观点，而不是关于规则本身的观点；实际上，政治和历史分析被伦理判断和思考的替代，一般说标志着一种意识形成的活动和那种神秘化的意图。因此黑手党电影投射出一种对社会矛盾的“解决”——廉洁，诚实，同犯罪作斗争，最后是法律秩序本身——这种解决显然与那种为美国苦难开出社会革命处方的诊断是一种非常不同的主张。

但是，如果这是像《教父》那种黑手党叙述的意识形态的功能，那么什么可以说是它们的先验的或乌托邦的功能呢？在我看来，后者应该在这部电影标题所投射的奇异信息中寻找，也就是说，在家庭本身里寻找，把它看做一种集体的形象，像一种乌托邦渴望的客体，即使不是乌托邦羡慕的客体。一种像《教父》这样的叙述综合，只有在少数民族的内容——关于一种外来的集体的参照——进入旧的暴徒程式并在社会方面有力地改变它们的关键时刻才可能实现；因此，把与少数民族群体相关的幻想材料叠加到阴谋之上，就会激发起这种经过改变的叙述范式的乌托邦功能。事实上，在美国，少数民族群体不仅是歧视的对象，而且他们也是嫉妒的对象；这两种冲动紧密地混合在一起并相互加强。占统治地位的白人中产阶级群体——已经处于反常状态，处于社会分裂和分散的状态之下——在少数民族和种族群体（这些群体是他们社会压制的对象，同时处于他们轻视的地位）中，发现了先前那种少数民族聚居区的集体的形象，或者说少数民族邻居团结的形象；他们感到对旧的社会群体关系既羡慕又愤懑，既利用旧的群体关系，同时又在消除那种关系。

因此，在占统治地位的社区的瓦解被不断从家庭败坏、随意性增加和父权失落等（深刻的意识形态）方面进行“解释”的时候，少数民族群体似乎可以通过过去的家长制和独裁的家庭方式投射出一种社会重新统一的形象。于是，黑手党家庭（在两种意义上）紧密团结的关系，即保证（教）父具有无所不在的权威，为乌托邦幻想提供了一种当代的托词，这种幻想不再通过过时的范式和模式来表现自己通过现在已经消失的美国小镇的形象来表现自己。

因此，一种大众文化制品的吸引力，例如《教父》，可以通过它的两种相似的能力来衡量，一方面它实现一种紧迫的意识形态的功能，同时又为投入一种狂热的乌托邦的幻想提供一种方式。不过，从我们当前的观点看，这部影片引起双重的兴趣，因为它的续集——摆脱了第一部所依据的马里奥·普佐的畅销小说的限制——明确背叛了一种意识形态和乌托邦逻辑的力量和作用，有些像一棵树或一个没有边界的国家。实际上，《教父》第二部为皮埃尔·马歇雷的《关于文学生产理论》的论点提供了一个绝好的说明，即艺术作品并不“表达”意识形态，通过赋予意识形态以一种美学表现和修辞，它最终使意识形态实际上自己揭示自己并进行自我批判。

在《教父》第一部中发生作用的那种无意识的意识形态和乌托邦冲动，在续集中可以看到它们自己使自己走向光明，走向主题的或内省的前景。第一部电影在单一的风格结构里保持着意识形态和乌托邦两个方面，其常规并未受到破坏。但在第二部电影里，这种结构可以说进入了历史本身，这使它得到一种耐心的解构，而这种解构最终会使它的意识形态内容暴露出来，使它的转换可以被肉眼看见。因此，在第一部电影里用于代替商业的黑手党素材现在慢慢地自己转变成商业本身明显的主题，就像“事实上”那样，对掩饰合法投资的需要最后使黑手党成员变成了真正的商人。现在慢慢地把自身转化为公开的商业主题本身。当美国商业以及伴随它的美国帝国主义，碰到那种阻止其内在推动力和从结构上必然扩张的最严重的障碍（如古巴革命）时，历史的发展就进到了它的高潮时刻（不仅在电影中如此，而且在真实历史里也是如此）。

同时，这种电影文本中的乌托邦部分，那种旧家长制家庭的素材，现在也慢慢地使自己脱离了这个意识形态的文本，通过最后回到它自己的历史始源，暴露出它在一个封建落后的西西里的前资本主义社会形成中的根源。因此这两种叙述冲动好像是互相颠倒过来：黑手党的意识形态神话最终产生出革命解放的真正乌托邦的观点，而低级的家庭范式的乌托邦内容，最终竟表现为残存的更古老形式的压制、性别歧视和暴力。与此同时，这两个叙述的组成部分都尽力追求它们自己的内在逻辑，并因此被驱逐到资本主义触及的范围和历史边缘，一个触及过去的前资本主义社会，另一个触及未来的开始和社会主义的黎明。

这两部《教父》——第二部比第一部更明显地具有政治性——可以用于突出我们这篇论文中的第二种基础主张，这种观点认为，所有当代的艺术作品——不论是那些高级文化和现代主义的作品，还是那些大众文化和商业文化的作品——都把我们对社会生活（包括我们现在的生活和我们骨子里觉得应该有的生活）性质的深刻幻想作为它们潜在的动力——尽管常常采取被歪曲和压制的无意识的形式。在一个私人化和心理化的社会当中，由于对商品的迷恋以及大商业意识形态标语的轰炸，重新唤醒某种导向集体性的不可消除的压力感（在最低级的大众文化产品当中，不论多么不明显，也可以像在现代主义经典中那样找到这种导向集体性的压力感），无疑对当代文化中任何有意义的马克思主义的介入都是一个必不可少的前提。

【注释】

[1] 关于这种反对意见的理论来源，参见我关于马克斯·韦伯的论文《消逝的调停者》，见《理论的意识形态》，第 2 卷，3～34 页，明尼苏达：明尼苏达大学出版社，1988。

[2] 经典研究仍然是弗南怀的研究；见他的《古希腊的工作与自然》和《工作的心理方面》，见《希腊的神话和思想》，巴黎：马斯佩罗，1965。

[3] 除马克思外，见乔治·西美尔的《货币哲学》（伦敦：鲁特勒吉，1978）及其杰作《大都市与精神生活》，翻译为《论个体性和社会形式》（芝加哥：芝加哥大学出版社，1971），324～339页。

[4] "[资产阶级城市居民] 漫步穿过树林，仿佛穿过他们孩提时代的潮湿松软的沃土；他们凝视沿路种植的白杨和梧桐，他们对树木无话可说，因为他们对树没做任何事情，他们对这种静谧的奇妙性质感到惊讶"，等等。J. －P. 萨特：《圣·热内》（巴黎：加利马，1952），249～250页。

[5] 盖伊·狄博《景观社会》（底特律：黑与红出版社，1973）。

[6] 通过场景具体化已经是18世纪的一种戏剧方法（如布纽埃尔的《维里迪亚纳》的演出），但是萨特在《恶心》中所描写的"完美的瞬间"和"特有的情境"也预见到该书插图的意义（安妮改写的米歇莱的《法兰西历史》儿童版的插图）。

[7] 在我看来，这种"感受心态"（或第二次的性欲投入）基本上是左拉的创新，是自然主义小说新技巧的组成部分（自然主义小说是当时法国最成功的出口产品之一）。

[8] 写于1976年。像这样的一个片段不可能被适当地评价，除非认为它们写于一种我们现在称之为后现代的理论得到阐述之前。

[9] 见雅克·舒热：《梅里美的"文本"》（巴黎：加利马，1957）。

[10] 我自己的野外工作几年前曾因得到两台汽车收音机而大受妨碍：我更感到惊讶的是今天的出租汽车（它可能不是时间机器），它们充斥着完全一样的流行歌曲，这些歌我在70年代初常听，现在又一遍一遍地重复！

[11] 写于《政治无意识》（伊塞卡：康奈尔大学出版社，1981）中这样做的初始意图之前；特别见第三章《现实主义和欲望》。

[12] 直至但并不包括。见斯蒂芬·蒂斯：《死地》、《意识形态和电影理论》，载《框架》，第4卷，25～27页，1976。同时希思研究电影的效果而不是内容的借口使"鲨鱼—效果"本身对解释敞开。同时值得一提的是菲德尔的解释，其中被围困的小岛代表古巴，鲨鱼代表北美帝国主义。这

种解释不会令美国读者多么吃惊，他们了解这种拉丁美洲的政治图解方法。美国的形象可能早于经典作品《鲨鱼和沙丁鱼的寓言》，这部作品由前危地马拉总统胡安·阿塞·阿韦洛于1956年在美国的干预之后出版，像目击者鲁宾·布拉德最近的民谣一样仍然流行。

［13］见阿多诺致托马斯·曼的信中关于年代顺序“对抗”的思想，引自《马克思主义和形式》（普林斯顿：普林斯顿大学出版社，1971），234～350页。

［14］见我对赖特的评论，载《理论与社会》，第4卷，543～559页，1977。

（王济民　译　王逢振　校）

当代大众文化中的阶级与寓言：作为一种政治电影的《炎热的下午》

自由主义的意识形态武器库当中持续性最强的种种主导母题中间的一个，由自由主义与反共产主义的修辞发展出来的最为有效的种种反马克思主义论点中间的一个，就是阶级的消失这个观念。一般而言，这一论点是以某种实证性的观察的形式传达出来的，但也可能采取很多不同的形式。在我们看来，其中最重要的形式，要么是对美国国内社会生活独一无二的发展提出要求（所谓的美国例外主义），要么是在各种比较陈旧的工业体制和现在逐渐被人称为"后工业"社会的东西之间出现质的突破、量的飞跃这种观念。这一论点的第一个版本宣扬的是边疆的存在（以及在实在的边疆消失以后，在欧洲人看来不可想像的阔大的大陆市场这种"内在的"边疆的继续存留），已经阻止了种种较早时期的、严格意义上的欧洲式阶级对立的形成；与此同时，欧洲类型的某种经典贵族在美国的缺席，被认为是经典资产阶级在这个国家谋求发展但归于失败的原因所在——这样一种资产阶级本来可能仿效欧洲大陆那种模式，进而产生出与它本身相对立的经典无产阶级。这就是我们或许可以称为美国神话的解释的那种东西，而且似乎主要在这样一些"美国研究"项目当中兴盛一时：在保存其研究对象的专一性及其专业的种种边界方面，它们拥有既得利益。

第二个版本狭隘的意味较弱一些。它将习惯上被称为美国化的东西纳入考虑的范围：不仅包括各种较早时期的欧洲社会，而且也包括我们这个时代里的第三世界的美国化。它反映的是，在某种第一次出现的全球幅度的基础上，垄断资本主义向比较纯粹的消费阶段转折的各种现实；而且，它也试图利用垄断资本主义这一新的阶段的出现，来暗示经典的马克思主义经济学已经不再适用。根据这一论点，某种社会性的同质化正在发生；因此，种种较早时期的阶级差别趋于消失，因而要么可以把这种同质化描述为工人的资本主义化，要么更准确一些，可以把它描述为资产阶级和工人双方向被称为消费者的那种新的灰色的组织人物的转化。与此同时，尽管后工业阶段的空想家中大多数人都不情愿声言这样一种价值观念在消费社会里已不再可能生产出来，但是，他们至少是满怀焦虑地暗示，我们的社会时下正在变为一种“服务经济”。原因是，各种经典类型的生产，只占有劳动大军中的一个日渐萎缩的百分比。

这样，如果马克思主义的社会阶级观念果真成了 19 世纪欧洲状况的一个范畴并因而跟我们今天的境况不再关联，那么，显而易见，马克思主义就有可能被送进博物馆里，留待马克思的研究者去剖析（我们四周正在发挥作用的这种人物与日俱增），因此也就不再可能干预 20 世纪 70 年代及其以后的美国经济革命那种流线型的和后现代的合法化的发展，尽管这种发展在议事日程上显而易见是最为急迫的事务；因为，经典的“新政”式自由主义的那种比较陈旧的修辞，已经意外地过时，不得不听任废弃。与此同时，从左派来看，阶级理论的失败，在 20 世纪 60 年代反战的形势当中，似乎在实际上和政治上都已不再那么重要；因为，对权力主义、种族主义以及性别主义的诸多攻击，具有它们自身内在的正当理由和逻辑；而战争的存在给予了它们以紧迫性，诸多社会群体，尤其是学生、黑种人、棕色人以及妇女等社会群体的集体实践，又给予了它们以内容。今天，越来越明显的情况是，由这样的群体投射出的平等与正义方面的各种要求，（跟社会阶级的政治学不同）本质上并不是颠覆性的。相反，民粹主义的各种口号以及种族正义和性别平等的各种理想，其本身都已经成为“启蒙”本身的基本的组成部分，不仅内在于某种针对资本主义的社会主义的谴责之中，而且甚至也内在于反对“古代政体”的资本主义的革命之中。民权运动和妇女运动的各种价值观念以及学生运动的反权力主义的平等主义，因此是极其突出的同化性的；因为，它们——作为理想——已经铭刻于资本主义本身的真正意识形态当中。因此，我们必须把这些理想的可能性纳入考虑范围：这些理想是这一体制的内在逻辑的组成部分，因而对社会平等有根本性的兴趣，就此而言，它必须将尽可能多的它的主体或它的公民转化为可与其余任何一个人相互交换的、同一的消费者。与此相反，马克思主义的立场——其中包含着启蒙运动的各种理想，但又力图将它们奠基于社会革命的某种唯物主义理论当中——却认为，这一体制在结构上并不能实现这样的理想，即使是在它如是而为可以获得某种经济利益的情况下。

正是在这种意义上，种族和性别等各种范畴，以及学生运动的各种代际性范畴，在理论上要从属于社会阶级的各种范畴，即使是在它们看上去有可能在实践上和政治上关联性要大得多的地方。不过，如果在无阶级意味相对较强的现象之下，以某种潜在的阶级现实为基础去论证阶级的重要意义，则是不合适的。无论如何，毕竟存在着一种表面现实，跟它背后存在的某种现实完全一样；或者也可以更具体地说，社会阶级不仅仅是一个结构性的事实，而且更重要的也是阶级意识的一种功能，而后者则的确以生产出前者、也肯定为它所生产而告终。就是在这样一个关节点上，辩证思维成为不可避免的，它告诫我们，我们不可能讨论事物潜在的“本质”，不可能谈论体制内部固有的基本的阶级结构（其中一个群体为另一个群体生产价值），除非我们承认这种辩证的可能性：因为甚至这种基本的“现实”（也可能在某些历史关头比在另外一些关头“更为真实”），以及我们的思想与再现中潜在的客体——历史和阶级结构——其本身也与我们自身意欲捕捉它的能力一样，在深层次上都是历史性的。我们或许可以把下边这句仍然是黑格尔式的早期马克思的句子当作箴言来描述这样一个过程：“光是思想力求成为现实是不够的，现实本身应当力求趋向思想。”

在目前的语境中，现实朝着它奋斗的那种“思想”，不仅仅是或者说甚至还不是阶级意识：毋宁说，它就是在社会现实本身当中的这样的阶级意识的各种真正前提；也就是说，它是这样一种必然条件：要想让人们逐渐意识到阶级，各种阶级在某种意义上都必须本身已经是可感知的。借用弗洛伊德而不是马克思的一个术语，我们宁愿把这种根本性的必然条件称为构成性，社会现实和日常生活的发展必须使它潜在的阶级结构以明确的形式成为可再现的。这一点也可以通过强调文化在这一过程当中扮演着意想不到的重要角色来表示：［这里的］文化不仅是作为自我意识的一种工具，而且甚至在此以前首先是作为一种症候以及可能性的自我意识的一个符号。换句话说，阶级意识与喻示性之间的关系，要求的是比抽象知识更加基本的某种东西，并且意味着比经济学以及马克思主义社会科学的种种抽象的确然之物更具本能和生存意义的某种经验模态：这些确然之物，仅仅是在继续劝说我们相信在日常生活的背后资本主义生产逻辑的信息的在场。可以肯定，正如阿尔都塞所告诫我们的，糖的概念尝起来不一定是甜的。尽管如此，为了使真正的阶级意识成为可能，我们就必须以有生气的和试验的形式通过日常生活这一明确的中介，逐渐意识到阶级的抽象真实；而且，如果说阶级结构正在成为可再现的，那就意味着，我们现在已经超越仅仅是抽象的理解，并且进入个体幻想、集体故事讲述、叙事的喻示性这一整体的领域——它已经成为文化的领地，因而不再是抽象的社会学或经济分析的领地。要想成为能成形的——也就是说，首先是可见的，我们的想像可触及的——在某种意义上，各种阶级就必须能够成为这一意义上具有其自身存在权利的人物：正是在这样的意义上，本文题目当中的讽喻这一术语，才必须被视为一种工作假设。

因此，我们宁愿已经开始证明研究商业电影的某种方法是正当的，并且把它作为这样的媒介：在这里，如果从根本上讲的话，既然社会现实以及我们对日常社会现实进行体验的各种陈规俗套都是商业电影和电视不可避免要加工的原材料，社会现实中阶级人物的某些变化就应该是可察觉的。这就是我对某些批评家预先作出的回应：他们先验地反对说，商业电影需要庞大的费用，因而不可避免地将其生产置于多国公司的控制之下，所以其中任何真正的政治内容都是不可能的；这样，恰恰相反，也就将商业电影的天职确定为适宜于意识形态运作的一种工具。如果我们始终停留在电影制作人的意向这个层面，情况毫无疑问就是这样；因为，他们必然有意识或无意识地受着客观环境的限制。但是，这样做并没有将日常生活的政治内容以及已经内在于这种原材料的政治逻辑纳入考虑范围，尽管电影制作人一定要对它进行加工：在这种情况下，这样的政治逻辑，就不会作为一种明显的政治信息显现出来，而且也不会将电影转化为一种并不含混的政治陈述。不过，这样做肯定会有利于公众对其非常敏感的深层的形式上的诸多矛盾的涌现，不管它是不是已经拥有能够理解这些矛盾究竟意味着什么的种种概念性的工具。

无论如何，《炎热的下午》（1975）具有明显的政治内容，而且比我们平常从一部好莱坞电影中期盼的政治内容多得多。实际上，只要想一想中央情报局那种类型的侦探惊险片或者是电视上的警察秀，我们就能够认识到，那种政治内容是无所不在的，也是娱乐业中所不可避免的。60 年代的主要遗产似乎就是供给一种全新的代码，一整套新的主题——政治的主题——有了这些，继性这一主题之后，娱乐业才可能重新投入其陈腐的范式而不致对自己或体制带来危险；因此，我们应该将这种可能性纳入考虑范围：正是《炎热的下午》明显的政治或可争论的部分，才能从阶级的角度证明不那么功利。

不过，在把这一点弄清楚以前，我们还是希望能再向后回溯一点，从这部电影以其作为出发点的那种轶事性的材料开始论述，事件本身在时间上并不那么遥远，所以我们还能记起它究竟是什么情况；或者更确切些说，还能记起媒体认为它在什么地方是有趣的，究竟是什么东西值得把它转化成有其独立存在价值的一个电影故事，而不至于沦为一种陈腐的抢劫银行、围困人质的闹剧，也不至于沦为不可胜数的新闻广播以及 B 级电影在过去就已经让我们耳熟能详的那种类型的故事。三方面的新颖性使《炎热的下午》赖以为据的抢劫别具一格：首先，群众同情银行抢劫者，所以不断向警察发出嘘声，这不禁让人联想起当时刚刚发生过的阿提卡（Attica）的屠杀；第二，这位银行抢劫者原来是一个同性恋，或者更恰当些说，已经同一个变性人举办过一个同性恋结婚仪式，而且后来的确又声明说之所以进行抢劫，目的是要为他的同伴做变性手术筹款；最后，种种电视镜头以及现场电视采访负荷沉重地卷入整天的谈判当中，最终难免使这样的“媒体事件”概念出现歪曲。因而，除了这样的特色以外，我们有可能还应该再添加上这种最终的亚新颖性——抢劫发生之时，正是尼克松和阿格纽提名大会达到高潮之日（1972 年 8 月 22 日）。[1]

一部艺术作品，如果能够凭借自身之力显示出上述特色中的任何一个真实价值，那么，它肯定就会产生某种不可避免的政治上的共鸣。而西德尼·卢麦特的这部电影，上述三种新颖性“忠实地”尽数收编其中，但最后却以所剩无多而告终——因而如果说，这些特色投射出的一系列情况都太独特了，所以无法产生任何可概括的意义；这样一来，也就彼此抵消了。正如亚里士多德所告诫我们的，文学都太独特了，所以能够向我们显示可能发生的事情，而历史则只能向我们显示已经发生的事情，因而前者要比后者更具哲学意味。的确，我认为，可以形成一个个案，以说明过分暴露在商业文化里的意识形态功能：在我们目前的社会紧要关头，本来让人心神难安的异质现象，如政界的穷兵黩武、学生造反、毒品泛滥、对权威的抵制和憎恨等——以常规的方式对它们重复不断地加以利用，对作为整体的体制来说，能产生一种抑制的效力。为某种东西命名，就要对它加以驯化；要想不断提及它，就要说服恐惧的、遭围攻的中产阶级公众相信：所有这一切，都是某种已知的和已被编目的世界的组成部分，因而出于某种原因也是井然有序的。因此，这样一个过程，在日常社会生活领域，可能就会成为由媒体推出的那种同化，即对新的原材料的那种消耗，而这也就是我们消除有威胁力的以及颠覆性的观点的主要技术之一。如果情况真的就是这样，那么，由于具有丰富的反社会的细节材料，《炎热的下午》显而易见就可以认为是要加班加点工作、力求对让人惊恐万状的社会材料进行的再加工，可以确保市郊的观众成为电影院的回头客。

如果转向这些原材料本身，就有必要对这部电影未及成就的东西略做审视。什么样的时代造就什么样的公众。在我们这个时代，人们对纪录片中的事实，对奇闻轶事、实际经验（the *vècu*）、新闻报道（the fait divers）以及能整个显示出其社会学的新颖性和不可预测性的真实故事兴趣盎然，百闻不厌。用不着向后一直追溯到尽管功败垂成但毕竟还属于症候性的“非虚构小说”，甚至用不着回溯到在畅销书单中非小说远远胜出小说的无可置疑的压倒性优势，我们就可以看到这种兴趣在虚构性的纪录片（或纪实剧）最近在美国电视上所做的整个一系列的试验当中某种特别引人注目的体现：对耸人听闻的犯罪活动所做的叙事性的报道由演员演绎而成；比如说曼森谋杀案、牧羊人案（the Shepherd case）、对约翰·享利·福尔克的追踪报道，或者从其他方面来看令人惊奇的新闻报道——比如说属于双重种族性的一对夫妻之间的飞碟大战、杜鲁门同麦克阿瑟高潮迭起的对峙，或者是西点军校开除学生等。如果我们可以解释，《炎热的下午》为什么和上述这些虚构性的纪录片没有任何共同之处；那么就可能已经理解了不少东西。因为，这些纪录片无疑属于美国商业电视所取得的最为骄人的成绩之一。而且，它们的成功至少部分意义上可以归结为这样的准纪录片坚持在真实的生活事实与其再现之间保持那种距离。其中比较有力的一些在其历史内容当中保留了某种秘密的东西；而且，与此同时，由于它们旨在给予我们各种事件的一种版本，因而使可以确定的事物每况愈下，最终让我们永远也不能够确切地了解究竟发生了什么事情。（形式与内容之间的这种结构性的分离，显而易见投射出一种与经典的格里耶森式纪录片、意大利的新现实主义、Kino-pravda 或电影真实性迥然不同的美学策略，如果只点出比较陈旧的方法中的三种的话：它们都是旨在解决电影与事实或事件之间的关系这个难题，但在我们看来其使命都已终结。）

尽管显而易见《炎热的下午》根本不具有这些策略中的任何一个所具有的力量，甚至没有对它们加以尝试，但是，这种并置却具有使法国人最近对作为一个意识形态范畴的再现的所有的批判加以戏剧化和强化的优点。卢麦特的这部电影之所以跟刚刚提到的电视准纪录片中的任何一部都判然有别，如果读者同意的话，原因正在于它的形式与内容的统一性：我们在幻觉当中心安理得地认为，镜头所目睹到的所有一切，跟发生的任何事情都毫不走样；因而，所看到的，也就是存在的全部真相。镜头就是绝对的在场和绝对的真实。因此，这种再现的美学使历史事件的厚度土崩瓦解，并将它砸平，进而推回虚构之中。现实主义的种种比较陈旧的价值观念，依然存在于商业电影当中，因而使奇闻轶事的原材料清空了它的有益性以及活力；与此同时，悖谬的是，电视叙事等种种明显被贬低的技术，因为运用于广告并且同广告并置而不可救药地大遭谴责；因而，在突出它们本身同事件的真实性的距离的同时，最终又把这方面的真实性保留了下来。与此同时，正是艾尔·帕西诺美哉奂焉的表演的辉煌本身，使之突现神采，因而与真实主义（verism）的任何可能性都迥然不同，但又无可挽回地将它贬斥为依然未脱好莱坞产物的窠臼：在根本上，在结构上，明星制都同新现实主义格格不入。

这的确也就是我要用下述词句加以论述和深化的基本的悖论：这部电影当中有益的东西，也就是它含有的有害的因素；而它所含有的有害的因素，恰恰相反，在很多方面又都是非常有益的。使之成为第一流的电影制品的任何一种东西，包括技艺不凡的演员们，从另一个观点来看，则又使之疑窦丛生。与此同时，要想把它的历史的原创性寻找出来，那就要到同它诸多内在的性质似乎一定只是偶然相关的地方去寻找。不过，这种情况不属于那种如果经过周密计划就能够予以校正的事物的状况：它并不是这样一种错误搭配——假若制片人用适宜的方式分配他们的材料，一方面筹划出一部新现实主义纪录片，另一方面则筹划出一部似是而非的抢劫片，那就可以加以避免。相反，我们这里不得不应对的是这种不可解决的、深层次上症候性的东西：它被称为矛盾；而且，如果以适宜的方式加以处理和质询，我们就可以期盼它能够就当代文化和当代社会现实的指向提出某些基本的争论点。

从接受这一层面上看，《炎热的下午》是一部意义含混的产品。这在一开始就是显而易见的。而且，还不仅如此。这部影片如此的结构，使得它可以聚焦于两个截然不同的方面，因而似乎可以产生出两种截然不同的叙事经验。我曾许诺要说明，这两个叙事中的一个，在日常生活的能成形的阶级表述里，意味着一种进化，或者至少是一种转化。不过，可以肯定，这并不是对这部电影最为明显或最易触及的解读。因为，这种解读一开始似乎就将自身铭刻于一种十分不同的、并且对于我们来说今天肯定要退步得多的传统当中。这就是我们或许可以不严格地称为存在主义的范式的东西，如果在这个术语的非技术的意义上，将它运用于中产阶级情趣的媒体接受之中的话——在时下的美国文化中，按照这种接受方式，它可以用来表示《第 22 条军规》或米勒的小说。这里用存在主义，指的既不是海德格尔，也不是萨特，而是那种难以与人相处的、索尔·贝娄式的反英雄，具有异化的自我怜悯的幻想（这里也一样是用它的媒体意义，而不是它的技术意义）和挫败感，而且最重要的是，它是昔日的全美国式的概念——“交流上的无能”的类型。不管这种特殊的叙事范式是 50 年代和 60 年代早期对意识形态进行的系统的心理化和私人化的原因还是结果；显而易见，事物在文化与叙事领域里的变化，都要比在比较纯粹的意识形态领域里的变化缓慢一些，以至于作家和电影制作者们喜欢转而求助于类似的范式，尽管他们若换个角度就很可能会轻而易举地看出某种业已过时、不再时髦的观念。与此同时，尽管我们要通过叙事范式的这种“不平衡的发展”来向自己解释日常生活，但在这种情况下，在当代消费主义当中又出现了另一种倾向与它并行不悖，此即向50年代的回归，那种怀旧风潮或法国人所说的“回溯情调”；再换句话说就是由于对适宜的当代或后当代风格的不可能发明的缘故，出现了对昔日风格的拼贴与模仿的有意而为的替换（比如在像《拉格泰姆音乐》这样一部小说当中）。

这样，尽管90年代的各种政治的和集体性的急迫问题已经把反英雄和反小说交付给了历史的垃圾箱，但即使这样似乎还不够；所以，我们现在可以看到，它们作为令人愉快的旧日时光的悖论性符号正被重新复兴起来，尽管在那样的时候，我们所要担心的所有东西只不过是心理问题、母亲崇拜以及电视会不会把美国文化毁掉等。比如，我可能会争论说，米洛斯·福尔曼1975年执导的《飞越疯人院》（根据1962年凯西的那部小说改编），不仅是一部典型的50年代怀旧电影，因为它使那个已成往事的个人主义时期所有常规性的抗议活动重新复活；而且，它还是一部带着伪装的纯粹的捷克电影，以“不平衡发展”的另一种比较有特色的中欧形式使那种特殊的时间滞差得以再现。

技巧表演可以在戏剧性的风格、声音、姿态等所形成的那个相对比较具体的领域内把反英雄的意识形态呈现出来。因为这一领域接近日常生活的各种行为姿势以及姿态习惯表达方式和各种人际语言，而且，在这里，正是已经在场于美国社会的各种组成部分当中的诸多因素的风格化和效果，同时还有诸多较新类型的行为的那种结果与模式，促使它适时而动，在顺应中去表现城市街道，去表现实在世界。在这里，我们或许是第一次可以准确地理解，《炎热的下午》当中最优秀的东西，何以也就是它最糟糕的东西：艾尔·帕西诺扮演索尼，其表演才华横溢，因而把这部电影不断向后推去，愈推愈远，直到归入反英雄和技巧演员的那种已成昔日陈迹的范式当中。的确，他的表演内在的矛盾，甚至比这一点更加引人注目：正如上文所指出的，反英雄透过不与人交流、甚至无从说起预示了出来；从弗雷德里克·莫里尔和卡夫卡，一直到贝娄、马拉默德、罗斯等莫不如此。如果准确加以评估，就会发现，技巧表演所体现出来的各种感情风暴和痛苦发泄，可以表现出无力说完语句的精神的那种窒息。但是，在帕西诺对这种风格的第二代的再挪用当中，某种悖论性的东西发生了。这便是，不可表达的成了表现力的最高形式，不着一字的结巴最后竟然可以滔滔不绝，由于无力交流而产生的极度痛苦也忽然雄辩无碍，而且不管是在哪里都成了解人之语。

这样，在这关键时刻，某种不同的东西脱颖而出。于是，索尼的故事便不再以它汲取素材（边缘性或异常性）的方式去表达被孤立的个体或存在主义的孤独客的悲怆凄凉。这样，也就不再可能认为它是反社会的；相反，已经成了有其自身存在价值的某种新的社会范畴。反抗的姿态与愤怒的呼喊，逐渐丧失它们的挫败感——“疲软的狂怒”这种表达方式，早已成为福克纳以来、的确是从诺里斯和德莱塞以来美国的故事讲述的一种陈规俗套——而且开始拥有另一种意义。可以肯定，并不是因为任何新的政治内容：索尼的抢劫这种边缘性的政治学不会跟当代日常生活中工人自发的罢工的组成部分有什么两样；而仅仅是因为，姿态“投射”出来继而就被会心理解。上文曾经提及群众的支持（不管是在实在的生活，还是在卢麦特的这部电影当中），但那不过是索尼的姿态所产生的这种确凿无疑的共鸣在这部电影之内最为保守的铭记罢了。在我看来，更为重要的是来自郊区的电影观众本身明显流露出的同情。因为，从消费社会的住宅区之内，这些观众明显感到那种本来可以预见的城市犯罪与他们自己的日常生活相关。这样的观众，跟博加特电影的观众不同。因为，后者不得不站在一边冷眼观看，听任遭社会排斥的人被“社会”万能的铁板一块的建制冷酷地毁掉。而这样的观众，则已经亲眼目睹过这一体制的合法性的崩溃（以及这一体制所赖以存在的种种合法化的不断削弱）：不仅是越南战争，而且包括最无关紧要的整个水门事件，可以肯定还有最重要的通货膨胀这种经验本身。因为，合法性的崩溃毕竟是特别引人注目的现象。透过这一现象，某种中产阶级观众会忽然对其自身的历史性产生某种不快的意识——促使中产阶级为蒙尼鼓劲加油的那些比较陈旧的无产阶级伦理型的价值观念（对法律和秩序、对财产以及诸多政府机构的尊重）之所以会那样逐渐崩溃瓦解，自有其历史原因，以上所述就是其中几个。不过，从比较长远的观点来看，就必须在商品体制本身的真正逻辑中去寻找解释。因为，这一体制的规划是以即使是连那样的意识形态的价值观念（对权威的尊重、爱国主义、家庭的理想、对法律的服从）也要加以清除而告终的，尽管这些观念是它的社会的和政治的秩序赖以存在的基础。因此，理想的消费者——若同他们遵从新教伦理的祖先相比，参照他们所遵循的俭省节约、辛勤工作和自我克制的抑制性伦理学——如果论及发动对外战争、承兑所欠债务、或者拿所得税行骗，则最终证明是比其祖先要可疑得多的一种民众。对于后垄断资本主义的某个跨国阶段的公民们来说，日常生活的实用的一面，是对精明机智的一种考验，也是消费者与庞大的不露面目的公司之间展开的一场智力游戏战。

因此，他们便属于这样的人物：他们能够理解索尼的姿态，因而，他们的同情心，与同性恋这一整个十分不同的反文化主题奇特地相互交叉起来，并且至少为它所抑制。不过，这样的观众，毕竟是在这部电影之内找到了与他们相对应的人物的：与其说是在仅仅属于对索尼表示支持的这种隐性公众的近乎人云亦云的街道上的人群，不如说是在那些人质们身上体现出来；因为，这些银行支行的女性雇员们，她们自己在这种情况下对索尼变化不定的态度，已经成为这部电影所必须向我们显示出的东西的一个重要的组成部分。的确，我倒是希望指出，在对这部电影第二次解读的基础上，形式与背景的关系本身出现了颠倒，因而索尼这个人物——主人公，正如上文所论述的，属于一种比较保守的反英雄的故事情节——在别的情况下本来完全有可能成为背景本身的东西当中，现在竟然成了某种基本的东西得以出现和可见的前文本。这种更具根本性的东西，实际上就是消费社会对更陈旧的意识形态价值观念所进行的那种社会学的全盘清算。对此，上文已进行过评论。不过，它在这里所采取的是那种比陈旧的城市街区的贱民区化更加明确的形式。从历史上讲，这并不是一个最近的现象；而且，不论是对社会学意义上的报刊，还是对文学本身，它都不是未知的。因为，在某种意义上，它的再现可以说一直能回溯到巴尔扎克对金钱经济及市场体系的影响的描述，这种经济体系对较早时期的外省城镇沉睡未醒的组织曾产生过腐蚀性的和削弱性的后果。

比较而言，不能得到充分理解的则是：这一过程，在第二次世界大战结束后的美国曾取得突飞猛进的发展，因而与电视机的引入及冷战的发动属于同一时期；但是，这一过程，在什么样的程度上，是由可以识别出来并且确定日期的诸多有意而为的政治决定所造成的结果？战后的联邦公路规划以及退伍军人的住房津贴为个体家庭住宅的建设带来的动力，是这种新的统一战略当中根本性的构件：

> 1949 年的“住房法案”，为各种核心城市的私人发展引入了联邦支持这种观念。这种方法，在通用电器公

> 司、诸多大银行以及保险公司的强有力推动下，促进了城市贫民区的新生。核心城市并不是要成为有利于工人阶级民众的住房发展的场所……这些政治和经济决议，有力地决定了下一代人个体的和住宅方面的发展样式。白种工人阶级决定要被驱散开去；核心城市是专门为非常贫穷的人以及相对富裕的人预备的。在这样的情况下，耐久的物品的购置——汽车、洗衣机、单一家庭住房——开始吸收工人们的收入的比例越来越大，因而对劳动力样式产生了十分巨大的冲击力。[2]

我们还可以补充说，这种未来景观，曾首先在新泽西的纽沃克加以尝试；因而，围绕着第二次世界大战战略轰炸试验各个目标的名字所形成的那种邪恶的、传奇式的性质，这一景观或许也一样大致具备，难免让人产生隔世之叹。

不过，从传统上说，我们一向把当代美国社会中这样的发展视为对内城的毁灭以及购物中心文化的崛起并进而痛惜不已。现在，时过境迁，我们悲天悯人的倾向上出现了某种根本性的扭曲。从整体上来看，我倒是认为，如果说我们过去一直认为这样的发展是消费社会的某种逻辑不可避免的结果，那可能是公正的；因为，不论是个人还是政治家们，不管怎么努力，现在都不可能使之出现逆转；甚至思想激进的人过去也一直在心满意足地强调，在现今对比较陈旧的各种社团和社会群体的原子化，与马克思对从圈地时期一直到工场体制的涌现的经典资本主义所产生的种种毁灭性影响的分析之间，存在着的那种连续性。在今天看来是新颖的东西，或从前面援引的斯坦利·阿罗诺维茨的《虚假的承诺》的选段中可以感受得到的东西，就像在《炎热的下午》中那样，是一种晨曦初露的认识：这一切曾是有人负责的；而且，这样大刀阔斧的社会转化，不仅仅是这种体制不断前进的逻辑的组成部分——尽管它们也的确是其中的组成部分——最重要的是有权力的以及被置入战略位置的个体和群体的各种决定所造成的种种后果。不过，这样的群体的重新涌现——假若卢卡奇起死回生一定会称为主体的东西，我们别的人现在却依然只是它历史的客体；再一次逐渐看到这种东西这种新的可能性——不应该把它理解成我们这些所谓的修正主义历史学家一方不断积累的信息所造成的结果；恰恰相反，我们以这种方式重写历史的真正可能性，其本身就应该理解成这种历史情景本身中的一个根本性的变化的功能，因而也就是支撑着它的权利的以及阶级的关系的功能。

不过，在说明这一变化究竟是指什么以前，我们希望能牢记《炎热的下午》是如何生动地探讨这一空间的：由于被贱民区化的街区，其日渐衰落的小商店逐渐被停车场和连锁商场所取代，结果，这样的历史变化便促成了这一空间。的确，这部电影中的主要通讯线路，之所以要设在夫妻小店（警察们已经在那里建立起指挥部）与那家银行分行（索尼在那里扣留着人质）——其真实生活中的原型就是旗斯·曼哈顿（Chase Manhattan）的一个支行，真可谓恰如其分——之间，这绝非偶然。这样一来，便有可能在种种银行场景本身所形成的框架之内，把最近的城市历史的真相表达出来。首先，支行中的每一个人，都不过是某个真容难见的多国帝国的工薪雇员。其次，随着电影的展开，在这一已经是边缘性的和去中心的、根本上被殖民的空间中的工作，要由那些在双重意义上都是第二等阶级和只付给不足额工资的存在者来做。而这些人都是女性，同时她们结构上边缘性的处境，在这种情况下并不是没有同索尼本人的处境形成相似之处，或者至少是以跟第三世界某个无产阶级有可能在第一世界反映出弱势群体的暴力和犯罪活动完全相同的方式把这一点反映出来。只要能指出上述这两点，已足以说明问题。的确，有关最近的美国商业文化，比较逼真的东西中的一个过去一直就是，它心甘情愿要承认并且再现出，至少是附带性地，今日的美国诸多社会世界奇特的共存与和叠加：它们被刻板地彼此分离开来，跟在某个等级制度当中毫无二致，简直成了第一世界的心脏本身某种类型的后博瓦利[3]及/或永久性的第三世界存在物。

不过，这样一种知觉，其本身并不构成我们在本文开始提及的那种业已更新的阶级意识，而是像这样仅仅为边缘性的某种修辞学，为某种新的因而更加致命的民粹主义提供资料。的确，首先有必要凭借马克思主义的阶级概念对关系性的强调，把它同那种学院性资产阶级意识形态的那种社会学的概念区别开来。对学院性的社会学来说，各种社会阶级都被理解成处于彼此孤立的状态，与诸多亚文化或独立群体的“生活风格”属于同类：人们通常爱用的术语“阶层”，就有力地表达出了这种独立的社会单位观点。而这种观点进而又意味着，每一个单位都可以在相互分离的情况下，由某个进入这一领域的探索者加以研究，不需要彼此参照。因此，我们可以看到，诸多论述各种职业阶层的意识形态的专著，诸多论述秘书阶层的政治性冷漠的专著，如此等等，不一而足。不过，对于马克思主义来说，这样的经验主义的观察，并没有深入到阶级系统的结构性的实在中去；马克思主义把它视为在本质上是二分的，至少在最近的及最后的前历史的社会形态即资本主义当中是这种情况。在《共产党宣言》当中，有一句著名的话告诫我们：“整个社会日益分裂为两大敌对的阵营，分裂为两大相互直接对立的阶级：资产阶级和无产阶级。”对这一论述，我们还可以再补充说，第一，这种根本上截然二分的阶级对立，只能在绝对的危机和两极分化时期，也就是说，尤其是在社会革命的时刻，才会经验主义地成为完全可见的；第二，在一个今后世界范围的阶级系统当中，要想对这里讨论的这些对立加以重构，比在比较陈旧的民族国家的那种更具再现性或能成形性的框架之内，显而易见要复杂得多，也困难得多。

行文至此，情况已经很明了了：马克思主义的阶级理论，要包含有以全方位的形式对片断性的、经验主义的资产阶级意识形态的不相关联的数据进行再建构：如果按卢卡奇的观点，很可能是从社会的总体性这个角度；如果是按他的对手阿尔都塞的看法，则是从“主导性的和从属性的因素所形成的预先给与的复杂等级制度性的结构”的角度。不论是这二者中的哪一种，学院性的社会学各种散漫的次组织，都会在跟这两个根本性的社会阶级本身的二分性的对立有关的、确定性的尽管有时是模棱两可的结构性的立场中找到它们的位置。关于这一点，最近的创新之作——对于资产阶级，我这里想到的是萨特的福楼拜三部曲；而对于无产阶级，则是上文征引过的阿罗诺维茨的著作——已经论证过这样一些机制：每一个阶级，都要根据另一个阶级来界定自身，并在关涉另一个阶级的情况下构成一种纯粹的反阶级；而且，从公开的意识形态价值观念，一直到日常生活最为明显的非政治性的、“仅仅是”文化的特色，都是如此。

不过，马克思主义的结构性的二分阶级观同学院性社会学的独立阶层图画之间的差异，不仅仅是一种思想上的差异，而且是再一次地反映社会现实的意识；或从另一个方面来说，即对这样的现实的觉察的抑制，用马克思的话来说，本身“为社会存在所决定”，因而是社会的及历史的情景的一种功能。拉尔夫·达赫兰多夫所做的一项引人注目的社会学研究，的确已经证实了这种观点：对社会阶级所采取的这两种研究方法——学院式的和马克思主义的——其本身是以阶级为条件的，因而可以反映出两种根本性的阶级立场本身的种种结构性的视角。这样，那些处于社会阶梯较高层面的人，总是会向下看，把社会秩序视为相互脱离的阶层，进而形成他们的社会秩序观；而处于底层的人，则要向上看，因而总是从"他们"与"我们"截然对立的角度，来为其社会经验绘制地图。[4]

不过，如果情况真是这样，那么，对处于孤立状态当中的诸多受迫害的阶级的再现——不论是在作为边缘人物的索尼本人，还是在作为一个遭受剥削的群体的银行职员们身上——都不足以构成一个阶级系统，更不用说也无法在其看电影的公众中沉淀出初步的阶级意识了。而且，对缺席的银行资方的不断提及，也一样不足以将这一情景转化成某种真正的阶级关系。因为，如果我们重新运用上文用过的那个术语的话，这一术语在电影叙事本身之内找不到具体的再现——或者说能成形性。不过，这样的再现呈现于《炎热的下午》之中；因而，在人们一般不会去寻找的这部电影的某个组成部分中，它便成了这样一种意想不到的呈现。在目前这一语境中，促成了对它产生的最为关键的兴趣——即我们对它聚焦的可能性，正如上文所说，直接与我们这方面的能力成正比：放开索尼的故事，并且丢下为使我们追索某个英雄或反英雄的个体性经验，而不是更多散漫的叙事片断中的文本的剧变以及意义的运作，而对我们加以编程的这样比较陈旧的叙事习惯。

如果我们能够做到这一点——而且，在我们有意把抢劫本身颠倒过来，并且将索尼所起的作用解读为仅仅是对被殖民的空间即银行支行及其被边际化和边缘化的劳动力进行揭示的前文本所具有的那种作用的情况下，我们已经开始这么做了——那么，逐渐占据这部电影的引力核心的，便是银行本身以外的行动，而且尤其是地方警察同联邦调查局官员们之间争夺优先权的斗争。这样，可以对这种焦点转折作出各种不同的解释；而且，其中没有一个是错的：举个例子来说，我们可以认为，一旦把索尼成功地围堵在银行之内，他就再也不可能引出事件，所以叙事的引力中心本身在这种情况下便转到了外面。再确切一些说，既然这部电影运作上的悖论——由阿尔·帕西诺的表演突出出来——就是索尼在根本上招人喜爱，那么，表演的这种外在移位，也就可以理解成旨在产生出某个权威人物的叙事尝试，因为对这样的人物可以直接同他讨价还价而不至于倾倒于他的魅力。不过，这还不能算是一个叙事的原动力问题，它还牵涉到对这一根本性问题的一种意识形态性的回答：在今天该怎样去想像权威，该怎样想像性地——也就是以非抽象的、非概念的形式——去构想出某种权威的原理：它可以表达出我们的社会权力结构本质上的非个性和后个人主义的结构，与此同时又仍然能在实在的人中间，在日常生活以及压抑的个体处境各种明确的必然的事物当中展开运作？

显而易见，联邦调查局的特工这个人物（詹姆斯·布罗德里克），再现出［代表］了这一意识形态的矛盾的一种叙事解决办法。而且，这一解决办法的性质，又由联邦调查局的特工们以及当地警察头目马雷蒂（查尔斯·德恩宁饰）的种种人物学的风格加以突出。因为，他们虽然暴跳如雷，但却一筹莫展；尽管激情如火，但又无能为力。因而，与其说能使他人性不泯，不如说只可反衬出他的对手的淡然态度以及专业技术上的过人本领。当然了，在某种意义上，这种泾渭分明的差别，正是现在已逐渐被称为交互文本性的对比的那种东西：这实际上并不是代表着两个“个体”人物的对峙，而是两种叙事范式两种叙事陈规俗套的对峙：形象鲜明的仍然留着50年代发型的艾夫雷姆·兹姆巴特里斯特式的联邦调查局的特工们，与电视中各种各样让人无所适从的那些世俗的城市警察对峙——联邦调查局碰到了土匪似的警察！不过，可以肯定，这部电影当中最能让人回味的东西之一，《炎热的下午》在表演领域留下的最让人难以忘怀的印象，与其说是阿尔·帕西诺的那种狂热的英雄行为，倒不如说是这种行为风格上的对立面，即那个联邦调查局特工本身完全空白的、没有情感没有表情的冷漠。在那张呆呆的面孔背后，拍板决定被还原成了（或发展成了）纯粹的技术。不过，要想对它加以判断并作出评价，不论是否依照电影画面，观众都一样完全是望洋兴叹。因此，它成了最近的美国电影制作最令人惊奇的成就之一，甚至可以说也体现出了类似于属于十分不同但同样真实的文类的真相的某种东西，即间谍惊险电影；因为，美国电影的制作，在这一文类里几乎自始至终都被善与恶的某种辩证关系这种笨拙不堪的意识形态机器搅得一片浑浊。

与此同时，这种类型的各种人物更具生存意义和私人悲剧性的视界——我这里说的是，阿瑟·佩恩的《邦妮与克莱德》(1967) 中的那位执法吏（丹费·派尔）——投射出的是这样一种报应：它依然如故是以个体的怨恨为推动力。这样一来，追踪受害者的过程，就始终保持着一种仍可识别的类型的人的某种激情。而佩恩最近的《密苏里突变》(1976) 试图通过赋予其实施者以某种一般化的偏执狂（并且，附带性地为马龙·布兰多卓尔不凡的精彩表演之一提供机会），在对社会制度的不可更改性进行的这种个体化的戏剧化方面有所前进。但是，这样做并不真的有多大进展，因而视野依然闭锁于某种自我怜悯的和个人主义的历史视野的悲怆之中。

不过，在《炎热的下午》里，那种组织人物既不是怀有报复之心，也不是偏执狂。在这个意义上，《炎热的下午》大大超越了保守的情节剧的善恶对峙，因而任何一种旨在心理化的陈规俗套都会望尘莫及。因为，这些陈规俗套，沉湎于大多数对诸多制度所拥有的权力商业性的再现之中。毫无个性特征的面貌标记出的是虚构电影应有的相对而言本来还可以未卜先知的框架，实在之物竟然猝不及防，令人不寒而栗地嵌入进去。而且，这种嵌入，正如上文所指出的，依靠的并不是传统的纪录片或蒙太奇技术，而是在表演的风格层面上诸多含义的某种辩证关系，即在本来可以通过别的表演模态对我们加以程序化以便呈现出另一种类型的表现力的符号系统之内的某种沉默或被充实的缺席。

这样，根本上的反差，即那个警察头目同联邦调查局特工之间的那种反差，便将某种社会的和历史的变化戏剧化了，尽管它曾经一度是我们的文学的一个重要主题，但由于我们今天已经习以为常因而早已丧失对它的敏感性：约翰·奥哈拉的各部小说以及C·赖特·米尔斯的社会学研究，都如实记录了民族性的以及我们这个时代多国性的权力结构和领导力量或权威网络对它们的地方性和全国性对应物的某种渐进的、不可逆转的侵蚀。不妨考虑一下，吉卜斯维尔的社会等级制度，进入同“新政”时期新的财富以及种种新的政治等级制度的幻灭性的接触所暗含的危机；不妨考虑一下——跟我们目前的意图甚至更具相关性——权力从各种较早时期的社团面对面的小城镇生活情景，向全国性权力的抽象化的这种转折，所暗含的能成形性危机（这一危机，已经由作为处于它本身之内的某种专门化的主题的“政治学”的文学再现提示出来）。

这样，那位副警司便逐渐体现出了地方权力结构的软弱无力和无能的真正焦虑。而且，随着我们的解读的这种曲折变化，随着这样的解释运作，《炎热的下午》的整个讽喻结构忽然之间真相大白。联邦调查局的那位特工——既然我们已经成功地辨别出他所取而代之的是什么东西——便开始逐渐占据这一庞大的且已去中心的权力网络中的这种位置：它标记出的是垄断资本主义目前的跨国阶段。他的诸多特性的缺席本身成了我们日常生活中的公司权力在场/缺席的一个符号和一种表达，尽管可以塑造一切而且无所不能，但从能成形性的角度又很难接近；也就是说，从个体性演员或作用者的可再现形式角度很难接近。因此，这位联邦调查局的探员，就成了银行分行的文秘职员们结构上的对立面。因为，后者虽然在场于其整个生存的个体性之中，但却是非本质的而且已被完全边缘化了；而前者则被严重非人性化，以至于最终只是成了终极权力和控制的所在的一个标记——在日常生活以及社会新闻和报纸文章的经验主义的世界中。

不过，这样的多国公司的结构，已成为当今世界历史的主题。随着对它们所具有的种种力量即使是这种昏暗不明的具体化的出现，真正成形化的可能性——而且随着这一可能性的出现——某种类型初步的适宜的阶级意识本身的可能性也就被给予出来：首先是各种城市中那种新的、被单子化的小资产阶级，他们的“无产阶级化”和边缘化，一方面由女性雇工，另一方面则由游民无产者（索尼及其同伙索尔［约翰·卡扎里饰］）同时还包括群众本身表达了出来，而这种表达是对这种边缘性的逻辑的一种体现；从同性恋的“正常的”游离性和小规模的犯罪活动，直到索尔的偏执狂和欧内耶［克里斯·萨万顿饰］的变性特征等各种变态，它一路畅通无阻地在发挥作用。第二个层面，是由地方街区各种疲软的权力结构构成的。它们代表着类似于第三世界的民族资产阶级们的某种东西，已被殖民化并且抽去了它们比较陈旧的内容，除了权威和拍板决定的种种空壳与外在的标志之外，已几乎所剩无余。当然了，我们这个世界较早时期的统治阶级已经进化成为那种多国资本主义；而且，它所拥有的至高无上的地位，在这部电影从银行内部这一贱民区化的脏乱移向飞机场终结一场中的那种怪异的和非人性的科幻小说风景的过程中，已经铭刻于电影本身的空间轨道之中：这一公司性的空间，无人居住，完全是技术化的和功能性的，是一个既超越了城市，同样也超越了乡村的地方——既是集体性的，但又空无一人；既是自动化的和计算机化的，但又不含有任何一种较早时期的那类乌托邦的或反乌托邦的喧嚷，不具有任何仍然明显的标志着“现代”的特征，也不具有标志着刚刚过去的未来主义的看法。在这里——就像在联邦特工的表演显示出的空白风格中一样——这部电影，通过对它本身固有的效果的损毁以及对某种已经是强有力的、但又是保守性的电影和表演语言的删削，形成了一种强有力的、非概念性的论点。

有关这部电影，还有最后两个观点［值得一论］。一是有关它终极的美学和政治学的效果，二是有关它的可能性的历史条件。且让我们先来讨论第二个问题。上文不断强调阶级意识的某种叙事表达对历史情景的依赖性。我们既强调了阶级结构的二分本质，同时也强调了阶级意识本身对社会的和历史的关节点的逻辑的依赖性。马克思的名言——社会存在决定意识，既对阶级意识本身适用，也同样对任何其他意识适用。因此，我们现在有必要充分证明我们的声言，并且说明为什么，如果阶级意识的某种新的和更新的可能性似乎至少是朦胧地可发现的，有关情况（不是10年或20年前而是现在或今天）竟然会是怎样。

不过，对这个问题可以简要并且明确地给予回答。答案就隐含于“多国公司”这一表达方式本身，尽管它有可能是一个意义重大的误称之名（原因是，所有这样的公司，实际上都是对美国的资本主义的表达），但假若不是有某种新的东西忽然涌现出来，似乎是要为自身要求一个新的名称，那么，它可能就不会给杜撰出来。事实似乎是，在越南战争失败以后，各种所谓的多国公司——过去一向被称为“统治阶级”或者后来被称为垄断资本主义的“权力精英”的那种东西——再一次从历史的羽翼中忽然公开地涌现出来，以推进其自身的利益。这场战争的失败“已经意味着，世界资本主义的革命的进展现在更多地要依赖于诸多公司的积极性，而不是政府。因此，国际性的公司越来越强烈的政治性的权利要求是难免的，但这样的权利要求又不可避免地意味着进一步的公开曝光，随之而来的曝光带来了不断加剧的敌对情绪这种危险”[5]。不过，用我们的话来说，《走向全球》（Global Reach）的所有作者们的心理语言，可以翻译成“阶级意识”；因而，有了这种新的历史的可见性，资本主义现在就可以逐渐被客体化和戏剧化，成为具有某种讽喻的强度及简洁性的一种演员和一种历史的主体，尽管自 20 世纪 30 年代以来情况一直都并不是这样。

现在，就这部电影本身的种种政治含义以及我们归结给它的那个类型的讽喻结构的种种复杂性作出最后论述。能说《炎热的下午》就是一部政治电影吗？肯定不能。因为，本文一直在讨论的阶级系统，仅仅是隐含于其中；因而，即使被带向意识，它也很容易为观众所忽视或抑制。本文一直在描述的至多是某种前政治性的东西，即从这种角度和关系对这种类型的一部电影的原材料渐进性的再连接［再阐述］：又一次要遵循属于 40 年代和 50 年代那样的可识别的阶级的范式的、反政治的和私人化的“存在主义的”范式。

不过，我们同时也应该理解，这样的材料的运用，比再现的那种术语学可能要隐含得多，要复杂得多，也困难得多。的确，在这部电影之内，阶级结构是在索尼、那位警察头目和联邦调查局特工之间所形成的三角关系当中得到了表达。而就这一过程来看，上文遗漏了根本性的一个步骤。因为，这种关系整个质性的辩证的不平等性，是由明星制本身调解的；而且，在这个意义上——比媒体对索尼持械抢劫事件的利用中所表现出来的它的外显性的主题要贴切适宜得多——可以说，这部电影讲的就是它本身。的确，我们也就是从其同明星制的距离这个角度，来理解每一个主要演员的：索尼跟马里蒂的关系，属于超级明星同性格演员的那种关系；因而，我们对这一特殊叙事的解读，不是从一个人物或角色滑向另一个的直接的迁移，而是要通过我们对演员们的地位本身所进行的认同和解码这种中立化才能行得通。与此相比，更有意味、也更复杂的是，我们对联邦调查局特工的解码。因为，他在电影叙事中的无名，可以非常确切地说，是通过他在好莱坞明星制框架之内的无名表达出来的。那张面孔之所以一片茫然而且不可解读，原因正在于这位演员本身是不可识别的。

当然实际上正是在某种好莱坞体制的编码过程之内，他才是不为人所熟悉的。因为这里讨论的这位演员，不久便成了那部风行一时、尽人皆知的电视连续剧《家庭》（1976—1980）持久不变的主演。但是，确切地说，这里的关键在于，正是从电视及其指示系统属于另一种生产而且甚至触及面更广这方面来看，就好莱坞电影而论，电视本身才是走向形象的；而好莱坞电影那种新的和非人性的多国性的系统，目前正在逐渐取代属于某种较早时期的民族资本主义和某种较早时期的商品文化更具有个人主义特性的系统。这样，外在的、非固有的社会学的事实或诸多现实的系统，它们本身的特性，便以萨特在他的《想像的心理学》中以暗示性的、鲜为人知的概念称为类比的那种东西的形式[6]，被铭刻于这部电影内在的、固有的经验之内：在这种情况下，我们的解读或观看经验中的、我们的解码或审美接受的运作中的那种结构性的连接，毫无疑问可以行使双重的职责，并且成为处于外部的某个现象的审美对象之内的替换物和代表。因为，这样的现象，就事物的真正本质来看，是不可能直接加以“处理”的。因此，内外在审美关系的这种复合体，或许可以用图示的形式以如下方式再现出来：

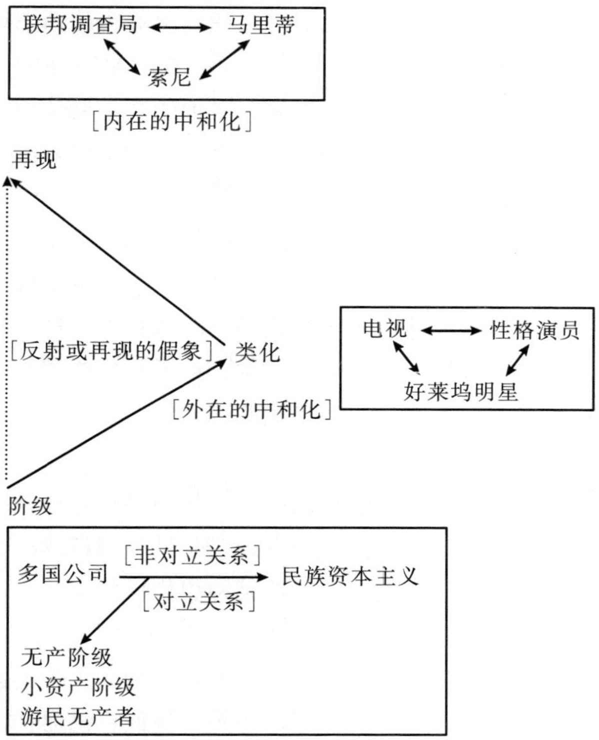

这样，我们在这里便可以找到对本文提出的初步假设的某种终极的形式性的确认：这部电影里最糟糕的东西，也正是它最优秀的东西；这样，这部作品便成为这样一种悖论性的实现——诸多优点以及缺陷形成了一种解不开的辩证统一。因为，从终极上说，正是明星制本身——这一商品现象，同探索实在之物的任何一种纪录片或电影真实的类型，都是最为顽固地势不两立——在这种情况下要为《炎热的下午》所能够取得的甚至是那样一种有

限的权威性负责。

跋：

我现在倒希望说明，这篇论文是用我一向称为认知图绘的东西进行的一项研究。[7]认知图绘预先假定，在较早时期的民族语言或文化（它依然如故还是这种框架：今天的文学要依照这个框架被生产出来）的种种可能性同当代资本主义的经济基础跨国性的、世界范围的组织之间，存在着一种极端的不可通约性。这种矛盾导致的结果是这样一种形势：作为一种整体——用卢卡奇的术语来说，作为一种总体性——我们的社会生活的真实性在这种形势下同我们可以触及的审美表达或表述的各种可能性，越来越势不两立。关于这种形势，可以强调说，如果我们能够根据自己的经验制作出一部艺术作品，如果我们能够给予经验以可以讲述的故事的形式，那么，即使是作为个体性的经验；它就不会再是真实的，而且，如果我们能够捕捉到有关作为某种总体性的我们的世界的真实性，那么，我们就会发现它是某种纯粹的概念性的表达，因而我们将再也不能同它保持某种想像性的关系。按照流行的精神分析术语学，我们作为个体性的主体，因此将不能将自身嵌入外在于我们自身的某个更为阔大的和更加非人性的或跨人际的现实当中。正是在这一视角下，要想对我们自己时代的艺术生产进行质疑，它就不仅仅是一个好奇的问题，因为某些还只是朦朦胧胧的集体形式的新的符号，一定会取代比较陈旧的个人主义的那些符号（后者或者属于常规性的现实主义，或者属于现在已被常规化的现代主义）。而且，也正是在这样一种视角下，像《炎热的下午》这样一种模糊不定的审美的和文化的现象，才具备了某种揭示性的症候所具有的种种价值。

【注释】

［1］若欲了解报界对 Wojtowicz 抢劫案有关报道的有益的综述，可参见 Eric Holm，*Dog Day Aftertaste*，载 *Jump Cut*，第10～11期（1976年6月），3～4页。

［2］Stanley Aronowitz，*False Promises*（New York：McGraw-Hill，1973），p. 383.

［3］博瓦利（the Bowary）是纽约的一条街道，流浪者及酒鬼常光临此处。——译注

［4］Ralf Dahrendorf，*Class and Class Conflict in Industrial Society*（Stanford：Stanford University Press，1959），pp. 280－289.

［5］See Richard J. Barnet and Ronald E. Muller，*Global Reach*（New York：Simon and Schuster，1974），p. 68.

［6］Jean-Paul Sartre，*The Psychology of Imagination*（New York：Washington Square Press，1968），pp. 21－71. 在这本书中，"analogy"（类比）被译成了"the analogue"。

［7］见拙著 *Postmodernism，Or，The Cultural Logic of Late Capitalism*（Durham：Duke University Press，1991），尤其是第一章及最后一章。

（蔡新乐　译）

作为阴谋的总体*

集体的或者社会的想像力，面对幻想一种全球规模的经济体系的宏伟计划时，“什么也不会发生”（卡尔·克罗斯）；在此想像力普遍瘫痪情况下，比较古老的阴谋母题，作为有能力重新统一最小基本组成部分的一种叙事结构——一种富有潜力的无限网络，以及随之而来对它的不可见性似乎有理的解释；换句话说，就是集体性和认识论——重新获取了生机。

之所以这样表述，是为了理解这种不完备的媒介性的和寓言性的结构——阴谋，甚至还不能算是世界体系本身——如何显示出关于再现的最严重的两难局面；因为传统的叙事从来不善于传达集体性（除非正好是在战争或者革命这样的爆炸性时刻），而认识功能又从不被认为与**纯文学**特别一致。除此以外，阴谋寓言，就其必须被标识为不完备的然后才能适用于认知地图而言，也同样提出了价值问题（如果像福楼拜笔下的费利西特那样，人家要她看的是她那当水手的侄子登岸的哈瓦那地图，她却要看她侄子在那里住的房子，把它同现实本身混为一谈，那将是灾难性的）。

另一方面，对于这种再现的认知或寓言投入将大半是一种无意识的投入，因为只有在我们集体幻想的这一较深层面，我们才会在任何时候都想到社会体系：它使我们的政治思想也可以躲过某种自由主义的和反政治的审查。但是，一方面，这意味着，阴

---

* 本文译自 The Geopolitical Aesthetic（印第安纳大学出版社，1992）。

谋情节的认知功能一定能忽隐忽现，就像是某种次要的或阈下的余像；同时，由于同样的原因，再现所达到的表面本身，也必然渴望达到高雅艺术本身的不朽地位（至少一直到后现代初期；那时，高雅艺术和大众文化的一种新的互相渗透，使阴谋的情节—建构能够达到“艺术的”或趣味高雅的品位，例如品钦的那些情节—建构）。

至于这种阐释机制的集体性的维度，使它明显误入事物另一种秩序的是对信息与交流本身的辩证的强化：只要我们处于下层民众的领域，或者是处于维克多·雨果的滑铁卢战役（《悲惨世界》中）的鸟瞰图的领域，这种强化就始终是非主题化的；但是，从主题标为“英语（或法语）文学中铁路的第一次出现”一直到普鲁斯特笔下电话旁尴尬不堪的“贞洁的处女们”，这种辩证的强化也因凝华到技术之中而受到怀疑。既然晚期资本主义（或后现代性）的世界体系若无电脑化的传媒技术——此技术遮蔽了它以前的空间，并且传真出一种跨越它的各个分支、闻所未闻的同时性——无论如何不可想像，那么信息技术实际上就成了再现的解决办法，同时也是这个世界体系认知图绘的再现的难题，其寓言现在总是应该包括交流的第三个条件。

因此，我们想从三个方面探讨这些新的征象性叙事：（1）探讨它们的客体—世界如何被寓言性地筹备、处理和重新连接以便成为阴谋的负载者，日常生活中关于存在的内容其本身如何因此被缓慢转化为交流技术；（2）考察个人证据——一种仍属拟人叙事中的个体人物——与无论如何一定是通过这样的个人努力而披露或揭示出来的集体阴谋之间的不可通约性；（3）事物本身，即此时此地存在的局部的单项事物，何以可能用来表达和指示不在场的、不可表现的总体；个体相加何以可能大于它们的总和；在宇宙论终结之后，一个全球或世界的体系看起来可能是什么样子。

一

如果说任何事物都意味着另外某个事物，那么，技术也是这样。如果将寓言阴谋的这个可怕的客体—世界，归之为20世纪60年代对特务机构和谍报人员起初产生的那种新鲜的恐惧，那将是错误的；在60年代，右翼分子们发现了一代全新的完全正确的诡计，当时有人听从你，但只是在听从你个人。对于晚期资本主义，J·埃德加·胡佛可能成为突出表示时代错乱的吉祥人物；在消除隐私的倾向已经变成表示公民社会终结的情况下，有关隐私的种种焦虑似乎也已经大大减弱。这就像我们在提前对自己进行训练，以应付世界上因人口过剩而出现的那种老生常谈的可怕的灾难：在这个世界上，没有人再拥有属于自己的一个房间，也没有任何别人会首先注意的秘密。但促动其余事物的可能的变化，一如往常那样，仍是所有权这一更基本的抽象范畴：这里揭示了从私有向公有的一种基本转变，公有撕下了私有的面具，并且因此对它自己也建构于其上的法律体系本身提出质疑。我们周围几乎所有的东西，都被实用性地嵌入各种各样更大的机制结构和框架之中，然而它们又属于某个人；在这种情况下，何以能存在私有的东西，更不要说隐私了——这就是现在令人烦恼不已的问题，它始终纠缠着各种生活—世界转动、寻找它记忆中不可能再有的失去了的客体的摄影机。在合适的新习惯已经不能形成、而古代的储存（巴尔扎克，《驴皮记》）业已全部消失的这样一种情景中，旧式美学指导它进行笨拙的尝试——老式的内景，以及同样也是老式的梦魇空间，古代可收集的东西，对手工艺的怀恋。对我们客体—世界的客体所发生的既不是青春少年也不是成年，而是它们全都转变成了交流的工具；而且，这一转化已经取代了种种比较老式的超现实主义的变形，梦的城市，难以置信的正在萎缩的个人的家庭空间，或者是大量科幻小说中的有机生命的恐怖——在科幻小说里，掠过某个无生命体会突然觉得像是被某个人的手触摸一般。

不过，依照事后认识，并且通过适当的改写，所有那些都可能是对这种转变的一种预期，其基本的前提是自然本身的消失。一旦它确实被隐蔽起来，生物与无生物之间那样的对立本身便被归入历史的旧物储藏室中；这种储藏室与其说像是旧物商店或旧货铺子，倒不如说更像是字码程序被偶然删掉时信息消失的地方。一旦植物变为机器——即使一点也没有干扰与它本身相应的、同一的风景——每一个物体也都发生变化，成为一种人的符号（不出意料地引出它后面所有语言和符号系统的理论）。现在，不是有魔力、会讲话的野兽或者“向你回顾的花朵”，而是《走刀刃的人》最后那幕在洞穴似的私人套房里阔步而行的自动机（里德利·斯科特，1982）：这些是时代错误，它们使现在跃入机器人技术的遥远未来；而且，现在我们所有的东西，不论什么结构和目的，都可能变成长着咬人尖牙的可憎玩偶（《巴巴里拉》[罗杰·瓦狄姆，1968]）。

这是由德雷克·加尔曼和拉奥尔·鲁伊兹的新魔幻现实主义体现的直觉：那样的超现实主义过去既不可能也不必要，因为在另外某种意义上，它已经是真实的（这曾是阿莱霍·卡彭铁尔在他《这个世界的王国》的序言中对风格所作的创造性阐述，他认为那种超现实主义是拉丁美洲不平衡的发展造成的，而现在似乎属于我们每一个人）。甚至已故的布纽埃尔（《谨慎的魅力》[1972]，《朦胧的物体》[1977]）也更接近这种情况，而不是更接近超现实主义的欲望和华格纳式的期盼所构成的英雄时代：《黄金时代》（1930）一直是诸神和英雄时代令人惊叹的遗物，但我们再也不这样看了；因为，假若盼望资产阶级的社会地位和复杂的道德禁忌作为社会责任回归存在，而目的仅仅是为了重新赋予性冲动以一种政治行为的价值，那将是滑稽可笑的。

在20年代的超现实主义的欧洲，非共时性也是拟古风潮爆发的条件；西班牙的封建制，法国中世纪的罗曼司，甚或卢梭讲的自然本身的状态，促成拟古风潮的爆发，其影响一直蔓延到大小资产阶级所支持的尚未完全现代化的现在。目前，这种影响的余波，似乎仅见于玄妙的电影的种种模拟之中；它们伴随着所谓的宗教的复兴，像是它的愿望的满足。不过，在加尔曼和鲁伊兹那里，最能代表“超现实主义的”一些时刻是：在这样的时刻，现代的技术制品——比如说，一台袖珍电脑，或者一辆一度崭新的、沾满尘土放在巨大的楼梯下面的跑车——让人难以察觉地被置于罗马高级教士那种文艺复兴式的壮丽之中，置于他们那种服装和殿宇的壮丽之中（《卡拉瓦吉奥》，1986）；而布纽埃尔那些咕咕哝哝的主教们却变成了骨头，身后只留下他们的僧袍，丢放在将要建起城市的古岬上边。那种逝入地质时代深处的逃遁，与这种特殊的未来的震撼背道而驰：实际上，由于鲁伊兹坚持认为他的作品与超现实主义毫无共同之处，所以他非常看重《克莉奥佩特拉》中通过镜头实例所表明的那种类型的不协调性；在那部电影的一个镜头里，可以隐约看见身着［古罗马市民］宽袍的演员头顶上的远方天空有一架客机。[1]我认为，这不再是布里顿讲的“客观的偶然”，而是尼采式的一种断言：过去并不存在，因此最终根本不存在时间——在鲁伊兹的电影中，当这个或那个偶然标志出其不意地将它们的魔幻事件再次“安插在”现代的时代序列里时，人们常常会感受到这样的情况。

交流和信息技术——再生产的而不是生产的科学机器（不过，技术紧紧追随着后者，并且把它们倒转过来，成为它的先行者）——将客体—世界的这种转化像它的物质观念似的推向前台并使之戏剧化。但是，技术和机器本身只有被理解为某个别物的寓言，理解为整个无法想像的、无中心的全球网络本身的寓言，它们才变成魔幻性的。在《秃鹰的三天》（简称《秃鹰》）（波莱克，1975）开头的演职人员的名单中，新的配料已经以优雅的电传形式用时髦的电脑字体呈现出来。的确，在后现代电影中，演职人员名单变成了一种虽不明显但却至关重要的空间；在这个空间里，人们所期望的观众的种种知觉习惯，像欣赏音乐的老式习惯那样，一般来说都被分别导向了技术字图或者装饰字图。

《秃鹰的三天》剧照

于是，这种技术与死亡本身的关系便被铭写于《秃鹰》开始的连续镜头——一个情报局里的下层间谍研究人员和专家全被明显错误地杀害——尸体横七竖八；在一片沉寂中，文字处理机的声音嘀嗒作响，这些机器继续证实它们的机械存在，随着不绝于耳超量的声音不停地生产“文本”（若将《驱妖人》［弗雷德金，1973］的开首场景中阁楼里模糊扑腾的翅膀和母鸡的乱抓这种有机物的威胁与嘀嗒作响的机器并置，无疑具有启示作用了）。

不过，说到“传媒”，传统上也包括或包含运输。波莱克的电影之所以具有非常漂亮和贴切的特性，因为它收编了庞大的交通网：不仅有曼哈顿的巨型桥梁和公路，而且有在纽约和华盛顿之间来往穿梭的飞机，还有直升机与小型卡车这些极不相同的东西，以及断断续续嵌入的铁路系统，而铁路又让人联想到这一空间地图另一端是佛蒙特大雪弥漫的某个地方。

这种在空间中具有功能性调解作用的X射线，作为一种程序，在约翰·施莱辛格的《马拉松人》（1976）中得以完成。这部影片是对各种类型的空间和气候的真实编选，表明了这种地理汇集的总体化倾向。因此，对于那些试图以某种更基本的结构方式绘制社会总体性图示的叙事来说，又常常需要这种编选作为一种背衬或余像。

不过，如果把更早的一部杰作——希区柯克的《西北偏北》——看做是这种发展中的一个同族的前辈，也许会方便一些。正如它的题目所表明的，这部电影的叙事栅格驱使我们横跨北美大陆从一个空的旅馆房间走到另一个旅馆房间，重新划定了所有真正美国公民像铭刻在心目中的标识语似的携带着的那张48个州的空洞的轮廓图。[2]从迈斯在曼哈顿新建的西格拉姆大厦到伊利诺一片出名的玉米地，从华盛顿特区的中央情报总部到拉什莫尔山隐约可见的光秃秃的岩石峰顶，再到加拿大边界上角撑架式的现代房屋——实际上，就在世界的边缘上（它的飞机向最黑暗的“铁幕”起飞）——这种连续镜头的移动，使各种风景发送出独特而又相互补充的叙事信息，仿佛在现代性的终结处，正向列维-斯特劳斯在《阿斯狄瓦尔的史诗》一类论著中已为我们解开密码的那些部落的或口头叙事的符号风景回归。

但是，疯狂的追求——在希区柯克的作品里显然只是通过间谍阴谋以最敷衍的方式激发出来，但更基本的是通过三角恋爱的方式——使这种错位获得了某种激情和认识论本身的价值：正如梅勒谈到那种被称为“伟大的美国小说”的欲望时所说的，一定要抓住那头野兽；将所有的基地和所有的基础纳入零散的感觉，觉得这个逐渐变小的庞大的客体以某种方式包含着存在本身真正的秘密：其中惟一可以与之相比的是菲利浦·K·狄克的小说《犹比克》(1969) 所描写的冒险飞行，在从纽约以前的拉瓜狄亚机场到衣阿华某个叫做德斯·莫因尼斯的殡仪馆的飞行中，历史时间围绕着无助的主人公残酷无情地断裂，未来的喷气式飞机降级为小型的双翼飞机，高科技仿佛梦幻般地逐渐消失，空间随着运输方式变得更加原始不祥地扩大——这就是狄克最精彩的梦魇。在这种梦魇中，时间倒退的每一步进展，都会稍稍拉大一点你与自己心灵欲望之间的距离。

不过，《秃鹰》部署这种地理母题只是作为“企图总体化”的一种信号。至于在某种文学意义上它的情节和严密连接的主题（瑞德福德是个“读者”，中央情报局的军事演习在结构上与印出的短篇和长篇小说中的语码译解既相互关联又相互抗衡）在倾向上与它的惊险小说的语境并不适应，因而便显得琐碎浅薄。与这种形成观念的表面安排并行不悖，贯通这些主题具体的、真正更具电影和空间特征的运作，在冲入电话总局内部的袭击中可以看到。瑞德福德作为情报技工和产业工人，比作为英语学者和知识分子更有意思；而由电键和遥控构成的庞大组合，再次使人想起诸如《外来人》(斯科特，1979) 等其他当代电影中幽灵似的无产阶级的内容，即使的确不属于行凶抢劫那类电影的内容——通常总是在某种意义上标志着集体的非异化的作品，这种作品通过在犯罪和低级娱乐方面的重写通过审查。从远古时代到但丁再一直到高夫曼的沿街铺面/密室，超越事物的表面现象对原型进行的回溯，也在这里被朦朦胧胧地唤醒；这种回溯以其典型的形式发出马克思的庄重邀请："离开这个声音嘈杂的地区，这里任何事情都发生在表面上并且人人都可看个明白；随着［金钱的所有者和劳动力的所有者］进入生产的隐蔽住所，那里的门框上悬挂着告示'非公莫入'"[3]。这种对更深刻的内在观点的期望，是一般阴谋惊险影片阐释的内容，尽管在《秃鹰》中它的空间化似乎以某种方式显得比一般的嫌疑犯想像的网络更令人惊讶：在再现中确认了电话电缆和电话线以及它们的交换网四处跟踪着我们，给可见的人类社会中的街道和建筑加倍添加了一个次一级的秘密的地下世界——这种确认虽说偏执，但却是一种生动的认知地图，它只有通过可能改变的形势来理解，例如主人公能够分接线路用窃听器窃听，通过搅乱所有的征象同时从地图的各个角落产生出他的信息，以他自己的那种同时性将空间消除。

但是，电话技术不论怎样被系统地改进和后现代化，在新的后工业的风景之内它仍被认为是相对老式的古老的东西（我们会发现，在《总统班底》所用的技术里，再现似乎已经在要求某种类似的回归）。再现是否能够以某种新的方式直接利用资本主义第三阶段独特的技术，仍然是整个后现代文化中有待讨论的重大问题之一，因为这个阶段以电视和电脑为基础的设备和其客体—世界，明显不如第二个阶段的传媒和运输技术（包括电话）更适于拍摄电影。当然，有些更新的间谍小说，描写公众活动中令人迷惑的层层秘密或隐蔽的侦探活动，它们那些使人眼花缭乱的文章结构（从哲学上看比股票市场更加非物质化、更加唯心）利用简便有效的双重间谍的手法，使大批的坏人摇身一变就成了英雄——无疑，所有这些在某种程度上至少想表明要建构这样一种叙事的意图：对于电脑本身不可想像的超常决定力量，它是一种模拟或替身。但是，在此类再现里，运作的效果是混乱而不是清晰。正是在这一点上我们放弃了，再也无法记住这些人物站在哪个方面，他们如何被揭示与其他人勾连在一起，因为我们自以为已经理解了这个世界体系更深层的真相（当然，如果发现中央情报局局长、副总统、国务卿，甚或总统本人一开始就在幕后操纵一切，谁也不会感到惊讶或恍然大悟）。这样的混乱——显然同记忆结构上的局限有某种关系——似乎标志着一个无法回归的临界点，越过了这个临界点，人类有机体就再也适应不了新世界体系的速度或人口学的研究。这种征象暴露了后现代主体对处理历史本身的更深层次上的无能。这可以根据多种其他相关但较少官方政治意味的现象来加以论证。例如，人们早就注意到，在罗斯·麦克唐纳的恋母情结的侦探小说中，越来越难将父母一代同祖父母一代分离开来：这种感觉现在成了整个新一代侦探小说的特点，而这些小说普遍表现出收编历史的必要性。

在高雅文学方面，人们不可避免地会想到品钦。从总体上看，他的创作没有避开间谍小说情节建构上的弱点（尽管在质量和强度更大的层面上跨越了那些弱点），但根据我们的目的可以明确把它作为一种兴趣有些不同的问题，作为制造和合成电脑化形象的一个空间：静态视幻艺术的余像，就是从这种电脑化情节的令人目眩的循环中产生的。在肯尼思·勃克的叙事学范畴中，场景被压缩成中介的一种形式来使用；这些范畴似乎非常适用于《第 49 号拍卖区的呼叫》（1966）所表现的那些离现在已经遥远、但仍可引起幻觉的加利福尼亚 60 年代的时刻，当时房地产发展的阴谋忽然与某种几近神秘的信息产生了共鸣：

> 她乘坐着租来的“因帕拉”在一个星期天来到桑那西斯科。什么也没有发生。由于太阳光的缘故，她斜视着向一个坡下望去，看到的是一大片凌乱分布的房屋，就像是黑褐色土地上长势良好的庄稼挤在了一起。于

> 是，她便想起了那次她为换电池把晶体管收音机打开，第一次看到了它的印刷线路图的情景。从这么一个很高的角度，那些看似布局整齐、实则十分散乱的房屋和街道，跟线路板一样以同样预想不到的、令人瞠目的明晰进入眼中。尽管她对收音机的了解还不及对南加利福尼亚人的了解，但两个外显模式都含有隐蔽得难以捉摸的象形符号的意味，含有一种意欲交流的神秘。那个印刷线路图要给她讲的东西似乎可以无穷无尽（如果她想弄明白的话）；她刚进入桑那西斯科时也是这样，一种启示也同样颤动着跨过她理解力的门槛。整个地平线都笼罩着浓雾，淡灰褐色的土地上的太阳让人痛苦；她和那个契维似乎被搁置在一个奇特的、虔诚的瞬间的中心。仿佛是通过另外某个频率，抑或是经由某个因旋转太慢使她灼热的皮肤感受不到散发出的凉爽的旋风的风眼，词语正被讲说出来。[4]

这部小说在再现上的巧妙之处在于，它把阴谋与传媒本身——这里是邮政系统——认同了起来。在这种邮政系统里，私有制同社会生产之间的矛盾，通过“私有”投递系统不可思议的重新出现又突出出来。然而，品钦的叙事的力量，并不太依赖当代传媒先进的或未来的技术，而是更多地依赖这些传媒所具有的一种古老的过去：各种各样的邮政系统和邮票替代物的伪历史，古旧书中留下的种种痕迹，“现在”想像它自己已经放弃的档案遗存。实际上，这部中篇小说所激起的最不祥的疑虑——它想毒害读者，并越过他们赋予现在这个时代以一种不可捉摸但又无所不在的妄想狂文化——是进行这样的推测：假若考古记录完整，我们很可能会发现，远在更新世时期的人类制造物上，也有瑟恩出租车公司的驿站喇叭。不过，仍有必要指出，传达出这一精彩效果的，并不是电脑线路的模制系统，而是考古阐释本身，这种阐释赋予电脑之类的物品以一种它们自身无法构成的启示力量。

品钦后来进一步退回到50年代，退回到麦卡锡时代大不相同的阴谋之中；由于日常官僚政治少有的压制，他避开神秘的东西，以一种相当不同的方式展现对阴谋的顿悟：

> 由于她觉得可能会伤人，所以格外小心地驱车驶向市区，她看到一家挂着巨大“支票兑现”招牌的酒店，但到了里边又一次被拒绝提供服务。她又气又恼地继续向前驶去，直到来到下一个超级市场。这次有人告诉她等着，等着到里面打电话的人回来。
>
> 就在那里，她朝着下边长长的一通道冷冻食品望去，目光扫过那些收银台，直到与尽头处发黑的前窗透出的光亮相遇，她这时才发觉自己具有毋庸置疑的超人视力；这在她一生中很少见，但可以辨识出来。她感到，里根政府消减开支的斧头刃在四处舞动；她和弗莱施再不能幸免，她们很可能已经被随便丢进上界，丢进那些尚未完工、有待继续制作的东西中间……仿佛她们在过去的岁月里一直被安全地保藏在某个脱离了时间的区域；而现在，随着某个拥有权势的东西不可思议的心血来潮，她们不得不重新进入因与果的发条装置。在某个地方可能会有一把真斧子，也可能就在那里某个东西会是一把真斧子，抑或是某个造成痛苦或刀俎鱼肉式结局的东西——不过，她、弗莱施和贾斯廷现在已经被带到这个距离，只要按一下字母数字键盘上的键——那代表着在场或不在场的电的，没有重量、不可见的线

> 路——一切都可以解决。假若说1和0的模式“像”人的生和死的模式，假若说与人有关的任何东西都能靠一长串的1和0再现于电脑储存之中，那么，什么类型的创造物可以由一长串的生和死再现出来呢？这可能需要上拨至少一个层面——是那里的某个天使，某个小神，或者是某个幽浮中的什么东西。要想以这种存在物的名义组合成一个角色，可能就要用去八个人的生和死——它的整个档案材料可能会占去世界史中相当大的一部分。我们是上帝的电脑中的数码；人与其说在思考，不如说是在按照某个标准福音歌调独自哼唱。而且，不论是生是死，我们惟一有用的地方，是上帝看到的地方。不论我们呼唤什么，不论我们争取什么，在这个充满血汗的世界上，我们称为上帝的电脑迷都会对这一切不屑一顾。
>
> 夜班经理回来了，手里拿着支票就像拿着一块用过了要丢掉的尿布：“这个，他们已经停止兑现了。”
>
> “银行都关门了，怎么兑付？”
>
> 他向在店里挤来拥去的大群大群电脑盲解释实际情况，在这里消耗着工作生命。“电脑呢”，他调子柔和，又讲了起来：“从来不需要睡觉，甚至也不休息。每一天24个小时，它随时都是开放着的……”[5]

可以肯定，这是品钦在政治上最为激进的文本，是延迟到60年代的对里根时代发起的反专制的攻击。不过，人们有时不禁会问，老套线路系统（stereotypical wiring）——即品钦作品的经典内在形式——是否没有被颠倒过来，致使恐惧的种种因素恰恰来自于我们对尼克松/里根时代及其内容和阴谋的已有的了解，而不是相反的方向；这些要素把迄今为止从未体验过的焦虑的新鲜感，投射到情节上来：那些情节看起来既滑稽也不适宜，又可能是预言性的。我们在论及《总统班底》时，将再一次提出这个问题。

日本摩天大楼（东京，1971）

这样，可以想见，那个情景——技术物体在其中由它们的叙事语境赋予象征力量——的结构上的替代物，就存在于那些物体之中：它们以其自身的资格，以某种将注意力从其可见的不适宜性上移开的方式，发挥固有作用——生产叙事并且制造阴谋。建构得形似狭长听力磁带盒堆垛的那些日本公寓楼，再也不能被嵌入宏观宇宙的磁带放音装置之中；而《爆裂》（德·帕尔玛，1981）中的传媒不仅写出了它们自身核对无误的标记，而且还重写出世界本身——或者至少是它的声道——并传送出相同数量的可供替代的故事。谋杀者手持步枪的镜头中暴露目标的响声可以删除或者替换，而真正的暗杀"真实的"或纪实性的声道可以拼接到一部虚构的恐怖片中去，这样可以不使任何东西浪费。

《爆裂》剧照

像《爆裂》或《对话》（科波拉，1974）这样的电影，正如它们对安东尼奥尼的《放大》（1966）的外显的系统的隐喻所表明的那样，最好把它们当作后现代历史进程中的阶段加以把握；在这样的阶段，从视觉意象到听觉意象的决定性调整既是根本性的，也同样是悖论性的，如果说后现代文化与可视性及空间性形成普遍契合的话。视频商品（visual commodity）无所不在，或许这种情况本身就需要疏离（estrangement），需要进入另外某个感觉域的通道：这一通道被赋予一种间断、暂时的逻辑，以求更合适地去建构它的活动及组成部分。与此同时，后现代更深层的倾向——各层面和亚系统的分离和共存的倾向，不论在什么地方——不管是在电影理论，还是电影实践中——都有助于对声音的半自动产生更敏锐的感知，有助于这种要求：声音不应当仅仅对视觉加以强调，而应当与它平衡对照。[6]

尽管《爆裂》和《对话》都保留有使安东尼奥尼的电影产生更多疑问的隐喻（首先，真发生过谋杀吗?），但是，从视觉到听觉的转变，无论如何具有使安东尼奥尼的海德格尔式和形而上维度失效的（真正后现代的）效果，因为这样的转变再也无法显示出可供不顾一切的审查的、某种令人迷惑的巴泽尼式的存在领域。[7] “存在的问题”的这种隐匿，自然使文本成为可以替换的东西，并且向整个人类世界可以作出的所有操作开放。尽管制作安东尼奥尼电影的那位艺术家—摄影师仍要靠推销时髦样板谋生糊口——在这部电影中，他只好向技术师作出让步以便让竞买者标出最高价码——但他毕竟发挥出了哲学家的艺术作用。

《放大》剧照

重要的是，这两部较新的电影（《爆裂》、《对话》）都拥有一个一定会被看做是自动互指性的关键情节：此即，再生产设备本身的毁灭——在返回遭洗劫的实验室的场面中，长长的磁带条子彩饰一般纷乱挂在工作场所，仿佛动物被掏出了内脏。这种充满或爆聚于空间的毁灭，属于一个特别的类型，跟在沉默中对某个单个物体或工具施加暴力（比如福克纳的《熊》的结尾处）大为不同。这里，不是物理性物体的价值——很遗憾，物体也被打碎——而是物体实实在在的和本质上的无价值，被推向前台：不可再生产的艺术品被否定了再生产能力，并且被不折不扣地转化为高科技的垃圾。很明显，这是一种必备的最精彩场面（scène à faire），它象征性地强调了较新的再生产技术制造图像能力（iconic force）的匮乏，并且在这个意义上与远洋航班或飞机这类高度的现代主义生产的巨大流线型“传媒物体”大为不同。在《放大》中，是意象本身和那些摄影图像，被悄然巧妙地移走，这部电影中物理性的残肢断体针对的是再生产工具的非视觉性的非本质性：这样的工具——电视目视仪，盒式磁带，电脑印刷品等等——曾为《秃鹰》中死去的人唱过挽歌，品钦也曾把它们当作可以更改的例外勉强推入《第 49 号拍卖区的呼叫》的最后一幕。于是，废弃这样的机械，强调的是有关总体的这种后现代再现形式与内容之间的鸿沟；在这里，不论是情节，还是独一无二的新的技术客体—世界，都不能容纳阴谋表意系统的内涵或蕴涵：它们本来不仅应当揭示出这种特别的政治秘密，而且应当揭示出世界系统本身的那种秘密。

《放大》剧照

这道鸿沟拒斥高雅文化作品试图将内容置入天衣无缝的网一般的形式之中的传统主张，因此使这样的作品的白玉之瑕或美中不足在其表面已暴露无遗。同样地，它也使低级文化或拙劣之作在这个方面享受不到再现上的特权，因为形式与内容间的这条鸿沟就是晚期资本主义总体的阴谋寓言的根本内容——以及形式。这样，寓言——以及后现代主义本身的价值—悖论，在这里被无休无止重新排演出来；在这里，结构上的失败以其自身资格成为一种新的成功，而这样的艺术品最糟糕的地方也可能总比其中最精彩的东西还要好。

在我们的例示范围内，这些也是悖论，可以说明戴维·克罗恩伯格的《影视道》（1983）独一无二的品格。这部电影之所以具有正典性的、几乎是经典性的地位，那是因为它成功地完全避开了一切高雅文化的特性：从技术上的完美，到情调上的精致以及对美的刻意追求，它无不回避。在这部电影中，多伦多的一个色情电视频道的所有者（詹姆斯·伍兹），在探索制作真正强烈刺激感官的电影（snùff films）的可能性的过程中，发现了我们这里说的这个产品（由一个叫做“影视道”的装置造成）含有一个阈下信号可以导致幻觉，并最终能给大脑带来致命伤害。这样的活动最后成为一种右派阴谋，它反对的是由色情文学、同样还有电视造成的道德沦丧。这样，伍兹的发现让人们看到的是一种亲电视的、宗教类型的反阴谋，其中的阴极射线被用作对堕落进行医治的手段和一种器械。不过，待他作出发现时，菲利浦·K·狄克式的现实—怪环（reality-loops）及其导致幻觉的副作用已变得极为复杂，致使观众卸除了继续叙事的责任；他们只用被动地看着不幸的詹姆斯·伍兹进行的双重操作：他具有自杀者和被害人的双重身份，既要暗杀又要复仇。

这部电影采用的是古巴“不完备电影”所传达的第三世界政

《影视道》剧照

治美学的一种西方式的和商业性的版本，它不仅仅发挥着 B 级片（比如微不足道的恐怖片等）的一般象征作用。我曾经在另一个地方讨论过与此密切相关的一个问题，这就是，在后现代中，优雅、虚饰以及华丽形式的表意系统，也同其对立面——各种各样的粗制滥造、胡言乱语、拙劣之作以及无聊低级的艺术——辩证地保持一致[8]。与此同时，许多当代电影（比如，戈达尔的手持摄影机，家庭影片典型的庸俗原型）都表达出了返回始源的精神；这部作品也依照这种精神，重新扮演那些比较低级的前辈——比如《影视道》这样的色情片以及“实质上的”强烈刺激感官的电影——的角色。此外，这部电影从本质上和摄影技巧上讲是可靠的，这意味着它向原型式范式所具有的明显污秽场面逐渐贴近，同时又容纳了花里胡哨、低级庸俗的色调。这种在更深层形式上的契合，从对 B 级片品格任何充满激情的、意识形态或宗教上的依附来看，都是非常突出的。最后，这部影片及其生产在世界系统中的定位也不仅仅是外在事件；我们可以看出，它突出的是内容，并以自身资格被主题化。但是，即使从符号系统角度来看，《影视道》（以及克罗恩伯格本人）的加拿大渊源，也使这部作品具有内在的边缘性，并且产生出一种半边缘的回响；这特别是因为，即使这部电影更深层的意识形态方面的价值（例如，美国色情作品中表达的一种恐怖）就是加拿大性质的，或者至少就是多伦多性质的，创作它的目的也并不在于举例说明某种民族性的（或者至少是讲英语的加拿大人的）文化生产。

不过，至于新的阴谋电影总的说来为什么达不到很高的美学品位，则另有原因。这种情况跟后现代高雅艺术与大众文化间总的对立被打破有关，特别是跟文学及其比较陈旧的结构的声望逐渐削弱有关。我们在前面已经指出，在品钦的作品中，正常观念（official ideas）或思想主题（intellectual themes）在再现之中无论如何已经向后退缩，以至于像“妄想狂”这样一个口号再也不能同陀思妥耶夫斯基或托马斯·曼作品中的人物们争论不休的“观点”，或者是普鲁斯特或穆西尔所做的那些超智性的沉思冥想属于同一个等级。不过，这样的字眼其本身已变为一种媒介物（media object），一种商业文化旧货，被镶嵌在蒙太奇中，并被吸收进作品的内容、而不是作者的意图和作品所要传达的意识形态信息之中。“文学”的这种丧失信誉，以及它对比较陈旧类型的主题和观点的吸收，在当代（西方）电影产品中无所不在。当代（西方）电影产品已经成功地将它的高度现代主义［发展］阶段一笔抹杀，把伟大的创作者及其风格“世界”的高度现代主义［发展］阶段，以及相伴而来的诸如伯格曼和韦尔斯、希区柯克和黑泽明等电影制作人显而易见要追求的真正“哲学”一笔抹杀。

不过，比较陈旧的形式的外壳在这部电影中还是被保留了下来；而且，《影视道》向我们仔细解释了它的“主题”——电视以及整个大众文化造成的社会毒害，因耳濡目染于新媒体时间过长而产生的种种身体变化和感觉变异作出的麦克卢汉式的反应，甚至还有有关善以及大众文化嗜好是否会自动地引导大众向善等陈旧的哲学问题。这些都是严肃的问题，背后有着哲学思辨和争论的长期的和突出的传统。但是，又有谁会争辩说，《影视道》所再现的是对这样的发展的一个严肃贡献呢？不管怎样，这部影片并没有采用追赶时髦或低级庸俗的方式错误表现（misrepresent）这些东西，这同样是显而易见的。不过，观众可能有时候会误以为这是对加拿大最伟大的思想家之一的恭维之辞。但我的意思是说，从后现代文化空间的新的维度性来看，属于比较陈旧的概念类型的观念已经丧失了自主性，并且成为类似副产品和余像这样的东西，它们经过日常生活的文化被甩在大脑和社会生产的屏幕上。这样，哲学的消解在今天反映出观念的品格（以及意识形态）的这种变更，变更本身反溯性地揭去了任何一个传统哲学“概念”的面具，就像这样的意识—征象一直在如是而为那样；而这些意识—征象已不能被认同为文化枯竭、亲媒体、自然性仍有残余的昔日人类社会（或生产方式）中的那些意识—征象。今天被称为“理论”的东西当然是这种阶段性的历史发展的另一种标志，这种标志通过将文化推向绝对已经使个人产品、作品或文本中的任何一个都受到严重的质疑（如果这些产品、作品或文本再也不能“意指”某个东西或者传达观念或信息的话，即使它们具有“主题”或“问题”的形式，它们又能发挥什么新的作用呢?）。

有必要再附加一句，我在上边阐述的《影视道》文本中的“概念”，在此种或彼种意义上都是“传媒”概念：那么，或许只有那一类独一无二的概念家族再也不能得到还说得过去的哲学抽象？抑或是我们一定要得出这样一个比较暗淡的结论：所有抽象的哲学概念在某种更深层的意义上过去一直就是“传媒概念”，而我们对此竟一无所知？无论如何，认知映射这一观念是目前这个探讨的基础，它暗示出后现代文化研究的某种新倾向；与此同时，这个观念界定了社会三角测量（social triangulation）或认知映射任何成功的行为之中“传媒观点”的基本作用；这种行为似乎总是（像在具有高度现代主义自动互指性的某个新的后现代版本中那样）要把它自身的传媒系统的再现容纳在自身范围之中。[9]

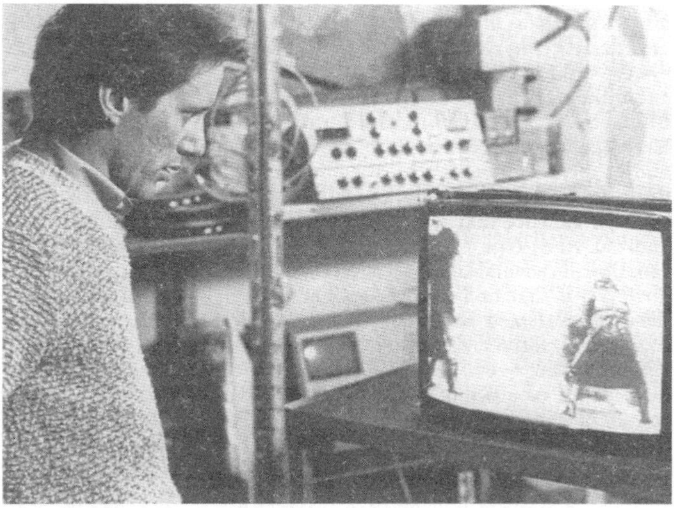

《影视道》剧照

但是，比较陈旧的文学主题学的这场危机，也为今后这类无主题的电影带来形式上的突出的新优势；这类电影当然一直是以简单的、一般的同类合并以及与恐怖片认同的方式，让人看不到有关问题。（《影视道》忠实地复制出其中具有空前强度和恐怖感的肉体暴力的色情节奏，这种节奏随着肉体——这里是机器人性质的、外来人型的——爆裂以及对最后的自杀餍足之后［节奏中］响起的独特忧郁调子达到高潮。）无论怎样，发生在意义层面的东西，是种种传统层面出现的普遍的无差别，这样的无差别似已成为当代社会、文化及其种种理论中其他许多东西的特色。以前的文化领域极力扩张，欲将社会生活中其他任何事物都容纳和包含在自身当中；有了这种扩张（或许也可看做是某种无限的商品化和商业化，看做是在古典资本主义时期开始的商品形式所促发的殖民化进程的真正完成），我们现在就不可能讲清，目前我们正在探讨的问题是否可以再归属为特殊的政治、文化、社会、甚或是经济学上的问题——不要忘记，还有性、历史学、道德上的问题，如此等等再难分清。不过，尽管这种合并确实在思想和行动领域都产生出某些象征性的不便，但它毕竟无可比拟地强化了这种研究示意的力量：这种研究，围绕着自己的轴心运作，可以说能对上述任何问题作出评判，而且绝对用之不竭。

《影视道》剧照

例如，《影视道》不就是一个小商人兼小企业主同一个不知名号的大公司之间的那种经典性斗争故事吗？那个小小的独立的电视 81 频道所有人（詹姆斯·伍兹）最后真的被影视道背后的这家庞大的影视公司操纵在手中：这家公司战胜了自己的竞争对手，并且把它兼并过来。于是，这种传统的主人公叙事被给予后当代线索，其中很明显含有传媒以及形形色色的地方性文化产业（包括出版社）的倾向性国际垄断。这样，我们把这个文本当作有关贸易和竞争的一种叙事，在这里对它进行了一次较为明晰的经济学意义上的解读。另外，有必要对这种外显性的和明晰的商业内容（不过，大多数观众会把商业内容看做是为其余别物而设的一个次要的前文本）与最深层的寓言冲动之间的距离进行测量，这样做旨在强调：要把这一特色看作是我们作为个体在新的多元民族世界体系之中的感受，以及对清晰表述的梦魇景象的理解。这样像是为了让更深层的政治—经济寓言通过审查，就一定要将勉强算是经济性的东西主题化并将它边缘化。

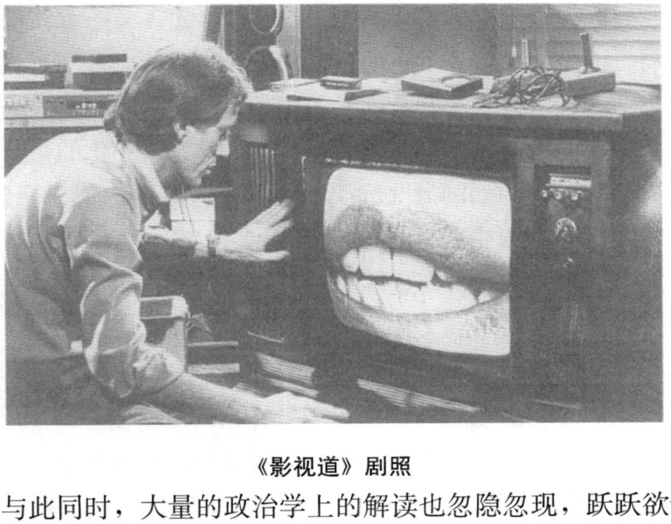

《影视道》剧照

与此同时，大量的政治学上的解读也忽隐忽现，跃跃欲试要浮上文本表面：在有关那个谋杀的连续镜头中，主人公被处理成替罪羊（帕库拉 1974 年的《周年视差观》的影响，下文将予以详述），所以这个连续镜头很明显是主题镜头。全球 20 世纪 60

年代和70年代残余的政治气氛，以及这种气氛对第三世界的影响，在这种气氛下活动的恐怖分子和渗透者，还有革命的清教主义，也同样笼罩着叙事。的确，由于折磨与性相互混淆，所以我们应当探讨的究竟是政治性的行政管理，还是影视道早期发行物——可能来自马来西亚某个地方——中的“性与传媒”色情作品，在一开始就非常不清楚。假定给最不具备西方类型特色的土墙充上电，这堵墙也一定会被给予这样的电视节目不变的“套数”的特色；另外，如果暂时把这个问题倒过来，人们便会看到，在第三世界许多国家，这样的色情作品——如果真的可以把影视道播出的节目看做这类东西——是一个政治问题，而且有可能以死罪论处。

即使识别出了真正的传播来源（最后证实是匹兹堡，而它在当时已经成为一个电影都市），被修改的解读含义的政治性也不会减弱，而是明显转变了它们依据的立场。这样，便要转向一个非中心的、近乎边缘的、从前是美国工业的都市地区（在边缘性上有些像多伦多的一个姊妹城市）；有关经济和文化的边缘化的加拿大隐含主题（undertheme），在这种选择中仍旧显示出来。匹兹堡跟这部电影中描写的多伦多众多地区一样，经济十分萧条，那里的颓败的城市商业区充斥着隐蔽的下流表演以及儿童不宜的书店，让人联想到文化垃圾。（此外，值得一提的是，匹兹堡是乔治·罗米罗的吸血鬼影片《马丁》[1978] 的背景，那部电影是近来的B级或恐怖片复兴中最突出的成就之一。）

但是，空间中的边缘又意味着不同类型的政治利益，人们可能会委婉地把它们叫做“基础”。这样的基础指的是，在到处鼓吹种族主义和性别差异等狭隘思想的道德主义推动下，在都市中心之外勃然兴起的治安维持会和准军事秘密组织形成的网络。所以，正如上面已经讲的，由于影视道是恪守道德的大数人的阴谋，而这样的阴谋又为遍布在各个角落的、在人类社会种种传媒怂恿下随意而为的不道德性所排斥，这样它最后便被揭露出来；面对不道德性的排斥，这一阴谋发起了一场罕见的歼灭战：通过色情发行物发出的一种阈下信号，产生出一块无法治愈的肿瘤，它随着与菲利浦·K·狄克的作品极为相称的种种现实—怪环和幻觉一起出现；这一信号，终将被用来感染发达国家堕落的广大观众。因此，由于将具有右翼思想的商人们与属于正好是某个后越南准军事组织变体的机械工人和技术工人们联合了起来，电影中的这场政治运动抄近路跨过了阶级路线。可以想见，这场政治运动在任何地方都可能存在，并且可以在人们熟悉的社会结构内轻松自在地伪装起来等待着时机："它有的东西，你并没有，马科斯；它有一种哲学，那会使它成为危险的东西。"按照这种特殊阐释，为显示真正的信仰恶化性的复活，就是把意识形态终结的出现同犬儒学派式理性（此时并不是利润动机和万能的美元）的普遍复苏剥离开来。

因此，毫不奇怪，这种三K党式幻想解读要让路给稍有不同的一种政治学的、真正属于宗教复活的解读：只有一种新宗教——"视频新肉体"——能够同公共（corporate）准军事运动相抗衡。视频新肉体按照已故教授麦克卢汉的学说组建起来，为游离于社会之外的漂泊者以及城市中犯有过失的人提供视频疗法，并且许诺说通过它靠阴极射线进行的新的知觉修补术可以导致什么变革飞跃或物种变异。视频新肉体乐观地认为，《影视道》毒瘤不过是朝着新的感觉器官的发展前进的道路—站点，其作用之大人们尚未梦想过。这样，在这里，对变形的预期和预感，在（技术）文化的一种转换和宗教的再出现的正反两面都被译为代码（天主教教义也在麦克卢汉的思想中发挥着基本作用）。

最后，两个庞大但又不知名号的阴谋集团（无助的马科斯在其中不过是个小走卒罢了）间这种声势浩大的政治斗争最有意思的地方：这两个阴谋集团最终成为同一种东西，成为我们——对被抑制的历史已为我们储备下的不可避免的变化作出的——无意识的反思的孪生面孔；对我们自身在蜕去我们目前所有的流行价值的皮肤过程中必然会变成的新的存在物的恐惧以及希望和厌恶，就像是在集体幻想的某种脱氧核糖核酸中那样，同我们对社会向另一种肉体和另一种现实的实体转化产生的半宗教性渴望密切地缠结在一起。而且，即使在保守的叙事机制所依赖的效价更加单调的变化中，它们也是同一种东西。阴谋的敌手的道德狂热（我们根本不能与之分享）来势迅猛——不论这些高科技传播的破坏分子是否狂热分子，他们都代表着任何传统意义上的善和正义——那个“新肉体”看似无害或“无恶意的”阴谋也同样残酷并且毫不犹豫地将詹姆斯·伍兹驱向死亡。若与毒瘤一般已经在间谍小说这个陈旧文类中出现的私人监视网络和亚中央情报局机构的那种复杂性相比，阴谋的开关具有的这种可以随意关上或者打开的双重性，当然在叙事上更为可取。不过，这种双重性表现出的是它自身的形式问题，这一点将在结语中论及。

但是，如果说《影视道》之所以具有精彩的政治多义性，是由于空间因传统观点、概念和主题的终结而获得自由，它也因此被给予能力以加入到向着肉体的那种归并中去。这种归并在后现代各个方面都表现出来，但在这里是依靠那些更深层的无意识的肉体恐惧和性厌恶被灵巧地操纵着——肉体恐惧和性厌恶自主而且独立地存留在社会肌体之中；但是，它们有时也像在这种情况下一样会被开发出来，用做像在一种文化和精神分析的离子交换中的那样的更深层利比多工作能量。毋庸置疑，这里的主要问题有：对阈下本身的恐惧；作为眼睛组成部分的电视屏幕；那种把所有的不洁或有害物质——从昨天对用氟处理过的水的厌恶以及昨天的可为之事，一直到我们的“宝贵的身体的排泄物”，再到乡村和氏族社会的神秘巫术以及对它们的妒忌——应有尽有合并起来的意识。可以肯定，电视显示器和电影屏幕的不相一致，破坏了任何绝对的自动互指性。此外，可以把《影视道》图像中假定的阈下信号看做是布纽埃尔（用一把直剃刀）在就职时对那个观众的眼球发起的袭击的强化；而对商品消费具有的致命特性产生的更深层幻想，至少自那种传说中的可口可乐出现就已经开始，一直延续到在波尔和考恩布卢斯的科幻小说《太空商人》(1953) 中戏剧化了的广告员（hucksters）时代早期产生的新的焦虑以及这一时代可以让人产生毒瘾的那个品牌的咖啡。这样，菲利浦・K・狄克的独创性就在于，他当时已经把对毒瘾和精神分裂症（及其现实一怪环和梦幻的种种替代性世界）的孪生恐惧在这样一种致命的结合体中统一起来：对于它，克罗恩伯格的传媒梦魇超越、取代和强化同时并作，与此同时把它译入图像或意象资本主义社会。

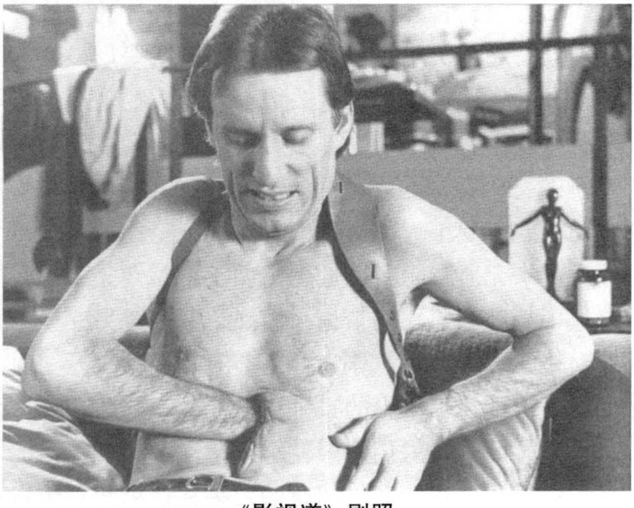

《影视道》剧照

此外，生理焦虑也通过畸形的性梦魇意象被开发出来；在这里，通过将器官盒子（如果不算是变性装置的话）塞进胸骨下侧新开的、还在滴血的口子，把男人女性化。这类肉体异变可能具有的主要功能是，表达对处于晚期资本主义十分复杂的情况下的主动性和被动性产生的恐惧；不过，肉体变异只是次要地局限于性别这一层面，而这一层面在情节中别的地方又具有一种独立的或半自主的比喻表达方式。至于说那三位妇女——那位年龄较大的希腊或斯拉夫妇女，祖上曾出过贵族，她靠做半色情景象和波希米亚式景象的中间人糊口谋生；那个性欲旺盛的放射治疗专家（德比耶·哈利），她用“性和传媒”做的试验直接将她引向影视道，并且可以想见会将她引入死亡境地；那位教授的女儿又是他的精神继承人，她管理着阴极射线小教堂（Cathode Ray Chapel）以及“新的肉体”的阴谋机构——她们形成一个三重组合，对马科斯——母亲、妻子和女儿三位一体女神的古代男性幻想结构——很明显极富诱惑力。这一结构从两个不同的方面突出强调了这部电影的力量：首先是赋予《影视道》一种独立的闭合，这一闭合使它具有超常决定力量，并作为一种次要、一般的障碍以其自身资格发挥作用，排斥着有关情节及其人物塑造的可能性等棘手难题。其次，它倒也为这部电影所依赖的污秽和下流效果提供了一个新的记录：那位可恶的母亲，她的性行为本来就不正当，却又勾引起年岁不大的男孩们，继续乱伦；那个贪得无厌的妻子，冲动起来无所顾忌，已逾越出“正常”性关系通行的许可限度，跨过了折磨和死亡的禁忌；而那位代表着另一个不在场的父亲的处女，她冷若冰霜，别有用心地使马科斯遭受射线辐射，然后把他送入由他自己操纵的自杀境地。

可以肯定，闭合是人们希望就这类阴谋的再现提出的基本形式问题之一；因为，很明显，闭合的效果在这里与总体本身这一问题存在着根本联系。因为这里的闭合，它的意思是指那种符号：它显示出，所有基础无论如何都已被触及，目前全球社会总体的巨大范围和坐标至少也都已被勾勒其间。应当注意的是，这样的总体永远无法用肉眼观察出来（这些总体在任何情况下都可能是纯粹沉思和认识论意义上的意象），后现代的闭合在（现代主义的）有组织的研究（organic work）终结之后也是这样：即使它不是无意义的概念，它也已成为一种大可怀疑的价值。因此，讲闭合—效果才是适宜的，正像我们要说对某个总体进行筹划或三角测量（triangulating）而不说对它进行领悟或再现。

正如我在前面所指出的，像《影视道》这样一部影片所成功地表现出来的东西，不仅仅包括许多当代文化产品中引人注目的闭合—效果由空间本身和空间性落实的那种方式，而且还包括电影领域，或许还有其他艺术或传媒内过去一般被称为美学价值的东西，现在在这里，在一种增大加深和空间化了的知觉领域中，找到了它新的座位。现在，可以将《影视道》中的阴谋情节看做是类似于形式上的前文本那样的东西，这样可以触及都市风景本身所有的基础；这似乎是只能从侧面，用真正的普鲁斯特式迂回的方式。[10]才能做到的事情，就好像要依靠制造副产品和发放额外奖金那种方式。这里所说的城市，一定不是一个有关权力和中心性的任何俗套的意识形态令人无所适从地依附的正式的西方的中心都市；摄影机也不会去故意捕捉多伦多纪录性的真实，那种企图会使一旦出现便十分明晰的、类如明信片的经典希区柯克镜头销声匿迹。

恰恰相反，在电影中，情节线索将我们从狭窄的商业街道无谓的喧闹声中（一组门上的玻璃板在一个地方被移向街对面，就好像隔着时代向《俄狄浦斯》中科克托的［装配门窗的］玻璃小贩效忠）、从街道上所有的旅馆（那种“古典旅馆”）以及虽经重

《影视道》剧照

修但仍然属于传统式的办公建筑中，引向现代惯常空间（convention space）中的商业景象以及收音机和电视播音室的内部，引向屋顶、鲍瓦利街式廉价旅馆和厨房，引向无用的破船在那里生锈烂掉的被废弃的船舶修造厂。这便引出了一场精彩的、纯粹电视式的试验，它一方面同第三世界土墙的其他那些坐标，另一方面同存放视频盒子的图书馆的无地点性和无时间性结合起来，这样，这个方面——将可见的有形之物和宏观宇宙变为肉眼无论如何总可把握的一个明显可知的现实——便有了长足进展。

这种空间闭合之所以在形式上是必要的，那是因为叙事本身无法把握这一类的任何闭合或者完成。只有在最无价值的普通科幻小说中，通过奋勇将阴谋的现在一扫而光，或者与此相反将阴谋引向权力并因此开辟出一种具有地质性期限的一律化了的非理想局面，这种革命才会成功。不过，《影视道》是现实主义中的一类，它不仅比任何纪实或社会戏剧更加生动地让我们看到了后现代都市生活的本质（正如我在上面论述的，靠的是它的侧面性），而且还急切地试图说服我们：在某个层面，在超级国家中，种种阴谋都是真实的并且已经存在于我们中间。

但是，这种现实主义的叙事——现实主义要依靠它获得这种现实效果——始终是这样一种叙事：其中的两个不可通约的层面不可能相互交叉，但主人公个体性的主体不知为何竟要闯进隐蔽的社会秩序所形成的集体的网中。这种相互交叉，这种不可通约性，是新的、正在全球化的再现基本的形式问题。可以看出，这种情况从 A. J. 格雷马斯的叙事符号学标识出的行为者的那个功能区域极为生动地表现出来：这便是，跨过中介一般位置的、各种叙事发展和逆转的那种传播；这些中介的一般位置像众多叙事动词的主体一样，堵塞或者促进、协助或者阻拦某种同样抽象或被一般化的欲望或要求所获取的东西。中介这样的接合，可以看做是讲述故事的齿轮箱；在格雷马斯那里，这样的接合没有同叙事表面的实际人物一致起来。可以想见，几个“真实的”或有名有姓的人物可能会共同拥有一个行动者的中介（比如说，反面人物拥有的那一种）；从另一方面来看，叙事文本表面一个既定的正式人物（official character）在某些情况下可能会从某个行动者的位置移向另一个完全不同的位置。

无论如何，阴谋惊险小说已经开始借用像侦探小说这样的亚文类中使用的那些有用的保守的行动者模式，以及侦探小说中围绕着由侦探、被害人和谋杀者组成的三角运动的循环。一旦这种叙事程式被具体化——也就是说，一旦它以其自身资格被识别出来，并且被当作一个文类为人所认可——我们一般就情愿忽略侦探小说的叙事和暗杀及受害者的叙事间不可通约性这个形式上的棘手问题；这个问题纯粹发生在另一个世界和一个不同的维度内，发生在往昔的世界和范围内，现在有必要在目前这个世界和范围内把它重新构建出来。如果看得过分简单，我们就会认为，侦探是个体性的，而谋杀本身——就好像是在受害人与行凶者之间做合伙人或合资者——则是集体性的，除非情况恰好颠倒过来：体现社会和秩序的力量的侦探，的确是对属于绝对独一无二的、无序的个体性事件进行监视。无论如何，阴谋情节——正如我们在后文中论及其他语境时所要指出的——不管怎样一定要把这两个极挤压到一块儿，并且一定要将它们推入一个共同世界；这一般是要用镜子，依靠速度，借助于观众在构成性维度间再也不能辨别出的那种循环，才能做到的事情。

就目前这一例子来说，希望得到的是对个体功能尽可能绝对的一种集体化。在这种情况下，可以确定的是对个体性主人公的范畴的某种修改；不再是某个个体性受害者，而是每一个人；不再是某个个体性反面人物，而是一个无所不在的网络；不再是一个负有特殊使命的个体性侦探，而是慌乱之中误入其内的某一个人——但每一个人都会犯下这样的错。现在或许可以这样讲，詹姆斯·伍兹就好像是促成这种修改的被特殊化的和典型的手段：仿佛这个手段就是后现代的皮加特，他跟这个原型一样，既可以做正面人物又可以做反面人物，既可以被随便处死又可以允其独领风骚——但最重要的是，他能够而且情愿显示出恐惧，焦虑不堪时汗流浃背，并且体现出脆弱性。

《影视道》的叙事前提和独创性在于上面阐明的三种行动者功能恰好重合：是的，我们可以看到，侦探、受害人和反面人物这三个位置有系统地相互置换，并且在它们循环的趋势上相互混同。在某种意义上，“马科斯”已经成为反面人物，因为他正在干的就是制作和发行色情电影这种事情。当他注意到“影视道”时，他情愿扮演侦探的角色，但到最后才明白那正是反面人物们预先为他安排好的；实际上，他已经成了受害者。不过，这样讲也同样公允：制造阴谋的反面人物本身已赶不上发展步伐，所以交替性地先是变为侦探后来变成受害者；至于开始时的“受害者”（那位教授）——随着他的反阴谋逐渐变得明了，随着马科斯在这个过程中逐渐变成具有自身资格的一种工具和暗杀者这种变化——可以在所有其他位置上交互性地将他重读出来。实际上，或许正是这种较深层的叙事结构——而不是任何不偏不倚的现实或“意识的状态”——界定出目前公众头脑中具有的妄想狂的名目的观念系统。这种结构，并未像许多高度现代主义形式——比如多斯·帕索斯作品中的纪实性部分、或者家族小说里令人目眩的复杂描写——中表达的含义那样，抹掉个体性人物的叙事范畴；它也不像在有关主体死亡的后现代理论化中那样，逐渐地把这种叙事范畴消除掉。恰恰相反，由于保留了这种叙事范畴，同时又使它追随着结构置换的趋势，这种结构便超越了它。另外，实在的行动者们也因此始终都是“同样的东西”，尽管这些行动者要发挥的功能随着置换一刻不停地进行调换。从那个方面讲，行动者们的肉体本身就成了再生产技术的新客体—世界的组成部分，而由解剖和机械造成的可怕的生物合成，就像是用上文提及的插入胸腹之中的“视频盒式变性器”（VCR）那样，把更深层的返祖焦虑（atavistic anxieties）刻进文本当中。这种形式上的传统叙事人物越来越无法识别的功能，开辟出一个空间：透过这个空间，我们看到的不是人，而是一种阴谋——在被制造出来以后，这种阴谋被置入一个完整的世界，被置入传媒物体——它们被赋予属于自己的一种谵妄的生命和自主性——的一个风景之中。

这是一种解决，但它现在又引出了一个新型的第二层阶的叙事问题，圆满的问题或者换句话说，也就是我们上边讲的叙事“怪环”的无限延展性问题。在最为极端的科幻小说的时间—旅行叙事中（在罗伯特·F·海因莱因的两部经典小说——《你们都是回魂尸》和《靠他们的靴襻》中），时间旅行的种种悖论已经造就出封闭的怪环；在这种怪环里，主人公既是他自己的儿子，同时又是他自己的父亲。由于在冰冷的孤独中已被封存起

《影视道》剧照

来，这个替换性的世界已经逐渐同真实的、历史性的世界拉开距离；同时，由于凭借它重写过去（或者未来）的力量排除了任何差异，这个世界因此也使主人公永远困居在某个隐蔽的单细胞生物体（private monad）之中。菲利浦·K·狄克已经将形式的这种特异性主题化；他将这种特异性变为幻觉，并且依靠恐惧——恐惧持续的过程可能不过是私人梦魇——将完整世界的腐败和瓦解戏剧化。在《影视道》中，新的阴谋从老的阴谋中产生，无害的宗教阴谋从《影视道》自身的政治阴谋中产生；正是这样的产生，具有要变为一个无限的过程的危险，尽管每一次回还力量都要减弱。的确，情节本身以某种优雅的天真标记出了这个问题，比如马科斯最后一片迷茫："我不知道我现在在哪儿，我想找着回去的路……但太难了。"这时，德比耶·哈利这个人物的电视化形象回答："那是因为你尽最大可能走到了极限，而事情就是这样。"在那一点上，这部特别的电影也是一样：随着空白银幕上显示出詹姆斯·伍兹为自我拯救而自杀，它高潮的一幕也宣布结束。

二

在上面这种充分展示人的能力的表演中，大凡可能存在的排列组合似乎都已经被套在承诺的结构上边；做完这个表演，比较适合做的事情可能是，更加冷静地列举出各种各样逻辑上可能的替代物。很明显，侦探小说似乎显示出接合最多的形式（the most articulated form）；在这种形式中，由这种或那种认识论倾向再现摊出的问题已经得到承认。的确，故事与传说（叙述与叙事，阐明的行为与信息等）之间典型的区别，在任何别的地方都看不到这样具体的体现，因为侦探小说的“故事”——一般是指我们依靠一个“观点”一个句子接着一个句子顺延下去的叙述——根本不可能与必须重新建构出来的那另一个故事保持一致；尽管只有这一类叙述才能被挡回来再变为某种被完成的叙事或述事（récit），但人们却把那另一个故事当作一个完全不同类型的被具体化的目标跟踪追击。在那种情况下，也不难想像出形式的更为精致的或第二层阶的变体，在这样的变体中，由某个侦探继任者在很长时间之后终于以这种方式阐明或者重构出来的，就是侦探小说的“故事”。例如，《大笑的警察》（1974 年由斯图亚特·罗森伯格拍成电影的那部 SjöwallWahlöö 小说）就属于这种情况。

不过，如果我们一开始就坚持这个前提——求知的故事在其本体论意义上与行事的故事截然不同，那么我们就会明白，神话或是意识形态之所以要赋予侦探小说以理性化和自然化，那是因为要确保对求知者和行事者共同拥有的某个世界的预设。从我们这里的这个立场——观点出发——要识别那个形式：它试图无意识地去捕捉或再现，处于必然是原初认知模式之中的、作为整体的社会总体——我们就会明白，求知者从一开始就跟已知者一样，属于同一个社会世界的组成部分。我们可能不太明白的是，这个被共同拥有的世界为什么总是不信任侦探，并且对具有认识论观点的特有冷漠暗中进行破坏。因为，如果至少在一种有限的意义上可以认为古典的或普通的侦探是公正的，而且他或她对犯罪事件的重构从个人和意识形态方面来看又是无动机的，那么，这样的不偏不倚和脱离了意识形态的客观性在社会知识领域便可能永远得不到承认：在这个领域，每一个位置（包括被假定为客观的以及意识形态上的中性的位置）都是意识形态性的，并且意味着要采取某种政治态度，作出某种社会判断。

因此，社会性的侦探（我们将这样称呼他）要想使叙事达到似乎合理的境地，就需要额外增补一种动机：用形式主义者们乐于讲的话来说，这就是“手段的动机”；根据这种动机，并参照必须具备美学意图这一事实，就一定要将艺术性地处理的东西理性化（在这种情况下，指的是他的侦探行为）。这就好像是，“伟大的侦探们”曾一度要被赋予的种种怪癖（福尔摩斯喜爱小提琴和可卡因，尼禄·伍尔芙爱养兰花，马洛爱下象棋），现在倒显示出某种更深层的历史和意识形态上的紧要性。

很明显，这种要求——增补合乎人物逻辑的动机，同我们一直在推测的罪犯型侦探和社会型的侦探间的一种甚至更为根本的区别——个体与集体间的根本对立，不无关系。因为在经典侦探小说中，个体性的侦探遭遇的是属于个体性质的犯罪活动，这种犯罪活动一般只牵涉个体性罪犯和——譬如在描写谋杀的小说里——个体性被害者。一旦这些术语中某一个从个体性品格转向集体性品格，上面讲的动机要求便会显露出来。例如，假设出现了这样的情况：即使侦探始终是一个个体，但犯罪活动实质上是一种集体性活动，那么，我们必将看到的可能就是，阿加莎·克里斯蒂作品中本来比较巧妙的情节其中有一个忽然变得不可思议（比如《东方快车谋杀案》）。不过，我们要看到的也可能是像瓦狄姆·阿卜德拉施托夫的精彩之作《一列火车已经停开》（1981）——其中描写，整个的城市的人都阴谋要遮掩一起铁路事故——中表现出的那样，激情变得冰冷。但是，在这部作品中，正如我已经指出的，侦探必须具备一种属于政治类型的增补动机：在《一列火车已经停开》中，侦探绝对冷酷无情，并且表现出具有正统政治和公民优点的形象，但这在目前并不受人欢迎；所以，果然不出意料，在整个集体满怀敌意的目光注视下和一片沉默当中，他离开了那座城市。

不过，阿卜德拉施托夫的这部奇妙的影片，只是对这种结构的某种非常普通的再生（generic）变体的形式化。在这部影片中，有关侦探的情况倾向于绝对的简约，而那另一个集体性的项——有时转而具有被害者及犯罪活动本身的意思，也同样完全具有谋杀者的意思——则成了为整个集体的指责而设的必要东西。这样的再现通常最能在一个仍具有民族性的文化的比较古老的阶段中看到：在这种文化中，文学的作用包括我曾在别处提及的民族寓言化，后者可以提供通过它可以把民族命运幻想出来的叙事再现。[11]这样，一旦经过检验，侦探故事的排列组合就会提供一种有力的手段；通过这种手段，民族性格中这种或那种缺陷或弱点即使不会遭到非难或指责，也会受到质疑并被推向前台。在19世纪晚期大多数西方民族文学中，这种形式不乏惊人的例子。比如《卡拉马佐夫兄弟》或《门徒》，《美国悲剧》或《背乡离井的人》。这些作品都把犯罪活动本身当作民族灵魂象征性的混乱加以生动描绘，并且都对犯罪者的种种动机进行了深入探讨，但时而也像在卡拉马佐夫爸爸那里一样对受害者冒犯别人的行为进行了探讨。这是由于，随着资产阶级社会及其世俗制度的出现，现代性开始逐渐损害古老道德的基础，同时也产生了许多威胁着社会秩序的危险征象。上述情况不仅会意味着，在为保守的文化批判的服务［过程］中，这样的形式要被正常调动起来；同时也会意味着，在世俗化和现代化早已成为生活中的事实——更不用说还包括，当晚期资本主义的新的多元民族的形成对民族国家的框架及其特有的民族文化形式（像这种寓言形式）产生质疑时风行一时的东西——的情况下，这样的形式的服务性将会减弱。因此，这种形式——在这种形式中，个体无论如何要遭遇具有集体性维度和结果的犯罪活动的丑恶行径——如果不进行深层的、内在的和结构上的调整，就不可能被转向具有全球后现代性的再现。

非常奇特的是，与此相反的结构——在这里，为解决始终是一种个体性的、其中只有个体性受害者和罪犯的犯罪活动，整个集体扮演着侦探角色——偶尔也会风行一时。这一点，我们将在后文论及。不过，最常见的情况是，侦探将变成社会性的侦探：不是通过这种行为者的作用在大量的独立的人物或个体中间的增强或者减弱，而是通过这种人物品格的社会化。通常总能识别出这种人物占据着知识分子的这样的空间和位置：那种不幸的意识，永远被悬置在阶级中间，但又无力摆脱阶级实体和阶级作用，无法摆脱阶级负罪感。正像萨特所形容的那样，那个“客观的叛逆”，一旦他摆脱了阶级（更不用说还有种族、性别或者伦理）的始源，就永远不能被竭诚迎入意识形态上被接受的群体之中；他不偏不倚的知识分子式的和认识论意义上的承诺最终（如上面所说）总是有被撕下面具的危险，这让人明白，他实际上总要以这种或那种形式向很少具有利他主义本质的社会力量屈服。

所以，社会性的侦探——不论在属性上仍然是指警察或者私人调查者，抑或是指范围从记者或通讯员开始一直可能排列到探究古代秘密的考古学者这样的属于一个不同社会学类型的调查者——要么在形式意义上从一开始就是知识分子，要么他/她自己凭借由形式本身给予知识或认知的重视逐渐占据知识分子结构上的位置（这或许是当代最后的叙事类型，其中孤独的知识分子仍可获取英雄的尺度）。不论在什么情况下，知识分子在社会结构中更为寻常的定位，总会赋予个体性主人公以集体性的共鸣，总会将警察或记者、摄影师甚或传媒人物转化为对社会及其隐藏本质的显露作出判断的手段；这种定位同样要对各种各样的个体性的或经验主义的事件和行动者重新聚焦，使之进入具有作为一个整体的社会秩序征象的某个再现模式。

但是，由于这样的事件或犯罪活动的这种再现性不断将一般与特殊之间古老的张力扭弯或复述出来，而这种张力尽管仍然——按照阿多诺的观点——形成资本主义社会的最优秀艺术的生产矛盾，但在那个社会中已经恶化因而无法解决或重新解决，所以，这种再现性绝不是轻而易举能够促成的。实际上，并不是所有这样的叙事看起来仍然像是侦探小说，尤其是在那种形式的个体性事件被某种更一般的社会性事件或神秘事件——或者更确切些说，被那个意识——取而代之的时候。在阴谋变成战争——两类战争：民族解放的游击战争和同时发生的反革命或者说干涉和压制的战争——的时候，这种情况最富戏剧意义。不过，从《着火》（斯波蒂伍德，1983）和《萨尔瓦多》（斯通，1986）一直到《失踪》（考斯塔-卡夫拉斯，1982），甚至是《生活危险的一年》（维耶，1983）或（勉强还有）《谁能阻止住雨?》（赖斯，1978）——像这些电影中含有的明显的现实主义，以及似乎外显性的政治内容，如果要想使我们转移对这些电影都面临的再现和再现力等更深层问题的视线，那是办不到的。

如果说现实主义效果是传统性的和老式的，那么，这样的电影就必定标志着跨过资本主义社会早期阶段中集体或阴谋的种种纠葛的某种形式上的回归。在这里，我们特别注意到，这种回归依靠的是“观点”这个陈旧叙事范畴，以及“主要人物”或制动者—主人公的意识形态范畴的力量。就好像是，某种经验论的独异性在资本主义早期阶段紧紧抓住像犯罪活动或谋杀那类事件的范畴，现在却又因向具有更大的集体动力的可能性开放它的人物系统，从而使这些事件摆脱那种独异性（这些事件变作事件的状态，而不是真正的事件），并且回归到人物的范畴上面以求通过补偿重新把人物范畴容纳其间，与此同时再一次加强了某种独异性或个体性。

保守的或一般的战争片（从第二次世界大战的作品一直到《野战排》）始终是有关我们北美人的叙事，这种叙事并不含有任何根本的文化差异。这样的电影展示出因号称举步维艰和闻之未闻而存在的异国背景中的男性集体，但是，背景的内容相对来说是无足轻重的：假若是在更深的某个形式层面，那惩罚人的空间的蛮荒或许会像东南亚的丛林一样充分发挥作用。教育小说或“观点”主人公尽管经常出现，但不一定是必不可少的；不过，一般说来要“弄明白”的东西不是与其他文化和社会间的根本差异，而是不变的人性（美国电影中有关差异的种种因素现在充其量只剩下一种不敢自报名号的社会阶级的一种微弱的余像）。

因此，新的“游击战争通讯影片”在结构上很明显同上面这类较早的战争影片十分不同（就最近的尝试来看，只有《拉蒂诺》[维克斯勒，1985] 试图将这两种形式结合起来，但无大成绩）。[在通讯片中，] 不论记者—目击者由于职业原因具有什么样的同志式的忠诚，他总是孤立无援的。另一边则是集体，作为他采访的对象，以起义者和维持秩序的力量的孪生形式存在着。因此，这样的电影被当作“为我们拍摄的电影”、为北美公众拍摄的电影提前建构出来，同时似乎在付出了这样的代价的基础上才引出差异问题：要提前同意采用的结构，本来是要克服差异，但最终只能保证失败。

但是，如果我们下结论说，这种结构通常必然会把我们锁回我们自己的头脑中，这种结构中含有过去常说的心理投射那种东西（即使不算是反语），那便是错误的。比如，如果电影的“观点”其意义扩大到这个程度——大凡像叙事语言中根深蒂固的“处境性”的东西，它都可以指代，根据这种处境性，最“客观的”句子总是注定迟早要被拉回到一个归属过程（attributional process）中去，而这个过程又使我们把这样的句子重新写出，仿佛它们就是某个人的（即使不是人物的，也至少是作者的）思想——那么，它便是个用语不当的名字。尽管影像并不像过去人们常用的“拍摄电影”这个术语的意义那样含有客观性，但它们却是实体性的，并且以力量弱得多的电影识别动力所永远无法控制的方式开放，任凭视察（这个命题可以说是对电影影像的意义的一类一般的传播的辩护，也是巴扎尼的“本体论现实主义”的中心原则）。

不过，游击战争通讯影片中已经建立起了一个双重叙事视角，这一点倒是可以肯定的。这便使我们在阅读文本时相对自由一些，既可以把文本当作主体的故事，又可以替换性地把它当作客体的故事：不是作为局外人和目击者的制动者的戏剧，就是中美地区本身动荡不定的现实。不过，替代物只不过看似对称：尽管《着火》有那么多真正的美学和政治优点[12]，但在终结处的确是把它的素材再加工成表达老式个体制动者的保守性哀愁的一种手段。与此同时，这部电影中的个体性人物的意识形态，甚至扭曲了身为目击者的人物尼克·诺尔特所看到的社会情境的历史本质。如果对被害领袖的怀念在桑狄诺革命（从桑狄诺本人到卡洛斯·丰西卡）的意识形态中发挥着重大作用，那么，有关这位特殊的虚构的领袖死亡的巧妙插曲便完全错误再现了尼加拉瓜的革命过程。这是因为，这个插曲将革命进程归结为结构上对一个具有超凡魔力的人物的一种需要；但即使没有这个人物，尼加拉瓜革命的创造性及其集体性动力和领导能力也同样可以发挥作用。很明显，这种处理手法完全只是建立在对“事实”以及对经验主义精确性的某种庸俗的信奉基础上，旨在排斥种种想像的或“虚构的”自由。不过，这种手法倒是进一步证实了阿多诺的见解：艺术作品中看似有理的时代错误或历史伪造，是艺术作品更深层的再现的两难局面和矛盾的特有征象。这并不是因为，事实对虚构有某种优先权，可以声称这样的“瑕疵”意义重大，而是因为，这种对事实逻辑的篡改暴露出虚构本身内在的某个深层弱点，暴露出——不论出于什么原因——在试图建构一种可以绘制总体图示的叙事时结构上的无能。由于上述原因，这部在其他方面颇可称道的电影难能完美，这样的原因，也同样令人悲哀地但却显而易见地存在于北美人的某种被一般化的意识形式的无能之中：为了求助于不论在哪里都可能存在的、将叙事范式个体化的情感上的落实，他们试图首先想像出集体性进程，但结果却只是想像出了自己的倾向。

不过，这类范式形式上的替代物，并不是上边那样的纪录片，似乎也并不意味着要预先把局外人—见证者的主体性抹去。[13]从这个方面，甚至从似乎共同具有的那些特色上讲，《萨尔瓦多》与《着火》在形式上都形成了有趣的对照。如果说《萨尔瓦多》似乎不像《着火》那样耐洗，那样容易洗净，而是比较粗糙，更像是古巴人过去常讲的“不完备电影”，而不是斯波蒂

《着火》剧照

斯伍德在技巧上精雕细刻的好莱坞作品那种东西，那么，这个印象不论同技巧还是同内容——把众多尸体和谋杀实录下来的那种令人不寒而栗的场面，是印象中的纪实（如果把《着火》看上第二遍，对应的印象将会是一个个的尸体）——都没有多大关系。在我看来，这样一种印象可以证实内在于被主观化的“观点”及其叙事形式之中的再包容力量。我们的阅读头脑与“事物本身”间的某种“主体性”的介入——曾几何时，亨利·詹姆斯还能称颂这种介入是可以最为生动地把握客体的最保险的途径——作为辅助相对主义和反讽的一种力量日渐虚弱的工具，在一个新的、不同的历史情境（后现代主义的而不是现代主义的历史情境）中，已经出现在我们许多人面前。

假若把《萨尔瓦多》（再次将无所不在的詹姆斯·伍兹当作主角）定位为这种进行主观化的叙事某个强固形式上的替代物的成功例子的话，那将是十分荒谬的；因为，这部电影中的制动者—见证人的“戏剧”——如果还有可取之处——比《着火》中的更加突出。可以肯定，向哀愁的求助已在这里被对自怜的不可宽恕的解剖取而代之。但是，这绝不意味着至关重要的特点就存在于要在两种叙事范式间作出的区别之中；恰恰相反，这种区别要依两个人物戏剧的历史内容而定。必须强调的不仅仅是对詹姆斯·伍兹这个人物婚姻和经济问题的关注的量的增加（甚至是有关问题本身量的增加），而是由尼克·诺尔特的——相对来说仍属于——道德上的两难局面（对他戴绿帽子的朋友客观上的背叛，艺术对生活）向一种生活情景的特色的质的转变：金钱和工作不过是这种生活情景外在的标志；而在这样的意义上——“改变一个人的生活”和由争着显示忠诚导致的选择并不属于同一个类型——这一生活情景似乎不再能首先提供伦理或道德上的选择。

事实上，人们禁不住会去把握这样一些十分不同的焦虑（“以寓言的方式”）：它们存在于有关某种更大的、实质上的梦魇的、供给信息的语境内；至于这个语境，则可以认为同——由60年代那种了不起的毒药、毒品和导致精神分裂症的反文化的“恶性幻觉”，在性质上被提升到一种新的力量的心灵爆裂，以及已提升到晚期资本主义存在逻辑上的无中心主体结构上的精神错乱等形成的——那个语境相一致。“我一定要跟你谈谈我的整个生活”，詹姆斯·伍兹这个人物说：“真是一团糟……叫人恶心。”如果注意的话便会明白，经典现代主义主人公们不会采用这种方式来系统表述他们的种种形而上问题——不论是汉斯·卡斯托普或者马赛尔，不论是乌尔瑞奇或者约瑟夫·K，甚或是鲁昆丁。实际上，真正的精神分裂生活导致的混乱和疯狂也同样不是现代主义电影制作者们要处理的“问题”，因为这些与《眩晕》（希区柯克，1958）中的主人公的心神困扰或者伯格曼和安东尼奥尼创造的人物们具有的神经病和精神变态没有多少关系。不过，就后边两种情况而言，已与后现代主义相距不远，而在《美满生活》（费利尼，1960）中，后现代主义已开始起步。有关存在的无序的形而上学；把时间充满，但却没有为退缩或［保持］距离留下任何空间的、精神分裂症患者的“一团糟”；将厌倦清除（随之而来的是把欢乐与痛苦间任何水火不容的区别消除）；后现代不停地重复的现在；那种陈旧观念——把人的生命力视为纯粹冷酷无情的活动力——在后现代臻于卡通画式的完备；[等等]。对于所有这些东西，最好不要把它们称为新的主题，而是要把它们当作文学或文化再现的一种新的内容。

这种新内容以其自身资格很难摆脱感伤主义或哀愁，60 年代具有这种维度的、作为“正式”题材的、最直接的再现也属于这种情况。不过，在《萨尔瓦多》中，第二类叙事（同时出现的中美地区现实），通过不断重复上面提及的那种结构上的复义或格式塔式的解读替换——在那种情况下，眼睛注意到的总是错误的、无关紧要的东西——确保了这种新内容的新鲜感。因此，出现了这样的情况：只要把这部电影当作关于中美地区的一部影片来解读，制动者（现在被定位于次要的视角之中）面临的种种两难局面就会具有再现的可靠性。但是，反过来讲也同样正确，而且人们不禁会下结论说——由于萨尔瓦多阶级战争同北美经验存在着根本的差异和不同——我们凭借着制动者一团糟的存在中出现的主观梦魇对电影的梦魇似的客观性进行解读，而对于主观梦魇，我们所知更多。同时，我们可以在自己的经验范围内对它“进行估计”。因此，主观的叙事不仅仅是一种隐喻，它具有与客观的或社会性的叙事有关的某种类似物的功能——这种类似物是我们在解读时要脱开的，就像是从某个实体性的释义物描述另一个系列事件的叙事语言中产生的一种知觉的半实体性的客体：我们利用一个梦魇去理解，以幻化出我们甚至无法想像出的另一个梦魇。

这种解决方法似乎不仅仅对我们谈的电影才有效，因为，在——对后现代的或干预主义者的战争的同一种内容进行处理时所采用的——重要的文学手段的整个范围内，都可以看到某种类似的东西。例如，迈克尔·赫耶的《派遣》(1978)，其非凡的语言和再现力量在很大程度上取决于对毒品、精神分裂症和摇滚文化的素材（以及亚语言）的创造性融合：这种应运而生的新的语言试验，并不是要表达越南战争的梦魇，而是要用一个文本对等物去替换这种梦魇。与此同时，回顾以往（特别是自斯通1985年的在好莱坞拍摄成电影的小说《光明之子》以来），可以把罗伯特·斯通的作品——我们曾把他的《为日出升旗》(1981) 看做是越战文学和中美洲战争文学的极限之作——看做（不是不带有某种幻灭）是“在现实中”组合成一种充满激情的长篇布道辞。这部作品对吸毒和酗酒导致的“一团糟”局面大加抨击，同时从一个类似的“主观的”内容借来“客观的”再现力量。[14]

在这里，上面提及的有关动机的各种问题的确在结构上变得十分神秘，或者可以预见，在某些条件下，可以为这些问题找到一种体面的、自动互指性的解决办法。这种解决办法，由于把动机本身当作“神秘”的中心特色，所以将会把形式里里外外都弄明白。

三

到目前为止我们一直在探讨形式难题，目的就是在它忽隐忽现地出现时把它记录下来权当是对它的“解决”，尽管这样的解决可能永远是暂时性的。假若我们希望这一形式难题充当媒介，那么我们也可以根据经验主义的和概念的内容（或者意思）对它进行研究。实际上，从原则上讲，“此时此地”应当能够自己满足自己的需要，而不应需要任何额外的意思。但是，只有在乌托邦中，只有在纯粹内在性的某种风景中，才可能有这种情况：在那样的情况下，社会生活恰好与其自身完全重合，以至于连它日常生活中最不重要的情景——不论是在这些情景的内部，还是自身归属上——都成为完全哲学性的东西。这大概就是黑格尔口号——存在的就是合理的，合理的就是存在的——所要表达的。而在美学领域，“新批评”把实际存在着的艺术作品极力追求但一无所获的东西强加给这些作品，这样强加不可能具有的禀性的做法是在意识形态上追溯形式与内容的某种绝对的融合，但只能是典型的幻梦（卢卡奇的《小说理论》是这种内在性美学的变体，但讲得似乎更加有理）。

不过，一旦乌托邦缺席，事物相对于它们自身的概念来说就始终是偶然的和“不等同的”，因而就需要从后边给它们打满气并将它们同寓言缝合在一起。对于情节所要求的制动者符合人物逻辑的种种特色需要给予新的动机，需要把这些特色做成意指具有“增补性的”和象征性的性质的某种东西。甚至还必须把情节本身做成意指有点额外的某种东西：像越南或萨尔瓦多战争这样的战争的确是意指那种范围更大的帝国主义阴谋。但是，仍有必要把这样的战争当作一种经验事件，当作在那个特别的经度和纬度上发生的独一无二的一次事件制作出来，以求使之符合它的原意。简而言之，为了使“这个事件就是其中一个成分”的这种逻辑分类能够通行，不管有多么谨慎，也必须对这种战争进行**寓言化**。假若是通过抑制媒介，这个问题就很难解决：叙事始终只可能是寓言性的，因为它试图再现的客体——此即社会总体本身——不是一种经验实体，不可能像在个体观众面前那样在制作时把它实体化。实际上，我们这里必须提出的这个新的比喻仍然是意指并非它自身的某种东西，就目前这一事件而言，它实质上指的是一场（阶级）战争的一种阴谋。

但是，我们还没有把可能存在的形式及其排列组合讲透说完：现在，且让我们暂把受害人放在一边，就从典型的侦探小说的电影剧本——其中，谋杀者和侦探都是个体人物——开始谈起。我们首先想到的是某种修改或扩展，根据这样的修改或扩展，即使侦探的观点始终是一种个体性的观点，也可以把谋杀者看做是集体性的人物。在这种扩展中，某些类型的社会或政治调查（比如像阿卜德拉施托夫那部电影中的那类），与内战这样的更具纲目的表面现象相比，很少为人注意。这是因为，我们是从北美人的视角来看的，但在我们自己的"目前情景"中很明显根本不存在与之相符的对等物，所以，调查只能像《影视道》中那样是科幻小说式的东西。由于这里仍在讲的作为个体的社会性的侦探也会在游击战争/内战中担负起［作为］一个外国人或外国发言人的责任，因此，它的行动者的问题就变得复杂起来。

但是，还有两种叙事排列组合尚未研究。比如，假设谋杀者（甚或受害人）始终是个体，而侦探不知怎样已被转化成一个集体性人物。另外，即使可以设想出这种特别的形式上的可能性（且不说把它变为某个地方的经验实在），又怎么有可能想像得出向这个形式的最后的、最令人满意的转化的过渡呢？在这种过渡中，不论是犯罪活动和侦探，还是谋杀者和调查者（不消说还有受害者），它们都会像蝶蛹一般最终完全变形才能进入最后的转化，而它们因此也作为动因、行动者或公共媒介被首先视为寓言的，也就是集体——群体或者类别的最后的转化。或许，那会是一种内战，但无论怎样是在美国国内进行的，而且具有一种国内的而是外国语言的特色。[15]

不过，只要在合适的地方寻找，就至少很容易识别出这些结构上的可能性中的第一类，因为它是有关目前政治无意识——也就是谋杀——最常重复的母题或幻想—叙事，（不消说还有）"困扰"中的一个。由于公众领域的居间作用及其技术，谋杀成为为数不多的个体性犯罪活动之一，整个集体像一个长着很多头的私人调查者一样对它冥思苦想，在为自己发明的巧妙思绪陶醉不已的同时，注意到的却是代表官方的警察所用的措施手段不尽如人意。与此同时，能这样生动地刻画出寓言结构上的两难局面，刻画出那些——在为赋予具有个体的、经验的性质的事件这种或那种更全面的意义所以强制性地重新制造这些事件的时候，风行一时的——问题的情节结构，是不多见的。

实际上，谋杀情节从一开始就引出了两个确实无法回答的试探性的问题。第一个是表面的问题：这种特殊政治人物死亡为什么能引起普遍的兴趣，尤其是在这么一种美学结构内，尽管普遍认为，这种结构预先将我们对外在于它的真正的政界的兴趣与迷恋排斥悬搁起来；第二个是比较根本的问题（这一问题也明显预先破坏了那种结构）：这种特殊的、虚构性的谋杀情节，同真实的生活中的那场谋杀——后者在我们这个时代具有（超越或跨过它的更直接的实际结果）一般的哲学意义——会有什么样的关系。我主张，这两个问题或难题在很大程度上已经超出有关根据真人真事写的小说甚或根据传统艺术作品内的主题隐喻的价值的、人们比较熟悉的美学问题范围。假若愿意，也不妨说，那些传统难题预示着这些难题：在有关世界系统的、种种新的再现问题构成的语境中，它们以其特有的那种形式，就公有和私有领域提出了过去在某种比较陈旧的分配体制支配下还不算是难题的问题。对于这样的难题，只要留意就会看得出来，比如我们通过这样的自问方式：像“政治小说”或“政治电影”这样的亚体裁和叙事类别是否仍然存在。

我在另一个地方曾经指出[16]，不能认为，现代（西方）范式性的政治谋杀——约翰·F·肯尼迪那一类——之所以能引起反响，是因为肯尼迪事件具有政治意义。甚至也不能认为，那是因为（除非是从某种突然产生的新文化角度着眼）肯尼迪作为一种比喻同更深层的社会象征系统和幻想投入有密切联系（若从那个方面来看，马尔科姆·艾克斯，或马丁·路德·金，或博比·肯尼迪更有可能引发真切的悲悼之情）。恰恰相反，在当时，一般来说，是对传媒的体验确保了谋杀同历史上这场特殊的谋杀间近乎永久的联系。对传媒的体验，在谋杀史上是第一次、也是惟一一次把一个庞大的集体捆绑在一起，然后系在几个日子上面。同时，多亏这种经验的赐予，我们才能够瞥见始终不能变为现实的、属于未来的某个乌托邦式的公共领域。

无论怎样，上述情况都意味着，有关谋杀叙事的任何结构部署今后都必然面临另外两个问题。首先，这种叙事必须对它与谋杀的特殊历史所指之间存在的距离作出详细说明。也就是说，这种叙事有必要为我们提供一种手段，使我们能够断定，它有无就肯尼迪事件作出评论的意向，或者，它是否按照创作意图要把那个主题性所指点用括号括起来，从而有意把我们的注意力引向其他主题。其次，由于肯尼迪事件第一次引发传媒问题，所以它无论如何也有必要对这个新的、有历史始源意义的问题进行处理（而且，之所以说肯尼迪事件是范式性的，就是因为它具有这种更深层的含义）：从今以后，谋杀同传媒问题在再现上相互关联，并且相互隐含（就方式而论，这两者并不在大众欢迎的或集体性的再现范围之内，例如像对萨哈罗夫或者林肯遇刺那样的再现）。

事实上，上述这些都是新的特点、新的问题，同谋杀情节有密切联系。但是，它们的存在并不意味着与作为一个文类的政治主题相联系的种种遗留下来的问题不复存在。换句话说，我们有必要在这里加以解释的问题是，为什么我们再不能把《周年视差观》甚或是《总统班底》当作叙事制品（narrative artifacts）加以把握，再不能把它们归入适合诸如《忠告和同意》（普赖明格，

1962)、《万全的》（拉迈特，1964），甚或还有《死亡地带》（克罗恩伯，1983）等的标题下边。后面这几部作品把限制政治主题当作先决条件，只专门处理与华盛顿特区有关的区域性题材。尽管这种东西自20世纪60年代以后相关性和意义已不再那么强烈（而且，又由于马克思主义关于历史动力学思想比较广泛的传播），但却开阔了我们的眼界，使我们得以超出类似的政治材料的狭窄范围，明白政治上的东西什么才是好的。不过，假若把这个体裁的政治小说（或者电影）这样比较传统的范畴当作惟一与议会制或代议制民主政治相互关联的一种范畴，那便是错误的。因为，在巴洛克式政治戏剧（或重大国事）这样的作品中，有关朝廷及其种种阴谋的专门化观念，在君主专制时期（或许还有其他皇权文化中）已经在发挥着一种类似的作用。

不过，这样一个前资本主义系谱倒有一种提醒作用，它使我们注意到跨越专门的“政治”文学的种种类别标志有一条十分不同的（不过，在另一种意义上同样是“传统的”）近路，卢卡奇曾对这样的历史小说（以及历史戏剧）做过探讨。在有关著作中，他将狭隘的和社会学意义上的“政治”归入更具哲学意义和普遍性的“政治”概念之中。但是，我们在这里探讨的较新的谋杀和阴谋叙事，似乎也同电影和小说领域，当然还有戏剧领域中的这样的“历史”体裁的严重衰退和过时相符合：只有高雷·维达尔的美国编年史异军突起，看起来已经成为显示一场十分重要的复兴这样的变化的一个小迹象（如果不算是有关历史再现的一个全新类型的迹象）。不过，卢卡奇的思路倒提醒我们，要牢记公有和私有之间存在着典型的对立，这一对立已经成为有关公众生活的突出的、专门化的“政治”文学观念的基础和基本结构上的先决条件。因此，这种文学的衰退或消失，现在可能已就阴谋叙事的专门性提供出有价值的线索，这些线索的出现，同样也可能作为晚期资本主义的“公民社会”的倾向性终结的征象存在下去。

可以肯定的是，由于社会总体或操作语境已经扩张为晚期资本主义新的世界系统膨胀得惊人的容积，即使这两个范畴——“政治”作为一种文学的、再现的或叙事的强制因素或特色，它的性质，以及公有和私有之间结构性的对立——没有被改造得面目全非，也已经发生了决定性的变化。假若说，在布莱希特时代，克拉普作品中描写的种种社会力量和现实——正像布莱希特曾指出的——已经不再为某类电影的再现所接受，那么，这种情况在多大程度上会更类似于那种生产出现的情况：从空间上看，它本来就很难成为个体工厂，更确切地说，有关这种工厂可能存在的电影再生产的问题或主题本身，在后当代的环境中必然会被分解为意图自身的因子，而要想把这样的生产关节点或临时性中心组成的某个网络的图示绘制出来，任何一种意向都要关注它们的通讯关系及其指令传递的方式，并且把这样的关注也容纳进绘制当中。换句话说，多国民族资本主义是这样一个概念：它把生产以及再生产都包含在自身当中。

从更具政治意味的方面来看，尼克松事件中的录音带可以算作是布莱希特大加怀疑的“摄影现实主义”（photographic realism）的（阴谋）对等物；因为，这些录音带不仅显示出地点和行动的统一，而且也显示出一种力量强大的再现美学（毫无疑问，是由弗洛伊德式范畴中某种冲动作动力的），在这种美学中，也像在众多历史著作和历史虚构小说中那样，读者/观众一心期盼的是到现场中去，去看，去听，去寻找秘密的真相。这样具有人的或拟人的力量的范畴，它们的局限不仅仅在思想上——在复杂的官僚系统同反复无常的个人心理间存在的不可通约性上——而且在再现上，都是显而易见的：在这两个方面，最有权力的、可信的“世界—历史”人物——不论是希特勒，还是斯大林，或者是“椭圆形办公室”的任何一位占有者——的戏剧化，即使从极限上讲，除了一个房间的内部之外产生不出任何更有意味的东西——权力，充其量只是在电话机组边，在抄录下来的信息来来去去的传递中，或者是在其行动者的形式缠裹在古代的传令官们的来回奔走中，才会显露出来。但是，这是“东方专制制度”而不是资本主义晚期的叙事贸易库存：这是对我们就这样被废弃的叙事范畴作出的想像的严密控制，它应当给我们透露出有关今天的世界系统中认知映射的两难局面的某种情况。

例如，人们会首先想到 1962 年的古巴导弹危机的某种适当再现，于是便将在“作战会议室”中举行的某个会议投射到大脑的银幕上：此时，肯尼迪以及他的参谋们正俯身看着战略地图以及高精密度监控照相地图的放大图。但是，我们实际上在这里看到的不过是自己头脑里存在的种种陈旧的形式模式、拙劣的叙事范式和原型：即使具有非常详尽的、重构中的、最精确的可见性，即使具有重新制定出来的历史精确性和“真实性”，也不可能将这样的意象从幻影和想像之中拯救出来。“即使它是事实，它也不可能真实”（阿多诺）。此外，研究历史的人都清楚，正如考恩福德举例说明的——凭着偶然、依靠本质或者借助于“真实生活”，不可能揭示出雅典悲剧模式，因此，依据撒西狄德斯的斯多葛式冷冰冰的事实性对这些模式进行操作，其方法大可怀疑——至少自“《圣经》高级批评”产生以来，人们所熟悉的范式从定义上讲肯定都是错误的。[17]但是，新鲜的范式，甚或是戏仿式色鬼戏（例如《怪爱博士》[库卜瑞克，1964]）中的那种狂躁的嘲讽——在这里，由于通过人类粗鄙的笑剧的生产力加以重新捕捉，根深蒂固的保守习气又被模仿出来——也不再成为可能的了吗？

事实上，如果真的从“他者”的观点来看，我们的确拥有一个十分不同的“十月危机”“译文”。这就是汤马斯·加提耶利斯·阿历埃现在已成经典的《对不发达的回忆》（古巴，1968，根据埃德蒙多·德斯诺伊斯的小说改编）。这里的“肯尼迪”，不是作为一个老式的、完全虚构的人物（由那个相貌逼真、非常合适的电影明星扮演），而是作为一个几乎脱离了现实的电视图像存在着：他被填塞进哈瓦那古巴人的日常生活之中，在尽管面临核爆炸的潜在危险但仍一成不变的都市中时不时以狰狞的面目忽隐忽现。这是由属于新的类型的“伪造的核战争”造成的不祥的沉默：在有关第一世界的再现中，它至多能靠变态或者心神困扰显现出来，就像是那位叫做伯格曼的人物愤愤不平、咬牙切齿地抱怨着千百万中国人大难临头一样。于是，传媒图像或者电影摄制的再生产就显示出，在老式的叙事人物或动因的范畴与新的全球通讯系统的信息传递之间存在着一种临时性的中介，这个中介在一种不稳定的离子交换中正好把这两个不可通约的层面结合在一起：从肯尼迪到“肯尼迪”，（不待说还有）从所指或被指物到幻影。

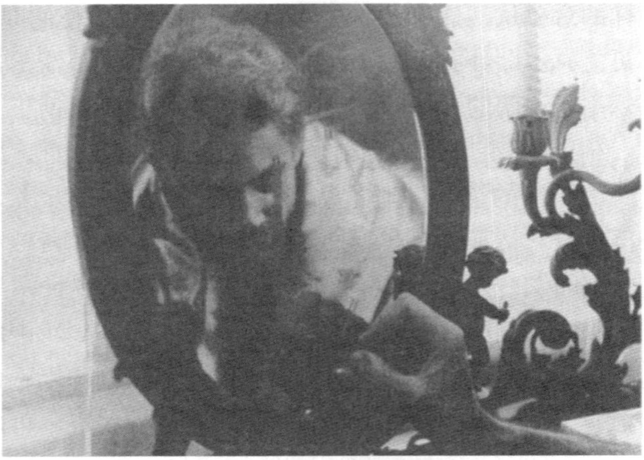

《对不发达的回忆》剧照

在帕库拉的《总统班底》中，尼克松也仍然是这样的一个电视图像和构成性不在场：这部电影以会议和二次就职仪式上的主人公的电影特写镜头为框架，忠实地传达出这位戏剧性总统一路扶摇直上等突出的特色（他的人生旅途，不是随着身着小歌剧式制服的、臭名昭著的白宫卫队的出现而出现，而是在绝妙的时控直升飞机在国会两院联席会议时的降落声中达到高潮）。不过，非常奇特的是，这个残余性的“尼克松人物”，并没有像在我们想像的肯尼迪电影脚本中那样重新引出——有关白宫“幕后”的——再戏剧化的阴影，而是极为成功地在电影中将所指从叙事性中剥离出来。的确，帕库拉这部电影取得了成功，它最有趣的形式特色在于，避开了有关古装戏、狭隘意义上的“政治”影片或者是关于华盛顿的和低级的“揭丑作品”等传统范畴。在这部影片中，“尼克松”始终是一种不在场：这种十分有趣的技术手法，一下子同时造成并解决了一个实质性的、新的形式难题。这个手法抄近路跨过公有与私有之间的传统对立，并且因此确实已经成为他许多成功的影片中的固定的特色。

因此，有必要在他所谓的偏执狂三部曲较早的两部——1971年的《克鲁特》和1974年的《周年视差观》中，把这种效果的前身寻找出来：这两部作品已经以异乎寻常和反传统的方式排演出公有与私有间的对立。的确，正是这种对立，使在正式意义上根本不属于“政治”影片中的《克鲁特》具有独创性。假若以不冷不热的态度对情节作出提要，很可能就会十分勉强地把它当作一个妓女同一个警察间动人的爱情错误再现出来，从而对种种要点——此即，它写的是一个大城市中的妓女同一个小城市中的警察间的问题——视而不见。这部电影（仅此一例），把公有与私有间的矛盾表演得淋漓尽致。在这里，这种矛盾的基础仍是城市本身或者都市的东西同在任何传统意义都不再属于农村的东西，也不算郊区的东西之间存在的对立：以前的农村已经成为外边的一种卧室式社区（a bedroom community outside），新的、或许属于高技术的产业已经在那里安家落户；而这些产业的高级雇员们采取的是以前的农耕文化的生活方式，与此同时都市的暴发户们重新住进高楼巨舍并且进而占有一种 19 世纪的典型美国城市文化以便进行技术统治。

《克鲁特》剧照

上述情况意味着，在由《克鲁特》表演的这个中轴的有力翻转中，农村变为公共领域，而城市则成为私有领域。这的确就是这个秘密透露出的内涵：那位受人尊敬已有家室的男子，在小城式社区的明媚阳光下，同他的朋友们一块分享感恩节正餐，但这

《克鲁特》剧照

位看似专事家务的剧中人物实际上属于公众形象。这样，曼哈顿便成了进行隐蔽和秘密生活的场地。家庭的盛衰本来是个社团问题，而那个中轴就在家庭的衰亡迹象中隐蔽起来，那种消失或者可能存在的谋杀不过是把一直存在在那儿的这个中轴掩盖起来罢了。如果我们过了很长时间才意识到，这两种生活从来没有在同一个个体中共存过，那也没有什么关系。至于说这部电影的那些主人公们，一种类似的（但在叙事上互不相关的）翻转对他们的关系进行了讽刺并且产生出新鲜感。因为，正是警察约翰·克鲁特（唐纳德·苏瑟兰德扮演）这个官方的或职业性的人物，才有私人感情、爱情、脉脉温情，才能通过治疗寻到安慰；至于那个妓女（简·方达饰），或许有人会认为，她与双重生活和底层淫业社会密切相关，但她实际上代表着带有布莱希特式反讽意味的职业精神和职业生活（她享受应召服务，有属于自己的"私生活"、自己的嗜好、自己的医生以及前景美好的事业——去做教师，也有可能选择时装模特这个行当）。这便是北美文化的虚伪之处。但这部电影并不像《三便士歌剧》那样把晚期资本主义的要义看做是对职业生活和大都市官僚主义的生活中种种公共俗套的嘲弄，而是认为这种要义——通过把那位娼妓描绘为以其自身资格归属于某个真正的亚群体的一员，并且因此显示出她值得公众关注（可以在公众中露面，应当与公众结为一体，应该拥有法定的权力等）——作为社会性的表述存在着，并且能够产生政治的、甚至是具有积极意义的结果。如果不计（同样也是美国的）治疗方面的种种弦外之音（妓女们性冷淡，她们希求关注，希望控制别人，最重要的是——新弗洛伊德主义和肥皂剧的阴影！——她们无法忍受与别人的"严肃"关系），似乎就可以说，《克鲁特》已经成功地做到了上面这一点。但是，我要指出，尽管这样的社会信息在当时似乎突出了《克鲁特》在题材［选择］上十分大胆，但在现在看来，这些信息不过是我们有关私人生活和公共领域的、让人不安的保守观念的一个（必然的）前文本罢了。实际上，西美尔曾经指出，对于中产阶级来说，卖淫的可憎之处并不在于肉体堕落，并不在于这种堕落似乎含有的性欲和性爱，而是在于与此相反的另一个方面，在于通过与性功能的这种联系金钱也随之堕落［贬值］。

《周年视差观》剧照

不管怎样，在帕库拉的三部曲中，私有和公有间的种种效价中出现了这种布莱希特式的变动不居，这种变化不会有效地使这两个极中的任何一个陌生化（出于某种特殊的讽刺目的），不像把它们分开并把它们的不可比性冻结起来更加有效，后一种方式可以“产生”它们的不对称的对抗，作为一种美学思辨的客体——如果我可以用阿尔都塞的方式表述的话。显示出来的东西（尤其是从公众人物们中间），是他们的公共生活和私人生活现实间存在着一种绝对的分离；虽然显示采用的方式同某种影像文化相互一致，但这种文化却又阻止那种较早的“政治”体裁文学：其中的政治家的性格或者人格过去始终是一个本质性的问题。

正是为了拆散私有—公有寓言这种神秘并对这种神秘质疑，《周年视差观》中才设计出两个遭谋杀的议员间不相一致这种局面。（在所有描写谋杀的影片中，这是最优秀的一部。在这部电影中，受害者绝不仅仅只有他们两个人。据说，肯尼迪遇刺后，在接下去的几年里，有大量——但从统计学上看又是不可能的——数目的目击证人在种种神秘的情况下死去：这部电影即是以这样一个尽人皆知的传说为前提的。在电影中，在类似于射击的事件发生后，正是吸毒成瘾的公众不可思议地开始消失：这个事实使身为报人的主人公下定决心要渗透到有组织的阴谋机构中去，他自以为已经看出了一些蛛丝马迹，但是，他的这种努力尽管成功但未免走过了头。就在第二个议员刚刚被射杀的体育场边或人行道上，他落进了圈套，成了可能作案的惟一一个、的确也是命中注定的一个嫌疑犯。）

《周年视差观》剧照

于是，在这部电影中，再现的两难局面就被铭写在文本中并且因此得到了承认，而不是被压制下去或者得到解决：私有的个体同公有的作用或意义之间存在的鸿沟被拉开、加深，解决的方法甚至并未提前包含在其中，而再现性这个问题本身成了它自己的解决办法——就好像是，通过首先显示出事情不能解决就算是已经解决了。与此同时，第三个条件悄无声息地同其余两个密切联系起来，那便是谋杀或者阴谋本身：它将私有生活和公有声誉并列在一起，然后把二者扫走，扫进无意义的偶然性和外在性之中，这样便使种种老式的政治问题无所关联。因此，便出现了政治叙事的一个新类：它同世界体系的动力，而不是某个较早的、拟人的或者“人文主义的”种类（在这一类中，个人的能力作用——通过个体政治家们作为人物的叙事的重要性——仍然应归因于这种政治家）更加协调一致。不过，这种新的政治叙事——在《周年视差观》中——虽然超越代议民主制层面的操作，但并未进入间谍惊险小说的种种抽象，甚至并未进入《影视道》中那样的科幻小说式的怪环，而是为那种回归铺平了道路：向着看起来像是——《总统班底》那样的“没有受害者的”阴谋中的——最典型的政治危机和“华盛顿人物”的东西的回归。

与此同时，也一定要重新给予这种叙事的社会性的侦探以新的动机，但采用的方式无论如何要超出纯粹新闻报道式的奇异性（纯粹认识论性的），以便在本体论中，在一个阴谋是其根本法则的世界中扎下根来。这样，这里要解决的问题，便是我们已经在《萨尔瓦多》中看到的那种要符合人物逻辑的问题：在那部影片中，主人公心灵中存在的一团糟局面，无论如何是同革命和内战本身的紊乱相互一致的。但在《萨尔瓦多》中，詹姆斯·伍兹这个人物的使命是个人拯救，也算是一种拯救——最终揭穿一个谎言，重新建设他个人的生活，并且挽救他的事业——但这种拯救与客观环境没有特别地联系起来，也得不到客观环境的支持。这一点的确无法做到，因为那个环境［中的人］讲的是西班牙语，源自外边，源自另一个世界（第三世界），而伍兹式的神经病必然是北美的一种产物。不过，由于试图在一个“发达的”资本主义社会——这个社会的种种矛盾已不再以同样的方式表达出来——范围内为一场内战的对等物寻找比喻表达方式，《周年视差观》迎头便要面对这个形式问题。

尽管如此，由于人物学使沃伦·比蒂的故事可以读作那个系列中的最后一个（如果不是某个别的东西的开始的话），所以沃伦·比蒂这个人物还是被写进了北美革命和政治文学的传统之中。把这个人物形容为反叛者是不够的，除非我们愿意下功夫研究这个类型的人物为何从一个官僚主义的和公共的宇宙中消失，并且下功夫探索这样的篡改的悖论根源：由于这种篡改抹掉了精神病和变态，所以可以把它描述为“反社会的”。实际上，在本世纪初，卢卡奇在对现代戏剧的产生所做的开拓性研究中，已经把变态视为那种抢救——把戏剧活动从新的资本主义生活和社会的自我满足中抢救出来——的一种基本表现加以强调。他认为：

> 当代戏剧所需要的风格化再也不可能仅仅是像这样的一种抽象的或自我意识的英雄主义式悲悯。只能在对某个特别的人物特色的风格化中，在超越了生活中可见的一切的庞大天平上，在达到控制整个人类存在、人类命运的程度时，才能把它找到。或者，也可以用日常生活语言把它表述出来：变态。因为，这个最极端的强化形式，除了表现为——跨过人类生活中其他一切的——某个特别的特征的病态和过度反常外，又能成为别的什么呢？而这种情况，很明显又通过——来自戏剧本身风格的——动机的强制性作用，被进一步夸大。如果想在种种精神基础上对这种过度性加以证实，便不可能在普通心理学的极限内找到这样的基础，而且也达不到这种程度：人物所处的环境本身是戏剧性的。……如果神话根本就不存在……一切都要以性格本身为基础，一切也

> 都要取自性格本身。但是，被推回来并且使之完全依赖性格的那种动机，以及人物命运独有的内在性，总是会把性格驱向“变态”的国度。[18]

戏剧性，换句话说，震撼现状、造就类似危机的东西，很难从某个非超验性宇宙的现状中推导或者制造出来，因此，有必要把它当作一种导致动乱、引发烦忧的力量安置在个体自身的范围内。但是，在高度社会化的、各自有别的欧洲民族传统中，对这样一种力量的再现，有必要重视阶级语境，而反叛者要么会是同情另一个阶级的人，要么会——从这个阶级的视角——被看做是某种病态的或者异常的人。不过，在旧的北美阶级的边界消亡中，反叛者可以体现出根本没有动机的暴力：这种能量炸破了社会常规，但只是在表达对主人和社会秩序的仇恨，因而无须在意识形态上寻找任何别的借口——借口随着这样的、纯粹的挑衅行为一起暴露出来。

但是，美国的任何一种政治上的意识形态，都曾试图以这种或那种形式把某种动机强加给那样的挑衅行为，也都曾试图把那种行为产生的能量拉回到它们设定的程序范围内。就在最近，属于 20 世纪 30 年代的、属于美国社会现实主义的伟大政治形象，根据这样的程序制造出来了。在这里，为了与那个系统本身的整体实力和力量相抗衡，符合人物逻辑的暴力成为必然之物。但是，有关这样的暴力（在根据伍蒂·古斯瑞的生平改编的《驶向光荣》[阿施比，1976] 这样一部电影中生动表现出来）的种种悖论，直到 60 年代，直到当代女权主义运动开始时才为人所重视。这些悖论是，如何能泰然地使反社会暴力服务于社会的重建；适合废除旧秩序的气质如何能参与一个新秩序的建设；具有净化作用的否定性行为如何能是乌托邦式的；如何能把毁灭性的人格易于建设性地加以运用。在这里得到反响的，不仅有无政府主义或共产主义之间存在的更深层的构成性张力，而且有就暴力和挑衅行为的童年渊源以及暴力和挑衅行为转入正道作出的一整套弗洛伊德式假说，以及由人的本性是善良的还是无可挽回的［命题］在意识形态上引起的种种典型的争论。

但是，《周年视差观》中对主人公所做的肯定性说明是没有必要的，除非是在可能引起异议的情况下必须揭穿遮掩起来的阴谋。那个叫做沃伦·比蒂的人物，他的肆意妄为的好战精神和与人为敌的性格倾向，已开始有效地服务于认识论，并在这样一个官僚主义的世界上持续地发挥作用：在这个世界上，认知的测绘成为依然存在的陈规惯例至高无上的形式，而进取行为在追随着真理的情况下至少在某个时间是乌托邦性质的行为。但是，这种情况也已经成为反讽式的，因为这种反讽为突出某种较早的“正面”主人公的阴影，就要对这部政治电影纠正偏差——这种反讽可以在对这部影片以及近来其他许多影片的排斥声浪中找出较深层的根源。后现代时期一般被描述为普遍性的犬儒主义时期，这在很大程度上是由于那种成功的过程：后现代时期凭借这一过程除去了任何价值的神秘，并且把一切事物归并为工具性，于是，价值的残余就像众多宣传品或者感伤的情调一样出现在我们面前。但是，犬儒主义式的非神秘化的修辞倒需要某种节制。世界体系普遍腐化，没有人会从中捞到好处（这是讽刺家的陈旧悖论：如果人们都染上了污点，除了憎恶人类的人之外，还有谁能这么说），所以，当事人不在场，才可鉴定证据，证实关键问题。在帕库拉的水门事件影片《周年视差观》调子变得柔和一些的新版（《总统班底》）中，情况也是这样：在这部电影中，那位调查阴谋的记者近乎是天生的好斗性（在前一部影片中，被错误地归因为酗酒）被富有启发地不断弱化，集中表现在那两位记者符合性格逻辑但令人不快的种种特点上：性格演员霍夫曼身上任何令人不堪、无法启齿的东西都为了操作方便被调动起来，而那个叫做赖德福德的人物是那样愚蠢、猥琐，所以让人不禁对“好人”这个范畴本身也会产生根本性的怀疑。此外，他们的那种结合——在别的地方已被叫做同床异梦（pseudo-couple）——使他们身上可能具有的任何尊严都荡然无存（但在形式上，又使任何类似主观体验的东西必被当作对话和解释加以外在化）。不管怎样，从典型性上讲，侦探故事过去都要写作搭档的两个人，以求对发现的线索作认真筛选，只有在这里，为了预先占有一个确定的发稿位置，身份的先后是不停地来回变换的。

《周年视差观》剧照

不过，在《周年视差观》中，主人公的变态性格是实用性的，并且被有系统地打成环拉回到叙事之中：只有患有精神病的候选人才能通过荧屏测试（要对一系列精挑细选、有暗示性的图像——包括家庭、国家、种族、暴力以及社会和心理上的低下感及不平感等——按照心理学的标准作出反应），也只有通过这个测试才具备填补“周年视差公司”空缺、做职业杀手的资格。不过，正是由于主人公在对阴谋跟踪追击过程中表现出了反抗精神，所以人们原本已经把他看做是潜在性的精神病患者。但在这里出现了增补性的螺旋式翻转。使他得以具备职业杀手资格的那一切，同时又证实了他作为孤独的行刺者这个身份，所以不可能与一个“有组织的阴谋机构”建立任何联系；使他得以打入那个机构的那一切，同时也使他很容易被后者操纵在手。

必须强调的是，对充当共谋者的人物的机制化建构，不应当同对“机构中人物”以及在文化上走在这种人物前边并在另外一种意义上是这种人物的结构变体的——那种新的社团人物的本质上讽刺性的描绘混淆起来。寓言的参照虽然可以使个体行动者在集体的记录中的重写成为可能，但在这种比较陈旧的意义已不再同讽刺有什么干系：那个不知名号的公司中的人物的结构“对立面”，始终是真正的个体，通常也总是一位——就在由已经引发起来的个人抗议和反抗形成的那种伟大的美国传统中——反叛者和不符合规范的人物。

因为，正如我在前面已指出的，对立的所有形式在今天也都是集体的，并且被组织进各种各样的政治抗议组织和运动之中。从这一点上来看，那样的社团的实际情况以及那样的社团的行为方式，不知怎样已不再仅仅是一种畸形的商业的亚文化，而是成为社会世界本身某种更深层的、准本体的法则。在这个意义上，实际上可以把《周年视差观》中比蒂这个人物看做是对反叛者那种较早的叙事范式的一种评论，也是对它最后的摒弃。因为，尽管他看上去仍是那副模样，但他个性中含有的暴力和反社会的本性毕竟在电影中连贯一致地被镶嵌在合适的位置。可以肯定，将这个主人公的故事同反叛者的情节区别开来的，不是他的悲剧性命运，因为，在那样的故事中，英雄之所以成为英雄，是由于意识到了毁灭和失败不可避免。不过，比蒂这个人物已不再是他自以为的那种反叛人物，这是因为，他内在的性格和无意识中的种种对立的冲动已经成为阴谋机构本身的工具：阴谋机构完全出于自身目的对这些加以利用，因而对这些是非常欢迎的。在某种类型的黑格尔式的理性诡谲的意义上，正是这种要反抗和毁灭阴谋［集团］的意志，使这最后一个［阴谋］得以把他写进它们的电影脚本中去并在这个过程中把他毁掉，对于这种情况，通俗说法“吸收”可能并不是非常恰当的描述。

于是，侦探既是谋杀者，同时又是受害人：两个镜像阴谋机构开始相互对抗，只不过其中一个人数多些、组织更严密些罢了。但这种情况意味着，官僚机构将最终战胜反叛者。反叛者在人世间最后的露面（当杀手们潜伏着扑向他的藏匿地点时），［等于］删除了对19世纪遗骸作出的想像最后正在关闭的门洞，取而代之的是（放眼望去完全按照阴谋组织和控制起来的世界的）开放的门洞中更为强烈的梦魇。反叛者的范式性叙事也因此随着反叛者一道消失。敌人在人行道上最后出现时的侧面镜头，比《影视道》里空白的电视银幕更加可怕（如果二者之间还有区别的话）。因为，紧接下去便是对沃伦作出的专门调查委员会式的判决声明（“比蒂”单独行动）。这个声明把所有这一切又移入新的、目前发生的种种事件之中，移入日常生活的那个断片之中：我们把“历史”和公共领域限制在那个断片内。此外，尽管这个片断很快就会被废弃，但它仍与（这部电影成功地与之保持距离的）种种历史所指物密切相连。只有在这一点上，它才是一种（像封藏起来的档案或者废纸篓那样的）布满尘土的“联系”。

于是，在这部电影中，社会性的侦探所具有的动机，变了回

《周年视差观》剧照

来，成为他负有使命并且命中注定要加以侦探的“犯罪行为”，并且因为这种行为而具有超常决定力量。从后现代某种极端的黑格尔主义意义上讲，同样的结构既影响了主观的领域，又损害了客观的领域，并且使它们可能无限制地相互取代，永无止境地相互转化——对于电影语言来说，这种情况也不是没有它的重大意义的。至于那种侦探，本雅明所谓的心情忧郁的人，在事物之间沉思并对事物［所产生的］片断性的、寓言性的信息进行解读——在晚期资本主义中，片断的信息总是指总体本身和世界体系——的心情沉重的忧郁者，电视［对这种人物］具有一种优先［再现］权，尽管这种优先权的确适宜于作为传媒的电影的发展（正像希区柯克的诸多中心建构所表明的）。

这样，很清楚，侦探们和谋杀者们双方至少在那个方面都必须同纪录片制作人相类似。但是，《周年视差观》打出的这张总的论点的王牌——有关怀疑与领悟间的关系——靠的是一整套阅读测试——那个公司拍摄成的“法西斯反应尺度”：这种测试似乎把我们丢回到那种最粗糙的联想主义或试验心理学中（可以肯定，最后一项［试验心理学］始终是偏执症以及迷信滋生的肥沃土壤，这一点可以由它同中央情报局以及各种反对叛乱的组织的常规联系来证明)。不过，《周年视差观》中有关测试的连续镜头，像《带发条的橘子》（库卜里克，1971）里有关程序编排的连续镜头中它的前身一样，是对形象社会和广告的评论，也同样充分暗示出是什么在进行暗中操纵和控制。《周年视差观》的洗牌方式与《影视道》不同：在后一部影片中，商品（电视程序以及/或者色性作品）代表着政治阴谋。在《周年视差观》中，有关消费的实际情况，因为不连贯而被突出出来，叙事性由于仍属于电影形象的插入而被故意打断——于是，这些形象随着有暗示意味的音乐在第二个层面上被再叙事化：这种音乐以那种游移不定的方式摇摆，最后变化十分迅速，以至于赋予正面的总统形象以某种“邪恶的”纳粹所具有的可恶因素——将那些形象熔铸进一种寓言，一种由善与恶、家庭和国家与敌人、意欲复仇的主人公漫画式的英雄人格、贫穷和富裕引出的动人情绪等等形成的一种寓言。

《周年视差观》剧照

《周年视差观》剧照

这样的连续镜头，让人想到两种叙事的插入——像《赤裸的夜》（伯格曼，1953）中有关阿尔玛受辱的、那样的默片闪回中的精彩故事，以及像在《在马里安巴特的最后一年》（雷斯内斯，1962）中纷至沓来的一连串快照镜头中那样的电视显示器本身，或者就是电影本身的插入：同一种传媒对手相互竞争造成的插入。与另一种传媒相互竞争——有人已经指出，这种竞争总会在电影中表现出来，目的是显示这种传媒有优先地位[19]——将会在下文中不断论及。这里暂时打住，只指出这一点就足够了：之所以使电影与其自身相对立，是为了说明某种超出它自身的东西。正像《索伊伦特绿地》（弗莱斯彻，1973）中有关安乐死的连续镜头——爱德华·G·罗宾逊的临终时刻，在内涵十分丰富的旅行纪实镜头中走向圆满：有关大自然的种种奇妙的形象，本是电影中那个在不远的将来被污染的地球上不复存在的形象——中那样，内插也通过这样的风格，也就是说通过一种旨在表达大众的或群众的无意识：这些图像就是在这种无意识中发挥作用——华而不实的低下情调同它的叙事语境区别开来（至少是在美国语境中）。在《周年视差观》中，这种无意识是指土生土长的美国人漫画式的法西斯主义，像苹果馅饼一样土里土气。而在《索伊伦特绿地》中，这种无意识指的是，对与大自然本身有着可靠的、本土的联系的《国家地理》图片产生的深层的向往。之所以要用这种方式把风格当作是为巴尔特式含义而设的一种手段，当作是表达一种特别的意识形态信息的一种工具，或许总是为了保证风格的低级、庸俗、造作或者等而次之等品格：只有在各种现代主义思潮中，才会存在与故作姿态——将对这种庸俗下流［风格］的含义运用变回到“艺术”中去［的过程中所表现出的故作姿态］——判然有别的方法。不过，在《周年视差观》中，这种被插入的风格作为一种可靠的现实主义［手段］，使它前后的电影叙事变得极为可信；而这样的“游离”，经过种种非个性的集体和文化原型之后，最终的确以冰冷冷的调子结束，并把比蒂这个人物简化为某个社会学的类型，与此同时以那种新的方式硬性地将公有和私有分离开来：这种“游离”泄露出由并不特别属于任何人的种种思想和神话组成的某种非个体的无意识。

《周年视差观》剧照

《周年视差观》剧照

这些增补性的形象，的确可以看做是对《周年视差观》的电影语言比较概括的评论：这部电影同所谓的偏执狂中的三部曲里其他两部相比，管弦乐更加喧闹刺耳。《克鲁特》用色彩来衬托夜间内景和封闭的都市风景，正如我已经指出的，这就像是拿着一块明亮的调色板，把电影开头出现的那片花草遍地、阳光明媚、富有田园气息的郊区村庄景色带来的神秘一扫而光。《总统班底》一定始终具有某种单调乏味：它像华盛顿本身一样，作为一种标志，超出了城乡之间的那种对立。由于各种原因，我将在后文论及。但《周年视差观》通过把它的社会总体这个模型当作阴谋实录下来，在电影中将各种风景展示开来。像《影视道》一样（在《西北偏北》中也是如此，只是方式有所不同），这里的风景的多元性成为类似于美学的以及认识论的闭合的某种相似物：所以，一切因素应有尽有——高高的海浪以及着火的小舟，高高耸入平流层的西雅图塔的塔尖，高山之间一条咆哮着的河流，一片公有的、无主的土地上不知名号的现代主义式的玻璃办公楼，城市中犯罪活动猖獗地区的出租屋，典型的机场，典型的商业区林阴大道，典型的报纸资料室以及传统报社——所有这一些被缝合在一起——假若不是凭借典型的美国式的行军、游行那样的夸大，那就是靠动物园——主人公在那里学会如何在四处转悠时变换自己的身份——中微型火车式的缩小。

《周年视差观》剧照

但是，以上这些都没有触及要害：这便是，这部特殊的影片为什么要将反面人物们寓言化？在对受害者和侦探进行适当处理之后，假使犯罪者这第三个位置（角色）没有被集体化，如何又要被非个体化？这里，也一定要取得一种总体效果：阴谋机构一定不仅仅是个体人物们的一种集合，而且要投射出像一种公有的结构的某种东西。在《周年视差观》中，这是通过两个值得注意的、分别类似于公司经理和董事长的反面人物的分离来实现的。但是，即使是那些结构上的集体性，现在一定要挖空，这样可使

《周年视差观》剧照

其有能力负载寓言普遍化之重量。这是一种先验形式面临的两难局面，就这种两难局面而论，只有一种东西可以预先讲出：依赖陈旧的情节剧的陈腐的语言，明显直接标志着失败或者承认没有成功。不过，《周年视差观》以及上面说到的帕库拉创作的其他有关影片之所以能打动观众，其原因在于，通过移置——在文本另一个地方进行的局部的创新——找到了一种意想不到的解决办法：在那个地方，人们不会马上看到某种新的拼合式寓言的因素。这些电影在风格上确实有爱找茬子这样一种特点，这从一开始就把读者的注意力引开了：也就是说，某种看似武断的东西在发挥作用，不停地把演员们拉入近景，并且不停地用显示他们面孔中表现出的困惑的特写镜头来替代保守的电影讲述故事时使用的长景或者中景。所有这一切，自有其不易察觉但让人烦恼的问题，詹姆斯·莫那科慧眼明辨抓住了要害。他援引德雷耶的话说："一个电影单幅如果主要采用特写镜头……我们就会看不到背景，所以不免东西难辨，产生幽闭恐怖。"[20]

《周年视差观》剧照

《周年视差观》剧照

在开始时似乎不加区别地发挥着作用的，是一种风格上的形式主义：不论是无辜者还是罪犯，它抓住就不会松手；不论是好奇者还是漠然视之的人，不论是有牵连的人还是可疑的人，凡是卷进了这里说的这种事件中的，它都会一一加以显示（由于谋杀事件的旁观者最终以实际上不可能出现的数目一个个死于非命，所以摄影机本身因此不断重复再现出人们对阴谋的担心）。因此，这里的特写风格标志着对视觉的疑问存在着某种有争议的外在局限：摄影机似乎在更近距离逼视着人们，试图辨识出他们的特征，破除他们的隐私——只有面孔才能标记出它可能要窥探的东西的边界和界限。与此同时，由于被切断了同其肉体的以及姿势的语境的联系，面部表情正处于被去个性化和去人性化的过程当中。各种人类情感（或者更恰当些讲，我们有关情感的各种概念）——人类那张面具在肉体上可以作出的肌肉收缩和怪相等各种名目的突出集合——现在却数目锐减，因为任何东西都开始代表着表示某种更深层基本情调不断变化的符号，而这种符号可以表现为焦虑、担心、牵挂、使人痛苦的困惑、恐惧、混乱或者不安等各种特色。与此同时，伴随着由被去个性化的恐惧导致的这种特别的标准化而来的是某种十分不同的东西——对亲近产生的令人不快的感受：人的面孔相距太近，就会产生这种感受（在盎格鲁—撒克逊社会）。

现在，有必要就那个语境对从事阴谋的特务的处理详加说明：因为在这些显示出不安的面孔中，只有反面人物——参与阴谋的人——才会镇定自若，十分冷静，即使说他们的自鸣得意类似于公司和公共机构中的官员们的自鸣得意，也不会太过。第二类面孔是男性面孔，膘肥体壮，绝对没有个性特征，而且最重要的是，这样的面孔颜色黝黑（在人类社会中，暗示着特权）。

不过，这样的面孔又都是正在出汗的面孔：油腻的镜头总是出现，显示出“心事重重”总是萦绕着这些面孔。不过，这种“心事重重”与抓住受害者们不放的恐惧不是一个类型。对于制造阴谋的特务们来说，牵挂属于面带微笑的自信那种情况，而

“心事重重”不是表示个人，而是表示公众对网络或者制度的活力的担心——［这是］在不带有势必逐渐削弱受害者们的能力的推测的情况下，占据了集体组织不在场时［出现］的空间的那种脱离现实的精神涣散或者心神旁移。这样的人明白，所以他们能够将个体人物当作在场，并将这种在场投注于一种——重心是在别处、强烈而又自足的——关注之中：这种热切的全神贯注，同时又是漠不关心。不过，这种关注虽然同样被去个性化，但却属于另一个种类，它负载着它自身的焦虑，就好像是在阴谋和社团中对个体反面人物不会产生任何个人影响。作为那种集体责任的标志，作为在特写镜头中陷入亲近关系的任何令人不快的东西明显的所在，“汗水”具有双重的功能。像在《总统班底》中电话交换机旁边，尤其是《克鲁特》中谋杀者压低了声音讲话、贴近而且沙哑得令人生厌那样，［汗水］这种标志有时被投射进另外一些感觉层面。我们这里讲的“亲近”是指这种发现：我们已经陷入一种集体网络但仍不自觉；人们相离太近到了我们意识不到的程度，所以即使孤独的时刻他们相异的肉体的温热也会毫不夸张地证明人类本身易受伤害。从萨特到福柯，以及在（他们以外的）当代女权运动中，“目光”已经成为被特权化的本体的空间：在这个空间中，我们的能力丧失成为可操纵的客体，并被戏剧化和展示出来。不过，视力的和眼光的动力，总会投射出一个“权力”的空间——不在场的他者，圆形监狱的瞭望塔——这种空间不知怎样却对目光毫无反应，同时靠躲藏在录音设备背后避开它自身的逻辑。在我看来，帕库拉［创制］的这个世界已经在这里转变成了一种新的、比一般化程度更大的感觉空间，在那里，哪种类型的任何本体论性的隐藏地都已不复存在：阴谋机构赢了。如果真是这样的话（像在《周年视差观》中那样），那不是因为阴谋机构具有某种特别形式的“权力”而受害者们没有，而只是因为它是集体性的，而一个接着一个被夺去了生命的受害者们则不是集体性的。

四

在前边几部分中，我们可能已经观察到了一般意义上的寓言所特有的、最特别的间接手法之一：侧面偏重。用这种手法，一定能像在坚果壳游戏中猜中坚果壳内空无一物那样，把各个层面传达出来。例如，你如果想就经济学讲点什么，就要用政治学的材料才能办到（这的确也就是这一章总的释义前提：多国资本主义的经济组织存在于由权力不断变换的形态传达出的阴谋形式之中）。另一方面，你如果想就政治学讲点什么（像在《影视道》中那样），便要依靠经济学的素材——在那部电影中，那家公司以及它同小企业的关系实现了比喻表达法。而在《总统班底》中，我们现在要处理的却是这个寓言法则的为不可为之事：这部电影看起来像是一部政治影片，实则似是而非。这种再现试图凭借外显性政治素材传达出有关政治关系的某种概念。

其实，［得出的］这样一个第一印象可能是误导——外显性内容大部分已从这部有关华盛顿的影片中删掉，所有竞选成功的官员也被删除。因此，这个政府不仅仅被转化为一个庞大的、指定的官僚机构，而且，最后这一方面——被删除的有关政界的实际情况——毫无疑问可以看做是尼克松政权的基础——被巧妙地移走的这种斗争背景又轻而易举地被重新组织成为一种阴谋的形态。但是，《总统班底》是有独创性的，它从一开始就把一连串的事件当作两个阴谋集团之间、两个集体之间、两个超个体的组织之间——调查泄密事件的特工与报纸，白宫与《华盛顿邮报》，电话中的声音与在原则上同样脱离现实的“深喉管”的声音，具有非道德傲慢特征的尼克松政府官员与具有怀有同样野蛮残酷的决心和野心的年轻记者们之间——的斗争推上舞台。从同情心上讲，观众对双方实际上都是否定的，甚至对西格瑞帝或者是秘书们，观众的同情也只是暂时性的。关于这一点，后文会有所论述。因为，受害人的位置基本上由后边这些人占据：在这种情况下，“犯罪活动”成了一种没有受害者的犯罪活动。

《总统班底》剧照

与此同时，由于水门事件的一个特别之处（它与范式性侦探叙事都具备的某种共同的东西）是，它从一开始就对准信息和再现不是任何实在的东西——如何使民主党人当众出丑：可以毫不费力地将这种操作变为跟向公众隐瞒共和党人的丑行那种操作恰相对称的一种行为——传统侦探小说特有的两层结构，在一种增补性的和流畅的循环状态中被合并在一起，因为内容已经变成形式。那种侦探故事，在有关犯罪行为的故事和有关罪行的最终解决的故事之间，预设下一个绝对的区别：但在这里，两者的距离，通过对——像是对它的解决一样的信息性的以及以传媒为中心的——某个“犯罪行为”的定位，而被缩小到绝对的最低限度。

《总统班底》剧照

其结果是，效果明显减弱：这种效果辩证地把这样的局限转化为一种全新的、肯定的表现，而不是否定的表现。机智在这里变为一种新的文类，阴谋变成机缘巧合，而《总统班底》因此展示出情节剧领域中某种室内乐的奇观，一种精彩的室内表演：一整套铜管乐器被从中排除出去，而且任何音响效果都不得超过某种非常脆弱的、压低了的男高音，这就像是海顿的《惊奇的交响乐》（Surprise Symphony）中著名的和音，由于用的是这样的技巧和尝试，所以听起来不免让人想像出那位胆小的特工在这样沉闷的声音响起时正准备转身走开的情景。例如，在“深喉管”最后一次发出警告后，伍德沃德气喘吁吁转过身来想勇敢面对追踪他的人，但放眼望去却只看到沉睡中的华盛顿街道上空无一人，只有路灯向他闪烁着：这个令人满意的瞬间情景就属于上面这种情况。这种纯粹的形式上的高潮——纯粹的句法：内容上任何粗糙的东西都因此得到升华——构成了有关与绝对的他者的一次遭遇的那种理想的、空洞的马拉美式范畴，并且取代了老套路的情节剧抛洒出来的任何一类反面人物及有关苦刑的连续镜头、斗争、性格冲突、功夫或者格斗（《周年视差观》中西北海岸森林内那家酒吧中的搏斗场面，其本身是从多尔顿·特兰勃的《孤独的勇士》［1962］里可怕的连续镜头模仿来的，但是，这个场面超出了替换性策略的一般体现）。无论如何，随后出现的对人身的实际威胁（对伯恩斯坦），很明显是对情节剧种种基本符号及其原始素材的继续篡改。实际上，其中有关打字的连续镜头（他们不敢讲话，因为藏有窃听器），逐渐发展，最终成为提高到最大音量的巴洛克式音乐呼然爆响：这种音乐所代表的超验性的胜利喜悦，［等于］把实际内容取消，并且确定了记者们最终必定战胜他们的敌手。在任何情况下，《总统班底》中的邪恶行为都是可疑的，同时，邪恶行为的根本不在场最令人不安（但它与《周年视差观》方法不同，后一部电影中的邪恶行为是肯定无疑的，所以至少在认识论上表现出某种“疑虑消除”）。即使是“尼克松”也为这种不在场命名。所以，是否真的还存在着什么，的确永远无法弄清（正如“深喉管”所说：“事实是，这些家伙实际上并不真的非常出色”）。

帕库拉本人（在一次谈话当中）点出了两个形式上的基本限制因素：它们可能同我们认为这部特殊影片所具有的特别的存在方式有某种关系。第一个因素同事实的复杂性和有关曝光的问题有关：只要同记者们本身持有的记事簿（以及对各种事件更为广泛的记录）比较一下，就会明白那一系列熟练老到、令人惊羡、有战略眼光的精筛细选实在令人击节称赏。大部分资料——线索

《总统班底》剧照

以及局部细节——是从调查开始后的前几周内得到的；约翰·迪安和俄利奇曼已经被完全排除；遮掩真相的资料，白宫的有关资料，录音磁带，都已不知去向；行动的高潮围绕着霍尔德曼的出现建构出来；如此等等。这便引出了第二个特别因素，这便是，对话具有头重脚轻的明显特征。帕库拉说[21]："我认为，像这样的用了这么多对话的电影还从来没有过，甚至《克莱瑞的膝盖》也不是这样。"这种罗赫默（Rohmer）的比较是合适的，也是有意义的，因为点出了那种形式：它始终是电影摄影中有重大意义的东西，虽然并未恢复早期有声电影的制作效果，但它通过那种方式——凭借这种方式，新的形式将对话提升为具有自身资格的一种行为或事件——赋予语言的中心性和电影剧本以一种特别的电影存在方式，戈达尔作品中以会话的形式被引人注目地具体化的东西，在这里变成了一种超常的一对一的游戏：在这种游戏中，最低限度的面部表情，像在最早的特写镜头中那样，为表达叙事意义被放大并放进至关重要的空间中。这并不像在默片中那样是为了显示面具，而是为了强调［观看］那种网球比赛［时出现的情景］。观看比赛时，你坐在那里毫无反应，只有眼光和竖起的眉毛在微动，但那属于最轻微的抽搐和反应，跟谈话受干扰、反驳、拒绝回答问题等［具有］的价值类似。这种新形式以精湛的技术在其外缘被显现出来，而且，在电话谈话中也一样十分突出：在以前任何一部影片中，从来没有这么多这样的谈话，这种谈话——就像是把接受戈达尔会见的人物们当作行刑队面前的受刑者们那样围在一堵白墙边，但只是等级关系倒转了过来——使我们得以观察正在工作的记者们，看着他们制造并且与此同时消耗新的信息，因为性格演员们［的人数］已被限制到最低限度。

《总统班底》剧照

那么，从有关多个事件的连续镜头来看，上述情况便意味着是对行动中的人物以及微型会面的一种精彩编选。而且，谁又能说我们对别人最根本的了解，不是根据力量强大但又属偶然的接触导致的类似的中间距离，而是根据在遥远的地方对某个几乎被再现出来的形象的扫视，或者是对离我们太近所以很难辨清诸种特征的“他者”的扫视来标定的呢？但是，如果遥远的模式产生出某种叫做现实主义的东西，而对某个绝对的“他者”的解释产生出现代主义的语言试验的空间，那么我们又能把这一系列的再现（可以肯定，它不含有任何后现代主义的东西）叫做什么呢？另外，提出这样的相遇中存在的性别问题也同样重要：在这种相遇中，最接近的他者——为那些拥有至高无上权利的、不在场的他者们做秘书或工具［的人］——几乎总是一位女性，为了逼她讲出秘密——在有关迈阿密的那个令人震惊的连续镜头中——或者是要逼她离开那个至关重要的房间，就要想尽办法对她进行迫害或者百般折磨。实际上，同男性的真正接触根本不存在，因为那个绰号叫“深喉管”的重要人物是来自那个模糊领域的惟一一个间谍，也是跨过那个鸿沟的惟一一个声音。在揭出秘密、讲出真相、泄露机密或者将阴谋曝光这样的时刻，即使同男性的这种接触也被女性化了：最典型的例子莫过于发生在西格瑞蒂身上的事情，其中最有趣的东西莫过于随着象征性的诱奸（场面）的开始，这位提供情报的人对最终被追捕到明显表现出如释重负。所以，这种调查形式本身或许就含有某种色情的东西（在前面论及侦探小说时讲的——这种调查总是重复对原初场景的追索——那种意义上）。也可能是，在有关形式的抽象这个层面上，性格冲突与性行为交错重叠。可以绝对肯定的是，有关这种特殊叙事的可能性依赖的社会学条件在于尼克松时期的客观存在（如果不是整个时期）特有的、陈旧的性别—等级制度下的官方风格和企业管理。那意味着，这是一种陈旧的故事，属于往昔的一种叙事（或许不可能在伊朗门时期再次大放光彩）。我在后边谈及这部电影时会提及另外一种情况：根据这种情况，可以说明这部片子本身就属于已经不复存在的过去，而不是我们拥有的现在。

《总统班底》剧照

最后，有必要指出，那个一对一的格式对空间具有决定性的影响力，或者更确切些说，对于空间具有决定性的意义，因而可以释放并促成诸多新的种类的空间性效果：某种幽闭恐怖已经被建构进这种形式之中——这种形式可以将某种超常的、但又是暂时性的力量赋予开放的空间，例如在大型银幕上展开的、夏季午

《总统班底》剧照

餐时分整个华盛顿［呈现出来的］那种空间。我之所以以那种方式表述这种情况，是因为会面时的情景接下去便会缓慢地把户外空间拉回到这个情景本身形式上的限制因素里边。与此同时，随着连续镜头的不断扩展，随着华盛顿城本身成了一连串或者一系列要调查的名号和地址，这个情景又将新殖民地独立式的众多小房屋也叠进它的内部。

但是，在这部特殊的艺术作品中，很难说空间只是发挥着某种附带的作用，因为，叙事中的行动者或人物们的相对退缩，决定着迄今为止［被视为］附带性的空间特征已经扩大到或者投入到具有自身资格的主人公们身上。假若确实稍有区别的话，那么，正是叙事的这种异常的、意想不到的空间化才会被形容为后现代的，或者至少是原初—后现代的。像电影这样一种根本性的空间传媒，随着它无论如何也是意义重大的空间化（过去大约没

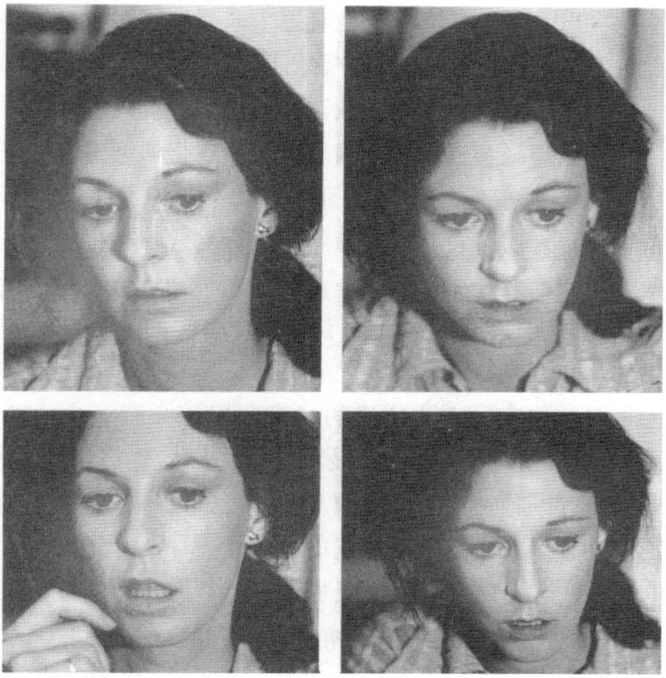

《总统班底》剧照

有完全做到)，如何用有意义的方式增补性地同样也把它描述为或多或少空间性的［东西］，在我看来是一个高超机智问题，不是一点意义也没有的。举例来说，我们一般把许多电影理论同《银幕》杂志联系起来，而这些理论都可以改写为这样一个命题：由于空间是指将故事—线索的自然性打断的东西，那么，在将叙事性的或现实主义的故事自然化的过程中，有必要对好莱坞［电影］进行非常系统的组建，也就是说，有必要抑制这样的空间并使之中性化。但是，在通常情况下，探讨像电影这样一种传媒的某种空间化的论文，在夸夸其谈当中等于把注意力引向在这里所说的这种传媒范围内如何扩大建筑本身的面积。

从这一点上看，在《总统班底》中，建筑当然是最重要的东西，而且，从伍德沃德在遇到“深喉管”的那种类似洞穴的停车库——有关水门的镜头就是先从这样一个车库移入近景的——一直到《华盛顿邮报》的新闻编辑室以及后现代典型的官僚机构的办公场所，都属于建筑。对于那种公办场所，帕库拉强调说：“《华盛顿邮报》假若没有搬到新的地方会变成什么样子，我一想起来便会不寒而栗……我猜想，他们的老报社，跟大多数老报社没有什么不同。”[22]但是，他又认为，《华盛顿邮报》的开放及其刺目的荧光灯光亮，象征着“真相”以及它所含有的所有令人不快的东西：但实际上，这样的光亮跟黑暗一样是完全不自然的，更何况它在某种意义上又是对我们一开始就提到的“水门”中那些原来的办公室的一种重放和一种展开。不过，后来随着镜头对正向办公桌或者办公室走去的这一个、那一个记者令人眼花缭乱的追踪，这种办公室可能成了具有超常表达力的镜头来回移动的空间，但镜头首先对准的是帕库拉谈到的布莱德利这个人物：

> 罗巴兹进场是这部电影最重要的“明星亮相”。在他出场前，镜头一直停在哪儿，几乎很少移动。他从办公室出来时，或者说不知忽然从什么地方冒出来时，我们的镜头就一直追着他，一直到这个镜头拍过了一半：他从伯拉斯科（Belasco）出来时，我们给他做了个明星亮相，［别的］一切都停顿在哪儿；简直可以说，是国王驾到。[23]

这样，两种空间都是从原初建立起来的这个原初空间引申而来。对于这个原初空间，我们有必要把它看做是可以从各种不同观点进行透视性的处理或观察的一种模型，并且对它起初的表现加以强调。这样，水门这幢建筑便会给人以缩影图的享受，也就是说，从隐含的、象征性的运用角度讲，它是指一种享受：从街道对面特定的、灯火通明的楼层中，我们可以看得到它；从地下停车场中，我们可以看得到它；从踏出了它的叙事轨迹的知情者们的观点，我们也可以看到它。微图中的那典型的、装饰华丽的小房间，它的正面特别地显示出无个性与权力产生的结合，显示出装腔作势吓人与空洞琐碎产生的结合。我上边已经提到了这一点，但这毕竟是尼克松时代的主要秘密。不过，问题是，在空间本身被推向前台的同时，它也因此被夺去了任何自然的背景，尽管这种背景是某种无生气的和被保守化的空间一般要依附的东西。这样，现实及事物被推出它们所处的背景，而且变得格外自由飘逸：如果沿着同刚才提到的黑暗—光明轴线并行不悖的另一个较大的轴线进行侦探，这种情况可能更让人触目惊心。

《总统班底》剧照

那另外一个轴线——天平轴线——被恰如其分地置放在可以记着的第一个形象之中：根据这个形象，人眼可以辨别出压纸卷轴和打字机键盘上的纸。很明显，在包括“静电复印机、图书馆借书条、特别的拷贝纸系列”[24]在内的一系列书写材料当中，这仅仅是其中的一项。此外还有，胡乱涂写在卫生纸纸片上的记录，日记本中的文字、名单，作废了的银行支票和复制出来的存款票据，以及其他别的什么。对所有这些东西，侦探这种释义行为都可以马上把它们变作线索或者迹象。我倒希望，这些东西并不像帕库拉讲的那样表达出了那则古老格言的意思：笔比剑更有力量（假设仅仅是因为——仿照我们在上边提到的米丽亚姆·汉森的名言来说[25]——电影将其他传媒包含在自身当中，目的是要戏剧性地表现它对于这些传媒的优越性，那么，我们不禁要问，什么东西比笔更有力量）。不过，这种情况并不算是某种自满自足的文字增殖：凭借这种文风增殖，像在埃斯契的一幅画里那样，镜头风格（camera-style）可以对着自己乱涂乱画。不过是在一年多以前，自动收报机用的纸条退位；这的确提醒我们，对类似的细节的处理特色是一种时期化的特色：它们都是再生产技术的陈旧形式，一旦电影拍摄、发行过后，便会过时（帕库拉在他的评论中非常谨慎但很有意义地指出："使用电视机要另当别论"[26]）。类似的不完全的现代化，同新式办公室所处的官僚主义式的现代环境恰成鲜明对照——如果的确没有形成重大矛盾的话。国会图书馆的借书条还放在纸上，许多支票以及西格瑞蒂的信用卡收据还没有来得及贮存到电脑中去，而那台打字机——长着两个长指的打字表演家的表演完全具备典型报人（还不算"报社记者"）的特色——因此也应当给它条件，让它去庆祝一场表示时代错误的（假若的确不算是表示身后的）胜利。正如我在前边所指出的，类似的陈旧技术对有关再现的种种可能性的冲击，已经达到了这种程度：较新的通讯机械——例如，数据库——完全避开了保守性的再现。这样，品钦的《葡萄田》退回到50年代，并且把他笔下有关电脑网络的当代最新胚胎置放在到目前为止已经属于老式的超级市场之中，并推向舞台：对他来说，这是极富特色的。实际上，用不着等到电脑朋克时代，文学叙事早就会跃跃欲试发展出与晚期的或全球的资本形成的种种网络相称的新形式。

不过，某种更深层的逻辑可能也在这里发挥着作用。阿拉贡是第一个（在《巴黎的乡巴佬》[1927] 中）注意到，我们可以通过已经稍稍越出生活方式之外的东西，或者在历史进行的废弃这个过程中，恰如其分地再现当代。在这一点上，沃尔特·本雅明追随其后：后者的连拱廊设计方案的确也正是依照这个原理建构出来的。很明显，有关历史（以及历史的法则本身及其内在动力何以从一个时期到另一个时期都要不断被修改）的辩证观，不会对有关——从第二帝国到 20 世纪 20 年代，再从 20 年代到我们这个时代的时期，20 世纪 60 年代的衰退期——“属于时代错误的再现的原则”的某种与历史无关的持久性预先作出假定。不过，如果我们所说的后现代主义，是以一种真正更加完全彻底的现代化，而不是以在所谓的现代主义本身并不平稳的历史阶段内流行的什么东西为特点——也就是说，是以对即使是最近的历史性的过去的所有时代错误痕迹也要更有系统地抹掉为标志，那么，下边这种情况似乎就有可能出现：在后现代时期，历史再现注定要附着于某种更迫切的东西，而不只是对类似这样的种种痕迹的怀恋。无论如何，也不论参加［制作］的人或者最早的观众是不是意识到了，在《总统班底》中，这样的叙事材料的再现力似乎都已经明显地同陈旧的东西以某种方式密切地联系起来，同已经不再属于极为神秘的、实际存在的东西，以及已经弃而不用或者过时的东西密切地联系起来。这就好像是，电影以某种度量标准——它本身融进遥远的往昔，融进属于一个业已消失的传媒的英雄传说时期，融进以其属性来说过去总是属于一种童话的报纸、一则轰动新闻的内容——比例（的轨线）刻在自己身上。

《总统班底》剧照

但是，我之所以在前边提出演职人员名单如何运用字体这一个问题，主要是出于空间原因（尽管声音的意义也很重要）。因为，电影刚开始这一段——它本来应当比后边的任何东西都更具活力地调节我们的知觉习惯——现在改变了方向，把我们引向从微观宇宙向宏观宇宙伸展的天平轴线。我认为，这条轴线更重要一些，如果说［不］仅仅是因为不太明显，而且最重要的是因为与前面已经提到的光明和黑暗构成的轴线相比，它是较少"象征性的"，并且较少象征性地负载着属于一种预示不祥的现成的意义。这里，细微之物——在本雅明的著名论著意义上（电影"外科手术式"的使命是，对具有人类这样特别的尺寸的和新陈代谢功能的存在物所无法企及的空间［以及时间］维度进行探索[27]）——已经为我刚刚提到的对水门建筑模型进行操纵做好准备。这种细微之物让人明白，在物体和它们所处的空间之间存在着某种新的距离：它并不算是为实验和铸造替换物（被后现代预告占有）而设的布莱希特式—科学的距离，但可以拉开距离同它进行比较。

但这个轴线不是完全的，在知觉上也不是实用性的，除非我们能够达到它其中的另一个几乎是宇宙论的极限——在这种情况下，就像在前苏格拉底哲学中那样，有关宇宙本质的圆满幻景进入视野。有关国会图书馆的那个著名的、看似毫无道理的镜头，当然就属于这种情况：它确实是从细微之物（阅览室借书条）上升到社会总体本身。

的确，帕库拉本人的观察一开始就把这种奇妙的效果打得支离破碎：

> 开始的时候对准的是图书馆用的那些小书条，把它们当作引子并将其庞大的体积充满整个银幕，然后拉回到国会图书馆的屋顶，［从那里看］记者们是那么渺小。这样，我便有一个机会，进行戏剧化再现，而且干得津津有味，尽管把这样的事情干完需要花无穷无尽的时间。这也使我认识到，他们做这种事情如何忘我。从任务的艰巨性上讲，从他们试图完成的英雄壮举来讲，这些人物又是怎样的微不足道。

但是，接下去，纯粹是转念一想，他对前边讲的话的调子又做了修改：

> 有关国会图书馆的镜头特别是走廊那个镜头中，确有让我感动的地方。这只是我个人的感受，所以我并未希望观众也产生同样的感受。那个模拟文艺复兴风格的走廊——人们穿过它可以走进阅览室，以及阅览室本

> 身，它们背后存在着一种极有力量的、浪漫的概念，也有一种属于人类的浪漫的理想：与这部电影中不断展开的东西相对立。[28]

这个看法似乎也不太正确。因为，传统、宗教或形而上学意义上的阅览室的建筑以及阅览室的拱顶，在这里并没有同这些人物所处的实证主义的和官僚主义的现实形成反讽性的对立，而是已经开始同他们的调查恰相一致起来。不过，帕库拉讲的话倒是第一次点明，寓言层面是从表现经验主义的情节的汗淋淋的特写镜头中的社会现实背后出现的。

因为，在阴谋的可能性证实了社会秩序本身具有的那种统一的可能性的时刻，有关总体的、不可能的幻景在这里被恢复原状；正是这种幻景在这几近至福至乐的时刻受到了礼赞。于是，幻景成为现象与本体间的纽带，成为意识形态与乌托邦间的纽带。这种处于上升状态的图像，在这部电影中第一次在那种清晰可闻的庄严的音乐声中被突出出来：音乐明显证实了调查以及电影本身的结束。随着结尾处的乐声，阴谋的图示本身（以及从这个终极性的中心经过华盛顿向外四射的、图像中的街道）出人意料地暗示出作为一个整体的认知映射的可能性，并且作为对它的替代，同时也作为它的寓言而存在。不断上移的镜头单幅在上升到把有关阅览室的圆形阳台的冰冻的宇宙论揭开时，最大限度地弱化了两个调查者调查的热情，但进一步证实了类似的知识与那个极大总体本身具有的建筑秩序之间存在着片刻的巧合，并且使人得以瞥见那种天意：它可以看做是组织历史但在历史范围内不可能再现的东西。

这样，与帕库拉的谈话相比，雅克·里韦特对雷斯内斯的《世界的整个记忆》中类似镜头（有关国会图书馆的镜头实际上可以看做是对它的一种暗指）的这段描述更可取一些：

《世界的整个记忆》剧照

发生在我们人类文明上的最为关键的事情是，我们的文明正逐渐变为各个专家的文明。我们中间每一个人，都被越来越多地锁进他自己的一小块区域，并且没有办法离开这个区域。现在，没有一个人有能力同时解释一个古代的铭文和一个现代科学的公式。文化和人类的共同财富，已经成为各个专家要掠夺的东西。我认为，雷斯内斯创作《世界的整个记忆》时，他头脑中想的就是这些东西。他希望说明，人类在寻找文化的那种统一时，他们惟一必做不可的任务是，通过每一个个体的努力，尽力而为把业已丧失的、被抛洒在各处的文化碎片重新收集起来。我还认为，那就是《世界的整个记忆》结尾处有关中心大厅的镜头越升越高的原因：随着镜头不断上升，你可以看到每一个读者、每一个探索者都是各就各位，俯身处理着自己的手稿，但他们又是一个挨着一个；所有的人都正在尽一己之力把那个万花筒抛洒出去的碎片收集起来，旨在寻回业已丧失的人性的秘密，那个或许可以叫做幸福的秘密。[29]

《总统班底》剧照

不过，即使是“幸福的秘密”——像在帕库拉的电影结尾处很明显地作出的对美国宪法的多愁善感的辩护一样——也可能不是详细说明那种方式的最佳表述：在这里，命运制定出的那种庄严性，同天堂的几乎令人迷狂的瞬时显现，以这种方式断断续续地结合在一起。人们不禁想到所谓的资本—逻辑学家们反常的议论：黑格尔在对它进行全盘存货清点的过程中称作“绝对精神”的那种东西，从我们现在的视角来看还不如认同为“资本”，对它的研究，是我们真正的本体论。实际上，对我们来说，新的世界体系、资本主义的第三阶段才是不在场的总体，斯宾诺莎所说的神或者自然，终极的（实际上，或许是惟一一个）所指，才是我们这个时代的“存在”的真正基础。只有通过对它作出不定的沉思，才能在不经意间把它的未来以及我们人类的未来打开：

> 我们可以看到，哲学也会有它千禧年的期望，但是，这些期望毕竟属于这么一个类型：它们的基础是某种观念，可以依靠对这种观念的理解，即使仅仅是间接性地，［也可以］使期望早日变为现实，所以，这些期望根本不属于过度的幻想。究竟［人的］体验能否发现可以表明这一类期望的、有目的、自然的过程，这才是真正的检验。我认为，它［人的体验］是可以发现一点的。因为，事件的循环往复似乎要在很长时间之后才能完成，但到目前为止，人类只走过这个循环的一个小部分，因而我们不可能十分自信地断定整个循环的形态，以及循环的各个部分同这个整体间的关系。从迄今为止可以信赖的所有天文学的观测来看，要断定太阳在一群卫星簇拥下，在固定的群星形成的庞大体系范围内运行的路线，同断定那种循环一样艰难，尽管我们可以从那

个总的前提——宇宙是作为一个系统组合起来的——出发，从通过观察得到的一点点知识出发，带着充分的自信下结论说，实际上确实存在着这样一种运动。然而，人的本性毕竟是这样的：即使是对最为遥远的时代，它也不可能无动于衷：而且，只要可以带着自信并且对这个时代有所期望，这个时代最后就可能对我们这个种族产生影响。[30]

【注释】

[1] David Ehrenstein, '*Raoul Ruiz at the Holiday Inn*', ***Film Quarterly*** XL, 1, Fall 1986, p. 2-7.

[2] See my '*Spatial Structures in* ***North by Northwest***', in S. Žižek (ed.), ***Everything You Always Wanted to Know about Lacan*** (***But Were Afraid to Ask Hitchcock***) (London: Verso, forth Coming).

[3] Karl Marx, ***Capital***, Vol. 1 (London: Penguin-Verso, 1976), pp. 279-280.

[4] Thomas Pynchon, ***The Crying of Lot 49*** (New York: Bantam, 1967), p. 13. 在阴谋对媒体的再现中对等性的电影方面的突破，通常被归结为 Sidney Lumet 1972 年的 ***Anderson Tapes***（那样的话，还应该再加上 Peckinpah 1983 年的 ***Osterman Weekend*** 这项新近的创作成果）。

[5] Thomas Pynchon, ***Vineland*** (Boston: Little Brown, 1990), pp. 90-91.

[6] See for example the work of Marie-Claire Ropars-Wuillemer (***L'Ecran de la mémoire***, [Paris: Seuil, 1970]); Rick Altman (ed.), *Cinema | Sound*, ***Yale French Sudies*** 60 (1980); Michale Chion, ***La Voix au cinéma*** (Paris: Editions de l'Etoile, 1982); and Kaja Silverman, ***The Acoustic Mirror*** (Bloomington: Indiana, 1988).

[7] ***Signatures of the Visible*** (New York: Routledge, 1990), pp. 90-97.

［8］***Signatures***，218 ff.

［9］***Postmodernism，Or，The Cultural Logic of Late Capitalism***（Durham，NC：Duke University Press，1990），chapter 8，pp. 416-418.

［10］我认为，普鲁斯特的伟大主题不是回忆，而是我们没有能力"第一次"体验事件；真正的体验的可能性只有在第二次才会逐渐发展（靠的是写作而不是回忆）。这意味着，如果我们面对面注视着我们即时的体验，而又带着意欲马上将它同化的意图，同时没有中介，那么我们就会丧失掉这种体验；但是，此物真的进来时，似乎我们并不能看到，因为此时我们在感觉上正专注于别的东西。

［11］See ***Introduction***，note 1，p. 10.

［12］***Screen*** 杂志在几年前曾就 Costa-Gavras 的 ***Missing*** 开展过一次重要的辩论。参加辩论的人认为，***Missing*** 比任何一类的形式上试验性、反再现性的电影文本都更少具有真正的政治意义，原因在于，它的现实主义的保守性以及它没有成功地使再现本身这个中心问题产生质疑。我个人认为，它是一部自由主义的，而不是真正激进的纪录片（实际上，我对 ***Under Fire*** 也有相同的看法）。但是，正是由于这个原因，在北美广阔的内地的电影院中，它的政治效果才能够被大大加强。从美学上讲，在我看来，这两部电影都是精彩的作品——或者说是一种保守形式的艺术品，因此，它们的价值很大程度上可能在于那个时期的语境历史及其政治问题和斗争（苏醒者的权力，干预），而不是在于这种形式的历史。

［13］无论如何，最为有趣的当代纪录影片，是那样的影片：它们的制片过程被认为是，［在］观众与纪录片的素材之间［进行］的干预（***Signatures***，pp. 187-190）。

［14］详见拙作 *Americans Abroad：Exogamy and Letters in Late Capitalism* 中对 Robert Stone 的论述，收入 Steven M. Bell，Albert H. LeMay，Leonard Orr（编），***Critical Theory，Cultural Politics and Latin American Narrative***（Indiana：Norte Dame University Press，1991）。

［15］我略而未论帮派战争影片，这种影片至少在某个时期可以被解读为国内的内战版本。例见 ***Escape from New York***（Carpenter，1981），***The***

Warriors（Hill，1979），***Fort Apache，The Bronx***（Petrie，1981），我认为，这样的电影移入了科幻小说术语中所说的“最近的将来”的再现之中。但是，这是一种有其自身资格的独特的文类，不论它的形式还是结构，观众都会把它们同“现实主义的”逼真性或内在性区别开来。

［16］***Postmodernism***，pp. 355-356.

［17］See F. M. Cornford，***Thucydides Mythhistoricus***（London：Cambridge University Press，1907）.

［18］Georg Lukács，***Entwicklungsgeschichte des modernen Dramas***（Neuwied：Luchterhand，1981［1911］），pp. 117-118.

［19］Miriam Hansen 在论及 Griffith 的 ***Intolerance*** 中形象的象形文字对于印刷体和手写体文字的力量时，指出：“异质材料的自觉混合，将书写的字与图像间的一种辩证的张力忽然解除……从电影的超虚构性的结构来看，象形文字式的对话超越并打破了 ***Intolerance***（标题一版）中所字面译解的、书的界限；书［这方面的］败迹在现代叙事的巧妙终结中被戏剧化了。（***Babel and Babylon***［Harvard University Press，1991］，pp. 190-194）另外，在论及 ***The China Syndrome***（James Bridges，1979）中的电视竞争时，Bordwell 与 Staiger 指出：“经典的叙述旨在创造这种印象，它直接是从故事的行动中产生的（由于多元的动机和其他因素）。电视对于这种过程是完美的衬托……电视是现实的中介：它分离并分裂［现实］。另一方面，电影则是非中介性的。”（David Bordwell，Janet Staiger and Kristin Thompson，***The Classical Hollywood Cinema***［Columbia University Press，1985］，p. 371）如果将这样的卓见大而化之，视为一般的假说似乎也不会太过：只要其他传媒在电影范围内出现，它们较深层的功能就会马上发挥作用，排斥并暴露出后者本体上的优先地位。

［20］James Monaco，***How to Read a Film***（Oxford：Oxford University Press，1977），p. 167.

［21］谈话见 ***Film Comment*** 第 5 期，1976 年 7-8 月号，13 页；另可参见 Richard T. Jameson 载于同期的精彩论文。

［22］Ibid.，p. 18.

［23］ Ibid.，p. 15.

［24］ Ibid.，p. 16.

［25］ See note 19，Obove.

［26］ ***Film Comment***，p. 16.

［27］ Walter Benjamin，'*The Work of Art in the Age of Its Mechanical Reproductability*'，in ***Illuminations***，translated by H. Zohn（New York: Schocken，1968），pp. 233，236.

［28］ ***Film Comment***，p. 16.

［29］ Jim Hillier（ed.），***Cahiers du cinéma***，Vol. 1（1950s），（Harvard University Press，1985），p. 60.

［30］ Immanuel Kant，*Idea for a Universal History*，in Hans Reiss（ed.），***Kant's Political Writings***（Cambridge University Press，1970），p. 50.

（蔡新乐　译）

评《西北偏北》空间体系的安排设置

《西北偏北》的主题和意义，或以内在表现形式或以外在表现形式，虽然采用了别的代码或语言来代替电影代码或语言，并通过一种奇特的手法尝试性地去证明这场扣人心弦、声东击西、具有冒险主义的经历的合理性，但反映出来的却还是些平凡琐碎的事情。其外在形式表现为：观众若独立于影片之外，高瞻远瞩地去观赏该导演此种“作品”的其他片段，就自然会把拍卖室的场景和主人公出现过的其他公开正式的场景联系起来。在上述场景中，主人公就像在做着一个浑身赤裸的或是被审讯的噩梦一样，不得不机械地表演下去（影片中加里·格兰特坐在公众场所质问着拍卖商，这正好与《三十九级台阶》里罗伯特·唐纳特站在讲坛上做着即席的政治演说的场景形成对比）。

这种手法没有把影片中经常出现的那些俗套的插科打诨处理成影片中的补白，而是把它们处理成了深层次上的征兆和重复，具有旧式的文学风格或影像重复评论的性质。和这些评论一样，该手法也依赖于导演的假设——也就是说，一些中心目标或意识的现象学上的定位，表明其自身是处于一种明确的“世界”与“风格”之中。由此推断，这种重写手法（建立起来了一个贯穿全片的新的事物）如果提不出它自身可能性条件的（历史性）问题，那么就会引向错误的主观性问题：在当前的背景下，鉴于场景安排得半独立化，我们可以把诸如拍卖所之类的场景放在开头，或与其他同样半独立的场景并列起来。对这一系列问题的探究没有把我们的注意力引向希区柯克的导演天赋和才智，而是引向了形式本身的历史。[1]

然而，通过在作品的两种情形间——通常为开头和结尾——假定或构建一种联系，我们往往可以推导出影片内在形式的意义：因此，该片可以理解成一部“关于”加里·格兰特——一个离过两次婚，有位老母亲的广告部经理——如何获取幸福婚姻生活的电影。电影的主体部分可以看做是种追求，是个测试，是场烈火般严峻的考验，或是对手间的抗争，背叛的经历以及形象之间而非形象自身的动作行为等。这一点在《鸟》中得到了较好的体现。影片一开始（在宠物店里），其攻击力就被性欲化了，并且自始至终，从各个方面都可以被解读为蒂培·海根内心深处蠢蠢欲动的性欲的释放。《鸟》传达的信息既是恶毒的也是公开的“驯悍妇”，而这里则只不过是通俗心理学意义上的“成熟了”。

这样两种诱惑——风格上的和结构上的——事实上是现代主义形式困境中两个辩证的对立面的映射：电影片断的内容与形式完整性的组织手段或者所有借口——幻想与想像的对立或者是宏观与微观的对立。现代主义作品试图保留并存在于这种紧张的对立氛围之中，依靠这种对立来抵制理由不充分的解决措施：或借助于个性化的杂乱片断创造出内容的绝对多样性，或把作品理想化，鲜明地提出自己的观点，至于效果是完美还是空洞，全由读者根据自己的心情或同情心做评论。影评人员很难像导演一样去尊重这种紧张氛围。因为那些企图同时强调篇章的条理性和整体概念性（通过片段展示的全面的运动）的解释不仅会不由自主地偏向整体性，还会过分强调影片最终形式上的完整性，而这些因素在我们对影片的实际体验中，也就是在具体片段中所起到的作用往往是微不足道的。

要在这两个层面上作些**协调**，显然得借助于陈旧的理性的文学手段；事实上，这还涉及对“协调”这一概念本身的修订与补充，在这里，我们不能以抽象的方法论的形式来进一步探讨了。事实上，认为空间可以提供协调的观念远不像它表面看起来那么空洞、笼统。毫无疑问，所有的电影都有对空间的记录，但我们通过穿插明确的视觉效果，或把空间重新描述为被看的空间，或把这个较大的门类毫无察觉地转回到这种或那种不同意义上的影像，进而试图去控制和掌握这种常规做法。

当代的影像文化中，有许多充分客观的理由来解释说明这种诱惑为什么如此之强烈：有人翻着希区柯克的电影剧照试图去证明——至少为了记清楚——哪些是影片（包括这部）中重要的部分，可他们最终会惊诧地发现，希区柯克简单的框架结构中很少会体现出被他们快速认定为重要的内容：即运动自身。尽管也存在视觉的恋物和窥淫癖者（也许正是因为这一点），希区柯克的影片很少达到现代主义作品中影像设计所达到的巅峰，如《第七条封笺》“死之舞”场景中成为借口的幻想时刻与叙述体的分离或《弗瑞迪安娜》出人意料的最后晚餐一幕中，影像塑造过程中的戏剧性的漫画手法等。

《西北偏北》的宣传剧照同样也面临着理论上的困惑。为了实用的目的，加里·格兰特在剧照里摆出一副被捕的造型，尤为引人注目的是假谋杀场景中他那风格化的扭曲的跌倒动作。与这种影像的可能性产生较多关联的是格兰特个人的表演方式，而不是希区柯克的审美理念。把格兰特的动作设计成布莱希特风格时，希区柯克有点犹豫，因为格兰特在剧照中那几个素描似的姿态动作仅仅是个范例，代表不了表现手法丰富的事物本身。原野这个场景中，借助拍摄男子插在口袋里半抽回去的手这一细节，影片表达出了男子内心的期盼，他希望迎面驰来的车辆正好是他所等待的。无论是面部表情还是躯体语言都难以表达出那种烦躁、焦虑的等待经历（“如坐针毡”），但它们最终还是再现了这种经历，传达出了思想。这种抽象的一个接一个出现的几乎是爱森斯坦式的概念，创造出了被加里·格兰特惟妙惟肖饰演的罗杰·桑希尔，而这些概念正是人们面对自己无法控制的局面时作出的无限反应，我们反过来又把它们描述为空间的各种各样的切换方式。

同样有必要指出的是，这里所指的空间具有历史辩证的特点。与康德抽象的永恒的空间概念相比，该空间与亨利·勒弗费尔哲学上的空间概念更为接近些。《西北偏北》里展示了一系列存在于明确空间的场景，但这些命名了的场景（希区柯克素来喜欢选择菲尼克斯，亚利桑那州，或者是魁北克城等地方，再就是在多部影片中出现过的旧金山）代表的却远非这些纯粹的地点的变换。事实上，这些地方以及类似的地名只是个开头，它们组建出来的是一种具体的与众不同的空间，涵盖了一种新的空间设置方式，已不再是纯粹供演员拍摄用的场景了。这种方式有力地控制着影片的各个部分，把它们紧凑地组合成了一部个性鲜明的上乘之作：正如《三十九级台阶》一样，希区柯克《西北偏北》这部作品也在完全不同的空间场景中穿插了不同的情节故事，随空间的移动剧情有所发展。比起他的多数作品来，本片的作法有过之而无不及，而这正是它最大的特点。因此，我们会觉得片中一系列的空间结构布局就像影集里一张接一张呈现的照片一样，有清晰的空间建构的特点。

正如在以前的作品中没出现过，所以那些无意识之中形成的持久的影像在空间的连贯和质的安排上会让人觉得耳目一新一样，影片中这些新的空间构建方式间不可避免也要作些辩证的比较，但这不同于变化特质与不变的稳定结构间的对比关系：不同空间无意识的经历过程就是每种空间“类型”不断融合自身的逻辑和法则从而“形成自己的概念体系”的精确辩证的发展过程。

尽管我们从这些纷繁复杂的空间系列中了解到了不同的逻辑、意义、世界以及事物间的对立，我们却进而感受到隐藏在空间后面的体系在发挥作用，在必要的时候，还可以被粗略地、抽象地表达出来。然而，这种不同空间类型的共时表达方式，只是对影片中统管叙事性逻辑和故事发展的事物的一种及时生动的再现。

确实，这就是我们最终将对《西北偏北》这一部以叙述体发展的整体形式化的影片的理解（包括以上提到的保留意见）：通过人物的联结和积极的建构，影片从一种空间转移到另一种空间。这种随空间发展的故事类型与把格兰特等人卷入爱情和婚姻的心理或性格发展的故事类型相比，在形式上不会有过多的不同，但它的确是以一种更佳的非主观的方式来讲述故事的（舍弃了意识、性格以及拟人等手法），所以从更为重要的意义上来讲，它与其他的故事类型显然存在着绝对的差异。

至于具体的空间构建方式，拍卖室这一场景首先为我们提供了一些线索。为表现公众的正统性，影片精心构思了一系列反常行径（如格兰特异常的竞价）。歹徒罪恶行径的结束在醉酒开车这个场景中已经给予了更多空间抽象的再现：当格兰特的车在警察的指令下暂停时，远处谨慎尾随的暗杀者的车辆，也慢慢地意味深长地转个弯折了回去，最终撤退了。这种拍摄无生命物体运动轨迹的手法所产生的效果要远远胜过肢体姿态的拍摄，而其本身就是一种加强描述性的姿态类型。从拍卖室的撤退，接着（伦纳德和威勒瑞安两人狼狈地对视着，梅森带领伊娃·玛丽·森特离去），这一切都借助于前期的“所指”倒转式地连接起来，这一表现手法在以后还会用到，其中在最后撤离的场景中运用得最为明显；一队人马若即若离，神色不一地向飞机走去（有犹豫的，有谨慎的，有匆忙的），风呼呼地吹拂着他们的头发（我以后还要提到）。这里，影片是第一次也是最后一次“走入”摄像机，走向我们，而并不是小心翼翼地从拍卖室里撤出。

然而，这些还不是最精彩的部分，充其量只能是他们对公众法规所不包含的逻辑可能性的戏弄。最精彩的地方来自于两个对立面（或者是两种显著不相关的反社会的形式分类）：反社会的个体和犯罪团体；这是从弗瑞兹·朗的《M》里得到的典型的教训，而希区柯克只相关地用到了某些策略，他的影片中的恶棍（如《三十九级台阶》中的教授）也通常都是罪犯，是犯罪个体。

解读拍卖场景的关键，在我看来，在于了解拍卖者心理上传统价值观念的逐渐淡薄和瓦解。拍卖者不知如何应付反社会类型的人的行为和格兰特这类人的挑衅，这是一段精彩的令人发笑的细节描述，因而他可以划归到希区柯克为数不多的公众人物谱里，如《迷魂记》中恶毒的验尸官。整部影片中需要强调的是公众空间在影片中占据的大部分场景，从锡格莱姆大厦到拉什莫尔山，从警察局（是公众空间吗?），到车站、大饭店的大堂以及拍卖室。人们生存的个人空间往往是是非之地，这个是非之地甚至还包括最后片段里出现的那个与世隔绝的个人房屋；也许从严格意义上来讲，个人空间就如旧时豪华列车车厢内那种折叠起来不留丝毫痕迹的上卧的空间一样局促，一样稍纵即逝。然而上卧不是一段陈述，一种符号，或是一种见解，而是一个实实在在存在的问题。

如果有人讲到过别的工作（不是公众的，不是个人的，或者是两者以外的别的工作），如果有人对资产阶级或典型的政治制度明确表过态，或者表示过对性别差异的明确动员，那么正如所有这种两类事物间的对立一样，个人与公众的对立首先在于拥有真正社会历史内涵的意识形态之间的对立。在这种意识形态里，可以看到戏剧化的有趣的颠倒（最有名的就是汉纳·阿伦特的观念：当今“公众”的生活事实上就是“个人”的生活），但是大家既然不能在这种颠倒的意识形态中思考问题，当然也就解决不了由此引发的错误的问题（如当今公众社会里个人空间的真正的本质）。很少听说过希区柯克要在影片中颠覆、推翻这种意识形态中的对立，正是在这种意识形态的对立中，影片才取得了它的效果与影响；既然理想中的婚姻形式——在影片结束前也没有表现出来，因而也无法在影片中再现，那么在他的影片中能看到的就是，他尝试着去营建的一种从不需要再现的个人空间概念。

《西北偏北》中的空间大都是公众空间与个人空间的混杂，其中公众空间占支配地位，而个人空间永远都不可能成为独立的成分分离出来或被肉眼所察觉。两者毫不例外地出现于这部具有显著个人色彩的戏剧化的影片里，甚至连电梯和浴室也无例外，这也意味着不存在或者人人相熟，或者不受感情影响的纯粹的公众空间。为了便于备查，每个对立面纯粹逻辑可能性的形式在这部电影里都得到了体现。与此同时，影片中还有一些为情节和令人困窘的低潮发展所做的必要的解释和补充。（正如百莱里所说，在艺术领域里，必要的东西正是那些糟糕甚至糟糕透顶的东西。）

必须解决的两个与影片中情节发展密切相关的问题是：（1）既然加里·格兰特知道自己并非是真正的逃犯，警察也并非真正追捕他，那么影片为什么还要继续下去？剧中人为什么就不能简简单单地直接回家？（2）考虑到伊娃·玛丽·森特早年与詹姆士·梅森的爱情纠葛，我们又如何解释她对加里·格兰特爱情的忠贞？这部影片中伊娃不存在英格丽·褒曼在《美人计》中的借口，且她的第二次爱情其实就是梅森一手导演的。（此时时光逆转）如果说她与梅森间的故事也不存在“忠贞”二字，那么她才是一个真正的“陷阱”（采用与该片同时期的意识形态中的语言）。我们又如何能把她这种乱性行为看做是理想爱情呢？

在影片最意想不到的松树林场景中，观众得到了这两个问题的答案（很快就会讲到这个场景）。为影片增添了强烈美感的松树林同时还是一处很隐蔽的地方，暗指无法解释清楚时心烦意乱的心情。“教授”对第一个问题的回答非常简单：“桑希尔先生，战争是地狱，即使是冷战。”基于假定，斗争是值得的，所以故事还得继续下去（正如塑像里的微型胶卷一样，“这是政府机密!”这正是著名的希区柯克称之为麦克格菲的不用检验的借口）。

我们明显感受到，里奥·卡罗尔处理起问题时比伊娃·玛丽·森特沉稳，也能感受到伊娃·玛丽·森特被迫对下列问题作出回答时窘迫的心情：

> 桑希尔：这就是你的生活？……怎么会这样呢？
> 伊娃：因为像你这样的男人。
> 桑希尔：像我这样的男人怎么了？
> 伊娃：你们不相信婚姻。
> 桑希尔：我结过两次婚了。
> 伊娃：明白我的意思了吧！

我们对这两句强制性的“解释”感兴趣的地方，并不在于他们陈旧的象征意义（如冷战时期的自由主义或婚姻是女人最大的追求等），而在于两人对个人与公众关系的认识以及对此作出的截然不同的回答。鉴于公众力量高于一切，教授是基于公众力量的至高无上的观念之上的，所以认为没有什么个人问题（如爱情）可以予以考虑；而伊娃对理想婚姻的赞同与支持正是对传统意义上把个人空间看做是一种特享的空间和绝对价值的观点的肯定。可是这种“空间”不能够得到再现（即使影片结束也没有体现出来），只能被认为是存在于银幕之外的某个地方，只能以信念的形式呈现出来。教授所指的公众空间同样也不可能普遍存在。(即使是在影片《实用政治》里，在联邦调查局的会议中，也并不存在这种公众空间。那里，仁慈的富有同情心的反抗与他愤世嫉俗但颇有英雄主义的特征形成了对比。这种空间的再现虽说是可以体验到的，但它既不会出现在这种类型的电影中，也不会在这部电影中出现，更不会在希区柯克的影片中出现，因为他对再现空间所暗指的政治力量丝毫不感兴趣。)

因此，我们可以得出如下结论：这两句抽象的概念化的言语标志着公众与个人在意识形态中的对立，这些对立之处在影片错综复杂的故事片段中都将得到具体探讨。符号学方形结构的优势不仅在于可以辩证地安插逻辑的不同组合（复杂的术语是具体的经历，横向的可能性是抽象的意识形态），而且还在于可以提出一些与表面看来不可分割，事实上已经忽视的术语的有关的问题。这作为两种否定的术语的合成物或结合物，给人的感觉既不是个人的也不是公众的（即非个人与非公众的）。不管这个术语是什么意思，我们都期望它能够把另外两种术语的特性结合起来——也就是说能够提供一种类似于具体再现的事物，而这种事物（如意识形态）其实也不存在或具有非空间性（或者是对别处空间的简单的肯定或者是一种只是不出现在银幕上的真正存在着的空间）。

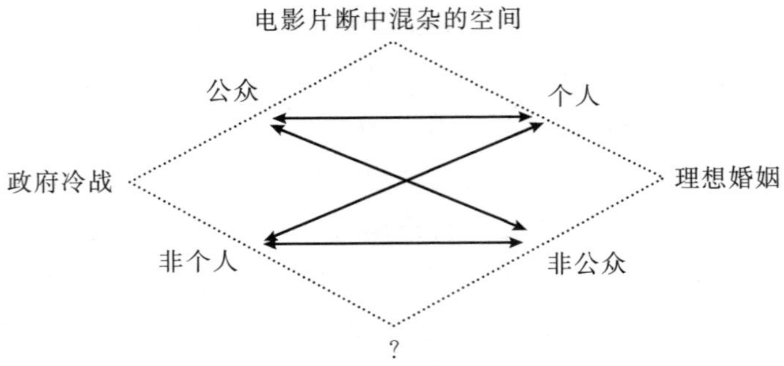

黑格尔说过，“肯定即否定”，因此人们总是试图去寻找不存在的具体形式，具体的分界线，或者定义等，因为它们允许电影中的视觉经历和故事空间存在于其丰富性和具体性之中。尽管影像的真正的他者性和它们的乐趣不可能出现于影院外的真实的世界，然而作为显著的第四种类别，这种影像又很显而易见区别于绝对虚伪的公众生活和个人生活类别（用电影术语来说就是绝对的运动和绝对的静止）。但这种他者空间的确以一种独特的形态存在于这部影片中，对此，传统的观念很难作出公正的评判。

影片的结尾部分，即在总统头像上追逐的那场戏，当然绝不仅仅是一系列变化中多了一种空间类型而已，而是它成了所有系列的终结，在等着人们去对它作出分析和解释。的确，影片本身有一整套空间安排机制：开始呈现给观众的是密斯刚刚竣工的锡格莱姆大厦的镜头，然后镜头移动（先去长岛然后返回到联合国大厦）到芝加哥（厄巴纳—尚佩恩北部的一片开阔地），接着又到北达科他州，最后在拉什莫尔山总统头像上的追杀中结束；最后这个场景不仅仅是善于变换的空间系列中的另一种类型，而且它还标志着那些虚晃而过需要分析和解释的空间系列的结束。影片中整套空间的切换产生了一种完整性（或整体效果），这种完整性仅靠影片内容本身很难解释清楚。在雷蒙德·钱德勒故事性（空间性）很强的侦探小说中，我们同样也可以发现这些比较形式化的问题（和解决措施），故事对洛杉矶地区——虽然有所选择，却也取得了故事的整体性效果——的成功影射，结构上依赖于事物本身存在的最终边界或边缘的内涵物（如《再见了，亲爱的》中的大海）。希区柯克影片中的那些老套的或想像的框架结构显然是美国式的，在这点上可能有人会有异议，认为片中那片开阔地就是中东的场景，且北达科他州的山区风光也两次当作洛基山出现（次要人物普遍的不确定的地方口音也可能会为南方地区开辟一个空间）。如同钱德勒的小说一样，仅仅把各种因素全部列举出来（如地理幻景）的做法并不充分；为了利用倒摄作用把这一切因素连贯成一条令人满意的旅行路线，我们必须想方设法接近所有这一切的最终边缘。

影片最后一部分恰恰是这样做的，它提供了一个世界边缘地带的空间影像。《西北偏北》与影片《怠工者》的结尾——恶徒被悬挂在自由女神像的火炬上并摔了下来——的结构设置恰好相反，它是从洛杉矶到纽约，再到国界边缘的，但拉什莫尔山和加拿大的边界并非如此，它们并非是通往苏联的最明显或最方便的出口，且影片里也没人要去苏联；片中人物像中世纪的航海探险家一样，要离开这个世界去地图的边缘探险。忽明忽暗的着陆灯把人们的目光慢慢引导到空间中去。与此同时，矗立于空荡荡的空间之中的式样独特的悬臂式房屋也大大增强了空间结构设置的效果（场景中其他各式各样的空间安排——例如加里·格兰特低头盯着宽敞的起居室中央——也回应和模仿边缘与空间虚幻的关系）。

想像层面上发生的故事，在接下来和最后的场景中，又在身体的层面上作了戏剧化的类似处理[2]：石像的脸，跟堵墙似的，陡然耸立，一道迥然不同的郁郁葱葱的森林风光在它的下面铺展开来；这部电影在边缘概念上——在戏剧化的空间里一些事情结束了，在它之外却还存在一些未知或不可估计的事物——存在的物质表现因素和变数要比影片结束的形式化方面（如结尾，完整等）多。这种感觉让人觉得也应该把这种复杂独特的“世界边缘空间”，作为不可能再现的亦即别的空间类型，融入我们空缺的第四种组合计划。这种别的空间类型本身也需要空间，一种具体的空间，把自己组建成一种有意义的文字。

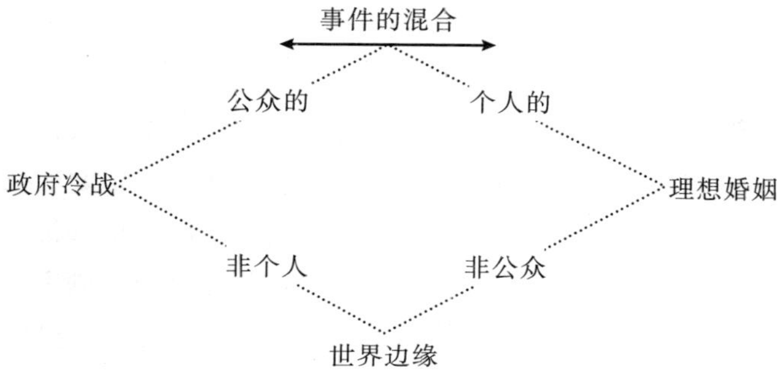

没有一个空间是在明确的空间片断中发生的，也没有一个片断能让人读懂或感觉到它们要暗示、表示和拍摄的事物。换言之，这里的争论是建立在本部电影的空间经历已作为一种语言被奇特地建立起来的基础上的（在更普遍的美学和哲学意义上，该语言应作为影片精髓的范例，并不必要在普普通通的电影中出现，或是在希区柯克别的影片中出现），我们有必要做一些事情来训练我们适用这种语言的能力，我们必须摒弃其他场合看其他电影过程中形成的不良观赏习惯，并很快了解这种语言的用法。

也许摒弃不良观赏习惯的过程，确实会提供最便利的途径从而探索即将描述的那些习惯的特点。有人会想，必须避免的，一方面是巴赞式的审美观，另一方面是追求浮华形象的审美情趣——分别是电影拍摄中的写实主义和后现代主义。这两种方式相互排斥，却为电影拍摄中的现代主义打开了一片天地。就电影拍摄中的现代主义而言，希区柯克总体上来说是一个里程碑式的人物，是实现这一艺术形式的典型代表。在希区柯克执导的影片中，到处可见特技镜头和吸引人的噱头，这些手段事实上都具有更深刻的作用，即消除了巴赞式的深位镜头或深层空间，甚至在它似乎是精确利用了深层聚焦的性能时也是如此，它能把令人瞩目的细节和不引人注意的动作“意味深长”地并置在一起。

但是，深位镜头会造成停滞状态并且引人思索：大自然，就像一个你可以慢慢环视的装满了家具的普通房间，里面的物件让你恋恋不舍；单个镜头稍纵即逝，具有叙事功能的摄影机不断向前推进，在这种丧失的形式中和时间的刺痛中反而加剧了对思索的渴望。当影像被人为地滞留且呆板得像张照片时，从这样有限的空间所经历的迅速枯竭或者说生命的消失中可以明显看出，这种渴望标志着巴赞式的写实主义，或者说是深位镜头，虽不完善却极有必要和具有积极意义。

除了一个**对立面**之外，这种审美观和黑白电影之间的结构关系在色彩对它的即刻排除中更难以证明了（就丰富的视觉效果而言，和它完全对应的不再是写实主义，而是怀旧影像）。那么，很显然，在这层特殊意义上，《西北偏北》一开始就凭借其色彩，但更为根本的是通过其特有的叙事化手段，预先排斥了写实主义，这是故意转移对本体论研究的关注（那么，我此处的观点与卡维尔和希思的看法不同。他们断言在这种叙事化手段和黑白电影或者现实主义描写之间存在着一种深层的联系与和谐[3]）。

上文已“从经验上”证明，希区柯克的空间，甚至在色彩上，也排除了后现代或者怀旧影像特有的充斥着性欲的场面。此处，某种叙事化类型与对影像的审美标准也极不协调，这要求某种感觉超载，这种感觉超载只容许对情节最粗略最俗套地加以关注（因此是大多数怀旧电影故事常有的特点）。可是，另外一种结构差异可以在两种审美观与内容的关系中，尤其是在两种审美观与这种内容的历史印记的关系中辨别出来。在其他地方我会论述到怀旧影片必然要创造一些（基本的）参考性内容，如果不是涉及真实的20世纪20年代的历史，至少也会涉及我们对那一段时期所持的传统观念；同样可以得到很好证明的是，在这种意义上，希区柯克电影中的影像从来不是对历史事件的描述（明显是历史题材的影片，正是因它们的古装戏设计的传统性而显得缺乏历史真实性）。年月、日期、年代、发型或衣服式样、模型轿车、在某一特定地点对某一时期的意识形态和时事的强烈关注等的紧迫感——历史真实性，在希区柯克的影片中，甚至在“巴尔干”影片或纳粹影片中从来都不那么鲜活，更不要提它在冷战影片中的脆弱无力了。《迷魂记》里在幻觉中出现的旧金山是不可追溯、不可考证的。它把影像的催眠作用和窥淫癖放在突出的位置，在某种程度上破坏和消除了怀旧电影和影像文化的惯常做法。

不过，当我们试图以更确切的方式系统地阐述希区柯克的空间布局时，叙事化这一概念会造成误解而需要详细说明：它不再是一般意义上的叙事化，而是希区柯克式的，甚至是他在这部影片中采用的叙事化！然而这已经很清楚，在现代主义电影片段的标志和统治下，无论如何，更宏大的叙事整体已经被驱逐到观念领域，或者说被驱逐到它们本身的概念中，叙事的条理性应该呈现——借用某种更古老的叙事概念——看来似乎是“非叙述性”的特征。同时，如果电影片段半独立化的趋势这种普遍概念对所有现代主义流派都适用的话，那么希区柯克的电影借以获得半独立化的叙事条理性，在这一阶段可能不会对现代电影的其他形式具有普遍性，更不用说对其他艺术形式了。

在所有这些方面，《西北偏北》开始时酒醉驾车的片断具有某种含意，这种含意不一定从它的地位推断为一种传统的希区柯克电影中的“节奏”（关于此的各种变化形式在《美人计》、《捉贼记》和《奇案》中都曾被使用过）或者推断为一种光学技巧。

贝鲁赫把这个场景中从悬崖向下凝视的细节与逃离联合国大厦和最后在达到高潮时刻的拉什莫尔山顶的场景中[4]看到的让人眩晕的类似的远景关联起来，已经恢复了这部在其他方面都很传统而形象生动的精心杰作的某种主题意义。观众坐在侧倾的轿车方向盘后面，而此时银幕本身令人眩晕地转向空中，像脱缰的野马一样要把整个电影院一起拉走。如果把这理解成为纯粹的技术或“效果”，那么它的逻辑对立面或结构对立面，就应该是它的反面——银幕向观众咄咄逼人地运动，空间或空间特征从银幕产生而进入电影院中，而不是电影观众“盲目地”投入银幕的空间中去。

这种效果就是跟20世纪50年代早期各种各样的三维立体实验有关的东西——在他未公映的立体版影片《电话谋杀》(1954)中，希区柯克亲自对此进行了实验。但是在对那部摄制成电影的剧本（被限制到单一的内景）所做的空间补偿中有某种形式上的逻辑性，带着银幕向外剧烈运动并深入到观众中去（那致命的剪刀本来会提供这种技术最戏剧化的运用方式的）。我们将会看到，希区柯克并非没有记取这些教训。但是在《西北偏北》中，空间变化更加微妙，甚至还可以证明这部电影的结构系统中有效的约束力可被确认为向银幕外做这种特技运动的禁忌。然而，正如我们很快看到的那样，这种禁忌并没有预见到与三维技术有关的空间体系的完全根除，而是以新的方式对其进行了重新组合。

在这些情况下，酒醉驾车片断的“结构对立面”似乎可以从别处更合理地区别开来：如果汽车那一场景的逻辑性被阐释为摄影机对银幕内的空间的一种袭击或侵犯的话，那么颠倒这一规则便引起了某种形式的侵犯，而这种颠倒是由银幕本身内部的空间指向摄影机的。那当然是描绘空旷的原野场景和喷洒农药的飞机冲击的一种方式。我们很快就会讨论到这一场景的其他重要特点：这里对我们而言，重要的是原野的空旷构成了空间自身的一种真实基础——似乎可以说，是一种思索和展现后者空旷类型的尝试。换句话说，如果移去一切东西，空间看起来会是什么样子呢？不过，在这里，“一切东西”仍然是指都市；同时，在这一点产生的再现还不是对这一问题更合乎逻辑的辩证的答案——即虚无本身（最后的镜头将巧妙地把它作为“世界的边缘”和存在的最终边界搬上舞台）。

由此产生的结果必然还充满着意义方面的内容——一种不想知道自己如此或不想将自己如此区别开来的意义，因此就表现出自然界退化了的意识形态形式：空寂的空间被认为是一片空阔的原野，同时被认为是削弱了其自然性，揭开了其自然性面具的自然的对立面，是“文明”和工业，是人类的实践。因此，我们实际看到的不是自然界，而是工业化的农业社会：这是影片中暗指具体的生产实践的惟一时刻，正是那攻击的飞机本身成为农业过程工业化的主要工具，这一场景中的高潮构成了有毒污染和窒息状态的生动形象的体验（观众并不以那种方式解读，因为政治因素已被抹去了），然而最终与运油卡车的碰撞一定会被解读为——无论什么原因，如果有人那样想的话——工业和农业之间的矛盾的寓言。

不过，在我们弄清这种很明显是对**自然**空间的“解构”把我们引向何处之前，我们必须回到运动的问题上来，以便表达清楚这一运动时刻和已经提到的汽车场景之间的关系：飞机从上方扫射“格兰特”，但并没有透过摄影机（而在色彩上，《痴迷》中最后的左轮手枪自杀片断就是如此）。那么把这两种运动协调起来似乎是最好不过了，不采用它逻辑上的三维对立面，即一种向银幕外的运动，而是通过运用向与格兰特扮演的角色既有联系又与其远离的大片空间的运动从而把飞机—摄影机的运动投向银幕的方式。如果我们把这两组变量即方向和运动相互联系起来的话(第二个术语的反义形式，逻辑上说有点像位置)，就可以得到下面的草图：

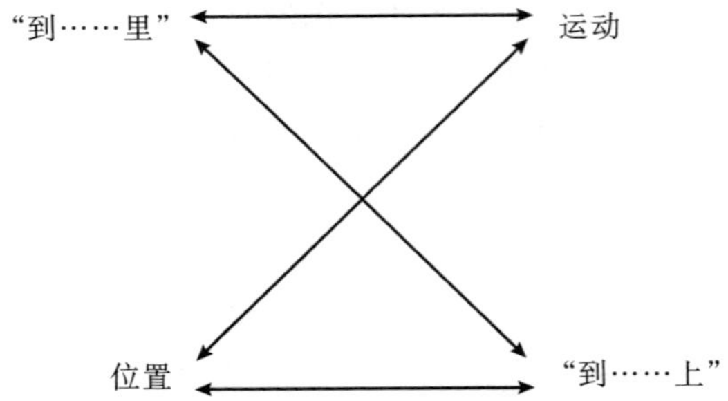

这些特征中所蕴涵的联系是否会产生一种足够详尽和明晰的《西北偏北》中动觉"系统"的图表，以后可见分晓。

那个旷野场景的另外两个特征说明，有些方面还有待探索。首先，"格兰特"与预想中的车辆的关系起初由对宽大银幕的充分利用体现出来或者变得明晰起来：等着看故事的人在银幕一端搜索着银幕空间，接着以一种很奇特、很特殊的观众身份的漫画形式被迫跟随着过往汽车和卡车的运动而转到银幕的另一端。如果我们把对这种对观淫癖的惩罚（以及作为这一场景的基本的机械成分的"合适"的车辆充当摄影机的一种冷酷且具有再现性的对等物的方式：最终不是看见，而是被看见）撇在一边的话，我们也许会想起电影中其他地方的一些场面，来作为与这一场景相对应或相反的场面——松林中的奇妙场面，在伪造"格兰特"被枪杀之后，一对恋人再次团聚。两个人各自出现在银幕的一端，被整张银幕和满是高大松树的林木分隔开，以至于他们开始慢慢地互相靠近、缩短两人之间的距离之前，观众被迫不断地转头，以便能看到正在说话的剧中人物：因此，当格兰特跟随汽车和卡车从银幕的一端到另一端时，却是我们被置于在尘土飞扬路上的加里·格兰特的位置上。

我们不禁又想到希区柯克类似的技巧——《列车上的陌生人》中那个对狂躁的脸部的快速特写镜头，成了露天看台上影迷们转动的脑袋中惟一不动的东西，似乎要跳出来对准我们（和它的目标）；甚至在开阔地带驱车到波德哥湾（在《鸟》中）的路上的情鸟，在车的左转右转中始终直立着，好像一个计算器，仍然在记录着它的摇摆次数。但是在这儿，这一技巧已经被抛掷到观众面前，需要我们去完成它：除了成行的树干的远镜头的三维空间以外，银幕上什么也看不到——这是希区柯克采用新的方式来开辟内部空间的三维实验品的残迹，就像它在仅有的“影像”之外引起了空间维度的无形补充或过剩一样，它也有效地干扰了巴赞式的深度。不仅这种过剩，而且这些树干本身，似乎也使这一场景充满了如此的“美”感，让人想起塞尚的与众不同的风景画的风格，从而用艺术本身掩饰了对这一“自然”变体的认同。

于是，这个场面在结构上与它一起，用一种辩证的对立面完成了旷野蕴涵的思想观念：作为农业和作为空阔的庄稼地（其实是工业遗址）的自然的观念，现在又被同样传统、刻板的作为风景和作为绘画或“美术”的自然加强了。这个场景的动觉结构也彻底转变了那个飞机片断的独特之处，包括向空间表面和远离空间表面的运动：这里给我们的不是叙事式的运动，而似乎是一种静态的“美学”的抒情型的思索定位；同时也是两个恋人走向这个画面，走向树林那具有魔力般的三维空间的收敛式运动（与此同时，在抒情的静态平衡之内，希区柯克影片中的对话，正如我们已看到的，“放置”了他最原始的思想观念上的托辞，并尽可能不引人注意地把叙述性的先决条件移开）。

然而，这并不是与影片中其他地方的场景和空间“和谐一致”的那个旷野片段的惟一特征。我们也必须注意这里奇特的铭文，它们在空旷的空间表面的两种变化形式上留下了条痕——浩瀚的天空和同样广阔的土地。两者都被画上了一套跟《痴迷》中的“创伤”不无联系的平行线条：雪地中与命运相关的滑雪道，由格利高里·派克的刀叉在洁白的餐桌布上重新表示出来。飞机在天空留下的短暂痕迹就像空旷的田野上还保存着的拖拉机和耕犁留下的锯齿状沟槽一样。

但是，这些细节——在另外情况下，如果经过艺术设计，只是一种强制性的写实主义——只是以反作用的形式被赋予了更重要的意义，它是由电影最后场景中独特而令人着迷的——否则是难以理解的——相同图案的重现而赋予的。因为这组雕塑最引人注目之处并不是它上面为人熟知的总统头像，而是由我们视角的非同寻常的贴近揭示出来的其表面的纹理，尤其是雕塑在头像上的岩石的纹理。这里，更为抽象地说，我们面对平行线形成的方格，犹如面对有条不紊地雕刻进岩石表面的玛雅人的图案。另外，这种图案所证实的以及嵌入这个场景的空间的是这一表面本身的重要性：地球作为表面，虫蚁般的人物活动躁动于其上，天空作为表面，一种可移动而又可怕的技术机械装置从其上降落；最后平面倒立成垂直的雕像，庞大的浅浮雕没有内部空间也无法被穿透；像在某种绝对清冷的风景画中——既非乡村也非城市，人体，以其最易遭受打击的表现形式，必须匍匐其上，它本身呈现出某种只是内含或潜在的浮雕的体积。

就像现代主义对美术所用的表面进行再征服一样，这最终的空间化身与银幕本身恰好重合在背景的最终消失中，结果只有演员和人物留了下来。由此产生了一种新颖而显著的身体细节上的独立性：尤其是人物走近飞机时的梦幻般的浮动（在前面提到过的一个场面中），以及几乎无法察觉地拨弄着他们头发的山顶微风。在伦纳德最后的幻象中这点最终会明朗化，他站在其他幻觉中的空间中的恋人们之上，那空间使人想起了巴洛克风格和丁托列托密集的高度。好像“伦纳德”的身体已经被摧毁，它周围一切非常机械的东西（他独特的步态和鞋子）都被浓缩在这令人困窘的跌倒动作中，人体似乎有那么一会儿成了一堆毫无生气的物件的组合体，就像崩溃的木偶一样。不过，现在山顶上的微风最后一刻拨弄着他的头发，好像这最后的奇特新鲜而抽象的空间的产生，释放了一系列各种各样的迄今为止被叙事性“写实主义”所抑制的视觉冲动。[5] 正是从这最终的空间形式对以往的追溯中，我们早期的动觉时刻活跃着，现在能系统地解读如下：

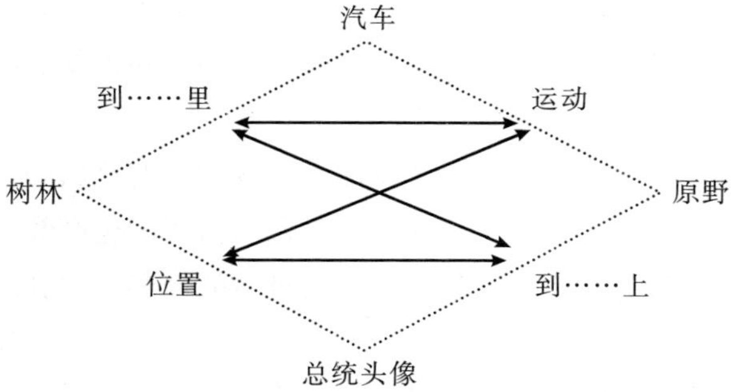

电影对观众的这种空间和动觉的格局安排，朝着雕塑本身的最终“非空间”的“产生”而移动，而一种对运动的（和叙述体的）废除还是在电影内作为其最终的场景或最终的结合而实现：人们会注意到这最终的场景把电影各种各样的成分结合在了一起，但并未去追求某种全面的内在意义。

然而，上述解析在没有指出这种空间产生的内容（尤其是公众和个人的逻辑辩证法）时，仍然是纯形式上的。形式上的描述表明，这种辩证法在具体的电影片段中起作用，并不表明它的逻辑性或者它可能的意义。这样做意味着回到了具体的片段，以便决定每个片段内部的公众和个人的关系，而不首先是（像在第一个图表中那样）它们可能性的全部条件。然而，为了使这种意识和概念的对立成为问题——一种对立，一种矛盾，一种系统的隔阂，产生了多种多样的逻辑结合，并随之产生了性质上不同类型的空间。

我相信，在（无意识）尝试着把一种固定的对立和另一种对立并置的过程中，我们会辨认出或者阐明这种隔阂，这另一种对立似乎和前一种密切相关，但是并非完全巧合：第一种这样的对立，很明显是公众和个人的对立，关于这一点在很多地方我们已经谈到过。用“开放”和“封闭”描述第二个相关的但是有竞争性的对立似乎更有意义。这种开放和封闭通常被认为是分别关联公众或个人空间的质量的一套特征。但在这部电影里，具体而言，它们却是悬而未决的。

因为这部电影里存在着这两种矛盾或体系的比较纯形式的巧合。这两种矛盾或者体系分别是：个人的封闭的空间和公众的开放的空间。然而，它们的存在使别的更多的异常结合在逻辑上成为可能。长岛上的庄园很明显是私有而封闭的；另一方面，它的真正主人加盟联合国通常又会使我们联想到外交住宅区，还联想到与强国大使馆有联系的长岛上的大庄园，还有治外法权等。这种联想也可以通过希区柯克自己的作品里的一些场景来证明。最明显的也许是《擒凶记》的第二个版本的最后一个场景。与在此处一样，在那里我们到处能感受到类别上的不当，概念上的机能障碍，我们不安地感到组织性的事物与在外交上代表一个外国政体一样不能再被认为是个人的，即使这种事物自身确实是封闭的。（像这儿一样，融入个人住宅区：但是，这样的富户住宅本身还能被确切地看做是**个人的**居所吗……？）

这种组合的产物或“纯粹的”术语的不稳定本质，随时都有分裂为其他一系列（更为纷繁复杂的）组合的可能，在那个术语（或空间类型）即它的逻辑的倒置中也可观察到：就是说，这种实体同时既是公众的，又是开放的。犹如和它对应的数字，这种组合绝不像它最初给人的感受一样，是一目了然或不言自明的：如锡格莱姆大厦是公众的，但它是真正开放的吗？（稍稍扯远一点吧，联邦调查局是个公众机构，但从这个意义上说它可一点都没开放过。）我们如何设置这个尽可能明晰的"纯粹的"空间呢？这里所说的在全部意义上都"开放"的空间当然是指那片空旷的庄稼地，这在前面已经做了重点讨论；在一些个别的意义上认为是"公众"的似乎也是合情合理的——例如，因为没有栅栏，你可以一眼看到里边的东西。再比如，传统意义上高速公路更是公众的空间，但就其指代了国会大厦这种意义上而言，它又不是公众的了。在这点上，"强有力的形式"就像大庄园一样开始以令人忧虑的形式削弱、衰败。农场，尤其是农业产业，只能是个人财产，当然不会是公众的；空阔的场地的视野或空间很快就显示出其原意来了——不是用来证明一种同时既可以是开放的又可以是公众的空间，而是做一种困惑的尝试去想像一种现实中难以想像的空间。

这个问题表明，公众与个人的对立在符号学与意识形态上的潜在困境，在于公众空间或公众范围的概念与私有财产体制尤其是与实际上已处于世界化阶段的土地商品化体制的不一致性。因此我们可以把庄稼地看做是开放的，但当你开始探究它被称作是公众的特征时，不仅它的特征受到质疑，而且，如果美国北部的空间都被如此严格地加以描述的话，那么它就开始显得难以捉摸了。

不管怎样，现在可以用下图来表示目前各部分是如何相互结合在一起的了：

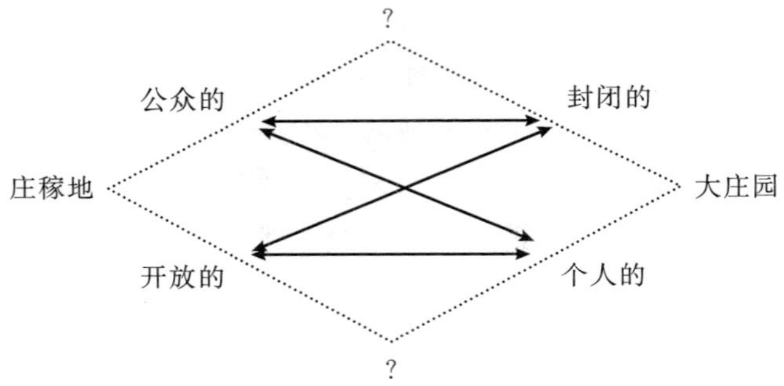

此图的功能和前面各图有所不同，不同之处在于它展示了解体过程的或者说概念上的半结合的线路和方向，并且提出了我们通常不会考虑到的理论范畴。例如这里所提的“中性”一词，指主要矛盾的对立面的结合：一个既非“封闭的”又非“公众的”条件，因此**或许**既是“开放的”又是“个人的”。因此，这个意义空缺，或者仅仅是逻辑上的可能，形成了上文提及过的意识困境和理论忧虑：如何能够构想出既是开放的又是个人的空间（并使其形象化——即此空间能被观众通过银幕具体地体验到）。

然而，毋庸置疑的是，这样的空间确实存在于《西北偏北》一片中，甚至在某种意义上，是该片的“核心”，尽管它为电影布景设计出了一道难题。毕竟，“个人的”概念仍旧和房屋及“家庭的”等意识是联系在一起的——也就是说，这一概念包含了与紧闭的卧室和浴室相联系的“家庭”或者更为直接的个人隐私等形象之间内在的紧张和波动。（意识上）产生的纯粹隐私的概念可以使人联想到理想婚姻的情景，这一点已经得到了展示，但是这种空间在电影世界**内部**却无法看到。因此，会出现一种电影符号的双关语（拍摄技巧），通过这种技巧，导演将会用更加容易表达的东西——即卧室和浴室的空间——来取代那种“强烈的”、“正面的”隐私形式。因此，眼下的问题——即具体的条件或要产生的空间——就在于用什么方式可以想像得出那种“个人的隐私”；这种方式不是**公众的**（这是我们看到大的对外产业区而产生出的下意识联想），而是**开放的**，即任何人都可以随意漫步的空间。

“可移动的宴席”，“正在消失的玩具店”：很清楚，这种“理想的形式”跟任何经验世界的物质现实从不一致，但却永无止境，难以察觉，永不安宁地从一个地点运动到另一个地点而不改变其基本的“精神”现实，只能是“卡普兰先生”的旅馆房间，正如它在人们心里被不可阻挡地以辩证的形式从亚特兰大输送（里面空无一人）到曼哈顿，再到芝加哥，最后到塞达拉皮兹。

很难想像出有哪种“再现”能比这个短暂而“客观真实”的存在更好地抓住这所谓的中性条件中的内部矛盾了（**既不是**公开的**也不是**封闭的），尽管从经验上不能观察到（各种各样有形的旅馆房间——我们只看到其中的一间——都丧失了个性色彩而湮没无闻），但它却把各种感觉组织在了一起并且把经验上看得见的物体的数据构建在了一起，可移动的卡普兰房间于是就成了一种“形式”，这是就这个词最严格的意义来说的，以至于希区柯克的巧妙之处就在于通过限定展现出超乎其外的东西。这种叙事情形具有的不同的心理学和精神分析学上的解释——比如，这种叙事情形复制了一个桑希尔先生必须成为的不存在的“另一个人”——构成了一种“符号的过剩”，一个诠释性过度的和游戏的空间，证明了现代主义作品的“深度”实际上（或者说在它们的内容上）并非它的关键部分：关键是能实现这种多样性解释的形式结构，空空荡荡的旅馆房间正是这种多样性解释的前提。

最后，怎么可以设想这一术语的结构倒置呢？——换句话说，这个包含真实矛盾两极的复杂术语和“乌托邦”式的综合体，如何成为了一种**既**公开**又**封闭的空间形式的呢？前文分析中的全部内容共同指出，总统头像本身就是这种独特的最后综合体的实现形式和表现形式：一个**典型的**公众空间，凭借作为纯粹表现形式的雕塑实体被惟一关闭（从远处才能最好地展示出来的表现形式）。与电影中前面提到的公众建筑物——锡格莱姆大厦，联合国大厦，甚至在联邦调查局的办公室看到的国会大厦的圆顶——不同，这一建筑无法从里面了解和探索：确实，《怠工者》的“韵脚”——把“纪念性”与高处坠落的噩梦结合了起来——却强调了这部电影中结构性曲折变化的特色，因为这部早期的惊险电影把在自由女神像内精心制作的一个场景搬上了舞台。但正如我们已看到的，《西北偏北》不仅设置了总统头像的空间特征，而且在多个方面利用了它，这些方面大大地胜过情节本身的再现以及最后的追逐镜头中的别出心裁的做法。如果总统头像只是那个场景的假托，那么追逐本身现在只能被看做创造这个反常外表的奇异新颖的空间的“仅有的托词”罢了。演员或其扮演的角色的身体匍匐其上，由此，他们自己表达出了头像的体积和浮雕的一些特征。

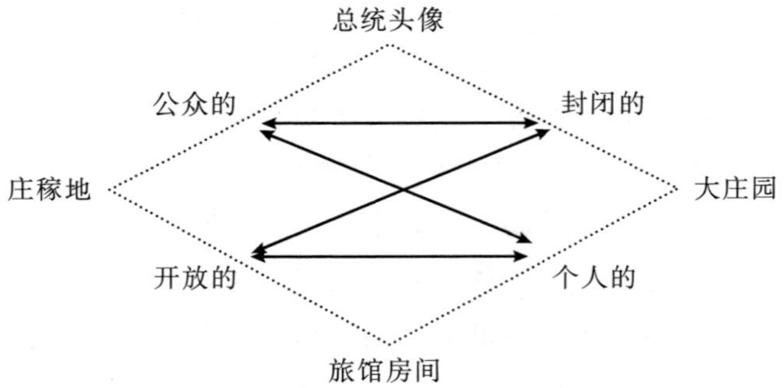

我们图表中最后变动要达到的目的是，要果断地把总统头像这一场景置放到一个明确的位置上。前面两个略图中，我们基本上还是以消极或否定的形式阅读这一场景，像是为世界规定了界限或

限度，或者以稍微不同的方式，构成了诸如电影运动系统中的零点的问题。不过，变成目前的表达形式，这些表面上是否定意义或中性意义的功能都可以被理解为电影向其运动的东西，可以理解为它最终试图“创造”、“制作”的东西，也可以理解为最后的高潮和一整系列相互连贯但又暂时结合在一起的可能性的解决方案。

但是，总统头像场景及其空间，不能说成是贯穿于电影中的矛盾的解决方案；我们已经把这种矛盾阐述为公众与个人的观念形态对立之间以及开放与封闭两个同样老套的词语之间的概念上的不连贯或不一致。这种矛盾——从更广泛的意义上说来，是由意识形态和错误的观念造成的——不可能被彻底“解决”，只能被废除、被跨越过去从而安排更为恰当的社会空间的投影。不过，再现的问题产生于观念上的解决方案不能把握的空空荡荡之所：“看到一种解决方案”于是取代了想出一种解决方案，并表明后者是不必要的、多余的。然而同时，成功而富有成效的再现——由于它还没有在意识形态的层次上取得成功——有能力预测自己的失败，削弱自己的再现权利：最后场景梦一般的特性本身固有的某种东西，从内部以“存在的内出血”形式剥夺了影像的现实权利，也就是萨特曾经描述过的他称之为“现实感丧失”的东西。

【注释】

［1］参见本人即将出版的文章“Synoptic Chandler” in Mike Davis and Joan Copjec，*A Noir Reader*（Verso：London，1993）。

［2］参见 Raymond Bellour 在“Le Blocage symbolique”（Communications 23，1975，pp. 235－350）中对这部电影的“先辈”的有趣的讨论。

［3］Stanley Cavell，*A World Viewed*（New York：Viking 1971）；

Stephen Heath，*Questions of Cinema*（Bloomington：Indiana University Press，1981）。

［4］参见 Bellour 有关下位镜头的描述。

［5］在神秘电影中，风常被视为是另一个空间的能指：参见在影片 *Videodrama* 的高潮时刻，James Woods 的头发的形象。这是 Benjamin 最喜爱的形象，在著名的 *Angelus Novus* 中也有“天堂刮来的狂风”的句子。

（王倩影　傅军岭　译　郭英剑　校）

希区柯克的寓言化

另一个情况，而且也正是经常不断出现的一个，是属于对电影的诸多构想的一种：它的目的是要成为理论性的和一般性的，但实际上则又含有对人一开始就已经喜欢的一个既定类型的电影的辨正，以及事后对这种喜好的合理性化。这样的“理论”通常总表现为作者美学（趣味美学）；它们有可能包含着相当的理论重要性的洞见，但作者的姿态毕竟不是理论性的……某种同时既是外在、又是内在的爱的对象，被构造出来，同时又由这一辨证性的理论加以安慰：只需超越它（有时甚至在沉默当中对它加以忽视），就能根据茧壳原理更加有效地加以包围与保护……要想采纳理论话语的种种外表标记，就要占领自己膜拜影片的四周的一片地带——这一块地带整个真的是有用的——以便把它可能受到攻击的道路统统堵上。（克里斯蒂安·默茨，《想像的能指》）

一

一个强有力的解释行为——本文指的是威廉·罗斯曼所著的《希区柯克：害人的凝视》[1]——总是被理解为，是在向我们讲述有关它的题材的某种东西。不过，也同样可以对它加以质询（本文要做的就属于这种情况），以追问有关解释本身可能向我们讲出些什么东西，解释的可能性的各种条件，解释本来力图包含但最终不得不放而弃之因而无法包含的东西，以及所有这一切与解释运作构成某个研究对象和某个（可建制化的）研究“领域”这种情况之间的关系：既然我要从自己的立场出发对它仔细加以研究（其“对象”是语词性的叙事），那么，对于这样的东西，我必然会以稍有不同的方式加以审视。这样，我在这一特殊领域决无既得利益，尽管对其中的诸多产品解读时都带有某种嫉妒；就好像是你有了可以应对的“真正的”物质对象，要想成为一个物质主义者，就比较容易了一些。

不过，如果再加以思考，“物质性”作为有关电影批评的一种思维方式，就几乎不再会像翻译或解码等概念那么有用了。因为，后者可以容许你去衡量对小说的故事的再讲述同对电影的各种连续镜头的评论之间存在的相对性的区别。这样，解释的力量，与两种代码之间（审美的“语言”与批评的“语言”之间）的距离便成正比。因而，我们用于文学研究的时间，很多都花在了对我们研究的主题的距离化和“客体化”上（比如说，要把它变为被称为“叙事性的”某种东西），这样我们的批评再书写才会产生某种力量或造成震撼。

另一方面，电影批评最终再生产出来的毕竟是一些比较传统的文学批评问题，尤其是部分与全体、在场与总体性、风格与情节，简而言之，也即柯尔律治所谓的幻想与想像，而我则喜欢（仿照德勒兹与伽塔里）将它称为分子与克分子之间的问题。不管是对哪一种有机性的美学，再没有比这种“方法论的”难题更让人心神不宁的了，因为它最终也要成为某种整体性的历史情景和两难局面。悖谬的是，要想处理这些种类不同的“层面”或“维度”，当它们彼此处于矛盾之中，或至少是在做着两种十分不同的事情的时候，要比它们之间存在着某种和谐的相似物的时候容易得多：康拉德的“印象主义”，他的某种类型的风格的生产，之所以比较容易孤立起来，就是因为它正在做着同他的情节建构相对无关或相分离的东西[2]。尽管如此，要想在这种鸿沟上架起桥梁（甚至更加严重，要想隐藏它的存在），发明方法，成了作为显示技艺精湛的姿态的解释的特权化的竞技场中的一个（罗斯曼的解释运作，决不会是这种情况的例外。这一点，有待下文评述）：因而，电影分析所要面对的某种对等性的鸿沟，可以从究竟该怎样处理个体性的景框（或者，稍有区别，个体性的镜头）这一难题当中推断出来。这些就是“电影话语”的音素、词或者句子吗？而且，既然不论是镜头，还是景框，都不是天真的观众通过它们来体验电影的那些范畴，那么，对既定电影的一个景框接一个景框的最具自我惩罚力的分析的“符号学的”执著（制约因而超越了有关的职业主义的仪式）的认识论的优先性，那种跟斯坦利·卡维尔（遵照弗洛伊德对梦幻的论述）的见解——电影“客体”，就是我们仍然记得的电影已经形成的任何东西，不管都有什么（其中包括我们犯的错误，留下的漏洞，所做的诸多替换）——相反的东西，也就是说，被回忆挪用进而被转化成某个客体的它的“叙事”是什么呢？

不过，我倒是急不可耐地想把“历史”重新再引回这一个“难题”。但这不仅是方法论性质的（或认识论性质的），而且也反映出，在所有的现代文化语言之内，在微观文本与宏观结构或“分子”与“克分子”之间，它的对象方面某种客观的发展，某种不断增大的结构性的距离。在这一形式中，那种“距离”（以其为分析而且也为批评提出的所有的方法论难题），一定要被视为一种历史性的事件：对这一事件，我尝试着——非常匆忙和不成熟地；如果你同意的话，也是非常教条主义地——将它看做社会性的碎片化和单子化的因而也是现代时期公共与私有逐渐分离的种种伤痕和标记；原因是，它只能向这一时期的文化生产施加它的力量。不过，电影是以一种重叠性的、双重复杂的形式，把这样一种历史性的视角强加给我们的：因为，除了它自身固有的语言的内在逻辑、内在进化和发展——比如说，从格里菲斯到希区柯克，再到戈达德以及以后——它本身也是一种历史意义上的新的文化机器。凭借它真正的形式性的结构，其“物质”结构才可以被认为能够反映（并且也能够表达）资本的某个特殊的时期或阶段，以及后者对诸多社会关系和过程的强化性的、同时也是辩证意义上原初性的物化的某个特殊的时期或阶段。

这意味着，批评或解释的解决办法，总是需要在第二个时机被再理论化为某种历史情景或矛盾的标志。而这第二个时机，正是罗斯曼这部令人振奋的著作所没有的（像在其他多少人的著作中一样?）：因此，我们所见不到的，或许可以很快从两个视角传达出来，然后我们就能尝试着为它的积极的成就作出公正评判。例如，文类这个问题，总是形式与历史之间的某种特殊的调和，但在这里相对地被忽略了（除了“罗曼司”的出现之外[3]）：它只是被理解为，文类批评并没有适宜地牵涉分类或类型学，而是触及到了非常不同的东西，即对某一既定的作品或形式性的实践的可能性的条件的一种重构。因此，与其说它是一个“决定”希区柯克的电影归属什么文类的问题，倒不如说是一个对各种文类传统、局限以及原材料加以重构的问题。因为，只有从重构当中，在其历史进化的某个特殊时机，被称为希区柯克电影的那种独一无二的和“非文类性的”东西，才能够脱颖而出。文类发挥作用，以阻止令人尴尬或不想与闻的问题被提出来（因而它很像是关乎读者的或观众的解释企图的一个“框子”）：就明显同希区柯克的作品相关的文类而言，这方面最为显而易见的一个例子就是谋杀的“意义”——这个主题、难题或者话题，在常态性的日常生活当中，（且让我们坦率一些吧）我们并不会过分地加以关注。因此，要想让我们对这一“题目”产生兴趣，就需要进行一定程度的辨正，也就是说，进行一定程度的形而上的合理性化（例如，“谋杀是人的状况的真正隐喻”，或者“纽约是弱肉强食的所在”）。文类的设框，其功能跟在《谋杀之谜》中一样，为了这样的合理性化的缘故，不论是对读者还是作者，都是要使他们从不得不然那里摆脱开去：文类标签发话说，“谋杀”的中心性是纯粹的常规；我们都将预先假定，这一题目“非同凡响”，因而便信以为真地接受了下来。

这样，如果在像希区柯克的电影这样的艺术当中的谋杀主题可能还未被辨正（或不能辨正），我们便会开始感到老大不自在；进而也就要给自己规定新的解释任务，试图去发现这样的动机的“意义”（“谋杀与婚姻之间的连接，是希区柯克伟大的主题之一”——罗斯曼，参见下文）。于是，我们也就再一次从那个文类当中、从那样的常规当中重新走出来。不过，在这个关节点上，我们可能会不得不把“意义”本身的不同类别、甚至是概念区分开来：比如说，“象征性的”意义——按照这种意义，不论是形而上学，还是作者的意向，都有能力将某种既定意义“强加”给原材料，不然它就会是散乱一团的东西——人们可能会认为，应该同至少另外两类意义截然区别开来（在目前的例子里，它们可能是并列同等的）。它们是，谱系意义——按照这种意义，作为希区柯克的历史性的和文类性的原材料的一个组成部分，“谋杀”可以解释成他本人的处境和两难局面中的一个因素，因此他自己必须以某种方式加以应对；以及“许可性的”或“条件性的”那类意义——根据这种意义，我们在希区柯克作品当中所能发现的种种独一无二的知觉和“意义”，可以以某种方式用他的叙事的和形式的装置（其中包括“谋杀”这种常规）的各种独一无二的特性来加以解释。

现在，可以对以上所述加以总结，以便使它所暗示的解释的问题，成为一种自有其存在价值的历史性的两难局面。在这一抽象化的层面，我们或许可以从当代社会中个体的碎片化和私人化，以及社团或集体性的生活到目前为止所有现存形式（其中包括这样的群体的所有价值观念和共同语言）的单子化开始。这样一来，个体性艺术客体的接受，便强劲有力地成了唯名论性的，而共有的概念母题（象征、“价值观念”），再也不可能随意假定或想当然接受。艺术家有可能凭借对“开放性的艺术作品”的生产，而向这种情景作出调整；因为，对这样的客体，不管是什么人，都会按照自己认为是适宜的方式加以利用。这样一种客体，不可能预先选择它的公众（作为惟一分享这种或那种意义常规的人），而是如人所愿可以随意再编码。与此同时，由于艺术家也同样是被唯名化的（被置于特殊的情景，历史性地和社会性地被夺去了对普遍性的任何权利要求或可能性），我们才开始在艺术作品当中看到私人意义的生产。悖谬十足的是，正是在这一点上，作为20世纪忽然涌现的文化语言和装置的电影，才具有重大的历史性的意义。因为，正如默茨曾告诫我们的，它的确是一种非常特别的语言，一种“没有词典的语言”（“这并不意味着，电影表达缺少任何类型的预定的单位；而是意味着，如果这些单位存在，它们就是建构的组合方式，而不是由字典提供的那类预先存在的因素”[4]）。也就是说，在高度现代主义当中人们已经习以为常的各种类型的私人语言（像拉康式的“室内装潢方针”一样在发挥作用的特殊的能指），在这里以某种方式竟然由于电影学装置本身的真正本质的关系而得到了认可。因此，希区柯克的整个艺术，就成了一种庞大的私人语言，一种庞大的“私人的”能指链，尽管它已经成为公共性的以及集体意义上可触及的（而且，在这一语言之内，悖谬的是，在某种第二层次上，那种较早时期的现代主义的“私人能指”又一次突出出来。而罗斯曼对希区柯克作品中这样的“编码过程”中的两个，论述得尤其精彩：俯视镜头的策略性运用，以及各种不同类型的平行栅栏这种景框上那种甚至更为独特的铭刻；后者听觉上的对等物——断断续续的敲门声——也同样被识别了出来[5]）。

不过，解释的难题在于，即使像这样的私人语言，也是对预先存在的能指加以再编码的结果，而这些能指继续有后效性地吸收在它们后边费力前进的那一列遗传性的（以及准或拟普遍性的）意义，尽管这样的意义必须由批评家以某种形式加以“辩证”。似乎这一解释过程是把这样的论证作为它的基本功能：既定的观众、读者决不需要将任何一种特殊形式的信念系统的教条，带向这个特殊的审美客体的接受。如果你想获得电影的要点，就必须去做马克思主义者、弗洛伊德的信徒、神学家、新政式的自由主义者、托利党人或任何党派的信徒，那么，其中就一定会带有某种“不纯粹的”东西。换言之，“纯粹的”电影语言，应该是可以构想的，而这决不需要任何意识形态作为前提条件。不过，这意味着，正如后文所要讨论的，解释者压倒一切的企图，是要将内容的所有残存物，都统统变回为真正形式性的现象或过程，以便拯救作品。

但是，上文已经提到了对希区柯克进行研究可能采取的第二种方法，我认为那是罗斯曼的著作当中所没有的。但这一方法毕竟可以开启一种有用的视角，以便对这部著作作出评价：这种研究方法，关乎观看并利用希区柯克的电影所要采用的方式。因为，不管这种方式怎样不可采纳，它都会向我们道出有关电影的客观属性的某种东西，换言之，即有关它们所具有的可以运用这种特殊方式被误释和误用的客观性能的某种东西。但是，在这里论述的那个时代，还不存在对希区柯克的任何“严肃的”解释。

据我所知，这样的解释最早的一个，是1957年的罗赫默—卡布罗尔假设。这一假设将希区柯克视为一个盎格鲁天主教徒，具有格雷厄姆·格林的思想倾向，他的电影关乎罪恶以及忏悔。那么，如果对哲学家加以戏仿的话，我们或许就可以强调说，“解释”这种事件，取决于“关乎”这个特殊的词的意义与功能。但是，这个词在那个时代并不扮演任何特殊的角色。当时的“希区柯克”只是意味着，一大包小把戏，比如说《火车上的陌生人》（1951年；在俯首帖耳的公众的来回晃动的头中间，那个疯子直瞪瞪的凝视伸缩镜头一般忽然涌出）的网球场；或（可能更具欺骗性）《意乱情迷》（1945）中的那组达利的连续镜头，比如说就在初吻的时候，人背后的门形如炮火纵向发射，不可思议地忽然一个个打开。你之所以要去看希区柯克的电影，就是为了欣赏这样一些稍纵即逝的花边装饰，这些插曲性的、可以显示出色技巧的镜头，跟你要进一步对布纳尔斯跟踪追击没有什么两样，因为都是希望能找到跟《洛斯·奥尔维达多斯》（1950；与此同类的另外一些名导演，名导演的伟大时代，机械性倾向稍有减弱；但当时，总是存在伯格曼的《赤裸的夜晚》［1953］那种令人瞠目结舌的默片连续镜头）类似的梦幻般的连续镜头。

再也没有比这样挑肥拣瘦、追求新奇的倾向，即离当时风行一时的“新批评”的高质量的解读——即负责任的和等级制度意义上的统一的或有机的解释——理想，距离更遥远的东西了。因为，这样选优汰劣，跟抢来了一只巧克力盒子十分相似：尽管已是空空如也，仍不免要用手指戳出几个洞来，悄然回味一番。不过，理论的直觉，毕竟没有完全脱离这样的“批评实践”。举例来说，我们朦胧地意识到了某些形式的限制的特殊化了的功能，比如这些电影的“装饰”要素的可能性的条件。的确，限制——正像在法国古典悲剧的三一律中一样——似乎也可以用来解释惊险影片这种形式贯穿于这样的电影之始终的那种持续存在，以及希区柯克本人似乎百玩不厌的所有增补性的游戏（在《绳索》[1948] 的连续追索的单一镜头，或《哈里的烦恼》[1956] 中秋天的树叶不可逆转的朝生暮死，最具戏剧意味）。

这样的感性认识虽在当时没有错，但有必要更加辩证地同碎片化这个问题本身联系起来。的确，如果加以回顾，人们就会为那些伟大的外国人，那些来自欧洲的伟大的流亡者们——纳博科夫和钱德勒，以及毫不逊色的希区柯克本人——凭借拆解来展开工作的方式，感到震惊不已；[他们] 在精心设下的框子当中，用断裂性的事件，把美国人的苦难拆散开来，有时则完全缩减成了单一的句子，把这样的句子设计成镜头，再把自己顶礼膜拜的审美爱好供奉进去。很难想像，一个美国艺术家会以同样的方式津津有味地来表现美国人日常生活的这种“不可穷尽的丰富性”。另一方面，或许也可以争论说，由于这些流亡者们微型化的习惯，才使美国人的日常生活本身的某种东西得以显现、被认识。而本土人特有的普遍性，在高架铁道火车轰轰作响的阴影笼罩下，很难在审美上对此形成焦点。这种情况，同日常生活本身的不可见性有关：在你想使那个特别的对象而不是某种边际性的或侧面性的副作用成为自己凝视的核心的时候，它却忽然消散开去。因而，这也就是这样一个难题——即日常生活的表现的难题；更准确些说，也就是这种情况下美国人日常生活的难题——钱德勒在一封引人注目的信函中曾做过说明：

> 在很早以前，我还在给低级杂志撰稿的时候，曾在一部小说里写进了这么一句话：“他走出车去，穿过阳光浸透的人行道，直到入口处的遮篷的阴影像冷水泼下一般漫过他的整个面孔。”但他们在发表小说的时候，

> 把这句话删掉了。他们的读者不欣赏这类东西——只赞成写人的行动。我于是就想证明他们那样做是错误的。我当时的理论是，读者只是认为，他们除了行动之外，别的什么都不在乎。不过，真的，他们并不知道，他们真正关心的，而且我也关心的，是通过对话和描写把情感创造出来。[6]

如果对钱德勒的语言加以调整，我们就可以从这一反思当中分离出一整套理论——对希区柯克和纳博科夫，也一样有启发意义——关乎以间接的手法并且旁敲侧击地对某种日常生活的艺术再现，仿佛是从眼角向外看一般。而这种生活的状况，是公众对情节、神秘叙事、“悬念”以及宏观时间性等种种“克分子”前文本的公开的固化。这一处方，同普罗斯特式的间接，同普罗斯特式的目前的不确定性，具有一定的共同之处；而且，在对知觉的抑制以及体验目前的日常生活本身的无能方面，也一样分有它有原创力的情景。因此，这最后一点，在发号施令的艺术家举起食指，吸引住公众的“认真的精神”的时候，便一目了然（即使这最后一点只是纯粹的“消遣”和“娱乐”）。结果，属于极端不同的类型的知觉，在围绕着情节或“行动”本身所形成的修饰性的区域里，便成为边缘意义上可以容忍的了。

既然可以说日常生活的经验以某种根本性的方式同都市相关（不论怎样，日常生活这一概念，显而易见在城市于 19 世纪晚期涌现时，就同城市这个概念有非常密切的关系），那么，要想凭借我们对城市的印象传达出这一审美难题，它可能是最适宜的。因为，尽管这些印象是让人难以忍受地四分五裂或杂乱无章，并且横跨个体或私人的记忆与公共的、无名的、建制性的或常规性的东西之间一大片定性的区域；但是，显而易见，它并不是最为直接地适宜于艺术作品的原材料。

如果想把我们对像旧金山这样一座城市的援引限制在它的戏剧性的风景当中，那实际上就要使某种类型的内容或原材料特权化，尽管从本质上说，这样做跟我们对图画式明信片或旅游招贴画的体验并没有多大区别。要想为这样的材料的个体性的中立化定位（或者用一种不同的术语来说，为其中的个体性的主体确定位置），那就意味着诸多运作就是非个性的、无名的。比如说，跟把你的车停在陡峭的山上，根据车子要开往的方向来决定怎样停车、如何调整车轮等所需要的各种技术没有什么两样。不论是在什么样的中介［媒体］当中，对于一个美学性的文本来说，这些都不会是最有成功希望的主题。即使它们跟旧金山别的方面的特色似乎能够相互交叉，也同样如此，如果有人愿意在这里寻找到这些特色并加以援引的话——比如说，两层或三层木结构的房子，可以使参观者对某种日常生活的文化产生一种压倒一切的印象，让她或他感到自己是置身于外（“日常生活”总是其他人的日常生活）——这里的都市的常规所形成的网络，其私人化程度尽管并不低于东岸，但不知为何可见性却更加明显，因为我们可以看到人家的厨房或者他们楼上的窗户以内。如果有人希望对旧金山加以描述并且持论公允，阳光便是它的另一个有别于他处的特色：以某种独此一家的消极的或私人性的方式，在它仅仅是标志着东部的那种季节变化的缺席（以及这样的变化对日常生活所形成的影响，比如说酷热难当或大雪没膝），而不是自然意义上独特的和截然不同的生活的在场的意义上——比如说，像南加利福尼亚可能就是这样的情况。

如果我们只是局限在这些比较而言早已不相关联的特色上（还有其他很多特色显而易见也是可以设想的），它们一开始就引出难题，甚至还不是表达这样的经验时所要采取的最适宜方式的那种难题。因为，那已经是在预先假设，它们已被转化成个人的经验，某个个体性的主体的各种情感和知觉，尽管这些在这种情况下有可能（令人失望啊!）以由某种“反思”相伴的偶然印象的形式，像在某种类型的日记中那样给讲述出来。在我们真正触及这一点——这一城市这样的“客观的”特色，似乎已经渗入个人的经验进而逐渐向它同化——之前，人们才可能必须假定出这样一个空间，或试图为它定位：在这里可以看到，业已列出的所有种类不同的特色相互交叉。按照我们自己的考虑，它们可以分为两个不同的类别：一方面同街道和交通有关，另一方面同家居住室有关。

这样，这两组截然不同的特色，它的一个“客观的”交汇处就有可能将它自身推出来，此即人行道——公共与私有之间的一种阈限性的空间。这一空间，属于从居住到交通的转化性的或解码性的运动，某种在旧金山、在从房舍的各个楼层到外面街道的陡峻通道中都可以特别强烈地感受得到的东西。不过，尽管如此，这一区域，始终在根本上是行人的区域。而且，在这里，我们应该会抵制，任何试图从审美性的表达的角度将所有这一切系统阐述出来的直接诱惑，仿佛知觉与语词天才的适当结合，在这种或那种公正的字眼（mot juste）下，就已经足以斩钉截铁地道出，某块特别的大腿肌肉的压力，尽管冷风习习、但脸上仍可感受到阳光的温暖，你似乎要迈步走下去的、就在面前的十字街头的商业层次。但是，这样的解决办法，毕竟预先设定了一种跟命名这种事没有多大区别的美学，就好像对这种复杂的感受的混合来说，此时此刻就存在着某个扩大的复合动词的可能性，而它可以作为类似于它的名词的某种东西挺立出来。至于这样一种美学过去是否连贯一致，或者有没有大的实际用途，那就是不甚了了的了。不过，至少这一点还是可以肯定的：如果人们禁不住要把这样的程序视为这种情景下的模式。它同作家们的种种操作程序根本无法相应，例如，普罗斯特就从来没有以某种直接的、迎头痛击的方式来“处理”这种类型的复杂的感受或印象。他要么是把讨论的问题的隐喻性的状况描述出来，要么是将知觉作为一种破裂嵌入习惯的某种连续性之中。这样一来，正在讲述的故事就不是知觉本身的故事，而是成了一个十分不同的连续体之内的那种破裂（比如说这种情景：迈步走下曼哈顿一处城市住宅的台阶，一股意想不到的海风忽然飘来，让人“想到”旧金山）。这些技巧和间接化手法——普罗斯特的才华，或者更确切些说是他的艺术，并不是在于他“处理”这样的感受的能力，而是在于避而不谈的能力。

另一方面，“表达”的两难局面，假若被看做现代社会里主体与客体之间愈来愈远的距离的一种症候的话，可能也一样是合理的（而且历史意义要大得多）。这样一来，人们就会禁不住丢下主体任它自生自灭，同时对整个是枯燥的和机械性的复杂性的客体穷追不舍。更进一步的精确性以及更进一步的确实性，是可以得到的；比如说，如果我们能够回想起旧金山的人行道并不只是行人的特有财产，从特色上说同样也是这样一种空间：私人汽车在这整个空间于白天得以短暂的停泊，因而你不得不从这些汽车旁边走过，或者是外出进入街道，或者是从租借者或主人在车头和车库门之间留下的任何空间穿过。不过，在生存意义上不管多么令人不快的东西，在美学上都可能是一种优点。因为，这种收敛本身就是一种浓缩，可以把我们所有的主题（房屋、斜坡、满是汽车的街道）联系起来，使它们彼此之间形成密切得多的关系。为什么在旧金山必须围着这些停泊的汽车走路才会对我产生不同意义，而在另一个城市或城镇同样的情况并不会这样？

之所以如此，并不仅仅是因为由于某种缘故在另一个地方是偶然性的东西在这里就是习以为常的，而且还因为那种绕行路线可以使我接触到——在我可能悄无声息地走过时！——那些比普通建筑的墙壁这种坚固的砖石建筑更让人害怕的镶板，至少是在无意识上是这样的。人们会产生这种印象：如果这样的车库门中的一个不管是出于什么原因打开，那些无辜的行人旁观者就有可能遭遇某种危险，比如被挤在汽车顶篷和已经空了的车库的盖子之间。实际上，我们的无意识能从所有这一切获得的信息少得可怜；因而，似乎可以设想，对头顶上这些门加以跟踪，为的是永远［使它们］都不会延伸进人行道上方的那个空间本身。如此，这种情况之所以会成为可能，便也可以由对附加在它上面的金属臂的（可以设想的）特殊的追踪加以解释。这是那样的机械工程奥秘中的一个：在这里，一个方向的压力，会在不为我们所知的某一类型的另一种弯管几何学当中，造成“之”字形的回还杠杆作用。这样，这种令人困惑的现象，也便是远距离的操作机制这种更让人得心应手的神秘的题中应有之义。因为，它的那个可拆离、便携式的小盒子，可以任你随意调换电视频道，甚至在床上就能把整个东西完全关掉。只有头顶上的车库门这种用按钮操纵的伺服系统机制，不仅与遥控电视频道搜索器有异曲同工之妙，而且也跟它一样在无意识当中占据了同一个类型学的槽沟（已知的例子仅有两个!）。由于这一区别，它也就可以更加堂而皇之地控制外层空间，跟它把伸向大街的卡狄拉克转弯同远处缓慢升起的车库门之间的某种崇高的和谐搬上舞台，如出一辙：虽不像是远洋轮船停泊或者协和飞机飞行时那么优雅，但或许在更深层次上具有“第三机器时代”的特色，甚至更进一层，城市空间的雕塑性要大得多；因为，作为能将覆盖后者的两种小器械联系起的这个问题，它毕竟可以因此对多维的事件加以组织，而不仅仅是通过空虚来决定运动中的单一的物体的风格。这样，这种情况便会成为通过“崇高”之物可以观察车库门机制的一种模态。在这里，行人担心它向你敞开，既可能同闹剧相对应，也可能与黑色电影相一致。

我之所以尽数追溯这样的联系，跟踪所有这样的复杂线路，目的是要突出这种让人反感之极的（甚或是怪诞的）主张：此即“旧金山的日常生活”，首先是这种情况——头顶的车库门开放器以及陡峭的斜坡人行道，它们后边是垂直升起的一座三层木结构的装饰一新的房屋以及沿着山坡向上盘旋的汽车道。最为重要的是，要突出非人性的或被物化的区域，它在次要的层面上才是属于某种个性经验的东西：这种情况，就像是在对付罐头盒子或室内用具时要发展出属于自己的独一无二的个人风格一样，的确罕见其例。另一方面，除非我们能成为天使或者实现乌托邦，否则，在我们自己同城市工业景观的个体性的交流范围之内，这种纯粹的物质性的和无名的，我倒愿意说是反人性的限止，其内核就必然持续存在下去。

城市工业景观可能永远也不是透明的——不可能仿照私人的或个人的“心理”经验（我们心目中所谓的可以成为“真实的生活”的那种类型）。但这并不意味着，这样的活动在自身之内负载有一个整组或群集的有意义的主题，尽管其中有一些已经在这里开发出来：比如说，私有与公共以及这两个区域之间的那些缝隙，从某种现已比较陈旧的变体的运输工具（内燃发动机）向远距离启动机制发展的某种机械沉淀，分别供人居住、任人游玩的两类空间，“大街上的叫声”与装饰一新的内室昏暗不明的静谧等……不过，悖论在于，给与惰性的机械装置、空无一人的无名的人行道、属于别的什么人的单调的门面的意义（讽喻性的或别的方面的）越多，这样的“象征”就会越是有可能被轻而易举地收编进艺术作品当中去。

因此，在对这样的材料的美学挪用方面，就形成了两类截然不同的问题：一定不能使材料枯竭到以某种透明的、抽象的或根本上象征的意义来"意味着什么"的程度；而且，也必须避开个性表达方法的某种美学。比如说，在我试图处理"我的"纽约的时候，援引诸多汽车沿着曼哈顿宽阔的南北大道彼此保持固定的距离飞驰时平衡地爬坡和下坡；又比如，处理"我的"巴黎的时候，[援引]一部法国汽车在林阴大道的卵石路段上的弹跳、冲击时，车轮在铺设的石头上不断发出的嗡嗡声，就都要这样。

不过，要想传达以上所说的这些日常生活材料，毕竟还有一些别的方法，尽管这些材料在我们自己目前所在的自身经验的核心当中，是某种类似于"盲点"的东西；这种客观现实，如果你直接加以凝视，不自觉之间它就已经消散进它的诸多因素当中，但在目光正式固定在别的什么事物上的时候，却又固执地在眼角边重新建构起了自身。这一过程在文化当中采取的形式，由希区柯克的作品表现出来（但并不是仅此一点）。因而，我之所以用这么长的篇幅对旧金山这个例子唠叨不休，就是因为他的最后一部影片《家庭阴谋》（1976）——希区柯克对旧金山的最精彩的两次援引中的一个（另一个当然是《晕眩》[1958]）所调动的正是这样的材料。我不了解希区柯克把背景设在洛杉矶的电影（除了《海角擒凶》[1942]草率的开场）。在他的作品的种种向度当中，有一个是十分重要的（但在罗斯曼1969年的著作以及论述这位导演的大多数别的著作当中，几乎对此不着一词），这就是，至少是[他]在美国拍的影片，都同这样的地方或都市之间具有密切的关系：魁北克城（《忏情恨》，1952）、菲尼克斯（《精神变态者》，1960）、博德加湾（《群鸟》，1963）、维蒙特（《哈里的烦恼》）、哈莱姆（《黄宝石》，1969），不消说还有法国的里维埃

(《抓贼记》，1955)、考文特花园（《狂凶记》，1972）或阿尔贝大厅（《一个知道太多的人》，1956），更不用讲还有中西部的原野（《西北偏北》，1959），以及民主德国（《冲破铁幕》，1966）或者是拉什默尔山顶（《西北偏北》）。

就好像是在一个小规模的实验室一样，《家庭阴谋》使我们有缘亲眼目睹到这种机制：有了它，惊悚影片将头顶上车库门的各种特殊部件引入情节本身，并且对将有心灵感应的女主人公置于门外的街道上，同时对门板上又不设窗口而引起的崇高的焦虑加以利用，生产出对日常生活的某种次一级的再现；与此同时，户内那片战略性的空间，又由地下室中的人质标记出来。这样，上文所追溯的与旧金山人行道及其机械附属物相关的联想链，在这里便被转移到悬念故事地方性的（以及“降了级的”）剧情突变当中。从系统阐述这样的日常生活的空间所具有的各种意义方面来看，后者显而易见无所作为。的确，它们有可能要使我们无法精神集中，因而不能对后者产生任何形式的注意（美学的或社会学的），至少是直到我们还能回想起钱德勒对某种形式的再现的论述，就是凭借着精神涣散发挥作用的。这样，人们才会逐渐开始喜欢希区柯克对特别不可见但又是物质性的关节点的洞察力。因为，日常生活就是要在这些关节点中才能察觉到的：这样的眼光或固定的凝视，从情节的外部动力之外，以持续不断、有增无减的势头迫使我们予以关注。而它所采取的方式，跟布鲁诺从网球场露天看台发出的凝视没有什么两样（《火车上的陌生人》），因而或许都可以看做它的讽喻。

二

罗斯曼采用的研究方法，倾向于在天才导演这个层面上将他的主题加以具体化。这样一来，我们便用不着追根究底，去把天才设想为那种以罕见的视阈或强烈音域对某些类型的原材料加以记录、进而予以加工的能力；结果，在这种情况下，我们对形式的讨论，即使不向对内容的讨论做任何形式的出力不讨好或者笨拙不堪的调档，同样也能畅通无阻。他给予我们的五种对希区柯克的影片的解读精彩纷呈——令人意犹未尽之余，仍觉不嫌其多，惟恐太少，甚或希望能够从他那里读到可以跟唐纳德·托维笔下的贝多芬媲美的某种最终“完备的”希区柯克——当然也包含有某种观点，显示出罗斯曼本人有意将希区柯克视为一位“严肃的”艺术家，进而得出他自己的解读：这位艺术家一心要对恶作出哲学的（以及心理学的）“阐述”，这在《房客》（1926）、《骗局!》（1930）以及《疑影》（1943）当中随时都可以得到确证，而且远远比在，比如说，《西北偏北》或《失踪的女人》（1938）当中更清晰可见。不过，即使是我们想要探究这样的解释的内容，也必须先从希区柯克的“天才”影响到了罗斯曼论文的形式这一角度，对建造出所有这一切的“遏制策略”所采取的方式展开某种预备性的考察；似乎可以说，他的诸多分析都是以目前被称为希区柯克影片中显现出的“大家手笔”的现象这种东西为中心的；结果，通过批评本身的镜像戏剧，便形成了罗斯曼本人的解读中的某种类似的“大家手笔”的铺排——这是对某种使人产生深刻印象、令人倾慕、通常甚或叫人忌妒的权威性的假定。因为，不管是在思想还是理论上，这种权威性都让人惶恐不安。因而，我要在这里对它加以质询（原因是，这类“负责任的”有机的解释，既会在有过某种从种种文本拣出葡萄干的历史的人那里，也会在认为物化和片断化是一个真正的社会的和美学的问题的人那里，激发出混杂的感情[7]）。

不过，罗斯曼的著作，还不仅仅是分析性的论文集。它还论述了一种情况，并且提出了一个从《房客》——被认为是希区柯克的主题和美学最早的、已经成熟的阐述（“并不是一篇习作，而是一部论著，确定无疑地将希区柯克树立为一个艺术家。”[17]）——一直到《精神变态者》（标志着“《精神变态者》同时也作出归结的那个电影时代的终结，以及希区柯克电影的死亡”[255]）的某种演进或轨道的模式。这样，对决定性的证据的选择，便将一个跟制作冒险性惊险影片的希区柯克截然不同的希区柯克突出了出来（不过，在这里的一个核心性的分析当中，《三十九级台阶》[1935] 形式上的贡献仍在策略上得到了认可）。这个希区柯克，同时还跟执导《意乱情迷》或《玛尔妮》（1964）的那个喜欢做精神分析或倾向于深层心理学的希区柯克大相径庭；而且，最终也同身为《晕眩》（“到目前为止，希区柯克的杰作，而且也是电影界目前为止为我们创造出来的四五部最为深奥、最为优美的影片之一”[8]）或《群鸟》（不过，把它选为最终的或最后的“希区柯克电影”，很可能已使罗斯曼不得不加以阐述的情况出现了变化）导演的自我超越的希区柯克一样判然有别。

或许，作为出发点，最好能凭借某种非常传统的问题，来对有关情况展开研究。因为，罗斯曼的著作之所以具有理论原创性，靠的就是对这一问题的某种更改。这也就是“认同”。其文学批评性的阐述所采取的是詹姆斯式的“观点”以及“反讽”的本质与功能这种形式。而这些批评概念，在后结构主义和后现代主义的整个气氛下，已经斗转星移，逐渐被视为意识形态性的和陈腐性的（分别反映出个体性主体的某种形而上学，以及现在已经销声匿迹的高度现代主义的某种整体性的美学）。

设若对时代精神弃而不顾，认同与移情这一整套课题，似乎就可能遭遇好几种显而易见的危险。如果我们把它拉入它经典意义上的语词叙事和詹姆斯式的观点这个方向，那么，我们对人物的“认同”这个问题，由于我们是被迫通过他的眼睛和经历来知觉一系列事件的；那么，它命中注定就要成为一个道德性的或进行道德化的问题。举例来说，“观点”人物要有伦理地位，因而必然不是过于邪恶，就是不可思议地超凡脱俗，结果便使认同的整个可能性功败垂成。这样，循序渐进的认同的可能性虽然存在，但也可以一步步证明，那原本是在虚假的前提的基础上发展起来的。或许也会有“观点”这一可替代的可能性。但是，即使它伸出手来欢迎我们，但由于我们本身所具有的优越性，所以一开始就会对它弃而不顾，与此同时依然如故地通过有限的视界这种不能令人满意的中介来观察行为：在这样的情况下，总是要粉墨登场的反讽这一现象，便会再一次忽然在我们眼前出现，难免叫人泄气。

不过，就电影来说，这一媒体的可视本性，可以更改这个问题的根本性的数据（因为，在通过人物的眼睛去看的最严格的意义上，“观点”——就像在德尔玛·戴维斯的《黑暗的通道》［1947］或罗伯特·蒙特戈默利的《湖中的女士》［1946］中那样——的确已经成为一种非常边缘的叙事程序）。这样，在本来是要观看演员的身体或相貌这种事物的地方，某种类似整体性的心理学的东西，可能取代了这个问题的比较具有文学性的版本的那种伦理框架，进而产生了（同样是虚假的，但属于不同种类的）面部表情、“镜像阶段”、主体间性等有争议的论题。不管是伦理学的、还是心理学的视角，可疑的地方都在于，它们“在最后的分析中”意欲将其分析奠定在有关人性的某种设想的基础之上，这是一种显而易见的意愿。这样一来，针对这一切进行的那种新的拉康式的排列组合即“缝合”这一概念，也就有了有益的作用。因为，按照这个概念，与其说“认同”是我本人的自我与另一个人的身份或个性的某种外在性的再现之间的某种先天和谐所促成的结果，不如说是由“质询”这一空位所造成的对我的催眠。比如说，是从开放的屏幕、由镜头/反拍镜头回应的凝视所造成的对我的催眠。这时，那种空位，逐渐模糊地既同作为观众的我本人，也同另一个人物/对话者联系起来。[9]不过，就这一点来看，这种对作为过程的“认同”更具节奏性和形式性的设想，由于极端地消解掉了同任何既定的主角或影星的联系，因而也总是要将这个问题完全取消，而不是加以解决。

乍一看来，罗斯曼把认同这个有争议的论题搬上舞台，似乎已经使我们在根本上同观点这个更具文学性的问题脱开了距离：《房客》的神秘，毫无疑问是一个内幕知识和被特权化的信息的问题，但它又是从视觉本身的种种局限性、摄影机必然的和结构性的外在性这一角度被加以戏剧化的。因而，它便是这样一种事实：一张“面孔”，永远也不可能告诉我们任何我们希望知道的事情；而且，它甚至也不可能“确认”我们从另外某个来源已了解到的确定性。换句话说，这种特写镜头，凭借着它本身的逻辑，总是要强化情节本身可能总是已经要消解的其种不确定性（比如说在这种情况下：我们明白，不管是那位“房客”——艾弗·诺维罗，还是《疑心》［*Suspicion*，1941］中的卡里·格兰特，实际上都不是杀人凶手）：

> 接下来的一组连续镜头，渐渐对准房客。随着画面的明晰，他正面带微笑，盯着摄影机在看。这一镜头使我们不得不承认，我们并不真正知道，他是何许人也，或者他想要做什么。至于说我们了解到的，不过是那位母亲的诸多疑虑是确切的，而他就是一个杀人凶手。到这个时刻，镜头把这部电影的种种暗示推向了高潮：这

> 位房客就是“复仇者”；而且，他同摄影机订有契约。他带着会意的目光与摄影机的凝视相会，似乎已经看透了我们对他的观看这种行动，因而才要承认同电影的制作者的共谋。就好像是希区柯克本人戴着艾弗·诺维罗的面具，与我们的凝视相遇，在我们逐渐识别出真相时不断发出微笑……（29～30）

这样，正是摄影机同人的面孔之间这种“外在性的关系”，在这种情况下，恰好可以解释卡里·格兰特作为希区柯克影片中卓尔不凡的男影星所具有的特权化的地位：

> 就好像是格兰特同摄像机达成了某种协议：只要摄影机对他的面孔凝视的时间不长、力量也不大，或者放松对它的聚焦，就可以对它进行拍摄。因而，这一点，对应着他似乎已经同世人达成的协议：只要别人不向他表露出欲求，就可以随意观看他；作为回报，他也就不把他的情感表露出来。不过，由于不间断地被人凝视，格兰特难免困惑难忍、烦躁不安，他准备好了一整套对付别人的随心所欲的目光的办法，以及应对摄像机的凝视的同样丰富的办法……（122）

不过，对摄影机的某种使用方式，毕竟要迎合特别适应它的演员，而这种功能只在《三十九级台阶》以后才开始出现。这一点，后文将很快论及。不过，如果参照罗斯曼的论述，在对此作出比较充分的展开之前，就有必要关注一下《骗局!》中的这个因素。因为，这部电影当中展现出的类似的主题学，似乎可以说用的是“第三”而不是“第一”人称；换句话说，这部电影既没有

《房客》中的，也没有《三十九级台阶》中的那种类型的主人公。

在《骗局!》里粉墨登场的，是好奇的意识（演员—导演约翰爵士，赫伯特·马歇尔饰）与负罪的意识（由埃斯米·珀西扮演的易装癖者/黑白混血儿汉德尔·费因揭示出来：他的十恶不赦，跟后来电影中展开得更加丰富的“个案”，如查理叔叔［《疑影》中的约瑟夫·考顿］以及诺曼·贝茨［《精神变态者》中的托尼·帕金斯］一样，给判断造成了诸多类似难题）之间的某种保守意义上的分离。颇有特色的是（而且也因为他也要对希区柯克后期电影中这样的人物进行分析），罗斯曼把这种人物性别上的含混性，视为某种更具形而上学意味和一般性的“虚无的幻想”的表达：

> ……其中充斥着死亡的诸多意象，也充斥着费因无可更改地与之疏离的人的性欲那个领域的诸多能指。虚无的幻想，可以概括费因本人眼中以及——正如他想像的那样——戴安娜眼中的他的本质。它同样也是费因有关他本人之死的幻想。死亡是费因的标记。在此世中，他代表着死亡，因而只有他本人的死亡才能使他免受他自己的诅咒。(92)

有人可能会提出疑问说，以这种非中介化的方式，在不带有教条主义意味的情况下，是否还可能援引任何解释代码——不论从任何常识视角来看这一代码如何的“终极”（比如可以假定的“死亡”的视角）。实际上，罗斯曼已经储备好了好几种增补性的转折在等着我们，其中包括紧接着这段话的对费因的自杀所做的解读。在这里，一定是希区柯克所有的影片当中一个最为异乎寻常的瞬间，在他妙笔之下又一次闪现出光芒：那位有负罪心态的空中飞人艺术家，在大帐篷内进行的一次表演过程当中，脖子上挂着套索，在众目睽睽之下了结了自己的生命（不过，在向下坠落时，越出了镜头以及摄影机的视阈之外）：

> 就像别人自杀一样，费因的自杀也是一种私人行为，容不得任何一个观众……另一方面，费因的确是在一个公共竞技场内，以可能是最具戏剧性的方式来表演他的自杀的。目睹此情此景的公众，一时间鸦雀无声，焦急地期盼着他蔑视死亡的行为的高潮的到来。费因的自杀是私人行为，同时又是精妙绝伦的一场戏，足以博得满场彩。（93～94）

不过，在这个关节点上，“死亡”的主题，已经不再是具有独立存在价值的某种“终极意义上有决定作用的”解释代码，而是其本身已经从某种事物的角度被“重新解释”。在这部著作余下的部分当中，这种事物在罗斯曼的分析当中的核心作用要大大增强。而且，或许也就是在这一点上，真地可以把他的解读跟上文引述的查卜若尔与罗赫默所做的解读区别开来。因为，在后者的解读中，恶棍的当众毁灭——不妨也想一下在《忏情恨》的结尾处聚光灯下被钉住的、高高举起的双臂，或者是《海角擒凶》中令人痛苦不堪的结尾（后来被转移到另一种十分不同的形象上）——被视为对十字架上的基督的模仿，以及对罪人加以拯救的标记（请解读天主教徒人物；他们与正义的或“无罪的”新教徒正相反对，因为后者甚至并不具备求知什么是恶这种美德）。我认为，神学的因素在罗斯曼的解释当中并不是缺席的；不过，在解释的这一特殊步骤中，他的解读要比盎格鲁—天主教徒的那种拥有丰富得多的中介化意味。

他的解读的优胜之处还在于，它能解释尽管希区柯克本人对作为一种形式的侦探小说的了无趣味深信不疑，而且他本人显而易见也是在用冒险—惊险故事来取代像这样的侦探小说，但是，为什么《骗局!》还能够保有这第二种形式框架，因而约翰爵士——这部影片中的真正主角，跟希区柯克别的作品中偶尔有所作为的那些侦探和“解释者”都不一样——身为神秘事件的调查者，才具有自我指派的作用。不过，我们同时也已经指出，约翰爵士是一位演员—导演，因而下一步必然要论及“戏中戏”。原因是，约翰爵士就是通过它来落实费因的罪恶行径的。

的确，正是戏剧的和“戏剧性”的整个主题学，在这里可以提供关键的中介化；而且，正如罗斯曼所指出的，它不但在希区柯克一个人的作品中，而且在范围要大得多的当代电影的自我界定中，都“扮演着某种角色”。但是，在有些地方，这里指在上文业已提及的伯格曼的《赤裸的夜晚》（*Gyclarnas afton*）中，显性的和公开的冲突，是在都市演员的老道世故与杂技班子更受大众欢迎、更具集体性的模态之间展开的；不过，在这里，杂技被融进了戏剧本身，与此同时，运作上的区别只是隐而不彰的。这也就是戏剧性（默片表演、“表现力”、修辞性的言语）与电影制作本身之间的区别。因为，在这里，用希区柯克那句著名的话来讲，在电影制作当中，“演员成了牲口”；因而，地位最高的象征性的形象就不是电影“明星”，而是电影导演本人。而所有这一切，都由《骗局!》中自杀这个高潮突出了出来：这里的戏剧性的“不真实性”表明，这是为公众准备的一场戏，所以，后者才可以亲眼目睹这一事件；与此同时，它的电影性的“真实性”则在于这个方面：费因跌出摄像机视阈之外，因而他根本上的神秘便越出可见性之外，得以保留并且可以永远存在下去。

同一个评价轴线，也可以用来解释约翰爵士的特殊地位：几乎可以说，他是惟一一位有重大意义的希区柯克电影人物，在其老式的“新批评”、詹姆斯式或高度现代主义的意义上属于反讽的对象。[10]（的确，要想重新审视希区柯克艺术的进展，有趣的方式之一可能就牵涉到，要在这里为同现在已属传统的反讽性的“观点”这样的形式进行的“决裂”以及某种“超越”反讽的新的叙事语言的涌现定位。）换句话说，约翰爵士认为，“戏中戏”的书写构成了对真实或对现实的对应物，对真实的“再现的”的某种提示，因为它实际上已解决了谜团。因此，他也就变得比那个众所周知的恶棍汉德尔·费因“更为邪恶”，尽管是在十分不同的意义上。原因是，他竟然要暗里较劲，试图同希区柯克本人一比高低，跃跃欲试想成为作为一个整体的这部电影的“绝对精神”或造物主。因此，正如罗斯曼以其敏锐的洞察力所论证的，才会出现舞台上而不是这部电影本身的“现实”中的“皆大欢喜的结局”这种特别的和有意义的设计。所以，这部电影当中存在着一种真正的戏剧性的混杂：它采取的是想像着它能理解别人（而且最引人注目的是，“恶棍”或犯罪的人）这种形式；而且，它也因此非常危险地同导演本人拥有的至高无上——但又是不在场的——权力展开了竞争。上文已经指出，正是这一特殊因素，对神学性的解读来说才是易受影响的：在这样的解读中，希区柯克是这一电影王国的不在场的神；因此，这样一部浪漫式反讽戏剧（在由施莱格尔兄弟阐发，进而在很大程度又在纳博科夫那里得以复活的比较严格的意义上）也便有了诸多宗教性的弦外之音。凭借这样一种神学解读所形成的再挪用这种可能性，在我看来，在罗斯曼的著作中是一个突出的败笔和一种客观的瑕疵。而且，它又是同书中可知觉到的一切混为一体的。因而，不管是在什么情况下，如果说后边的各章没有使这一可能性减弱，也至少使它“复杂化”了。这也是我们现在转而要讨论的。

正如上面所提到的，对《三十九级台阶》的解读，由于依照的是以“第三人称”叙事进行的这种特殊的实践—运作，因而又把我们重新推向这个谜团——凭借对主人公的面孔的特写镜头进行的某种“第一人称”叙事的可能性或不可能性这一无法确定的问题。不过，应该顺便指出，在这里，罗斯曼也曾以简洁的文字论及希区柯克作品的另一个特色，而这也正是他本人著作已经排除在外的（主要是因为他对例子的选择），即罗曼司这个问题，［也就是］“作为主人公的伴侣”的出现。而且，他还不无益处地将它同大约同一时期的好莱坞电影的文类发展联系了起来。(132～134)

不过，罗斯曼分析的核心论题，以及他的著作一直在缓慢地建立的论点中决定性的步子，则同罗伯特·唐纳表演的原创性，或者更准确些说，同作为摄影机的各种新的美学可能性的支撑物以及中介的他的面孔和身体有关。不过，这里提到的美学的可能性，按我们现在的立场，可以理解为本身形成了跟戏剧以及戏剧表演的反动，即使是从诺维罗在《房客》中花里胡哨的默片表演风格来看；不过，现在在比较积极的以及“特殊的意义上，我们并不承认［唐纳］是在为摄影机或者他本人表演某种动作这种可能性”。(119）悖谬的是，由于着眼于别人的知觉而不能将自己的自我“搬上舞台”，这样的失败也是电影观众跟理查德·汉奈/唐纳的认同根本性的条件；结果，在这一关节点上，上文提到的难题面目狰狞地又返回身来。

> 即使是在对汉奈的观点的挪用当中，摄影机也要突出跟他的某种分离；但悖谬的是，这种分离却成了他身为认同的人物所具有的地位的条件。如果我们假定，对荧屏上某个人物的认同仅仅是一种效果，那就不可能理

> 解《三十九级台阶》的成就。我们同汉奈/唐纳的结合，绝不是由某种机制的各种作用造成的幻象。要想承接这种结合，我们就必须准备好应对以下这些问题：比如说，摄影机要把唐纳展现成谁，是做什么的；汉奈是何许人也，是干什么的；汉奈的世界是什么样子；以及我们是什么人，是干什么的，等等。这样，我们才会注意到站在汉奈位置上去想像唐纳这一要求。站在他人位置上对自己进行想像会产生什么结果，认同的人物又是什么？这样的问题，是支撑着《三十九级台阶》乃至希区柯克所有的作品的基石。(114)

我之所以要摘引这段并没有结论的文字，既是为后文对它所做的决定性作用较大的回应铺路，也是为了突出罗斯曼在这部著作中的批评运作同那些更具“符号学意味的”或大陆的批评之间的某些区别。因为，我要假定，对“某种机制的运作”的种种尚未辨明的争论性的意指，就是对罗斯曼当年参与其中的那场“缝合”的争论的隐喻，而这场争论正是围着所谓的“主体的死亡”这一目前已成时髦的“问题”打转的。[11] 由于在一般情况下，这最后一点是以某种形而上的形式并且作为一个本质上形而上的难题被阐述出来的，（自我或者个性是否连贯一致；个性意识是否类似“实质”的某种东西，或者恰恰相反，属于更像是某种“效果”的东西?）因此，如果在这个问题上选择立场，似乎就不会有多大成效，除非是认识到，这条分水岭的两边产生的各种批评和解释彼此之间都是非常不同的。如果假定某种意识主体具有稳定性和连贯性（在罗斯曼的著作中，具有至高无上的一致性的那个位置将被称为“希区柯克”），这一假定就会产生这种形式的解释：既定的美学性的艺术品的连贯性在这里最终将被显现出，释放出来某种连贯性的哲学信息；而从“去中心的主体”的立场得出的解释，则将总是从各种类型的极具症候性的或症状性的“意义”这种东西的角度，把作品（或者以前的作品亦即“文本”）记录下来。

有趣的是，罗斯曼在这里所采取的立场，本来可以把他推向某个历史的和社会学的方向，但他最终对此并未加以探究：《三十九级台阶》毕竟是这项研究当中的最后一部作品；因而，认同的难题又一次旧话重提，但不是围绕着假定性的犯罪人物（在以后，是查尔斯叔叔或诺曼·贝茨），而是围绕着一个清白无辜的、本身又是电影的主人公展开的。因此，“认同”（或“反讽”），凭借任何一种内容标记（要么是查尔斯的实际犯罪活动，要么是约翰爵士的戏剧性的杂合）都不可能得到落实，而只能依赖另外某种东西：

> 在汉奈/唐纳这个人物当中，希区柯克创造出了他的第一个完整的主角和认同的人物，也是希区柯克电影一系列主人公中的第一位。……在这部影片中，希区柯克对他的人类主题作出判断，并且呼唤人们赞同这些判断。首先，他呼吁我们接受他的判断：汉奈/唐纳是一个我们可以与之认同的人物。凡是接受这一观点的人，就成了希区柯克的观众……《三十九级台阶》强调了其中的主角与房客这个人物之间的某种连续性。不过，在这个根本性的方面，汉奈/唐纳也代表了跟这位房客的决定性的断裂：从一开始，希区柯克就希望让我们看出，他是无辜的，决没有包藏任何不可告人的秘密。不过，尽管凡是我们对这个人物必须了解的，我们都已了解，所以心里明白他对我们绝不是什么谜团；但是，至

> 于对身为一个人物的他，我们则几乎是一无所知：我们自以为了解他，这种自信与摄像机对他的隐私的尊重，混杂在了一起……在与我们对某个明星的“已知”难分彼此的那种无知之内，希区柯克发现了一种令人心神难安的神秘。(113)

这种作为某种商品被拍摄下来的面孔，它的出现，再加上明星制本身的出现，正如埃德加·毛林等人所指出的，是电影用以替代“戏剧性”的东西或者本雅明所说的“灵韵”的东西的一个物质主义的版本。因而，罗斯曼的分析大部分都可以加以重写或重新调动，以便为作为对商品形式本身的隐性评论的希区柯克的作品（并且也为“影像已成为商品物化的最后的形式”［盖伊·狄博德语］的社会特权化的美学机器的电影）的这种解释提供服务。

不过，罗斯曼并没有顺着这一特殊的方向追索下去，但他另辟蹊径也的确找到了有启示意义的一种解释。举例来说，在他的创作当中，我们可以看到对希区柯克电影中的恶棍这个角色及其作用的某种形式明确的系统阐述。比如众所周知丢了一个指头的“教授”这个例子：“汉奈对‘教授’的计谋浑然不觉，而‘教授’也跟汉奈一样，对希区柯克的计谋浑然不觉。因为，汉奈不可思议的逃脱以及‘教授’最终的败北，都是由希区柯克操纵的。”(143) 所以，“教授”显而易见就是约翰爵士的再体现。一方面，凡是后者身上的创作上和戏剧性的杂合，他都拥有；另一方面，他又表现出这一显著的差异：希区柯克现在已经能够抛弃“反讽”这种笨拙的模态，进而把“教授”作为一个名副其实的恶棍突出出来；因而，这位“教授”“真正的”犯罪行为并不等于电影制造出的不可解的阴谋，而是意欲争夺上帝本人的位置这种要严重得多的咄咄逼人的奢望（就影片中的情景而论，是要夺走希区柯克的位置）。

这样，罗斯曼的解释，便开始涌现出气势恢宏的思路。与此同时，其他问题也得到了澄清。其中最值得注意的是“戏剧性”在电影中的替代物到目前为止仍然界定不当的本质；换句话说，就是这样的银幕表演的原创性：由于它具有不断的自我意识以及自我演出，因而同戏剧性的东西的这种瑕疵是相互对立的：

> 但是，[在高潮的一幕，“教授”对记忆大师实施谋杀的] 真正始作俑者，只能是希区柯克。有了希区柯克的计谋，记忆大师和“教授”才能表演他们一定要表演的东西。汉奈也才会扮演希区柯克要求他扮演的角色。跟平常一样，汉奈是自由的，他的表演不会受他的本性的支配。到最后某个时刻，他忽然陷入困境当中，尽管那不是由他本人的所为造成的。我一直把汉奈的表演称为“即兴”，为的是说明，他的表演可以随意而为，但在每一分钟又都是预先设计好的。不过，让人预想不到的是，汉奈竟然会没有自我意识地接受这种状况，罗伯特·唐纳的另一副面孔竟然优雅地对拍摄逆来顺受地加以接受。(167)

不过，就这一点来看，而且假定存在这段讨论文字当中所说的情况，那么，很明显，我们到这里就要把演员与人物——以及这样的“认同”——的问题抛在后面，转而开始探讨另一个问题，即电影、它的创造者以及我们同他的关系的压倒一切的可解性这个问题。罗斯曼（依照黑格尔传统）把它描述为识别问题。

他对《精神变态者》的讨论，既是论述的这一阶段所达到的高潮，又是它预料不到的一种变异。这样，我就可以直接就它展开讨论，而无需顾及论述《疑影》一章的精彩见解。因为，这一章在某些方面只是对已经阐述过的种种主题的概括，尽管也把这部影片视为惟一最具希区柯克电影特质的精品；因而作为个案，它的确具有突出的启发意义（但这里讲的希区柯克，正如上文所述，正好不是我最感兴趣的希区柯克）。不过，《精神变态者》对这一切加以重铸，不仅使诺曼·贝茨成了他者性的那种神秘终极的持有者，尽管这种神秘曾经是房客、费因、《疑虑》中的卡里·格兰特以及《疑影》中的查尔斯叔叔的舞台；而且，甚至更有意义的是，还因为最后的“积极的”主角们，最后的“信任别人的”爱侣们，不消说还有约翰爵士类型的侦探—调查者这种角色的真正消失。这样，所有这一切，在逻辑上都确保了导演这个问题的首要地位，确保了我们的兴趣要从“人物们”及其更具戏剧性的属性，向创作“意识”本身至高无上的神秘的转移。

不过，在这一个关节点上，出现了一种戏剧性的颠倒，因而反倒可以为坚持“主体的死亡”立场的卫道士们带来某种帮助和安慰。因为，当所有人物所具有的目前为止一直是不言而喻的各种统一遭到质疑的时候，出现的情况是，摄影机背后的“希区柯克”的权力同时也就失去了它拟人的属性。“电影知识”这一忽然涌现的主题，由于与戏剧舞台演出迥然有别，同时也由于我们已经开始将它同电影导演本人的权威性联系了起来，因而，竟然一下子变成极端的非人性的了。《精神变态者》传递信息的力量，也就不再是一个有意识的神，人们可以拿它来玩弄纳博科夫式的游戏；而是某种非常不同的、物质性意味要重得多的东西，这也就是摄影机这种机器本身。

这也的确是罗斯曼的著作当中惟一最具戏剧性的分析——对淋浴那场戏所做的淋漓尽致的精彩的长篇分析（292～310）——

试图要揭示的："玛里恩的淋浴是一场做爱的戏。因为，淋浴喷头是她的想像性的伴侣，了无人性地沉静、泰然自若；而且，这个淋浴喷头同时又是一只眼睛。玛里恩遭到的谋杀，是一种强暴，因而它又成了一种蒙蔽。"（292）不过，这个淋浴喷头仅仅是这场戏中替代摄影机的最初的形象，因为，一连串令人困惑的置换，一次又一次地强调了摄影机的暴力。这样，"玛里恩张开的嘴巴也是一只眼睛"；在遭到袭击的时候是这样（300），在最后而且也是最为明显的情况下，也同样如此：她的鲜血与水流一起涌出，因而水流反射出她已失去生命神采的眼睛。与此同时，摄影机贯穿于这场戏之始终的自动的运动，由于其题旨逻辑跟任何一种拟人的观点都不对应，因而也就证实了这种特殊的装置至高无上的地位和独立性：毕竟，机器与知觉，要比思想和身体能更加有效、更具共生性地联系在一起。

不过，如果真是这样，而且即使顾及导演的去人性化，承认他在这种情况下已经成为一种机械性的装置以及一种机械性的力量，也一定会得出一个最为特别的结论，而罗斯曼的优胜之处就是毫不犹豫地走向这种结论：这就是，这场谋杀的"作者"不仅是同这部电影本身的"作者"相类同，而且他简直就是电影本身的"作者"。

这样，诺曼就成了希区柯克，不管这个动词可能是指什么。我们可以注意到的是，在电影史中最为著名的"让人毛骨悚然的"一场戏——这场戏之所以为人津津乐道，充其量是因为在暴力的处理当中含有半带色情的专长表演——之所以能赢得某种意义这方面的问题：

> 我们还不准备冥思苦想，比如说，不去思考这个穷凶极恶的人物究竟是诺曼还是他的母亲。但是，这个人

> 物代表的就是希区柯克，这一点则必然是不言而喻的。从这种戏剧倾向来看，摄影机跟掀开遮布显现出自身的那个创造物，形成的是共谋关系。某个真实的人，向我们显示出了构成《精神变态者》的各种景象，而且，就在这个时刻，“某个人”以其永难满足的贪欲以及试图报复我们的欲望与我们不期而遇。(299)

不过，在这一点上，所有的事物都各归其位，因而罗斯曼此前的诸多分析当中的各种不同的因素，如果加以追溯的话，便忽然之间令人意想不到地统一了起来。特别是那种“局外人”，这些电影中有很多都是以他为中心展开的——比如说，那个房客、费因、查尔斯叔叔以及诺曼本人——最后证明，对于希区柯克来说，不仅仅是某个特殊的主题或者属于对审美情趣的迷恋的表达；而且，更进一步，是希区柯克本人（及其造物主般的作用）在电影里的真正的铭刻。“房客在景框当中采取了一种立场，显现出他作为作者的作用物的以及我们观众的在场的某种神秘的再现这种地位。他直盯盯看着镜头，试图以其凝视占有它，因而也就成了摄影机的替身，同时也成了它的主体。”(45～46) 似乎就像在“双重铭刻”中那样，两个情节与两整套人物，两个种类不同但都稀奇古怪的叙事，在这里暂时恰好重合在一起：其中一个系列，是名副其实的虚构、电影之内的故事，其中有受害者、侦探、杀人凶犯以及证人等；而另一个系列，则是一种非常不同的戏剧性的或叙事性的关系，其中牵涉到一个创造者（希区柯克）、他的代理人及其竞争对手们，还有（可以假定）他的观众。通常的情况是（甚或始终就是这样?），这两个叙事线索分享一个共同的机缘，因而在给定的镜头或场景之内可以实现同时的表达。

因此，可以假定，“我们”也一样身临这样一种复杂的、自动指示性的装置之内的某个地方；而且，的确，对我们自身所在位置的标识也很快显现出来：

> 如果说这是针对玛里恩的一种表演，那它也就是针对我们的一种戏剧性的表演。就在我们准备发起袭击的时候，我们同时也成了袭击的受害者。《精神变态者》的作者，一个有血有肉的创造物，就站在我们面前，凶神恶煞地要施加报复……在紧接着的一场戏里，我们同希区柯克联手，使玛里恩遭受到了其暴烈程度前所未有的野蛮的袭击；与此同时，希区柯克也对那些没有能认可他的人施加了报复。《精神变态者》的作者声言，也要跟我们保持距离，但他同时又要求我们承认，支配着摄影机的那种力量同时也存在于我们身上。(301)

不过，所有这一切也都曾在《房客》当中出现过。因为，那部电影中滥施私刑的一场戏（希区柯克本人在这里，正如在别的影片中一样，煞有介事地做过短暂的露面），按照罗斯曼的观点，同样也是把公众嵌入从中展示出来的场面：“房客以及暴徒们令人痛苦的形象形成了一个范式。如果可以说属于不可思议的和悖论性的一个，它所触及的，便是房客同复仇者之间的关系以及希区柯克同我们之间的关系。它要表明，作者与观众之间的关系，在某个层面上是一场争夺控制权的斗争。”(53) 与此同时，“如果我们信任希区柯克，便有可能假定，我们同他之间的激烈斗争，将会被改头换面转化成某种类型的婚配。《房客》实际上把婚配确立成了希区柯克指代作者与观众之间关系的另一个关键隐喻。”(53)（需要顺便指出，这是对上文摘引的有关“暗杀与婚配”的不可思议的文字的解释：两者相互关联，但不是它们自身就关联，而是因为二者都是指代创作者和电影观众的关系的比喻）。

不过，在这个电影宇宙之内，我们毕竟还没有找到我们终极的比喻的位置。希区柯克要侵犯我们，这就是某种最初的直觉：他这样做时，所用的形象似乎是比较难以理解的，除非我们能意识到，后者不过是灯光，而且开始回想到贯穿于希区柯克作品之始终的一系列置换中的各种灯光，而且尤其是闪光灯泡，纯粹被用来当作枪炮，最值得注意的是在《后窗》（1954）的高潮，《疑云》的摄像一场戏中也一样存在。这样，我们便又重新回到了《精神变态者》本身的高潮中的闪光灯［这个话题］：

> 难道说，这种闪光只能让人迷惑，因为无生命的东西看上去竟然可以具有生命，因而也就能施加魔法造成某种幻觉？随后出现的那个镜头，即这一连续镜头当中最后的一个，是对面目狰狞的死亡的头颅的重现——不过，景框闪出黑和白的光，而且脱离开了莉拉的视线……如果回想的话，我们对摇来晃去的灯泡的看法，就同样会被揭示为代表着从这种空洞的眼眶中发出的凝视。“贝茨夫人”，跟玛里恩、莉拉以及我们一样，也是一个观众，似乎也被某种影片符咒给镇住了。的确，贝茨所看到的，也正是同样让我们迷惑的景象。那个木乃伊的私人电影，是不能同符咒一般迷住了我们的电影截然分开的。这具已经干枯的尸体，是希区柯克对他的电影观众的明确的再现之一。我们就是那位在《精神变态者》中控制着死亡的母亲，就是那位同时又为死亡所拥有的母亲。(330)

与此同时，应该补充的是，正是再现的这种显性特征，即内在情节（谋杀）借以表达外在情节（我们到影院看电影）的那种清晰表述，才可能解释《精神变态者》作为某种总结和实证性的东西，在希区柯克作品当中所占有的特殊地位。

三

现在，该是对这一精雕细刻、颇有创见的解释图式作出评价的时候了。不过，如果想硬性“裁定”它究竟是对还是错，那就难免有肤浅之嫌。有关这一图式，首先必须说明的是，它是一种讽喻性的解释，也就是散见于罗斯曼著作各处、由作者偶尔直接点出的那种东西：“《精神变态者》是讨论摄影机的自然欲望的一个讽喻（255）”；“《三十九级台阶》是论述观众身份情况的一种幻想作品或讽喻。”（117）上文已经指出，惊险影片的这种寓言化，可以从娱乐或悬搁的角度，使影片摆脱似乎是直接的消费，进而将它们提升到更具哲学意味的意义的高度。另一方面，还不能认为，这种讽喻法名副其实重现了昔日的辉煌，又一次赢得了它在中世纪时的尊贵，尽管它在实践当中似乎从任何方面来看都得到了越来越广泛的运用。因此，我们有必要了解，为什么不应该简单地把讽喻性的解释，看作是一种将意义“运用”于文本的不用费力的或懒惰的方法。在目前这一语境当中，则有必要了解，为什么在面对诸多不同种类的讽喻性的意义或代码的情况下，罗斯曼会觉得自己应该单单选中这一种特殊方法——我在上文从自动反观性（也就是说，影片的内容是影片的形式的一种讽喻；或者更确切些说，影片之内的种种事件，是影片的消费的而不是它的生产的一种讽喻。不过，罗斯曼对此并没有多大兴趣）的角度对它加以描述。因此，这一问题既是客观的，又是主观的：就作为一种媒介的电影本身来看，存在着一个历史性的问题；那么，它为什么又要为最常同高度现代主义相联系的这样一些错综复杂的、次要的自我指示的形式所吸引？这第二个问题，同讽喻法本身有关，也同它作为解释过程的另外某些不可能的或不合需要的实践的替换物或替代物可能存在的症候性的价值有关。

对电影的讽喻性的解读，其可能性当然是由摄影机本身的双重功能，同时而且“客观地”给予的。而这种双重性，在别的媒体那里，是比较不明显的或至少是比较不容易阐明的：

> 在实在的世界之内，摄影机由于要选择景象呈现给我们，因而便代表了作者指导其景框化的行为。摄影机是决定作者与观众真正关系的工具。人们对格里菲斯仿而效之，因而要制作电影就是要激发观众兴趣，使观众激情飞扬。影片的作者使观众臣服于他的权力。在电影的世界之内，摄影机则拥有权力渗透到其主体的隐私中去，而无需他们与闻或授权。此外，它所代表的作者创造了这个世界并给予这个世界以生命，因而可以主宰其中的“诸多事件”，而且能够向摄影机的所有主体挥动生死的权杖。(102)

这种两重性，功能的这种相对分离，正好形成了某种讽喻性的再连接，即可能存在的“叙事”的两个层面的支撑性的、分毫不爽的连接。不过，正如罗斯曼进一步指出的，摄影机的主人“同时也是无能的。只要他的位置是在摄影机背后，他就只能代表着摄影机建造的作品之内的一种神出鬼没的、幽灵一般的在场。他绝没有身体：不管是什么人，都不可能见到他的凝视……”（103）这样，对有关情景所做的这一第二次的专门化，便要为故事情节提供“动机”，为作者给予我们这些观众的种种设计供应内容，并且最终将罗斯曼所说的作者对识别的这种东西的戏剧塑造成形。不过，就这种东西来说，如果撇开黑格尔哲学的意味，除了英雄崇拜以及由忽然兴起的名导演理论提供的新的明星制之外，很难看出它可能会是什么。

不过，我倒是认为，我们有必要再进一步对观看电影这一过程本身的历史原创性和结构特殊性深入探讨，而不是像平常情况下那样浅尝辄止（尤其是在观看电影已经根本不是“不自然的”，而是成了某种人们习以为常的、普通的知觉风景的一个组成部分这样一个时代）。这就可能牵涉到了像马歇尔·麦克卢汉及其学派试图对印刷出的图书进行解读时所做的那样，对“观看电影”施加一种疏离。而克里斯蒂安·默茨的《想像性的能指》至少在对这种奇特而又专门化的人类活动进行描述上捷足先登，迈出了第一步。这也正是这本著作的一大优点：

> 在放映的过程中，摄影机是缺席的，但它有一个由另一个装置所形成的代表，名字正好就叫“放映机”。在看客的背后，在他的头的后方，有一个装置，而这正是幻想为所有幻象的“焦点”定位的地方。我们所有的人，都已经体验到了我们自己的目光，即使是在已经变暗的剧场之外。这种目光作为某种类型的探照灯，以我们自己的脖子这个中轴为中心不断转动（就像某种摇镜）。我们转动时，它也随着转动（这时大有推轨显现的意味）：它就像是一束圆锥体的光……［我们］同摄影机运动的认同，是属于某种先验主体而不是经验主体的那种认同。［不过］整个幻象都包含着一种双重的运

> 动——放映（那种“扫射性的”探照灯光）与内射，来作为一种敏感的记录面（作为一个屏幕）的意识。我可以马上产生这种印象：用一种普通的表达法来说，我此时正把自己的双眼“投”在事物上；因此，后者在被这样照亮之后，便被逐渐储藏在我的内部……摄影技术小心翼翼地迎合这种（陈腐的）与知觉相随相伴的幻象。摄影机就像是一种枪支对准对象接受“训练”（＝投影），因而这一对象一旦到来就要留下某种印记、某种痕迹，留在条状影片胶卷有接受力的表面（＝内射）……在演出过程当中，看客就是上文描述的探照灯：它与放映机作用相同，而放映机又跟摄影机作用相同。在此，它同时又是那种敏感的表面，与银幕有相同的作用，而银幕本身又跟电影胶片有相同的作用……因此，如果我说我是在“看”电影，我指的是两种彼此相反的倾向的某种独一无二的混合：电影既是我要接收的东西，同时也是我释放出的东西……释放它时，我就是放映机；接收它时，我就是银幕。这两个形象合在一起，我就成了摄影机；因为，它既显现，同时又要记录。[12]

这一非同凡响的论述，可以将罗斯曼有关识别的戏剧性的神话（既无所不能，又一无所能），重新定位于观众之内以及视觉机器本身之内。与此同时，凭借它的诸多比喻，它还能有益地强调这一机器的历史本质。而且，似乎可以说，它也表明了人这种知觉机器，在任何既定时刻都是在它本身的机械产品的基础上，而不是按照相反方向建造起来的。换句话说，不管是怎样的“永远”真实，作为一个心理学的问题，［它］都可能指的是知觉本身之内的被动性与主动性之间某种有趣的辩证关系——默茨所描述的银幕与探照灯之间的那种东西，但轻而易举又可以认同为亚伯拉姆斯的浪漫的“镜”与“灯”之间存在的那种东西——人们或许也同样可以轻而易举地表达意见，赞同由像电影的整个机械装置这样的“物质决定因素”所具有的那些功能的历史表述或具体化。这样，这种典型的新技术便会产生效果，但不一定是某个原因造成的，而可以肯定是由这种因素引发的：它能加剧已经是潜伏性的张力，并将它的再组织或再阐述强行推入某种已充分发展的矛盾当中。因此，正是在这一意义上，某种新的、特别的东西，在已经变暗的电影院之内，正由“固定不动”引向“人类现实”，而这也正是消极之物与积极之物的目前已极为不同的功能之间的某种已强化了的共存：这一共存，由于作为一种经验其新颖性本身的缘故，因而总是要将它自身转化为适宜于这种新的艺术媒体的某种被特权化的“主体”。

不过，人们或许也希望能再增添这样一种谱系性的视角：根据这一视角，这一媒体（以及它本身的历史，它本身的技术发展），与其说可以理解为有独立存在价值的一种革新之源，不如说是对作为一个整体的社会生活当中某种不断前进的倾向的物质性的再强化。这也就是最宽泛意义上的卢卡奇的“物化”概念：忽然涌现的资本，对各种劳动过程和人类活动进行再组织，进而促使对心灵加以再训练、再编程；这样，心灵之内便逐渐出现某种片断化与劳动分工。在这种情况下，单一的思想功能之内的主动与被动截然不同的结构上的分化——比如说电影知觉这样一种“新的”分化——就可能被视为物化过程的一种历史性的强化；而且，这样一种分化，要运行相当一段距离，才能说明这一新的媒体特权化的地位，才能说明它逐渐形成的对比较传统的审美语言的超级转让。不过，在目前这一语境中，有关解释的种种问题的那种分化，就这一历史视角来看，应该注意的是这一方面的问题：凭借物化的中介编码以及分工的嵌入，就有可能将自动指示性的解释这种形式主义（作为电影性的知觉本身这一电影的最深刻的主题），转换成一个更加复杂的历史性的和社会性的解释。

另一个显而易见的指向也差不多是同样的情况。因为，按照这一指向，物化的主题，即身体的感觉中枢的片断化以及目光本身的“物化”，引导着各种感觉所形成的新的等级：它自从笛卡尔和伽利略起开始出现，就在诸多方面呈现出不均衡（“几何性的”东西占有首要的地位），直到成为成熟资本主义本身的“权力意志”占统治地位的工具。作为既是对外在世界、又是对其他人加以控制和管理的一种形式，这种反映的景象早已成为一个主题，由萨特随后又由福柯做过深入的探讨，尽管可视之物的主题以其弗洛伊德式的形式（原初场景，作为镜像过程的幻想）更为人们所熟知，尤其是在当代电影批评当中。不过，后者的某种历史性的（以及历史主义的）丰富性和复杂化，还是有可能赢得的，假若“物化”的中介化也在这里嵌入，并且考虑到这种可能性：作为一种社会性的主因的“看”，在无意识的心理分析模式中，它的出现是其策略性的功能的必然前提。在我们处理当代的“影像文化”——从目前情况来看，最为显而易见的是电影本身，另外还包括广告——的时候，公共与私有、马克思主义与弗洛伊德主义这两个解释代码的这种历史性的配合，决不会减弱其紧迫性。因而，拉康式的分析，依然以强劲的势头同狄博德类型的新马克思主义的分析（影像本身已成为商品物化的一种形式）相互争胜。无论如何，不无益处的是，有关身体的感觉中枢与知觉本身的历史问题的再引入，似乎是要为关乎“主体”建构的诸多比较抽象的讨论“重新奠定基础”；因为，那些历史问题处于这样的被特权化了的工具之中：那种心灵主体凭借着它们被首先建构了出来，而它们的审美工具，其中包括电影，则处于这样的心灵结构的“社会再生产”的种种主要的物质作用物之中。

本文一直在勾勒的这种视角，并不是罗斯曼所给予我们的那个类型的解释的可替代的解释中的一个，而只是这样一个评价框架：类似的发现本身，在这里可以得到更丰富的解释（因而，我们已经看到，这位特殊的电影批评家，是在将特写镜头的种种神秘向明星制这个现象同化过程当中，对这样一个视角展开研究的）。不过，行文至此，我们倒是希望把问题倒转过来，对本文一直在认真审视的这部有趣的著作当中的解释操作进行最后的——不可避免，也是教条主义的——反思。之所以说思考所得是教条主义的，原因是它依赖的是一个不可能预先或先天地加以辩护的预先假定：不管是对哪一个既定的文化制造物，都存在着某种“具体的”分析的东西的可能性，或者换句话说，一种可以重返既属于文本本身、又属于它的解释者的历史情景的解释，而且所采取的方式使它最终能够为它本身奠定基础或作出自我辨正。不过，解释循环或阐释循环（有时被称为辩证批评）的这一调整，每当遇到一个文本，都会有所不同，以至于不可能提供一种操作模式，使之像一般情况下的“方法”那样展开运作（换句话说，这不是一种方法）。

之所以对这一预先假定加以运用，是因为我希望能说明我已经在《语言的囚室》的结论部分试图阐述的某种东西，即凡是这样的“具体的”批评不可能存在的地方，不论是出于什么样的历史的或意识形态上的原因，作为结果的形式主义，都会凭借着作为我所描述的形式向内容的投射，或更恰当些说，形式性的结构或特色向具有自身存在价值的某种类型的内容转化的这种运作，来校正它自身。也没有必要就这种类型的“唯心主义”特别地进行道德说教，因为这一企图本身无意间会透露出，无意识对内容本身的要求，以及这样一种无意识的认识：人的解读是一种纯粹形式化的解读，是对纯然的化学上的缺陷的一种意识，即已经感受到了的物质基础的匮乏或缺席。无论如何，有关这一过程，很少有例子真正能像《希区柯克：害人的凝视》这样引人注目。因为，在这部著作当中，起初某种惰性的和“无意义的”内容——谋杀情节本身的各种因素——被寓言化成了表示电影本身的形式性的过程的诸多比喻，因而，它作为作者的“主题”，即他至高无上的权力，以及他对获得观众—公众的认可的追求——大获全胜地被重新引回到作为它最深刻的内容和意义的这一电影客体当中。

【注释】

［1］William Rothman：***Hitchcock***：***The Murderous Gaze***（Cambridge：Harvard University Press，1982)；后文引用此书处，直接在正文添加页码注明。

［2］See my***The Political Unconscious***：***Narrative as a Socially Symbolic Act***（Ithaca：Cornell University Press，1981)，Chapter 5.

［3］See Rothman：***Hitchcock***，pp. 133－134.

［4］Christian Metz，***The Imaginary Signifier***：***Psychoanalysis and the Cinema***，trans. Britton，Linda Williams，Ben Brewster and Guzzetti（Bloomington：Indiana University Press，1982)，p. 212.

［5］See Rothman：***Hitchcock***，p. 27，317；p. 33，353，n. 3.

［6］Raymond Chandler，***Selected Letters***，Frank MacShane（ed.），(New York：Columbia University Press，1981)，p. 115.

［7］在我看来，Raymond Durgnat 的 ***The Strange Case of Alfred Hitchcock***，或者 ***The Plain Man's Hitchcock***（Cambridge：MIT Press，1974)，是惟一可在质量上同罗斯曼的这本著作相提并论的著作（如果说不把 Raymond Bellour 研究这一主题的重要文章计算在内的话)，因而，在很多方面，对罗斯曼都是一种有益的矫正：首先值得注意的是，Durgnat 对

希区柯克的深刻思想产生的怀疑主义（“普特米金潜水艇——虽然有潜水望远镜，但没有船壳的艇队”）；其次是他试图接受这种想法的（前结构主义的）意愿，即认为希区柯克的作品，并没有“表达”出一种单一的连贯一致的意识形态或哲学，实际上有可能成了一种“空间”，因而大量不相容、不协调、有时甚至是矛盾性的意识形态可以在其中活动；第三是他对某种东西的敏感性，而［他又认为］罗斯曼（以及其他许多可以相提并论的美国知识分子和批评家）对此几乎完全是色盲，这便是社会中的阶级。这里只举一个可以发人深省的例子。人们对《房客》的整个解读，要由某个事实加以转换。而罗斯曼的分析尽管精雕细刻，但对此却只字不提。这一事实就是，那位“房客”是到黛西所在的社会环境作客的一个上等阶层人物，而他们之间的浪漫故事属于阶级之间的一种“博爱化”。的确，在英国人当中，很少有人著文讨论希区柯克，而 Durgnat 实属例外。因而，可以想见，人们会以为，他可能会比美国或法国观众更警觉地先天感受到希区柯克作品中阶级的种种震动。但是，这本身就是一种有益的教训，因为，似乎就在文化输入和移植当中，在文化制造物向别的或异质的民族情景的翻译当中，移动最为费力的东西，比任何别的代码或含义蒸发或消失得无影无踪速度更快的东西，就是社会中的阶级这种代码。

［8］Robin Wood，***Hitchcock's Films***（New York：Cstle Books，1969），p. 71。在我读到过的所有对希区柯克的批评文字当中，Wood 的评判和反应有可能是跟我本人最贴近的。

［9］参见 Stephen Heath：*On Suture*，收入 ***Questions of Cinema***（London：Macmillan，1981）；以及 J. A. Miller 与 Jean-Pierre Oudart 的文本，载 ***Screen***，vol. 18，no. 4（Winter，1977/78），与 Daniel Dayan 和 Rothman 本人的那些文本，收入 Bill Nichols：***Movies and Methods***，vol. 1（Berkeley：University of California Press，1976）。

［10］由于《后窗》中这同一个人物［演员］詹姆斯·斯图亚特明显属于例外。不过，在这里，我认为 David Spoto 的论点最有说服力，也最具启示意义。他认为，斯图亚特主演的四部影片应该被视为一个整体，因而可以显示出“单一人物的逻辑的和明显的发展”。在《绳索》（1948）当中：

他扮演的是那位可疑的卡德尔，这位男子一条腿有毛病，而瘸腿可以显示出内在的道德弱点。在《后窗》(1954) 当中，卡德尔的瘸腿变成了杰夫的断腿，而痊愈的过程便揭示出了有关生活和人际关系的一种脆弱到了可悲程度的、道德上令人生疑的景象。在《一个知道得太多的人》(1956) 里，他刻画了本·麦克肯纳，一个喜欢发号施令的丈夫，但对其自身及其家族的利益了解太多。而在《晕眩》(1958) 当中，他演的斯特蒂耶·弗格森，因为患有恐高症，而且由于有可能引发更加严重的精神问题，因而被迫退休，离开了侦探工作岗位。

Donald Spoto: ***The Art of Alfred Hitchcock*** (New York: Hopkinson and Blake, 1976).

在目前的语境中，我之所以运用这一观点，是希望能说明，《后窗》中斯图亚特扮演的人物的"反讽性的"(或高度现代主义式的) 定位，由于希区柯克的艺术形式经过四部由斯图亚特主演的影片已不断演变而同时也被消解。

[11] 见上引注释 [9]。不过，就罗斯曼论述希区柯克电影的著作的语境来看，有必要在另一方面因 Stanley Cavell 的观念"戏剧化"引出的讨论而将这场争论继续下去(有关这个问题，请参阅下文的第 7 章，尤其是其中的注释 [18])，特别是有关演员的面孔及其表情这个问题。有关这个问题，也可参见 Michael Fried, ***Absorption and Theatricality: Painting and Beholder in the Age of Diderot*** (Berkeley: University of California Press, 1980)。

[12] Metz, ***The Imaginary Signifier***, pp. 49-51.

(蔡新乐　译)

为台北重新绘图

社会的总体性是可以被感知的，但似乎要从外部，就像是对一块皮肤，“他者”不知为什么可以随意观看，而我们自己根本无从着眼。或者就像某个犯罪事件，可以向它步步逼近，有关线索我们越集越多，但与此同时，却不知道自己就是这个可憎到了让人怒不可遏、甚至恶心的动物学意义上的丑八怪的组成部分和内在器官。不过最常见的倒是，在现代本身，它萌芽初露的概念，因为有了知识功能而逐渐觉醒，很像一本书那样，其中的人物还不知道他们正被人解读。因此，只有旁观者才明白，仅仅五分钟之差恋人便擦肩而过；也可能伊阿古已对主人公的叔叔撒谎，使他对这对恋人的动机产生了偏见，今生今世都无法改变，因而可怕的灾难性恶果不可避免。这样众所周知的误解，产生了一种新的纯粹审美性的情感：它不是严格意义上的怜悯和恐惧，也称不上“反讽”，因为反讽已经成了一个被人用滥的字眼，其本义只能交付给猜测。不过，说它是纯粹审美性的，这意味着，这种效果只有跟艺术作品配合才是可设想的，它不可能在实在的生活当中发生，但和全知全能的作者有些关系。这样的事件始终互不关联，不管是在因果还是别的方面，而是一种非存在性的事实、事件或现象，除非是等到“作者”的凝视升过微型的层层屋顶，把它们重新汇集在一起，进而宣布它们就是故事讲述或“文学”的素材。

不过，作者一定要发现这样的反讽，而不是把它们杜撰出来——全知全能有如神启，但跟创造并不相同。而且，这样的机会似乎也不会常有，或者说不会在每一种类型的社会形态中都出现：都市似乎对它十分有利，因而总是在无穷尽地集合这样的相见或失之交臂的各种空无一物的空间；而现代（或浪漫主义时期）则似乎是要供应另一种必不可少的成分，此即对作者的功能或者说对全知全能的社会性的见证者的意识，或许它还倾向于以某种更加密不透风的方式密封于种种单子之中，这样也就同时进一步突出了这些单子的共时性这一惊人的事实。《汤姆·琼斯》，的确还有那种拜占廷式小说，都曾靠纯粹的事件（一般要牵涉到诞生以及系谱等种种神秘）这一事实谋得生路。不过，只有现代这一时代，才声名狼藉地成为这样一个时期：个体性的生命被深深地驱入它孤立的“观点”之中，以至于再也不能超越障碍向外窥视。现代的相对主义的情节，以及它根本性的范畴，即“观点”的统一，只有到了维多利亚晚期的个人主义出现的时刻才脱颖而出，因此个体自我单子性的闭合逐渐成为一个毫无希望的个案，投射出的只是这样一种抽象的再现形式——一种相对主义的共时性：在这里，单子的多元性，是要分别地而且也可以说是从上方只是以彼此之间最不稳定的关系才被想像出来的——既是作为对它的表达，也是作为对它的补偿。

因此，这个时期至高无上的情节编排，把上文提及的较早时期的神启形式作为它的遥远的模型，尽管已无可能而且是悖论性的，却竭尽全力也要把所有这些孤立的单子重新统一起来。不过，如果我们认为它的精神就是较早时期那种精神的反面，或许是可以得到谅解的。在那里，各种多元的命运和线索的一体化，曾产生过这种效力：使其主体们重新确信社会的总体性的以及上帝的设计的终极统一性。而在这里，凡是这些能将这样孤立的主体们拉在一起的意外事件以及突变所体现出来的让人惊异的东西（总是依照可以把他们本身对那种短暂的共同在场的无知向空间显示出来的模态，跨出各自的路径），正是由于它朝生暮死的性质，因而才可能产生这种效力：在个人和私人意义上，将我们所有人更深地驱回我们的孤立之中，并且使我们确信，这种神启效力和某种审美效力相差无几——它只是某个现代人或浪漫主义者勇气十足的姿态显现，和生活经验中的任何东西都不一致。

比如，我想到了安·班菲尔德精彩的著作《不可言表的句子》[1]探讨的就是另一种叙事的和再现的特质，所谓的*间接自由体*（*Style indirect libre*）。她的这本书的书名《不可言表的句子》本身就传达出了书中论点：只有在书写的和印刷的叙事，而不是在任何讲话人的话语当中，才能找到这样的句子结构。共时单子同时性的反讽也是这样：作为主体的人对作为存在的经验的它，没有一个是了解的（除非是在阅读书籍的过程当中）；对作为一种观察的眼睛的它，也从来没有人亲眼目睹过。把它归因于上帝，跟想像上帝能追踪我们内心深处的思想，并以其独特的*间接自由体*形式明明白白地一一道来一样荒唐。另一方面，如果想回到我们目前的语境，我们就不得不戛然而止并且有所领悟：电影摄影机同样也是这样一种非人性的机器，适于营造效果以及虚拟的“经验”，尽管任何人都绝不可能在实在的个体经验或者生存的人类生活当中见到过。事实上，电影的“观点”，比另一种“观点”，即书写的“观点”，更缺少现实特征：它把观察者同被观察者放在一起显示给我们，因而必须把观察主体的身体包含进假定的主观经验当中，仿佛是要把后者标记成被某个人看到的。

因此，这样的人为的构造物，由此便引出这样一个暗含的哲学难题：该怎样去评价在假设意义上产生的似乎是人为的和第二手的“经验”。它们显而易见是实在的，但与此同时，就其又含有这种意味——这种新的经验—构造不知为什么是自然的，或者跟平常或日常观看与经验是“同一种东西”——而论，则又是不可靠的或不真实的。但是，电影的这一哲学难题（正如卡维尔所说，不可能在我们本身不在场的情况下把被观看的世界呈现出来），毫无疑问，早已隐含于麦克卢汉主义的课题当中以及对当时一样是新鲜的经验（书写、阅读、印刷）的评价当中：它也一样是不自然的，而且提出的也是跟安·班菲尔德描述的那种一样的特别的、非存在的经验—构造。

因此，神启情节这一现象以及共时单子同时性（后文将把它称为 SMS）这一现象，由于和电影及其哲学问题交叉重合而相互混合。因而，我们现在可以说，这样的混合物，由于现代主义和后现代主义因素的缘故，进而又形成多重的混合。这也就把 SMS 情节重新明确规定为一种特殊的现代主义现象；并且，在形象时代，也对电影作为一个媒体的定位本身提出了一些问题。不过，这种类型的历史的和周期化的问题，要求关注后现代主义这个术语本身的模糊性。因为，它一定要表示一个整体性的历史时期以及前面命题中含有的“感受的结构”；但是，却在这样一种结构中面临着可能会毫无察觉地滑入对某种美学风格或一套形式特性十分不同的感受的危险。这种滑动意义重大。原因是已经有人指出，在艺术、建筑或思想领域，同样都一直被称为后现代的东西，其中大部分内容事实上都是现代主义的——的确，纯粹的后现代主义很可能在先天意义上本身就是不可能的，因为总是要牵涉到对本质上现代主义残余物的处理。因此，看上去貌似某种西方现代主义叙事范式的东西，在一个第三世界电影制作人（在作为一种全球倾向，如果说还不是作为全球性的文化和社会现实的后现代性厚密的时刻）的作品中的复归，可以想见，会引出新的问题。但并不包括这个相当无聊的问题：导演是否数典忘祖，已完全接受了根本上西化式的方法和风格；尽管评论家和记者们在电影产地台北举办的首映式上对此争论不休。

的确，笔者不能不指出，这个特殊问题由于一直被揭示成了一个特别的现代主义问题，因而今天已经失去存在的意义。在殖民地国家，就是本土主义还是西化，是现代化还是传统的理想和价值观念，运用帝国主义者的武器、科学同帝国主义者战斗还是振兴本真的民族（以及文化—民族的）精神等展开的种种大争论中，因为现代化进程在倾向上已远远超出完成并且已不再被特别地标记成“西方的”，因而本来意味着现代本身的西方在某种意义上已再也行不通了（似乎根本没人问过伊朗穆斯林宗教领袖，录音磁带的使用是否标志着向西方科技和价值观念的可耻投降）。[2]

不管怎样，我还是怀疑，台湾当代这些争论中的西化的对立面，是否可能指的就是中国本身（即使假定每一个个体的发言者和参与者都对中国的美学价值和社会现实有相对清晰的认识）。不过，它的空缺位置一定要由有关某种假设性的台湾身份的疑问来填补，因为这一身份本身既是问题，又是答案。在这个意义上，人们之所以要责难杨德昌的电影，或许不是因为它试图保持中国的或台湾地方的特色而功败垂成，而是因为任何一种对台湾身份的本质表面上的忧虑以及任何一种对它真正的可能性的排演，在影片当中都是相对缺席的。的确，似乎情况真的是，*Terrorizer*（对《恐怖分子》［1986］的一种特别的、直截了当的翻译）已为现代化所同化，因而它针对心灵主体敲响的丧钟也更具概括力地向城市化而不是西化本身响起。这便给予它提出的“诊断”以某种类型的全球性，如果不是普遍性的话；而这也正是让杨德昌的批评者们颇为不快的原因。不过，比如说，如果我们可以说上海是一个现代的、西方风格的城市，那就不能以同样的方式去评判台湾。相反，它只是某种一般意义上的晚期资本主义的城市化的一个例子（除非是为争论而争论，不然就没有人会干脆利索地把它称为后现代的），是见证人们既可以在第一世界和第三世界任何地方都见到的城市结构已成经典性的繁殖的一个例子。不过，如果我在这里争论说，从西方和传统之间的对立这个角度来谈论这样的城市已没有多大意义，那么，似乎也就可以顺理成章地得出结论说，对立项同样也成了问题。因而，后现代性同样也就威胁到了（属于现代主义那一类的）民族或族裔的身份等观念。（电视通过内战和民族性斗争带给我们的东西——最可注意的是从苏联和南斯拉夫——是同上文所说的非常不同的东西。对于它，我们有充足的兴趣以适宜的方式将它认同为新族裔性的传媒现象。作为一种模拟物，在任何宗教意义上，它都已不再是一个信仰问题，而在很大程度上成了一个实践问题。族裔性是你必须承受的东西，而新族裔性则是你打算重新确认的东西。）[3]

无论如何，再也没有比中国的第五代电影制作离所谓的台湾新浪潮电影的风格特色以及问题域更远的东西了，尽管它们属于同一时期。实际上，第五代电影的特征似乎在于严格意义的史诗电影的雄心壮志，尤其是以完全不同于香港、台湾电影的空间构成和经验的方式对其风景的重新肯定。某种特别的风格上的形式主义突出了这种特殊的雄心壮志（就此而论，如果要“判定”它是真实的还是炒作的，或从它的内部分离出来哪种东西是属于宣传以及权力的登台亮相，哪些东西又可以追溯到“存在于世”的新的、原创性的模态，还为时过早）。这种形式主义，或许可以被称为意在追求浅浮雕的某种抱负，是对这种史诗式取中镜头（mid-shot）的特权化。它可以把电影和中楣联系起来，条分缕析地审视各个山尖下中间地带的风景，避开前景中的平原，与此同时风卷残云一般将一列望不到头的、见不到脚或头的蠕动的人物和马匹的形象同它一起展现出来，活似一副电影画卷。取中全景视角这一新的技术，不仅已成为中国比较新的电影的一个风格标志：它以类似传统绘画的故事讲述方法，通过把注意力指向跨过中楣的某种摇镜，确立起它的史诗叙事性；与此同时，由于它对人的身体及其风景语境的常规关系加以陌生化，因而促使它们不是被独立地（以业已过时的方式），而是在某种始终有待决定的、彼此间形成的大量的新的共生性关系当中被捕捉到。因此，这种史诗镜头，成了这样一种象征表演：它有望使过去一直属于主体和客体［关系］的东西，展现出某种新的乌托邦式的合而为一。在政治上，它宣称可以建构出某种新的方式以挪用传统，但这既不是破坏偶像性的，也不是向西方的个人主义缴械投降。不过，有谁知道其中含有什么样的真相呢（除非是把它的诉求视为一个竞争形式记录下来，以说明它是在跟作为时下一统天下的西方的或后现代的叙述历史的形式的*怀旧电影*一比高下）?

这个类型的史诗，必然包含有农村（即使各种镜头都只局限于城市空间）。的确，它的感性的讽喻，暗示出了城市已向人的实践和政治活动的某种还原，并把农民大众所在的幅员辽阔的内地作为它的无可置疑的取中视角和纵深处的屏障重予申明。不过，中国的城市电影似乎经历了某种十分不同的风格转折，就好像与它相连的不是已经导入中国大片陆地的那些东西，而是向传媒和太平洋沿岸地区，也就是说，向凡是被幻想化为“西方”的任何东西开放的、不连续的纵向通道。例如，1987 年西安电影制片厂出品、周晓文导演的电影《最后的疯狂》这部惊险片中的纯粹的肉体暴力，与西方类似的产品当中的任何一部相比，都毫不逊色。在这里，在像这样的一部电影中，人们可以注意到这样一种特殊的过程：所有特别加以命名的城市的各种符号和识别记号，都凭借这一过程而被系统地删去，以便突出总称意义上的都市。如果把这种特殊的风格促动因素（人们可以想像，它的实施一定十分复杂）只归因于市场策略或对潜在的国际公众的某种关注，那可能未免太简单化、功能化了。相反，如果我们肯定这样的基础、外在的动力因素以及额外的审美之物这样的决定性就是客观世界中诸多现实，那可能就是十分关键的了：在某种更广泛的分析层面上，就终极而论，它们总是以不可预知的内在方式与主体（以及形式和审美之物）重新聚合。在此情况下，可以肯定，市场在从属的形势下所形成的种种问题，总是要以某种方式与集体性的想像的逻辑和那种“他者”的定位重新聚合：对于这个“他者”来说，文化的和审美的生产，在这种情况下也是隐性地被触及的。

就此而论，一开始似乎就清楚的是，有关社会经济体制的各种标记都一定是被尽数抹去了：一定不能让海外种种社团中的娱乐消费者，被政治问题，也就是说，能让人联想起中国社会主义经济制度的任何东西而分散了注意力。这样一来，《最后的疯狂》中的高科技的咖啡馆和快速火车，便责无旁贷地跨出了整个意识形态的斗争，构造出了一个当代工业生产和消费的世界。与此同时，大陆城市的各种身份识别的标记，也一定要删除干净；因为在这部作品的观赏者当中，很少会有人想像得出来。比如说，西安或者是天津，是坐落在“自由世界”的哪个地方。因此，也一定不能让他们提出这样的问题，或者一开始就对城市的身份产生怀疑。

如果对这样的中立化和解辨识（身份）程序——对意识形态上被标记的内容和某种类型的再现上的洗涤——同我曾在别处描述的[4]、在西方的（或者甚至可以更具体地说，美国的）后现代电影当中发挥作用的那些程序加以比较，是不无益处的。不过，在那样的后现代“电影”当中，被普遍化的不是场地，而是时间周期。例如，《骗子》这部描写20世纪50年代的吉姆·汤普森小说的斯蒂芬·弗瑞尔斯电影版本，就穷尽气力要把有关1991年的标记——即沿洛杉矶—圣地亚哥—菲尼克斯这一轴线展开的当代性统统删去，尽管故事正是依照这个轴线演绎的。这种冲动尽管在把汤普森的故事情节向里根—布什时期转移过程当中所牵涉到的其他所有问题都丢在一边，但可以肯定，能将它认同为那种旨在为这种惊险片叙事创造出某个脱开时间的、不确定的怀旧区域的（不是完全成功的）尝试。在这样的叙事里，那些能让人想起当代社会的——因此还包括政治的——问题和矛盾等令人不快的东西，都已经被删除掉了[5]。因此，某种后现代的美学——就其以超越历史时间本身的黑白电影形式，极力追求某种永恒的20世纪30年代或40年代的艺术装饰风格或迈阿密这一理想或柏拉图式的再构造的目的来看（跟我较早举过的卡兹登的《身体热度》例子类似）——在社会意义上，可以重新追溯到处于某种集体性的文化抑制形式（在字面意义上，即对令人痛苦或不安的材料从意识当中的排除）的阶级的和意识形态的根源。在这一意义上，也可以将它同审美抑制的某种特别的第二世界的形式（将作为一种体制的社会主义的种种标记尽数删去）并置。

无论如何，二者相对而言都同第三世界诸多特殊的国际性的或节日性的电影，在民族和文化方面的，而且人们禁不住会说，也在对旅游有益的方面的包装判然有别。在后者那里得到强调并被标记出来的是全新的本土的和史无前例的民族起源这一事实。正如彼得·沃伦所指出的，从今以后被命名为“新浪潮”的东西，也就是已经打入国际市场的这个类型的新的货物。笔者不愿耗力费时去讨论究竟能不能把台湾看做一个属于第三世界的地区这个有趣的理论论题。如果你认为，这个标签意味着“南方层次”的贫穷，那么，它显而易见如果不是更糟的话至少也是不合时宜的。不过，如果它强调的仅仅是类似于对社会主义集团余剩之物的不相干这样的结构性的和描述性的某种东西，再联系上跟“新的世界秩序”中的三大资本中心（日本、欧洲及美国）中的一个所形成的基本距离，那么，它就可能会少一些误导性。

不管怎样，台湾的“新浪潮”一直倾向于将其诸多形象标记为这个岛屿所特有的，诸多方面都同中国对风景的援引十分不同。在这里，城市之所以也以不同方式被加以聚集（因而《恐怖分子》将会成为它的丰富性及其诸多可能性的一种索引），原因显而易见，台北并未拥有大陆的传统大城市的那种轮廓或者历史性的共鸣及联系，也不具备像香港这样简直是一个城市国家的那种包罗一切的封闭的都市空间。尽管如此，城市的主导性地位仍已经有效地将自然的农村转化成了某种类型的扩展了的郊区空间。在这种空间中，比较传统的农业村庄的残存，还是得到了扬弃，而且也由于它们以导入首都的电动火车的错综复杂的网络和地图为基础建立起来的往来通畅的联系，而以某种方式得到改观。的确，这些小型的郊区火车的形象，在侯孝贤的电影的摄影技巧支配下，成了一种名副其实的新浪潮的标牌，尤其是在他那部优美的《恋恋风尘》（1986）当中。空空荡荡的火车站这个镜头本身以及远方传来的火车声响，最后以系统阐明叙事并作为代表变异的符号或速记宣告结束。这里上下班往返的火车包含着风景并向风景开放，因此也就与《最后的疯狂》（或者像黑泽明1962年的《天国与地狱》这样的先例）中高速子弹头火车不同，因为后者推动着叙事前进。社会性之物（在晚期资本主义世界系统中已不再具有成为地方性的特色的可能性）的各种可触可感的相互交织，既被这种不断出现的意象系统表达并且示意出来，进而又由像侯孝贤本人在杨德昌执导的《青梅竹马》（1985）当中扮演主人公的角色选派这种交互文本性加以多重限定；同时，再加上这样的素材：随着政治上的自由化开放开始逐渐朝着像侯孝贤的《悲情城市》（1989）和杨德昌的《牯岭街少年杀人事件》（1991）这样雄心勃勃的历史性的编年史演进——所有这一切，都使得台湾的新浪潮电影成了某种环环相扣的组合，比笔者所了解的任何民族电影（或许除了法国20世纪20年代和30年代的产品）都更能让观众心满意足。

在这一组合当中，《恐怖分子》异军突起，与同类影片迥然不同。由于并不具有其他本土主义电影那样的潜在的感伤主义，它所具备的视觉上的优美，经常不断被描述为阴冷的就好像是有人想描述某种虽光滑如镜但却拒斥识别的表面一样。但《青梅竹马》却把时装样片的可视性同悲怆情绪合而为一，而其中的主人公——正如上文所说，是由侯孝贤扮演的——是位非知识分子，他总是以美国民粹主义的那种方式，摸摸索索前进，一个接一个地打零工，但总是盼不着时来运转。《恐怖分子》之所以别具一格，原因甚至并不在于其中的人物的阶级地位——我们将会看到，他们属于靠职业谋生的人以及游民无产者，而是因为，它的主题的陈旧的现代性：艺术对生活、小说与现实、模仿和反讽。的确，共同主人公是一位作家，但写作思路堵塞（周郁芬）。一个匿名电话打来，对她丈夫与人偷情的事大加贬斥，而这竟然使她文思重新奔涌如潮。于是，她又静静坐了下来，开始根据这个情况写起了一部中篇小说（尽管那本来就是子虚乌有的事情）去竞争一个奖项，任凭丈夫为所欲为。如果从别的方面的情况来看，无端为做丈夫的定罪的可能性，竟然会忽然给做妻子的带来独立，这种情形或可为解释提供有趣的材料。不过，周郁芬的故事只是电影当中四个各自有别的情节线索之一。因而，笔者认为，如果把它当作候补之物，就绝不会给这种类型的反思及解释性的思考，尤其是促动性的精神分析的那种类型留下任何空间。相反，真正突出出来的是主题的老式的可反观性，即生活对艺术的模仿及小说与外部的实在世界的各种偶然性现实的对应这种人们现在已经耳熟能详的神秘的残存的现代主义。对围绕着文学的书写以及文学的“创造者”朝不保夕的角色这种悲怆所形成的主题的体现，在一部具有这样的决定性的当代特色的电影之内，奏响了某种倒退的音符（这里根本不具有怀旧电影中的那种编年性的洗涤和中立化），在技术性媒体的模拟物及其统治的时代生产出来（在台湾，就像在别的地方一样，人现在若在美学上有雄心壮志，那是要成为伟大的电影制作者而不是伟大的小说家）。“文学”的这种时代错误及其一度使人兴味盎然的反观性的悖论——在其他情节线索展开的过程当中得以突出，并且可以说是在这里被抄录下来。这一点——后文将很快加以仔细探讨——正是《恐怖分子》之所以能在当代第三世界作品当中相当引人注目的原因所在。在这里，的确有不少知识分子，甚至是作家，但不知是由于什么原因毕竟缺少西方意义上的“现代主义”意味。

安德烈·纪德的《假币制造者》（1925）就是属于这种比较早期的经典现代主义文本的真正范例。主人公爱德华在这部描写小说的小说中坚持写日记——被称为“造假者”。他不断挥笔书写，而且可能永远不会有封笔的时候（这跟纪德不同。因为，后者当时有能力以单行本的形式，把他本人写的日记发表出来，与此同时仍不放弃并最终完成了这部同一名称的他自己的小说的写作）。杨德昌则似乎并没有再就《恐怖分子》的制作过程另行拍摄一部电影（不过，戈达德在完成了电影《激情》之后真的这样做了。有关情况，随后某章将会讨论）。无论如何，纪德纷纭复杂的小说当中那个原型性的场景（他用“小说”这个术语表示大量的故事、情节线索或叙事汇集在一起的一种形式，而且在他本人的著作当中仅用过一次来指涉这本书），是这么一个时刻：在就小说家关于同代知识分子们对社会的和精神的价值观加以仿造的种种作为的理论展开讨论的过程当中，另一个人物把一个“真的”赝品硬币扔在了饭桌上，意思是这个指示物本身也可能让他产生兴趣。可是，有关伪造的诸多理论，要比现实更能引发这位主人公的兴趣（而现实实际上属于小说的多元情节线索中的另一条线索）。因此，爱德华本人本来已经反讽过其他无可奈何的人物，这时他本人也反讽地被推入他们的行列给打发走了。更有意味的是，仿造的价值这一主题，在传统意义上似乎是对高度现代主义经典的挪动，其本身也因此被反讽地弃而置之，任其在半空和半指涉当中漂浮，以其任意性缓慢地从某种社会性的评论或批判的地位移入纯粹的审美装饰地位，然后再回转过来。

人们的感受是，这种类型的现代主义构造物，是不能拍成电影的。对这一命题，可以用三个十分不同的候选者做比较加以衡量。例如，让·勒努瓦的《游戏规则》（1939），其作者是身在其中（导演扮演的是爱管闲事、好为人做媒的奥克塔夫这个人物），与多重的情节线索及“深层的”（en abysme）的人为机制并行不悖。勒努瓦精湛的形式性的操作，是在社会性的内容基础之上展开的，而社会性的内容当然与纪德的判断有别，因为它实际上对准的是某种世袭贵族、文化与美德，同时也对英雄主义以及真正的爱提出了问题。不过，如果这种反观性的形式在构成上包含了形式与内容之间的某种裂缝，那么时间周期和社会性的阶级或意识形态全神贯注的东西之间的裂缝就不应该形成任何根本的差异。或许比较相关的是《游戏规则》即使是跟那些它似乎要加以感伤化的人物也要冷若冰霜地拉开的距离——这一鸿沟似乎过于宽阔，因而纪德式（甚或即使是詹姆斯式的）反讽也难以逾越，至少在这种情况下是这样的：各个项都属于两种各自不同的存在模态（因为，观念同人物所结成的那种人们耳熟能详的感伤的自满关系，凭借可视性的形象粉墨登场；而判断则在别的什么地方出现，在某种非可视性的、非电影性的头脑中发生）。与此截然不同的是，叙事语言以高度现代主义的观点使反讽促成（也的确促成了）移情与他者性的那种相互渗透。

与此同时，这些游戏的那种纳博科夫式的忸忸怩怩的、矫揉造作的版本，也一样无法对电影发挥作用：法斯宾德的《绝望》（1979）不管别的方面优点如何突出，但荒谬且显而易见的是，从这个方面来看它对小说是不忠实的。在解读过程当中，它要使我们信服，要在叙事人与其替身之间存在着某种真正的身份上的同一性；但在后者［替身］在银幕上第一次出现时，这一同一性便在瞬间被驱散。不过，在德泽加·维托夫的《带有一个电影摄影机的男人》（1929）当中，小说家以及语言的位置被这种机器本身所占有，因而，影片含有的十分不同的反观性，产生出的是川流不息的可视性的形象，其对等物或许可以肯定不是某个纪德的作品的反省性的自足，而是某个多斯·帕索斯或某个德布林的客观性（这样的试验性的目标，它们与语言这一媒介的适应性，时间本身已经使之成为问题）。

因此，我们一定可以得出结论说，各种媒介，用一个恰当的纪德式的术语来说，就其适宜于表现我们可以称为同虚构性的人物本身的共谋性这种东西的性能而论，是截然不同的。而且，不论是我们在电影演员的种种形象的在场中能够发展出什么样的魅力和自我认同、无意识的模仿，以及镜像阶段那种由于代理而产生的欣喜，都不可能与高度现代主义的作家在虚构语句的解读中以可以扩展和缩小的空间来玩的那种游戏有多大关系。

这种情况，反过来说，即从判断而不是移情角度来说，也一样行得通，通过《伪币制造者》中著名的一章（第二部分第三章）就可以显现出来。在这章文字里，一个喜欢卖弄的全知全能式的叙事者，仿照 18 世纪小说的那种风尚，装模作样地对他的虚构性的人物一一加以回顾，并且承认他们都有缺点和不足：“爱德华不只一次让我心烦意乱，甚至使我大为光火……格里菲斯女士一开始倒是给我留下很深印象，但我很快意识到当时自己出了差错……文森特让我更感兴趣一些……”如此等等，不一而足，真让人无所适从，一点儿也不敢信以为真。不过，随后一想似乎就会明白，说不定纪德真的是大功告成，不动声色之间就拿这样的花招愚弄了我们。而且，他拿出自己的判断故意让我们心烦意乱，进而促使读者形成某种判断习惯，这样做也一样是稳操胜券。有了这样的判断，读者方面对这些人物产生的某种道德上的或个人的信奉也就有了保证。如果说那是对这些人物“喜欢”，用词当然不当（尽管纪德倒是费尽气力要保证我们不喜欢其中的几位）。不过，其中牵涉到的则是要在这种或那种观点、这种或那种主体性范围之内对各种脾气加以比较的某种最小限度的愿望。

而在《恐怖分子》当中，这种东西根本就不存在。其中的人物显而易见都不具备任何隐而不彰的美德，因而不可能鼓动起我们的共谋。不过，他们也说不上让人反感，尽管这种厌烦情绪可能是比较容易引起的。但是，即使是对那个欧亚混血女，杨德昌也并没有真的运用手段那么处理（尽管这个人物从某些方面来看，对他来说，似乎也已经成了那种类型的同名恶人）。至少在我看来，他们既不可爱，也不是十恶不赦，而只是让人感到惟恐避之不及，并且对此不愿张扬。主人公李立中这位大夫（他同时也是上文提及的作家的丈夫）的自我怜悯，并没有因为他的一位同事的背叛行为而得到强化（更不用说他对自己妻子的不幸福感受的麻木不仁了）。与此同时，周郁芬本人则顾影自怜，因为自恋而十分不快（因而在随后出现的幸福以及凯歌高奏之时，她才会那么志得意满）。所以，如果有人希望根据自己对她本人的个性本身作出的判断，将对她作为女性受到的迫害产生的各种情感一一分别开来，那就是一蹴而就的事情。别的情节线索中的主人公们也是一样多灾多难。电影一开始就登台亮相的那位年轻的摄影师（跟喜欢跟踪偷拍名人的摄影师一样，他也是费尽心思想抓拍到毒品贩子同警察之间枪战的几处动作镜头），可以肯定，像任何人们能想见的游手好闲的富家子弟一样，是一个自我中心式的人物，但又不像《放大》中的主人公那样让人反感。之所以如此，首先不仅仅是因为他如此的作为并不是迫不得已的谋生之道。与此同时，就在他眼前的那个目标（那位四处窜逃的欧亚混血女，绰号叫“白鸡”；而且，她一开始就同这里讨论的各种犯罪因素搅和在一起），展现出了自我中心性的自我沉湎以及对外在世界自恋式冷漠的另一个版本。［但这个版本］甚至撇开了她的犯罪行为的丑恶及其近乎没有人性的凶残，因为她毕竟是要以此为手段，在虽然富有但又愚不可及的、自甘堕落的嫖客和妓女们的世界为生存杀出一条道路。她的母亲酗酒成性，对 20 世纪 50 年代自己在美国军人堆中寻欢作乐的夜生活念念不忘，在一片恍惚里整日沉醉其间。所以，她也一样百无聊赖，深陷迷梦而不可自拔。而各级官僚则真正恶臭难当。同时，黑社会的花花草草以及禽兽动物们狂野有余而浪漫不足，所以了无情趣。如果说那位警察（大夫孩提时代的伙伴）还算得上是最为得意的话，那也不过是因为我们对他的了解最不充分。此外，如果说这部影片中的一个人无所事事，但精疲力竭时却还知道放出热水躺进澡盆子里，悠哉游哉饮上几口，或者听听哪个“小兄弟”发发牢骚、吹吹牛，那样也很少会有引起人的反感的可能性。

可以肯定，在上文提及的那一章结尾处，纪德也是一样把他笔下的人物统统都扔进了垃圾桶里：

> 如果我真的发觉自己是在杜撰另一个故事，我将只允许急脾气的人物进入其中。生活使他们急躁难安，而不是把他们的棱角磨平。劳拉、多维埃斯、拉·佩鲁斯、拉扎伊斯……我这样处理人物，究竟是要做什么呢？

不过，正是判断标准本身，才使得纪德可以这样讲话。而这在杨德昌的电影中是见不到的，原因是历史性的和社会性的，而不是文化性的或个人性的，而这样的原因终极意义上源自现代时期与我们自己的时代之间存在的种种差异。

在上文援引的形式与内容的那种分离中，纪德的“小说”根据作家本人的生活和背景的各种变故，对预先给与的而且不知为何属于偶然的某种社会性的和个人性的内容，也在形式上加以利用和组织。足够清楚的是，某种高度现代主义的抽象化的所有各不相同的形式，一定会以这种或那种方式同这种特殊的偶然性缝合相遭遇，因为这对某种最低限度的内容首先是必需的（属于马拉美式花瓶或飘动着的窗帘这样最后的、难得一见的意象残余）。至于说确实性究竟是在于承认这样的偶然性进而听任它在这样的作品之内如同一个异物继续存在，还是在于试图求得某处象征性的复原，进而使它在某个更高的层面上有条件逐渐得到“促动”（完全在俄罗斯形式主义的意义上），并且因而成为有意义的或后一偶然性的，这是一个尚无定论的问题。纪德最终是二者兼顾，在尝试着为他的同性恋特性赋予象征意义的同时，又把他的法国新教主义的社会背景这一事实当作一种既定的以及一种偶然性的出发点。例如，在《伪币制造者》当中，由于法国新教背景的多声部的和集体性的形式援引，纪德不得不对这一背景广泛运用，远远超出了个体性的叙事。因为，在后者那里，个体的命运以及个体的选择这一难题，充其量只是从这种或那种意义的角度（不论是像《非道德主义者》中的“享乐主义者”，还是像《窄门》［*La Porte étrite*］中的“禁欲主义者”）确保了起初的情景的“促动”。因此，若加以回溯，把《伪币制造者》的纪德重新解读为一位族裔性的小说家也可能不无启发意义。对于他来说，法国社会中所独有的那种“法国的新教主义”，拥有类似于飞地和亚文化的原动力的某种东西，因而我们可以把它同美国的族裔性联系起来。这样，在全知全能的小说家的种种判断当中某种相对庄重而又虔诚的道德化的各种残余，就被这种特殊的社会内容加以超限定：在某种较深层次的意识形态意义上，纪德始终是一位基督教小说家，其注意力首先聚焦于人物的问题上（在可以呈现出正直忠诚，或者另一方面软弱无力的东西的道德意义上）。这样一来，自韦伯以来，一直到戴维·利耶斯曼的“内在指向”，不论是从其成因还是效果角度来说，这样的人物学问题便都是社会性的。如果说它们强化了资本主义逐渐现出的道德本质或者说后来的创业时机的精神，像这样的道德化范畴也是自始至终同社会发展的某个特殊阶段密切地联系在一起的，因而对它们的判断不可能与之分开。

就邪恶或道德弱点和腐败等范畴来看，这种情况是最清楚不过的。纪德仍然可以拿出对社会状况的某种诊断，进而辨别出代表社会邪恶的诸多力量：体现在爱德华的对手、小说家帕萨旺这个不负责任而且自甘堕落的科克托式人物身上，甚至更加引人注目地体现在那些真正的虚无主义者身上。因为，对于他们来说，帕萨旺是一种遮拦的门面，而他们则是凭借真正的犯罪行径

（“真正的”造假）以及某种跟康拉德在像《秘密间谍》这样的作品中所暗指的那种无政府主义和恐怖主义并无不同的气氛来发挥作用的。但是，这种摩门教式的和启示录式的对社会解体的看法，在激进的纪德那里，要远比在保守的右翼的作家那里更无法让人信服。道德弱点、对邪恶影响的易接受性、堕落的可能、努力的失败或者道德结构的削弱——这样的判断在这里看似比较有理，因而或许可以适用于所有社会等级的人从堕落的大资产者一直到各式各样的青年的原型。爱德华的第二个侄子奥利维埃因此一度为帕萨旺所诱惑，而后者的哥哥樊尚则不可救药地被时髦的小说家和他的伴侣格里菲斯女士所腐化，樊尚则在疯狂和自我毁灭的转喻性的戏剧中将格里菲斯女士谋害。而只有透过字里行间，我们才能时断时续地瞥见这一切。

如果将这些形象同《恐怖分子》当中的人物并置，那就足以看出，在后现代时期，在晚期资本主义的国际性都市社会中，这样的道德判断是互不相干的，或者至少是不可操作的（若用曾经风行一时的一个公司术语来说的话）。纪德式的道德主义以及它所促成的种种警示性的邪恶和腐败的人物肖像，跟这部台湾影片中的残疾化人物可能很少有什么关联，尽管它预设了各种各样的后结构主义最为经常称为“中心化的主体”的东西，即现代时期的那种陈旧的内在指向的自我的话。在一个后现代的宇宙，在所谓的“主体的死亡”或者至少是在“主体的意识形态”本身的终结之后，随之而来的是，没有人再会是严格意义上邪恶的；或者至少可以说邪恶这个词已不再适合描述邪恶。在这部影片中，欧亚混血女以及为她拉皮条的男子，是爱用暴力的危险人物（例如，我们可以亲眼看到，她的顾主中就有一个被残害致死，尽管不无辩解的缘由），但若承认都市资本主义这一语境，那么跟别人相比，这二人肯定也不会是十恶不赦的。我倒希望指出，在我们当代的后自然的社会中，在合理性这一概念惊人的扩展范围之内（在哈贝马斯式的意义上，可以用合理性来指代你可以理解或予以支持的东西），这一概念的种种传统性的对立面——非理性、疯狂，甚至还有邪恶本身——已经日益变得似是而非或者不再有用。秘术的复兴、对恶魔研究的品味，作为试图将生活灌注回这样的道德构想的一种不顾一切的、怀旧式的努力，给人以深刻印象，尽管这样的构想在后现代时期如同迪斯科舞厅当中出现了维多利亚时的喧闹那样始终是古怪的、不合时宜的。

不过，即使是在《伪币制造者》当中，犯罪行为以及暴力也已经开始确保叙事功能在某些方面跟道德化判断的那一种不相类同。的确，在由平行发展的叙事线索所形成的一个系统内，暴力以及犯罪行为总是要标记出这样一种“终极的决定性的事件”：各种不同的情节在这一事件之内汇聚在一起，形成爆炸性的高潮。但是，可以说，这是叙事的而不是本体论的逻辑，因而与其说是与这里所说的各种事件的终极意义和解释有关，不如说是与作为有待解读的症候的这些事件的可见性及其爆发有关。这样，警察对制造假币和罪恶行径（“不法行为的玫瑰”）的调查便继续了下去，贯穿于小说最后几个部分表面的展开之始终。但阴谋活动却在相关的小学男生的恶作剧中找到了它的表面铭刻：博里斯这位学生当着全班同学的面，并且在他祖父的眼皮底下，自杀身死。与此同时，在《恐怖分子》当中，犯罪事件——枪战——在阴谋的起始点上就显现了出来，因而成了可以把一组人的命运偶然地联结在一起的东西——尤其值得指出的是，它形成了一个契机，使那位年轻的摄影师不经意间瞥见欧亚混血女（他要拍摄的人）。不过，在这部影片当中，交叉剪接也一样可以看似合理地将这些情节线索同别的情节线索联系起来，即使后者仅仅是邻近的线索，尽管它们相互之间还没有具体地形成交叉。这样一来，大夫开车上班，在他所经由的路线上，既有警车向相反方向急驶而去，又有救护车护送那个受伤的女孩去接受治疗：这种联系是摄影机为我们建立起来的，种种效果要等到很长时间以后才在大夫本人的生活当中显现出来。在这里，不管怎样，暴力已经逐渐同叙事的而不是道德的范畴联系了起来，而且成了一个封闭的或线索与事件的交互关系的问题，而不是判断和评价的问题。

不过，我们还没有辨识出纪德的道德主义中的肯定的方式，尽管肯定的方式在后现代时期经历了同样有启发意义的进化和移置。肯定的方式显然同年轻人有关，在《恐怖分子》当中也一样是突出的重点，尽管它作为一个主题在媒体文化中的无所不在意味着无需再明确标识出来。与性格以及人物学意义上的弱点相伴的道德设想（以及纪德本人将鸡奸作为一个教学法问题有特色地搬上舞台）清楚地说明，正是教育（*Bildung*）或“塑造”这种残余性的歌德式的价值观念，在这里以一部排除陈旧“教育小说”（*Bidungsroman*）形式的多声部小说被突出出来。只有根据教育的残余的关切之物，纪德那种对弱点以及使人堕落的影响力的注意，才可能得到恰切的理解。不过，与《恐怖分子》的并置正好说明，尽管代际这一范畴在这里跟在别处一样，在后现代的全球都市文化当中无所不在，但是教育或教学等范畴以及性格形成等理想，现在已经特别不合时宜。《考提吉阿诺》或《君主之镒》那种类型的教育手册，很有可能被想像出来，以备晚期资本主义的世界体制之用；但是，可以肯定，它们同各种传统模式很少有相似之处。与此同时，要想重新杜撰出某种形式的歌德式的教育，同安迪·沃荷尔的或 NTV 的时代趋向一致，这一观念本身也是大有问题的。我们的威廉·迈斯特已改名换姓，成了虚伪的举动（*Falsche Bewegung*）；而时下在超级国家出现的有关教学法和人文学科的诸多争论，由于它们本身迂阔而漫无目的，思想内容完全付之阙如，因而不过是在某种意义上让人明白，要想对“晚期资本主义的意识的物化”加以遮掩，并且真的希望运用任何正典的或传统的道德和教育范式来使“愤世嫉俗的理性”留下的劫后残存物同商业性的媒体或公司文化言归于好，就会牵涉到什么样的困难。

正如《恐怖分子》所显示的，已经逐渐开始取代这种类型的人物学的焦点的转而成了这样一种移位：即从道德和教学法一成形移开，转向作为对制度本身和个体性主体的损害的讽喻或症候的心理学。正是这种讽喻，在这部妇女电影的种种情景中，可以找到它最为强烈的体现；而妇女的核心性，可以比照她们在纪德《伪币制造者》中相对的次要位置加以衡量。在那部小说中，劳拉和格里菲斯女士显而易见分别标记着被动的受迫害和操纵性的控制的极端。因而，若加以追溯，纪德对资产阶级婚姻摧残身心的种种效果的意识，就会像他以年轻人为名所做的更具戏剧性的抗议（这样的抗议，不管是在什么情况下，也都是伴随着对资产阶级家庭的谴责）中的任何一个一样生动，一样鞭辟入里。不过，正如下文所要更加详细地分析的，在《恐怖分子》当中，正是妇女的命运——周郁芬和欧亚混血女被囚禁的种种情景——才是范式性的，而无可奈何的李立中的那种命运则仅仅是反应性的。历史的差异或修改，或许可以由于社会文化批判目标的某种转换而得到最好的描述。在这两个时期——即第一次世界大战前后伯纳德·萧和弗吉尼亚·伍尔芙的、属于社会民主以及选举权运动的、最早的经典女性主义时期，以及自 20 世纪 60 年代以来女性主义“第二次浪潮”的那个时期——对不公或压迫的特别形式的关注，是以社会变化的某种较大规模的方案加以系统阐述的。但是，在第一个时期也就是纪德的那个时期，不管是女性主义还是社会主义，都是从某种特别的资产阶级家庭文化以及中产阶级维多利亚式的虚伪和清教主义的角度被推上舞台的。在我们自己所在的后现代世界，要加以谴责的某个资产阶级或阶级所特有的文化已不复存在，存在的只是某种体制所特有的现象，即物化和商品化以及媒介社会的公司式标准化所印在人的主体性的生存经验之上的各种各样的形式。正是在这一意义上，《恐怖分子》中的人物——尤其值得注意的是，这部电影里的女性人物——将晚期资本主义的主体所受的损害戏剧化了；或者也可以从上文提及的中心化的主体的语言这个角度来说，是对在新的制度下主体一开始意欲构造自身但却归于失败这样的东西进行了谴责。

不过，所有这些仅仅是描述出了由这种形式所组织的可变的内容，有关这种形式，人们主要想了解的是，它在此种情况下是如何被社会的原材料中的诸多修改历史地加以修改的，尽管这样的原材料本来是它得以可能的前文本。纪德式的方案——作为情节线索的多元性的那种小说——可以假定是劫后余生在《恐怖分子》当中依然存在，不过，是带着这样一种更深的差别（与其说是本质上的，不如说是程度上的）：都市框架在这里被强化，因而成了类似于叙事形式本身的原始信息的某种东西。不过，就其最早的形式（跟在那部拜占廷式小说中一样）来看，神启的情节由于是以多元的命运的偶然性的相互交织为基础，因而，就其空间上的要求来看，并未特别具备都市特性。下引曼佐尼的作者抱怨，的确就是一直到19世纪结束时都存在的形式的标准比喻：

> 我已经不止一次见到一个长得漂亮、人也很机灵的小男孩——说实话，有些过于机灵了，但同时又显示出各种迹象能在未来成为一个好公民——一到夜幕降临，就会穷尽气力，想把他那一小群豚鼠驱赶到一块儿。这

> 些豚鼠已经在花园里胡乱奔跑了一整天。他本来是想一下子把它们统统赶进栅栏里，但总是劳而无功，一点儿指望也没有。一只豚鼠冲开围堵，逃到了右边。就在这个小猪倌跟在后边想把它追回来的时候，另外一只——也可能是两只或者三只——一下子向左边冲去，或者四下里逃窜，跑得满地都是。他焦躁了半天，最后调整情绪，终于明白了它们的诡计，于是就开始把离栅栏最近的先推到里边去，然后再返回身来去抓别的豚鼠。一次揪着一只，也可能是两只或者三只，都要鼓足了劲才行。对于我们笔下的人物，我们也不得不玩这样的游戏，而且简直是如出一辙。我们千方百计总算把鲁西娅控制住，接着便要飞身去追唐·罗德里戈；等到不得不把他丢在一边时，就又要再想法子追上伦佐，可他这时候早已跑得没影儿了。[6]

如果说都市逐渐开始占据支配地位，那是因为，那种较早时期的小说中的主人公们在客栈和公路上偶然相遇进而把误会的身份更正过来，这就必然需要这样的人物去做某个特别类型的命运的旅行者——流放犯、逃跑者、被追击者或者追击者等——这样一来，情节本身因此常常要根据不同种类的亚文类或叙事类型来定型。而城市使一切得以自由发挥：城市中的邂逅相遇与机缘巧合，使得人物命运更加纷纭复杂、丰富多变，因而千缠万绕的人际关系之网可以漫无边际地延伸开去，在令人瞠目的各种不同的意识形态效应的排列组合中肆意展开。纪德的小说——称得上整个叙事文学当中精妙绝伦的表演之一——在前 150 页，随意捕捉其中的人物，然后又随意撇开，在无所顾忌的前行当中把它的舞台确立下来，那种气势简直叫人喘不过气来。这段文字，只有

《密得洛西恩的监狱》或《吉姆爷》开篇的具有异曲同工之妙的欲擒故纵的手法能与之媲美。这种文字必须恰如其分地归因于某个特别的历史性的跨欧洲的文类语境，笔者这里尝试着把它（不无时代错误地）认同为爱德华七世式的SMS或共时单子同时性小说。（除了它在像福斯特的《霍华德庄园》这样的著作中的坚固形式之外，附带指出这一点也一样不无益处：以弗吉尼亚·伍尔芙为另一方，《尤利西斯》为另一方，二者在被解读为某个预先存在的形式性的方案中的、也就是可以将经典的封闭性情节同新的工业城市的空间多元性统一起来的方案中的作品时，看上去并不一致。）

就其对再现层面的操纵而论，纪德的小说要比这些略胜一筹。以上列举的种种相关小说，其深奥难解的状态（mises en abysme），必然要穿过谣言的针眼或者口头传播的奇闻轶事，以及诸多第三方隔墙有耳的偷听的无所不在和可能使一切为之改观的失之交臂的相见带来的悲怆。这样，纪德的叙事中才含有这样一种作为内在世界的对象的日记：开篇时我们的主人公伯纳德把它打开，开始阅读（这是某种虚假的开端，因为这个年轻人把他的难题尽数解决，便不再引起叙事者的兴趣）；这样，它也就听任往昔进入，有如时间的某个绝对统一体之内的第四种维度。根据这一维度，心理闪回的不适应性，由于形式和审美的原因，而被强有力地排除在外。我非常希望能够说明，我们并不喜欢转换文本层面，而且最不愿意先行转换解读装置然后再去浏览诸多横生枝节插入其间的文本以及冗长的引文，它们就像是在毫无联系的话语当中硬塞进了某种异物。纪德的插入文字，横跨三章篇幅，占了大约55页。于是，这些文字对特别令人烦乱的东西究竟是怎样处理的，也就成了一个至关重要的问题，尽管纪德的应对在技巧上精巧有加，十分娴熟：他对这样的文字的调配，行止有度，时机把握很是准确，因而不可谓不精彩。不过，解读之所以时间较长，是因为爱德华本人在返回巴黎的与客轮联运的火车上对他自己的日记的再解读用的时间相对较短。他自己的声音——一个如果不是主要的话也是重要的主人公的那种声音——拉长了伯纳德对这本日记的第二次解读。可以肯定，这一点同过渡的顺畅，即同较新的文本层面相对而言并不费力的沉浸不无关系。不过，从这里涌现出的是大的叙事突变这个问题：罪恶地打断谈话，随着戏剧性的侵入出现的门后偷听——本来是属于情节剧的材料，在这里也可以以某种非情节剧的方式，在多元化的文本反射层面，异乎寻常地被再次杜撰出来。与此同时，一旦较深层次的共谋网络安排就绪，可以在有关人物中的任何一个都毫不知情的情况下把他们所有人的命运统一起来，这时候，那些比较常规的偶然相遇，对更进一步的偶然相遇的讲述、预告，以及穿过都市并且必定要横跨我们已经熟悉的其他通道的被投射出的轨迹，再加上被遗弃的便条的失而复得，以及秘密指令的偷听成功——所有这些早被用滥的手法，一齐发挥作用，就在我们眼前把新的形式这个闪闪发光的多面体高高举起，使之转动不已，并且在诸多方面对它这个统一的客体加以巩固，因而可以把它从来没有人想到过的众多方面所富有的从来没有人见到过的光辉一一展现出来。

因此，情况已经很清楚了：不管电影怎么希望获取类似的效果，如果仅仅靠随意搜寻些与这样的文本解读相应的简单的电影性的对等物及其内在的类似物并且强拉硬凑，那也是不可能做得到的。其中的缘由上文已附带说明。因而这并不是作为一种媒体的电影的种种缺陷，而是它在再现诸方面任何一项当中的、相对于叙事语言的优胜之处所造成的一种结果。获胜者败北了：在其叙事轨迹当中，不论是在什么时刻都要形成电影形象的丰富性的东西，在没有任何增补性的工作的情况下，同时也已经预先确保了纯粹的过渡这一事实。在过去，小说以及语言本身——属于匮乏以及对本质上缺席的对象的某种调节的根本特性——必然要去做大量的耗费精力的应变工作，以便以一种貌似有理但又真正意想不到的方式对其诸多情节进行联线。电影的观众在这种转换的推动下，对新的系列的电影形象心迷神醉，一点也不比对以前的那些形象［小说中的形象］略少些饱满的热情以及兴味。诱惑之下，他们也只能有气无力地就这样的过渡的促动因素提出更加模糊不清的问题。在这里，可视之物与电影的差异，只能是漫不经心相关的，尽管人们难免会觉得形式竟然成了一个难以对付的形式难题的解决办法。的确，爱森斯坦的蒙太奇理论和实践，可以不无启发意义地疏离出来，并加以再解读，但不是作为电影叙述的某些业已存在的难题的一个解决方案，而是作为试图要求不论在美学和本体论意义上都呈现出整个严重性的种种问题本身表现出来的一种固执的尝试——对于这些问题来说，他自己的蒙太奇设想，在这种情况下只能是手边之物，可以随意使用，因而能够提供一种从今以后总能让人满意的“答案”，尽管只不过是出于一厢情愿罢了。

类似的成就，《恐怖分子》也一样业已企及，或者有所再发明，凭借的是在影片结尾抵达其高潮的独一无二的短暂重叠：它们有如时间上相互分隔的震荡，逐渐演变为同时并作。这样，各种重叠便被牢牢固定在一起，但没有人愿意说用的就是拉康式的平头钉子，而不是反复出现的主导母题。就此而论，这一术语能让人联想到华格纳或托马斯·曼，因而现代主义和传统意味有些过重。且让我们把这样的东西称为可逆的能指，因为它们看上去虽像是形象，实则发挥着各种不同的十字路口以及拘留所的作用。在这样的能指当中，有两个——储气罐和那条咆哮不已的狗——逐渐被铭刻于电影开场时的连续镜头之中（但同所有真正的重复一样，它们并没有表现出它们的功能性，它们预示性过强的亲近性这种沉闷的意义，直到对于作为一种现象的重复来说，那样的第二次真的无例外地成了第一次）。

正如上文所说，枪战本身并不重要，但毕竟是作为其他情节线索的导火线发挥作用的。更为重要的是，枪战在天刚一亮时的发生，凌晨时分都市最初的空空荡荡，各色人等、各种事务以及日常成规将逐渐把它填满。一大早第一件事就是暴力之下人死于非命，而且，我们并不清楚横陈的尸体究竟是谁的，而只知道那就是年轻的摄影师抢拍图片的前文本，也是他在不经意间得以瞥见“白鸡”爬出一个阳台的窗户伤着了腿的契机。在这个节口，随着摄影机向远处推进去跟踪她的逃脱行为，我们便触及另一个可逆的能指，一个不知为何要少些物化意味的能指。因为它把诸多关系而不是某个静态的东西，嵌进一个反复出现的静态的地方。这就是那种斑马线：她不仅是在那里瘫倒在地，而且在她的治疗恢复的各个阶段都同她的双腿的镜头如影随形，比如说，拄着双拐走路，腿好了之后高视阔步行进，时刻准备着去干她那下流不堪的营生。

不绝于耳的汽笛声，可能既有从把她运走的救护车上发出的，当然也有从警车上发出的。这样的汽笛声，可以让我们想见台北清晨交通高峰时分的繁忙景象，同时，在汽笛声冲向李立中这位大夫居住的高层公寓楼时，也与另一条情节线索相互交叉起来。人们这时可以看到，这位大夫正在阳台上伸腰蹬腿进行晨练。（不一会儿功夫，我们便会看到，他驱车上班，也一样要汇入早晨的车流当中，或许会与载着离开事故现场的他孩童时代伙伴的警车擦肩而过，也可能在奔向医院的途中同救助欧亚混血女的救护车相遇）。大夫的顶头上司刚刚去世，他正论资排辈等待晋升，而且满怀崇高的希望，尤其是在他痛下决心对他惟一的竞争对手玩忽职守的行为大加贬斥之后（从另一方面方面来说，或者到目前为止，对手一直是朋友和同事）。他同时还在婚姻上遇到了麻烦。他的妻子写作思路堵塞（上文已经提及），使家庭生活非常不快。她不知道，究竟自己是应该回到出版公司重操旧业（出版公司是由她以前的一个恋人开办的，她旋即便跟他旧梦重温），还是一劳永逸同她丈夫分手（她在当天就作出了这种事）。

与此同时，李立中性格中的某种东西，由第三个能指传达了出来，此即他已成癔癖的洗手动作这个母题。因为，这个动作是以近乎动手术的方式一丝不苟地进行的（从指尖一直到整个小胳膊，都反复仔细地加以冲洗）；而且，由于反复出现，只能是逐渐地被转换成为一种躁狂，每一次重新进入某种内部的空间（他的公寓、他人的公寓、旅馆房间、工作场所），都会重新展现出来，因而预示着他异乎寻常的内在的不稳定性或"自卑情结"。因此，洗手动作逐渐开始代表公共与私有（职业与婚姻、工作和家庭生活）之间难以处理的平衡，而且，正如下文将要说明的，最终将参与到某种甚至更具戏剧性的情况中去。

与此同时，"重复"现身的时刻，也就是展现犯罪场景的时刻。因为，在这个时候，那位试图抓拍镜头的摄影师，时刻都在寻找最佳时机，最后横下心来要租下并住进已经搬空的发生暗杀的公寓。这时，我们看到煤气罐呈现出一派壮丽辉煌的景象（在一个人口密集的居住区，安放这样一种危险的东西，不仅使它成了台北臭名昭著的丑陋去处，而且也在广大民众当中引起了激烈争论）[7]。凡是《恐怖分子》当中风格上异乎寻常的东西，在这种都市背景的开篇地形上的移动和选择当中就已经加以集中——某种戏剧性的形态光辉夺目的色彩，同时也是一个令人沮丧的符号，标志着都市的不堪污浊，即同下等中产阶级生活的百无聊赖和悲惨状况相联系的某种科幻小说式的侧面描绘。在这里，可以看到类似于魔幻现实主义结构上的颠倒的某种东西。这种纯粹非魔幻性的、反超现实主义的摄影变形，把都市巨细不遗地转化成了诸多连续性的色彩，而后者令人瞠目的结合不知为何由于技术装置的完美性而变得阴冷下来，因而使观众深深感到遥远与冷漠。对此，上文已有所论及。

这里，还应该提及那条狂叫不止的狗。在台湾，城市里的狗通常是要关在笼子里的。这便促成了某种视觉性的主导母题的出现。这样一种主导母题，可以将我们紧紧捆绑进一个反复出现的空间（由于她接到了“匿名电话”，小说家随后便来这里探视）；这样，至少是在下意识意义上，使我们逐渐开始对“囚禁”这种情形敏感起来。而在这部特别的影片展开的过程中，“囚禁”要经历一种引人注目的现象学的转换。的确，它已经开始依照为这一手段本身设定的动机行使其识别和联想的功能（住所的内部同监狱囚室并无二致）。因为，另一次家庭争吵，这是清晨时发生的第一件事情，也一样几乎与枪战以及李立中的晨练是同时发生的——摄影师同其女友大吵大闹，最后分道扬镳。原因是，救护车之类的东西清晨时分呼啸而至可能会使她心醉神迷，而那位欧亚混血女的照片相比之下倒让她齿冷三日。这套比较陈旧的公寓在吹来摆去的窗帘后边被密封起来，男友的胶卷以及拍下的照片都被扔进垃圾堆里（就像是在各种媒体的早期再现中那样）。她把他推了出去，接着试图自杀。尽管她被急急送往医院，她的行为并没有特别地让人对她产生同情，反倒引起了各种各样反小说式的疑问——这家医院跟李立中所在的是不是同一家？“白鸡”是否也在那儿接受治疗？在当今的跨国体制当中，既然它同由乔伊斯的《尤利西斯》中的人物们经由人们熟悉的闹市通道所产生的悲怆建立起来的庞大的村落网络显而易见产生出的是一种相当不同的效果，那么这种类型的都市同时性的意义是什么？

至于说摄影师，应当注意的是，他跟其他人物一样，也经历过或许可以描述为类似死寂的过渡的时间段的东西，即某种暂存在，与其说那是苦苦等待，不如说是百无聊赖。大夫等着晋升成功；他的作家配偶等着灵感突发，或者也可以说是生活彻底改观；而“白鸡”也在等着伤腿痊愈，扔掉石膏——这样的人物被别出心裁地判罪，去承受时间的这种标记：既无欢娱可言，又说不上有什么热切期盼。因为，（在前二人那里具有悖论意味）结果并不是特别值得回味。可以肯定，这种情况同样也发生在摄影师身上，因为他只不过是在等着去服军役罢了。对他来说，所有这一切都仅仅是稍纵即逝的事情，是摆脱开了生活的一段特殊假期。因此，即使在亲眼目睹到毒品贩子公寓内迷幻生活的那种一时的亢奋，甚至是对“白鸡”本人产生过激情之后，他的情感生活也是一样：虽有所触动，但毕竟阴冷如冰。他把“白鸡”放大到惊人程度的照片挂在公寓墙壁的大玻璃格上，挂在被用作暗室的那个密不透风的封闭空间中，远离世界，也远离台北。

这样，在这个关节点上，逐渐开始使我们的注意力以及我们的好奇心聚焦的，已不再是四个独立的情节线索（大夫、作家、摄影师以及欧亚混血女）的同时性，而是它们在意想当中究竟会怎样在把诸个扭结捆扎起来的过程当中最终相互交叉、相互交织：捆扎既完全是对这种多元情节实践的一种隐性的形式上的期待，也同样是这些情节被有意味地称为的结局。不过，在《恐怖分子》里，或许可以称为叙事*纽带*这种因素的东西，以使它同时成为现实主义的以及现代主义的叠加的形式，几乎是同时性地在两个层面上重复出来的：反复排练作者的全知全能这一伟人的现实主义比喻（我们不为作者因而对此心领神会，而各种人物本身自始至终都是一无所知），进而再打出现代主义时期所特有的自动反观性，也就是为它所迷恋的主题和形式上的形式主义中的这张王牌，把它吃掉。真正意义上被囚禁起来的那个欧亚混血儿（由于她夜间外出鬼混，她的母亲把她锁在房内），开始打电话，而且越来越忘乎所以。她从电话簿中随意挑出名字，只要另一端有人接听，就向这些素不相识的人生编乱造下流故事。可以假定，对于杨德昌来说，电话媒体中诽谤信（经典英国侦探小说的珍爱物，可以万无一失地破坏部落或村落的平静的社会关系的某种象征）的这一对等物，可以说是对她名副其实的强有力的性格化，而同一般意义上的皮肉生意或害人性命了无干系。它标志着这样一种怨恨的特别激化；可以肯定，这种情绪，跟她在社会上的边缘地位以及传统中国社会对混血儿的排斥（跟其他传统社会大多是一样的）不无关系。不过，就目前这一语境而论，同样也具有重大意义的是，各种基因都显示出美国军人以及美帝国在这块目前为止属于日本人、只是在最近才被来自大陆的国民党占领的那种在场。殖民化的这一面，已经被侯孝贤广泛加以戏剧化，特别在是《悲情城市》当中；而美国残余性的影响力在杨德昌的作品尤其是最近这部颇有意味地（仿照埃尔维斯）被命名为 *A Brighter Summer Day*（《牯岭街少年杀人事件》）的影片当中，更加开放地被记录在案。

匿名电话传来的这些子虚乌有的恶毒诽谤，其中有一个正中作家周郁芬的下怀。于是，她自以为对丈夫偷奸恶行已经了如指掌，因此觉得自己有充足的理由壮起胆子一走了之，去过属于她自己的独立的生活。的确，就像是某种毒素别具一格地逆向发作，这一次的骚扰电话终于把她从思路堵塞的困境当中解救出来，她因而又可以投入写作了。最后，电话又一次打来，虽然无缘无故卡断了，但还是让她听到了良言劝告：要想得到进一步的信息，需要亲自到某个地方，也就是发生暗杀的那座公寓走一趟。众所周知，在这里，摄影师已经安营扎寨住了下来，而且“白鸡”也将摸摸索索来凑趣。原因是她已拿到了钥匙，同时，在费尽心机要自由自在去做皮肉生意引发灾难性后果之后，她已经是狂躁不堪，因而也就不怕孤注一掷了（在她的伤腿痊愈并最终逃出她母亲的囚禁惩罚之后，她就又开始了故伎重演）。

将这些引人入胜的巧合上推另一个层面，使之成了某种更具反观性的故事讲述的话语的东西——正如上文所指出的，这样的巧合，其对等物可以通过《汤姆·琼斯》以及其他经典冒险或流浪汉小说等文类中的任何一类，一直追溯到那部希腊小说——显而易见是叙事以书写形式的重复再现，也就是深层次的安排。上文在提及纪德时已希望逐渐预示。如果读者明白，周郁芬最后摆脱负担开始写的故事，只是这样一种已经修改的替代性的世界，他们就很难会感到怎么惊讶了：在这个故事当中，她的丈夫跟某个对“白鸡”本人并无惊人不同的人物发生私通；做妻子的，也是一位作家，因此如释重负般开始写作另一个故事。而这后一个故事在现实生活当中为她赢得一个奖项，并且使她的大名荣登各种大报的文化版，更不用说也出现在电视屏幕上。不过，这种情况在叙事的巧合上却呈现出一张十分不同的面孔。有如从遥远的地方出发，它现在对之重新整形，使之呈现出的模态和形状抽象起来，有如从卫星上观看营冢鸟的培养基地或者从月球上俯视喜马拉雅山，但只见斑斑痕迹。种种叙事的相互关系有一种重新统一、重新集结的意向，充其量可以归因于“神启”（如果可以触及这样一个概念的话）。从这种意向出发，各种交叉便逐渐变形，成为“浪漫主义的反讽”这种美学意义上伟大的“他者”（这里用的美学，对于现代主义者以及浪漫主义者来说，正逐渐取代命运、时机和伦理学）爱做的造物主式的游戏。不过，同样显而易见的是，这一典型的现代主义转向和情调，其本身之所以越发成为可识别的，原因是它把这种过时的音调带进了后现代的语境当中：它可能悦耳动人，可能噪音刺耳，但都无关紧要；重要的是，要看现代的形式所具有的种种雄心是否能够在某种程度上摆脱后现代的轻浮；或者从另一个方面来说，现代对生活以及对个体天才这一既是隐性的但又不可摆脱的角色所做的不可改变的意识形态上的强调，我们是否能感受到现在已相当无法承受。（不过，在后文中，笔者将要说明，还可构思出对《恐怖分子》的第三种解读或解释，而且可以把它召来以便在现代主义就要登台亮相时把它赶走，进而重新突出这部电影的后现代的相关性，如果说强调它的后现代性不完全恰当的话。）

即使我们可以暂时保留周郁芬的中篇小说所建立起来的现代主义框架，但也应该补充说明，它凭借电影这个媒介进行的传输，已经使对它如影随形的各种现代主义效应都出现了严重问题，或者至少使这样的效应以后文即将说明的将要成为某种后现代的方式发挥作用。的确，对于这部影片来说，再没有比灵感源自外边这一主题所含有的种种神秘的现代主义的弦外之音更格格不入的东西了。有关情况，跟科波拉的《俄狄浦斯》如出一辙：与影片标题名字相同的主人公，根据汽车收音机传送出来的类如抵抗组织的密码广播的谜一般的信息（les carottes sont cuites, frois fois!），抄录下他的诗作。而且，这部书本身（有关它以前的化身，我们只听到过几条自然抒情主义的枯燥无味的样板），也根本与某种《易经》截然不同；因为，就像在狄克的《高高的城堡中的男人》中一样，人们既关注个体的，又注意集体的历史的预告。举例来说，在这部影片当中，究竟有谁真正读过那部获奖之作，不甚了了。摄影师及其女友（他们最终破镜重圆）从电视上听到过，后来在报上也读过一份综述。至于小说家最为重要的读者（人们有可能这么认为）——那位丈夫压根儿就没有看过——有关对他的整个心态的某种提示，下引对话片断或可略见一斑：

> 医院主任（不无疑惑地）：你夫人到底是在做什么？她写的那些东西究竟是怎么回事？
>
> 李立中（顾左而言他）：噢，我不知道。我是不看小说的。

因此，这部小说出现在我们面前，不是作为一个对象或者说一种可替代的世界或叙事，而是作为一种特别支离破碎的效应，尽管也带有纯粹现象的整个现实和客观性。它是“错谬”弄假成真并且逐渐有了血肉；可以说，它是为他人而备的意象、模拟物，或者至少是另外某个人的模拟物，因为观众从来都不是直接地而是凭借着其他人物的各种判断才对它加以把握的（比如说，摄影师是通过作家的照片识别出他神秘的来客进而猛然醒悟的，所有这一切都是他与之也仅有一面之缘的那个欧亚混血女制造的阴谋）。不过，如果我们因此为这种特殊的效应重新定位，将它置入我们或许也可以称为汉森—鲍德威尔假说的东西之中[8]，那么，书写作为一种媒体在众多媒体当中便马上具有了特定的地位，跃跃欲试要同摄影术、声音传输（这里指的是电话，一般情况下多指收音机）以及最后还有电影本身等更具现代性的技术，为了权力和影响力而展开竞争。应当很清楚的是，尽管杨德昌的电影摄影一直保持着有别于别的媒体的优先性——即使是仅仅从它们必然要在摄影之内被再现出来这一事实来看——它也仍然是在公平竞争，因而可以赋予其中每一种媒体以某种特别的权利，尽管一般认为其同电影本身并不是一致的。

因为，在电影领域之内，摄影术似乎始终保留着本雅明可能会称为某种古老的灵韵的东西，某种昏暗不明但具有威胁力的原始力量：比如，惨遭谋害的受害者们的照片，在警察队成员中间悄无声息地传阅一遍之后，这些警察因此可以看个明白，并且进入在场。而他们所在之处，电影的观众们是要排斥在外的，即使是在有关照片稍纵即逝闪现在银幕上、我们可以看得到的时候。可以肯定，在《恐怖分子》当中，摄影师原本是一位游手好闲、但有某种嗜好的富家子弟，因而强调的中心既是放在他的各种不同的摄影机的金钱价值上，也是放在他拍摄到的影像上——除了“白鸡”的那一个让人迷惑的镜头之外：她面带恐惧从一个角落向前凝视，根本没有意识到自己正处于被人观看并且拍摄下来的过程当中。这样，这个镜头就成了被放大的形象，比真人要大三倍，并且在光滑的照片格子当中显现出来，在她退回发生暗杀的房间时，这张照片会赫然在目：是电影本身的一种讽喻吗？可能如此。不过，如果真是这样，那只是因为这张照片并不会向你回顾，因而跟安东尼奥尼的《放大》当中那些致命的照片里的斑点有异曲同工之妙，但与兰波的有魔力的花朵或拉康的能指有所不同。就此而论，曾横扫安东尼奥尼的花园中的大树的强风，则减弱了力量，只是轻轻吹拂起照片格子，动而愈静。这里突出的摄影术的显要地位，一定要同模拟物等而无异，因而要比现实更有情趣，不过，换个角度来说，则在某种意义上不免拖延时间[9]。

在经历过现代时期的伟大通感之后，我们或许有必要比较戏剧性地在各种感觉之间打进一只楔子，进而在一个业已成为可视性景观的某种庞大的收藏地的社会当中恢复听觉形象的某种解放性的新颖性和恐怖感[10]。这或许是、最终就是这样的连续镜头的较深层的意义——《放大》的后现代续集，如德·帕尔玛的《爆裂》(1981) 以及科波拉的《对话》(1974) 借以将可见的线索向声音领域传送：无意识、乌托邦渴望要被唤醒以摆脱形象的符咒，并且是由像射击声或喃喃细语这样具有穿透力的声音唤醒？不管怎样，“白鸡”在电话当中比她以形象出现具有大得多的威胁性。而打遍全城蜘蛛网一般的匿名电话，很少为都市的同时性，同时也为禁闭与权力丧失的惨状呈现出这么一种生动的形象。就像斯大林或者希特勒端坐在自己的办公室里那样，要想把至高无上的权力同软禁区分开来是难乎其难的。因而，心灵资源在技术中的明确的体现所含有的某种神秘的东西——在电话面前，在照片面前，在镜子面前，人类实在像是什么？——在这里终于摆脱遗忘，复原如初，尽管这些媒体已将存在本身投入遗忘并且大获全胜。不过，电话带来的解脱，同时又将我们推回这座特殊城市的组织的特别形式。有关问题，我们将在本文结论当中加以阐明。

至于说文学，在我们已经逐渐认同为媒体性的所有模态当中，它肯定是时运最差的。不管怎么看都不合时宜，这种手法只宜于自恋和自怜，只宜于商业化的奖励这种不值一提的自满。在所有的书写阅读文明这一最为古老的形式当中，在像别的形态一样朝可拍电视性方向走去的时候，它注定要成为一种可怜的不在犯罪现场的文化的证据。重要的是，只有在这里，电视才在竞争当中培养出它花里胡哨的相似性。在各种艺术同媒体的这种竞争当中（电影在什么情况下都是预先已稳操胜券的候选者），十分重要的是，这方小小的银幕竟使高雅文化尊严丧尽，而且它也并没有劳神分心去进入同电影的某种并置，尽管后者的光彩照人的性能是在这里得到那么非同凡响的排练。（有人曾经指出，在影像时代，电影使本雅明已经否定过的、无可争议的技术控制时期本应有的那种灵韵重现辉煌。这是否等于说精妙绝伦的电影摄影术这种练习在今天已经含有某种稍稍过时的东西，尽管无论如何仍在这里存在，但正如上文所指出的，毕竟只是一种冷若冰霜的控制?)

所有这一切，都标志着某种类似于形式的内容的东西。因而，在笔者看来，对各种相互竞争的解释有所认识是很重要的。因为，这些解释在前进当中强行突破，甚至会达到这个层面，或者坚持不懈地要把它争夺到手。上文刚刚援引的那些特色，随着那部中篇小说及其与已被其他媒体建造起的某个世界形成的关系而达到其主题上的高潮。对这些特色整个可以一起来解读，把它们视为是对艺术与生活、虚构与现实、梦境世界、幻觉与它使之改观的东西等现代—浪漫主义的固定主题的栩栩如生的当代重播。的确，《恐怖分子》或许不无益处地使所有这一切都成为时新的，进而将这样的题目都放回到某个后现代的议事日程上面。不过，这样一种解读，毕竟是将这部电影推了回来，推进一套概念性的"主题"或意义，推进适宜于某些思想或反思、或者说适宜于某种类型的生活哲学的手段——而不是实证主义与"愤世嫉俗的理性"，以及在"意识形态"的"终结"压倒一切的优势地位支配下的过时的商品。这样，随着像上文勾勒出的这样替代性的解读的出现（根据这样的解读，可以假定，这部电影的主题在于它系统阐述出的、与之相互争胜的媒体的竞争关系），与这种哲学的技术化相对应的是各种基因向媒体的转化。这是一种格式塔式的替换，我们在别的层面上也可看得到（而且尤其是在"内容的形式"这个层面）。就此而论，如果我们对它加以运用以寻求某种程度的历史性的自我了解，并且仔细审视每一种选择与我们相遇时带有的貌似有理，那或许是最富成效的。在这种情况下，这部电影较深层次的"意义"，并不是在于哪一个解释之中，而是在于我们对二者无从选择的犹豫之中。

至于说这部作品的心灵内容，那种业已造成的效应——共时单子同时性的某种结构，似乎要借以要求在某个人的经验的、即使仅仅是在上帝的那种经验当中得以体现的那种“不可言说的”叙事或电影“语句”——由于各个结点最终连成回路，因而被更具意味地当作这种或那种主体性的经验得以成就。我们可能会认为由欧亚混血女引起的那种震撼，就是这样一种形式上的“客观对应物”：因为，它将有关面貌酷似的人及其公认的恐怖的多不胜数的秘术传说尽数释放出来——我高视阔步前行，时至中午竟然与我本人不期相遇！——与此同时，它促动了有关“目光”的整个当代哲学（自萨特以来），并且赋予我以某种外在的、与我虽格格不入但我命中注定又要加以领受的存在。这些母题与叙事的联系——不仅是与叙事，而且还是与叙事的这种反观性的定位的联系，在像纪德这样的作家那里，重要的与其说是生产出某种情节，不如说是生产出情节的“观念”本身，作为这样一种有自身存在价值的对象；缺席的总体性，逐渐摆脱它所有的地方性的表现形式，进而盘旋在业已完成的作品之上成为后者在客观精神领域之内的梦幻性的镜像——现在已经获得优势，可以驱走哲学的或通神学的含义。因为，经验既是简单的，也一样是令人不安的：别人头脑中的我，其诸多存在方式我本人竟然浑然不知！在都市的同时性这个层面，我们终于找到了我们自己。但在这一层面，这——你拿我的照片要做什么？——是一种纯粹的我思，是所有那些彼此排斥的共时之物不差分毫的另一个终端。正是这种悖论，在此情况下，从现在开始直到最终的形象，都将跟本雅明的著名的袜子一样，被一刻不停地不断从里面翻到外面[11]。它的尖锐性之所以能得到强化，是因为周郁芬幸而对她以为是自传小说中的其他的、素不相识的人的来源一无所知。而李立中之所知（摄影师“对他进行拍摄”并且让他看了所有的照片），作为精神涣散的一种表现形式，跟他别的方面的忧虑一样，让人麻木不仁，因而也一样全无益处，引发出的只是或许可以称为外在化的或“排除了的”[12]非个人的幻觉的东西，而不是有关他本身之外意识不到的世界的任何令人惊惧的预感。

关于李立中的体验及其心灵，可以肯定的是，《恐怖分子》提出了种种最具持续性的问题。尽管如此，在这部没有英雄的多声部电影中，某种优先性似乎还是被逐渐地给予了这个人物，因此，随着表演趋向结束，他的命运有望最为可靠地拿出解释的钥匙。不过，这也可能是一种无法兑现的期望：可以肯定，李立中晋升的指望最后功亏一篑，我们对此或许已经心照不宣；而且，我们也知道，他的妻子也离他而去。在面对这两种情况时，他都是在毫无目标地试图挽回败局，由于他行动上笨拙不堪，所以便进一步加强了我们对这个人物最初产生的印象：典型的失败者——在他第一次露面在阳台上晨练的时候，我们甚至就可以辨别清楚的某种东西（不过，如果硬要人说出究竟为什么或者怎么会是这样，那可能就强人所难了）。上文已经指出，我们对他可能很难萌发个人的同情（这种表述根本不可能含有“个人的”东西，因为它同样也适用于所有别的人物）。尽管如此，他的命运毕竟还可以唤醒某种非个人的悲哀，而正是这一点，标志着对李立中这个人物的讽喻性投入。因为，他超出了其他人物当中的任何一个（如那位恪守传统的警察，西方风格的现代主义作家，无时不在的金色青年的诸多样板以及在全球范围内的每一个都市中心都可以找到自己对等物的游民无产者等），因而可以最为有效地作为对从属性，也就是说，对民族实体在晚期资本主义的新的世界系统之内的定位的某种无意识的（以及集体性的）沉思的证据发挥作用。

的确，身为技术专家和官僚化的专业人员，李立中被因地制宜地设计成要为一个永远也不可能真正融入第一世界的后第三世界国家的“民族讽喻”[13]（在资本输出以及逐渐变为世界系统的新的中心，其命运只能作为日本或美国的一个结构上的卫星这样的意义上）提供比喻表达法。重要的是，与他“非凡的职业生涯”相随而至的，不是戏剧性的以及悲剧性的失败，而是诸多大好前景。不过，即使最终成功，也不可能以任何明显的质性的方式改变他目前事业发达所特有的沉闷乏味。换句话说，人们无法预先看到他的婚姻生活更能让人满意地维持下去，而且，如果说其他官僚算是提示，也同样看不到他梦寐以求的提升能够霹雳一声地从他的存在本身的角度使他改头换面。这一点——全球的官僚体制内的幸运儿所特有的不快感——或许就是某种从属性的新的面孔，通常是从倾向性的贫困化以及那种“不发达的发展”的角度被加以戏剧化的。可以说，正是这种后现代性的中产阶级化的维度，其反面才是新的贫穷、“无家可归”以及对都市空间的全新态度。对此，这部电影以诸多原创性的方式，也进行了记录。

的确，从阶级立场来看，在发展中国家或不发达国家，小资产阶级（在这一时期，是指一种新的小资产阶级，或者官僚以及以前独立的专业人士中的专业管理阶层）的命运，似乎更具一般性地象征着民族或集体性的命运，至少是在民众的想像中是这样。在法国大约可资比较的发展时期写作的巴尔扎克，总是以这种方式将他笔下的小资产阶级人物们投射出来，作为对民族不幸的讽喻。似乎富人和成功者（在我们这个时代，是指跨国的发迹史）是在某个私人的和非一般化的方面才好运当头，而穷人——尤其是农业和手工业工人——早已是概莫能外地总是遭受着剥削，所以几乎不可能对任何东西形成讽喻，除非是阶级斗争本身的反复持久。可以肯定，在某些形势下，游民无产者——比如西班牙“黄金时代”的流浪汉——也可以成为对民族的讽喻，而上文所说的李立中这个人物所特有的那种悲哀，可以认为包含着可归因为发展中的第三世界的所有的混杂难辨的情感。他不可能恰如其分地对台湾本身形成讽喻，因为那种特别情景还有其他许多独一无二的决定性因素，都已从他的故事当中略去了。不过，如果将他的命运视为有关台湾在世界系统中的发展的种种局限的幻想的比喻性的演绎，可能至少是行得通的。至于这样一种解释会给这样一种叙事的潜在一般性尤其是会给它与第一世界观众的相关性以及他们对它的接受带来什么，这将是本文结语的反思里要探讨的一个话题。

但是，如果将具有这种新的后现代意义的“民族讽喻”，同化为传统的或陈规俗套的观点，即把这种结构视为至高无上的静态的和机械性的，那可能就是错误的。因为，按照那种观点来看，老生常谈式的意义，因为有了叙事情景及其组成部分的同样也是老生常谈式的诸多特色或方面，而可以一对一配对成双。而在后现代的讽喻中，则存在着某种内在的自我超越的动力，要想表达它的意义，即使是较早时期的字眼“反射的”也太过无力。相反，这是隐身于自身势头底下的生物体的某种自我调节性的转换，置身其中的起初的比喻由于这种事实本身而被不停而且辩证地加以修改：在这些生物体之内，再现这个问题，其本身已经被主题化，进而必须以纷繁不一的新的伪装并在各种不同的层面，把自身生产、再生产出来。

这样，在这里，李立中看似呆板无趣的戏剧，以不可预见的戏剧性的形式铺展开来。而这样的形式，跟故事之内的故事所揭示出来的东西、那些匿名电话的肆意骚扰以及自我反观性的现代主义的和阴谋性的再书写可能不会有多大的关系，因为这些毕竟是他妻子的叙事线索要负载的内容。它们只能使这位大夫全盘紊乱的心绪更加混乱，进而阴郁的心态促使他甚至更加彻底地同现实生活相脱节。接下去，便可以看到肯定是最近的电影当中最为骇人的场景之一：李立中再次造访那位警察即他童年时的伙伴，并且兴高采烈做了一个声明。他满面笑容解释说，他终于如愿以偿成功晋职，而且，对妻子的出走，他也已经有能力成功加以应对，所以认为自己没有她也可以过得更好。因此，他终于成了一个幸福的人——事业有成、内心安宁、一切圆满。这样的不实之词，是靠姿态上和相貌上的欣快症传达出来的。而这种欣快症，超出了人在口吐不实之词或单纯地说谎时一般要发出的信号或表现出的痉挛（如果说仅仅是因为我们根本看不出这样的哄骗的要害，以至于我们自身的混乱要在逆向冲刷中聚集力量以对哄骗加以强化）。要想把这种可怕的欢乐感、满面春风的虚假幸福感表达出来，是很困难的。一个一向难得一笑的人物，我们已经把他同皱纹布满额头、骨子里心事重重的人联系起来，因为他总是困难不断，困惑总是一样难解，而应对起来又总是软弱乏力。这样的人物，这时候竟然流水般欢快，容光焕发，满脸笑意，这难免狰狞得让人不寒而栗。这种喜笑颜开的表情，并没有用特写加以记录，而是以一种只有《阿卡丁先生》（威利斯，1955）中的那无与伦比的一瞥能与之相比的形式（尽管语境完全不同）投射到银幕上。在后一部影片中，长着胡须的威利斯的敏锐的回眸这个伸缩镜头，显示出他是明白的，而且他明白我们也明白，如此等等。至高无上的确会成为人们心目当中最适合描述这种情况的那个表示高峰的字眼——事件抓住它自己的小辫子，要升入一个更高的、形式上超越性的层面。

不过，至于李立中的“至高无上的”幸福感，仍然可以为它想像出现代主义的解读，比如像在尼采式虚构性的暗示中那种情形：在某些情况下，对可替换的、未实现的可能性的演绎——其特色是，我同“哥哥”一起大加庆祝过节一般的吃喝仪式，终于不辜负期望，新近得攀高位尽情享受——有可能跟现实一样让人心满意足，甚或更让人心满意足。从生活与艺术的关系这个角度进行的解释，可以在这里继续得到证实并且看似有理，但又应该由它自身在这种解读当中的可替换的可能性加以增补：只是为了行文方便，笔者才把它称为相对而言比较后现代的类型。毕竟，如果加以回溯，我们思想模态当中迫在眉睫的变化的根本性的信号和症候之一，就在于对笔者在别处称为“深度模式”[14]的东西的那种不断加剧的不满——在这种情况下，生活与虚构之间的对立，大致是建立在现象背后的或与它相对立的现实的某种观念这种模式之上的。取代这种现象与现实关系模式的是，从文本性或诸多实践的角度以各种不同的方式加以描绘的某种东西。这是一种对各种不同表面形成的连续的设想，但在这些表面当中，没有一个以某种方式在形而上或本体论意义上被赋予优于其他的特权。不过，李立中的虚构或不真实的可替换生活，也可以用这第二种方式来加以理解和解读。而且，这也是引人注目的一系列多元的和彼此排斥的结局要显示出来的。

因为，在 一个清晨的连续镜头当中，在延至午夜的欢庆之后，这位医生一丈夫在警察的住宅内一觉醒来。接着，他偷偷拿走了仍在酣睡的警察的左轮手轮，将上班路上的医院主任枪杀。然后，他闯入他妻子的情人的公寓，以令人恐怖的行刑者的风格朝后者射击。因为对自己的妻子下不了手，他转而只好来到人头攒动的闹市区严阵以待。我们已经看到，“白鸡”一直在这里诱人上当。因此，他之所以来这里等待，大概是因为他曾见到过对方的照片，认定她应该为他碰到的所有的倒霉事承担责任。不过，到目前为止，我们已经明白，到目前为止这两个仍不相关联的人物都是十分危险的。最后的情节环扣，不管是牵涉到性交还是暗杀，都是一种公认的、令人高度紧张、激荡不安的高潮，其叙事即使可以使最后剩下的几条线索得以扭结一处，但再也说不清楚什么地方让人感到满意。不过，这个时候，时间奔跑得更快了：警察忽然从梦中醒来；皮条客像在经典作品当中那样尾随着这对男女走进旅馆走廊，但没有想到房间上锁，无法进入；警察迈着沉重的步子走进大厅；在同一时刻，我们还可以看到，主人公的特色动作——万事此为先——最后一次开始专心致志地冲洗双手。不过，在这个时候，母题已经被激活：水龙头溅出来的水，与警察破门而入、旅馆房门破裂的碎片同时并作，喷涌而出。不过，最终的结局则是，鲜血和脑浆喷溅在另一面墙壁上方，喷溅在另一个空间，因为，李立中是在他的朋友的住宅的浴室里，在清晨饮弹自尽的。而就在这个关口，他的妻子在其情人的套间里忽然惊醒，而对真相有待辨明的灾祸直呆呆大睁着双眼。

不管从所有常规性的审美信号的角度，还是从像常识本身就可以拍板定案这样的任何优势观点，都已经可以明显无误地看出：以前的那个连续镜头，是一种怪异的想像，或者某种类型的欲望满足。笔者这里也并无意别出心裁，对一目了然的事情提出反对意见。相反，笔者的意思是要突出某种不确定性向这个连续镜头本身的回归。因为，它异乎寻常的环扣——水龙头的重新出现，带着弗洛伊德的“事后”（*Nachfräglichkeit*）（反溯效力或“被推延的作用力”，即被青春期激活的孩童时期的创伤）的那种整个预示不详的形式上的意味，凭借着它惊人的叙事短暂性，以其自身的力量吸引住了我们，但我们与此同时却无力确定任何特别的内容或信息的在场。这简直成了这样一种类型的戏法：因为它的缘故，我们才可以看到对形式本身的抽象的刺激，进而因此注意力被引开，无法顾及内容，而且尤其是摆脱开了令人疲惫的（现实主义的）义务——不去判定是把它当作实在的还是仅仅是另一个梦幻连续镜头。

的确，这一多元性的结尾，在笔者看来，极其精巧地达到了平衡，其设计安排异常谨慎；因而，对上述判断取舍，即使我们不能完全加以回避，也可以暂且放在一边。除非我们真的愿意承认，闪回或者怪异的想像这种插入形式在最近几年已经变得怎样令人厌倦，其中含有的技巧之处实际上才是可以欣赏的。但这样的东西是较早时期的电影的拿手好戏，在第二次世界大战之后不久（而且也是在宽银幕诞生、好莱坞终结以及现实主义本身开始衰老以前不久），也曾经历过黑色电影时代中的艳阳高照的印度夏日。景框化的叙事，一直总是负载着有关终结、业已确定的命动以及无可挽回地融入过去的事件的信息。而被插入的电影的（以及比较不常见的、文学的）白日梦也可能发挥过作用，对某个当前的情景中的囚禁意识加以强化。的确，如果比尔斯的《发生在枭河桥的事件》（1962 年由罗伯特·昂里克拍成电影）可以被视为二者的合成和综合，那么，它们象征性的价值——在处以极刑之前的片刻间——就变得戏剧性地不言而喻了。这样的技巧风格化的复兴——比如在吉勒姆的《巴西》（1985）当中——甚至可能更加不言而喻地要征募非实在的插入叙事的切片，以便使人对某种 1984 年式的社会集体性的囚禁有明确无误的解释。但是，对于后现代的观众来说，传统的景框，是要让我们离开现在，但一旦到了影片结尾处，可以想见，我们便又要再回到现在——例如，在《天色破晓》（马赛尔·卡尔内，1939）当中——因而，如果直接比照我们对某种后现代的现在的系统性的执著追求，便显而易见是令人不快的；而好莱坞的怪异想像叙事，千方百计要替换下可替代的实在中令人满意的东西，但并没有成功，因而在许多方面都一样使我们不耐其烦。

不过，《恐怖分子》的种种可替代的结局，并不需要笨重的主题化。这部电影结束得太快，而它的多声部，即诸多主人公的多元性，使它最终深深陷入这些人物命运的纠缠当中，不可能理出头绪（例如，欧亚混血女最后一次出现，是在怪异想像连续镜头之中，因此继续负载着某种信息上的权威意味）。与此同时，如果说它是怪异想像，令人尴尬的疑问便会应运而生，使人不得不加以正视：究竟它最终已经成为谁的怪异想像？的确，也可以提出一样有力的观点[15]，指出那是周郁芬的怪异想像，而不是其夫充满了狂然报复的污秽怒气的白日梦（正如上文所说，他并不是一个特别富有激情的人物；而"白鸡"个人做法的种种细节，他也一样是无法与闻的）。这种情况突出的是现代主义的解释尝试，即通过把它整个闭锁起来，推回可辨识的诸多主体性和观点之中，然后把所有的线索捆绑在一起的强烈要求。这样一来，在主体作为有意义的范畴被废除的时候（或者，如果你同意，当有关主体的诸多哲学的束缚被大大削弱的时候），马上把自己推荐出来的"后现代的"替代物，便显而易见成了跃入视线之内的东西。这种替代品，就是文本性的或者说冗长不堪的切片的美学。按照这种美学，我们跟所有接连的序列都保持相等的距离，因而整体逐渐作为某种庞大的系列的变体或再组合开始呈现出来，比如新小说或罗伯-格里耶的相随而至的电影产品中就是如此。不过，这种尝试也一样是小心翼翼变戏法变来的。如果说某个时期的唯美主义执著于故事之中故事的深层安排的现代主义（以及纪德式的）主题，那么，相对而言仍属古风犹存的 20 世纪 60 年代的唯美主义，便真的是充溢于这种类型的排列组合的自由游戏当中。这样，它显而易见根本就不是我们希望从这部特殊的电影的结束曲当中听到的音调。

因此，我们必定击节称赏的是这部电影的制作人精心设计的方式：使这两种强有力的解释尝试——现代的和后现代的，即主体性的文本性——彼此中立化，相互形成长时间的悬搁，这样便使这部电影有条件利用并吸收二者的种种益处，而不至于使其自身完全投入其中一个作为某种确定的解读，或者说作为某种确定的形式的以及风格的范畴。除了杨德昌显而易见的个人优势之外，这种类型的相互强化的悬搁的可能性，很可能要在某种意义上得益于第三世界电影本身的境况：由于传统的作用，不论是现代主义的还是后现代主义的冲动，都不是从内部产生的，因而二者最后都是带着完全是后战争的现代化的某种年代学意义上的同时性抵达这一生产领域的。因此，《恐怖分子》才可以享受与二者保持某种距离的自由，其种种优胜之处的确也是本章一直在探讨的内容。

不过，如果作出结论，就有必要将诸多解读以及相互竞争的解释的这种替换及其共存再推进几步，也有必要尝试着去欣赏：如果我们把女性人物相去甚远的戏剧视为这部影片根本性的引力中心，并用它来替换李立中故事的男性悲怆，一切又都是怎么为之改观的。若要把它视为有关女性命运的电影——究竟是否可以认为，它是真正的女性主义电影，非笔者所能判断——就要在把影片中的女性处境应理解并表述为根本上是空间性的这一意义上，强调它可能含有的某种后现代性。男性人物——大夫，同时还有摄影师——都被包裹在各自的时间性的［尘世的］命运中。不管成功还是失败，都像是未来这个范畴本身一样，依然如故笼罩在他们的头顶，有如一个硕大的月亮仍然可以既让你笑口常开，又让你悲哀落泪。与此同时，他们身为男性，在空间上有更多移动性，因而也可以通过公共区域对自己加以抚慰，不管那是警察局、医院还是街道本身。

可是，女性的空间在本质上就是拘押囚禁的空间：向小说家开放的那惟一的公共空间形式，就是电视屏幕本身，在这个空间，四肢都很难伸展开来，更不用说放松了。电影中具原型性的，当然是欧亚混血女的那种囚禁：被锁闭在其母的公寓之内，真让人觉得即使厄运突降不得不拄拐走路也算不得什么坏事。的确，对于这位青春少女来说，更加不堪忍受的是，她不仅被囚禁在公寓里，而且还被囚禁在她母亲的20世纪50年代那段昔日的时光中。而她母亲本身也是一样被囚禁在这段昔日的时光，不断领受《烟尘迷住了你的双眼》的乐曲。这个女孩在影片中有意味的第一次露面，就是她不顾一切要逃出发生暗杀的公寓对她的囚禁。而同样有意味的是，她享受到的实际上最具移动性的时光，便是在漫漫长夜的台北满市奔跑的公共汽车上手足失措的漫游；这时，在一片狂躁当中，她已是精疲力竭，摇摇欲坠。最后，如果能明白下边这一点，似乎也并不是不合情入理的：她的主要营生之处，似乎可以说，并不是公共场所（尽管是同男性厮混一处），而是一个典型的匿名的旅馆房间，而且总是一个模样。在这里，偷盗、暴力以及敲诈的戏剧，也同样是一模一样地没完没了演个不休。

不过，这并不是这部特殊的影片中一个独一无二的情景。还可以以摄影师的女友为例。因为，她同样是被监禁在某种东西之内：这里自始至终都是“*他的*”房间，“*他的*”公寓。即使是他把自己拍摄的照片移走，随风而动的窗帘依然封闭着这片现在已被抛弃的空间，使之脱离开街道以及户外，尽管是以纯粹的次要主导母题这种形式。

同样不言而喻的是，作家的公寓虽然要气派豪华得多，但压抑感却丝毫不减。她对以前的情人倒是直言不讳：“我的世界正日渐萎缩”。半带传统意味的地毯和家具，可以肯定能成为妙不可言的背景，捕捉到光线的变化，而这也正是这部极具视觉和摄影效力的影片根本上的关切中的一个。与此同时，那间浴室，人所共知就是她做大夫的丈夫下班冲洗双手的地方，充溢着昏黄的光芒，简直就是要突出出来作为他的象征性的色彩。（在那个让人窒息的医院的连续镜头当中，我们会再一次与它相遇：它沿着楼梯向上走，旋即进入一片黄色光芒的海洋。因此，或许可以将它看做是某种本质上人造的色彩，同现代化联系起来。）不过，同周郁芬联系在一起的公寓其余部分的那种要开放得多、通畅得多的空间——某种雅皮士或专业人士的空间，同年轻的摄影师甚至要更奢华一些的家庭别墅（那里有游泳池，也有女仆）不无关系——相比而言，也没有更多的积极意味。那是一种死寂的空间，堆满了典雅但毫无用处的家具：之所以摆放在那儿，主要是为了改头换面充当意象。这样，就像欧亚混血女一定要从关她禁闭的公寓中逃走一样，周郁芬显而易见也要从这里逃出去，既是被迫无奈，也是必然的结果。

人们一向总是断言，现代主义是时间性的，后现代主义是空间性的；而《恐怖分子》以及其中的意象的空间性，则是不可避免的。不过，笔者倒是希望，能对这部影片的空间性所具有的一个独一无二的特色加以强调：它在个体性的空间与作为一个整体的城市之间，建立起引人注目的关系。这样，各种女性的戏剧之所以是空间性的，不仅仅是因为它们不知为何也是后现代性的（尽管从一般意义上的新社会运动以及特殊意义上的女性主义的角度展开的后现代性的人物塑造，是一种普遍的人物塑造），而且最重要的是也因为它们又是都市性的，同时更重要的是因为它们是在这座特殊的城市之内被明确表述出来的。

的确，《恐怖分子》在很大程度上是一部描写一般意义上的都市空间的电影，因而呈现出某种类似于封闭的住宅的汇编的东西，不管是公寓，还是个体性的房间。正是这样的楼房，占据着支配地位，进而由偶尔出现的某个街道场景画龙点睛重新加以突出：因为，这样的标点，总是要把我们推回到高空的视角，或身在高处向下俯视，或从阳台扫视脚底，因而也暗含着在高层的公寓内的囚禁。这样一来，随着摄影师把它封闭进黑暗，这种住宅空间所含有的零度，便可能就是由发生暗杀的房间设制的：这一幕因此便暴露出所有这些住宅空间所具有的根本特点，即它们作为立方体发挥作用，以这种或那种方式向城市和街道开放；因而，它们不知为何是没有完成的，在空间上要寄生于它的。只有欧亚混血女的旅馆房间不知什么原因才沉沉埋葬于空间之中，在远离城市的某个去处，而那个地下世界让人联想到经典的 19 世纪的城市和情节剧中的种种“神秘”，在这里忽然被缩小到一个住宅单元。在不断装修、一次次粉刷之后，才会偶尔再把它租给什么人，尽管此人对发生在这里的事情依然记忆犹新。

就这样，台北被绘制成图，并且被塑造成了相互叠加的一套装在盒子里的住宅空间：所有的人物在这里都是以这种或那种方式被囚禁起来。因此，这部电影承认似乎要将它同中国大陆传统的和现代的两种城市区分开来，并且也同东亚其他城市的各种文化和历史风格区分开来的东西——沿着以某种方式成了它中心的形式上的范式的大的干线两边，楼房迅速拔地而起。所有的公寓并不含有它们所从属的单一的楼房的形式上的中心性（像在佩雷斯描写一幢公寓住宅的小说《生活：角色的风格》［*La vie*：*mode d'empoi*］中那样，虽然姗姗来迟，但毕竟非同寻常）。同时，它们也没有呈现出人们在杰萨斯·迪埃兹的电影《勒加尼亚》（*Lejania*）所见到的那种类型的全景：依靠家庭电影和录像带将迈阿密投射进去的诸多内景，在它上面放眼望去便可以看见整个哈瓦那向我们四周延展去的某个房顶，最后还有主人公在即将窒息的紧急关头奋力冲进去的真正街道（不过，在这部二战影片中，这些街道仍然还是某种真正的公共空间，是集体性社会方案的那种空间)。

占据支配地位的第一世界对后现代城市的经验，可以肯定是中产阶级的那种经验，也是这样的死寂的纪念碑的体验：说到它们，已不再可能明白它们是否可以称为公共的，但可以肯定它们已经不再是私有的。与此同时，处于中产阶级化的区域以外的东西，目前正逐渐被承认是第一世界城市之内的一种新的第三世界空间。至于严格意义上的第三世界城市的再现，所有可以被假设为某种最低限度的概括的东西，或许都是作为见证人的农民的那种现在业已俗套的形式，即村民第一次见到大城市时的那种叙事观点。

在我看来，所有这一切都无法同台北的这种铭刻相提并论，而且，正如上文所指出的，它同时在辩证意义上也跟侯孝贤的台湾农村的诸式形象迥然不同。异乡客以及局外人可能会有理由惊奇，究竟这种看待都市经验的方式同一个小岛的那种“总体性的再现”有什么关系？所有封闭的空间，就其涵盖幅度以及丰富多样来看，塑造或体现出的是世界系统的不均衡或不平等：从最为“传统的”类型的空间——不管是否有悖论性质，都是指那个警察的营房式公寓（而且，不无意义的是，那位主人公在如此众多现代的、匿名的西方风格浴室中都冲洗过双手之后，竟然要在一个看起来非常传统的热水澡堂或热水池桑那浴式的空间的地方开枪自杀）——一直到医院的“国家的”空间，出版人办公室的那种“多国的”空间（这种媒体，可以肯定范围铺盖全球，尽管目前是栖身于一幢庞大的玻璃高层建筑当中），另外还有两边是一模一样的卧室的旅馆走廊，笔者禁不住要把它称为同样的“跨国的”匿名性的东西，真是应有尽有，无所不有。

这里所做的对台北本身的讽喻性评论，是针对某种类型的第三世界情景的一个评论。目前为止，我们还很少将这一情景纳入这一（相当传统的）范畴：此即，属于第三世界或太平洋边沿地区（日本除外）的发展中的第三世界或者最近正在工业化的第一世界层次的国家和地区。台湾在某种意义上处于这一世界系统之内，正如那里的公民们置身于其城市盒子里：繁荣昌盛与枯竭萎缩同时并存，大自然已被遗弃（它只有两次显露面目：一次是在一个花园的特写镜头，另一次是在警察的后院当中，如果可以把学生的别墅的游泳池和修剪整齐的草坪排除在外的话）；经典意义上的都市试图构造自身功亏一篑，因而同经典意义上的心灵主体试图构造自身归于失败形成了某种密切的关系和对照。尽管如此，令人愉悦而又振奋的东西——光明本身，即白日的时光，在这里还是深嵌于城市的日常事务当中，并且闭锁入它的石块的所有毛孔或者涂抹在它的玻璃上：光明也一样是后现代的，并且仅仅是可再生产的形象的制造的一种附属物。

在本章结束时，笔者希望对这一观点加强调：在后现代，一般与特殊之间的种种关系，如果它们真的存在，就一定要以跟以前的社会形态中通行的那些，以及可以肯定也跟代表着我们自己所在的现代时期特征的东西完全不同的方式构想出来。因为，笔者在这个地区的作品当中所看到的地区的——我们过去总是用某种比较现代主义的或现代的语言来说——外省的意义，确切地说，在任何传统意义上都不是地区性的，而是从其美学价值方面使这部作品成为一般性的那种东西（如果用同样过时的语言来讲的话）。这里因为，在晚期资本主义以及它的世界系统当中，即使是中心也被边缘化了。结果是，从资本主义某种最近的经验喷涌而出的、有关边缘性的不均衡以及不均衡的发展的多种强有力的宣泄，总是更加激越、有力，更具表达力；而且，最重要的是在更深层次更具症候性和意蕴性。因而，即使是虚弱无力的中心力所能及仍可讲出来的任何东西，也无法与之相抗衡。

【注释】

［1］London：Routledge and Kegan Paul，1982.

［2］可以放心大胆地说，侯孝贤是当今台湾电影制作人当中的领袖人物，而且也是第一个——在1987年的自由化之后，在第二次世界大战以来的台湾历史破天荒第一次可以公开讨论的时候——投入到雄心勃勃的历史性的史诗《悲情城市》（1979）的建构当中的人。他的社会材料——取自青年以及农村——跟杨德昌的迥然不同，因而，他的优秀作品中所含有的精神——某种类型的民粹主义的悲怆或感伤主义——也一样迥然不同（详见下文）。

［3］Renata Salecl 在她的 *Struggle for Hegemony in Post-Socialist Yugoslavia*（in Emesto Laclau. ed.，*On Identity* [London：Verso，forthcoming]）当中，从最具意味的拉康式分析的角度，对（在南斯拉夫的语境中发挥作用的）这样一些民族主义进行了描述。

［4］若欲对此做进一步的了解，See *Postmodernism，or，The Cultural Logic of Late Capitalism*（Durham，NC：Duke University，1990），pp. 20－21。

［5］多亏 Michael Denning 指教，笔者才注意到，*Godfather* Ⅲ的意大利背景之所以能在更深层次发挥它的作用，是因为 Coppola 避开了种族以及毒品等有争议的问题。不然的话，这样的问题很有可能重新强加到超级国家本身的框架之内，造成致命后果。

［6］Alessandro Manzoni，*The Betrothe*，*translated by* Bruce Penman（London：Penguin，1972），pp. 223－224.

［7］借此机会，笔者要感谢 Shu-chen Chiang 对本章的一个较早版本所做的评论，提供的有关这部电影的台湾背景这种不可或缺的信息以及它的某些特色的地区性的或本土的隐含意义。有缘读到 Yingjin zhang 的 *The Idyllic Country and the（Post）modern City：Cinematic Configurations of Family in Osmanthus Alley and Terrorizer*（in Wimal Disanayake. ed.，*The Family in Third World Film Today*，forthcoming），笔者也一样受益良多。

［8］见上文，“第一部分”注释19。

［9］很明显，这一处理需要同《悲情城市》中那位既聋又哑的摄影师的角色和作用加以比较：他是最小的儿子，类似于某种被排除在外的见证人，而且跟他的那位同样被排除在外的日本妻子一起，形成了我们最应注意的“观点”。正是由于这种原因，在侯孝贤的电影中，这个人物似乎是要为经典的、俄罗斯形式主义意义上的疏离提供技术上的手段（比如，跟Ambrose Bierce的*Chickamauge*中的那个儿童的观点是一样的）。

［10］Proust论述电话的文字，可在*Le Côfé de Guermantes*，*Part I*（Editions de la Pleiade，1988）中见到；紧随着这一技术沉思之后的，是Marcel笔下奄奄一息的祖母的视觉性反复神视（438～439页）。James Rolleston提醒我们注意，Kafka逝世之后出版的随笔*Der Nacbbar*当中对电话的再现；同时，他极有价值地指出，我们也可以把它重新归入Benjamin的技术生产的形式。不过，还可参见他的*Der Telefon*，收入*Ber liner Kindheit*，*Gesammelte Schriften*（Frankfurt：Subrkamp，1981），Vol. IV，pp. 242－243。

［11］见他的*Berlin Childhood*（*Gesammelte Schriften*，p. 284，in *Schränke*）——在Shierry Weber Nicholson为巴黎版所做的英文译本当中，是作为一个独立部分译出的：

> 我想打开的第一个橱柜，就是那个衣柜。我只是扭了一个球形捏手，柜子便吱呀一声开了。在那里存放的内衣物中间，有一件东西使衣柜搜索成了一次奇遇。我不得不把手伸进去，伸向最远的一角。我看见我穿的袜子就堆在那里，用老式的样子卷了起来。每一双看上去都像是一个小袋子。再没有比把手尽可能向小袋子的内部深处伸去更让我感到愉快的事情了。我之所以把手伸进去，并不是为了取暖。我手伸进卷起的袜子内部，紧紧抓起。这双袜子就是“嫁妆”。在我用手沿着外缘摸了一圈尽最大努力证实手里拿的就是一团柔软的毛织物以后，这场游戏的第二部分就开始了，进而揭示出了什么。因为，我这会儿开始要把“嫁妆”从它毛织的袋子里弄出来。我把它越拉越近，直到令人瞠目的事

情发生了：我已经把“嫁妆”拆散开来，因而其中本来含有的“小袋子”也已不复存在。这个过程，我并没能怎么经常加以验证。它教导我，形式与内容、面纱与其所遮掩的东西，只是同一个事物。这引导我从文学当中把真实拆解出来，小心谨慎得就像是那个儿童用手要把袜子从“小袋子”那里拉出来一样。

此外，也可参见像这样的语句：“形而上研究与历史研究之间的方法论关系：一只里面翻到了外面的袜子”（*Gesammelte Schriften*，Vol. 1，p. 918）。

［12］拉康用“排除”指的是这种情形：人若犯精神病，语言或“象征的秩序”无以触及，因而无法组织这样的冲动，病人的思想似乎是从外部，比如以脱离肉体的声音这种形式返回。（See *On a question preliminary to any treatment of psychoses*，in *Ecrits*［Paris：Seuil，1967］）

［13］可再参见 Introduction，注释 1。

［14］See *Postmodernism*，p. 12.

［15］感谢 Tang Xiao-bing 向笔者提出这一建议。

（蔡新乐　李巧慧　译）

文化与金融资本

乔万尼·阿里吉的《漫长的20世纪》是一部卓著，重要的是它提出了我们还不知道我们已经在具体地加以解决的一个问题：金融资本的问题。[1]毫无疑问，这个问题曾以模糊的困惑和疑问萦绕于我们的脑际，但我们却从来没有停下来认真地想一想，并就这些困惑和疑问提出下列这些真正的问题：什么是金融主义？为什么投资和股票市场比似乎濒于销声匿迹的工业生产更引人注目？你怎么能在没有生产的情况下获得利润呢？这些过度投机都是从哪儿来的呢？新型的城市（包括后现代建筑）与土地价值（土地租赁）的突变有什么关系吗？为什么在发达社会里土地投机和股票市场已经成为主导因素，而这里的**发达**当然与技术有关，但不也应该与生产有关吗？所有这些难解的问题也使人暗自对马克思的生产方式，以及对20世纪80年代由里根和撒切尔夫人的减税政策激发的历史转变产生了疑问。我们似乎又回到了最基本的阶级斗争形式上来，它是如此基本以至于终结了冷战所激起的整个西方马克思主义理论的探讨。在冷战和西方马克思主义的漫长时期里——这个时期实际上可以追溯到1917年——为了揭露对不适当维度的那些持续的替代，取代了经济讨论的政治讨论的逐渐消失，以及为了对付各种新的、不可预料的社会实验而对所谓传统的诉诸，其中包括自由和民主—上帝—摩尼教—西方和犹太—基督教或罗马—基督教遗产的价值，而有必要进行一种复杂的意识形态分析。这一分析还应包括弗洛伊德所发现的无意识运作的新概念，并且可能运用于社会意识形态的层面。在那些日子里，意识形态理论成了最好的捕鼠器。每一个有点自尊的理论家都感到有义务发明一种新理论，而这只是为了博得好奇的投机者们昙花一现的喝彩，在瞬间的注意之后他们便又扑向下一个模式，即便下一个模式只不过是在翻新意识形态的名称，用知识型、形而上学、实践或别的什么加以取代而已。

但今天，这些复杂的现象似乎都已消失了。面对里根和撒切尔夫人基于撤销管制（deregulation）、私有化和市场的强制性开放而到来的巨量投资和增加产量的乌托邦时代，我们感到意识形态分析的问题已经大大简化了，而各种意识形态本身也透明多了。现在，步哈耶克等大思想家的后尘，人们已经习惯于把政治自由等同于市场自由，意识形态背后的动机似乎不再需要详尽的解码和解释学的阐释了；所有当代政治学的主导线索似乎极易捕捉，这就是，富人想要降低赋税。这意味着一种旧的庸俗马克思主义可能比一些新模式更适合我们的环境，但是，我们也面对着有关金钱本身的更加客观的问题，这在冷战时期似乎不那么重要。

富人确实在使用所有这些新的收入，他们已不必把它们浪费在社会服务上了，但这些收入没有用于建立新的厂房，而似乎投到股票市场上去了。于是就产生了第二个困惑：苏联人曾经就他们那神奇的制度开玩笑，他们的高楼大厦似乎与平房相差无几，而这些平房只能靠成群的白蚁在里面蚕食才能保持。但我们有些人也对美国抱有类似的怨言。在重工业消失（或大规模减缩）之后，使之继续得以维持的（除了食品和娱乐这两大美国产业之外）似乎只有股票市场了。这怎么可能呢？源源不断的金钱又是从哪里来的呢？而如果金钱本身基于这样一个脆弱的基础，那么，为什么“财政责任”又如此重要？金融主义自身的逻辑又是以什么为基础的呢？

我们正处于金融资本主义的一个新时期，传统并未给予这一逐渐拨开的疑团以多少理论的支持或给养。一本旧书，即鲁道夫·希尔佛丁于1910年发表的《金融资本》，似乎对经济和结构环境进行了历史的分析：第一次世界大战前德国的大托拉斯的技术，它们与银行的关系，最后还有远洋舰队，都提出了垄断的概念，列宁在1916年发表的小册子《帝国主义：资本主义的最高阶段》中使用了这个概念。[2]该书似乎也通过改变名称而抛弃了金融资本，将其置换到大资本主义国家之间的权力关系和竞争上来。但这些“最高阶段”现在都已经成为我们的过去了，帝国主义已被新殖民主义和全球化所取代，大国际金融中心仿佛（还）没有成为第一世界的资本主义国家之间疯狂竞争的场所，尽管对德意志银行及其利率政策已经颇有微词。与此同时，帝国主义的德国已经由共和联邦所取代，它可能比或不比其前身更强大，但现在却是的欧洲联盟的组成部分。所以，这些历史描写似乎对我们没什么用处，而目的论（“最高阶段”）看来完全适合它在近年来所遭受的全部羞辱。

但是，在这位经济学家只能描述经验历史的地方，仍然需要一个历史叙事为我们展示解决这个难题的结构和经济理论。金融资本必须成为一个阶段的东西，使自身区别于资本主义的其他发展阶段。阿里吉的卓越见解是，这种特殊目的不必非得是一条直线，而可以构成一个螺旋发展（这个比喻也避开了各种循环说的神话含义）。

这是把各种传统要求混合起来的一幅图画。必须把资本主义运动看做是断续但却是扩张的。每逢危机时刻，它都会通过蜕变而进入一个更大的活动领域，一个更宽广的渗透、控制、投资和改造的范围。厄内斯特·曼德尔在其巨著《晚期资本主义》中最有力地提出了这一学说，可以用来说明资本主义的弹性，[3]这一点马克思在《导言》中已经提了出来（但在《资本论》中却不那么明确），并一次又一次地搅乱了左派的预测（紧继第二次世界大战之后，然后是 20 世纪 80 年代和 90 年代）。但对曼德尔立场的不同见解都集中在**晚期资本主义**这一口号的潜在目的论上，仿佛这是可想像的最后一个阶段，仿佛这个过程是某种整体的历史进程。（我自己对这个术语的使用是出于对曼德尔的敬意，不是特别的先知式预见；如我们所看到的，列宁的确用了“最高”这个词，而希尔佛丁则比较谨慎，只称其为“最新的”，或“最近的”，这显然更可取。）

现在，我们可以用循环的图式把这些特征协调起来。如果我们把断裂不仅置于时间而且还置于空间之中，如果我们从历史学家的角度进行历史的回溯，这显然需要思考民族环境和民族—国家内部，更不用说较大的区域组织特立独行的发展了（如第三世界对立于第一世界）。那么，资本主义过程的局部目的在从一个地理空间跳向另一个地理空间的同时，就可以与自身间歇性的历史发展和突变相协调了。

那么最好把这个制度看做一种病毒（这不是阿里吉的比喻），其发展则好比一次流感（最好比作各种流感的突发，流感中的流感）。这个制度有其自己的逻辑，这个逻辑有力地破坏和毁掉了比较传统的或前资本主义的社会和经济逻辑。德勒兹和伽塔里称此为公理，以对立于旧的、前资本主义的、民族的或帝国的符码。[4]但流感也可以自行出局，就像缺氧的大火一样；流感也向新的、更吉祥的地方跳跃，那里的原条件（preconditions）有利于其翻新的发展。（我急于加上一句，阿里吉对这些胜者败、败者有时也胜的自相矛盾的转折进行了复杂的政治和经济探讨，但远不及我的比喻那么辩证。）

于是，在《漫长的 20 世纪》勾画的新的图示中，资本主义已经经历了许多错误的开始和新的开始，其规模在不断扩大。文艺复兴时期意大利的记账，大城邦里新兴的商业：这些和其他现象显然都发生在比例羞涩的皮氏培养皿上，那些城邦在规模上容不下什么新生事物，但仍然能提供相对有限的和安全的环境。这里，政治形式即城邦本身成了一个障碍，限制了发展，尽管这一观点不应该推演而变成讨论形式（政治）限制内容（经济）的一个论题。然后，资本主义的过程一跃而进入了西班牙，这里，阿里吉的伟大洞见在于他把这一飞跃分析为本质上共生的一个时刻。当然，我们知道西班牙的资本主义出现较早，但却灾难性地受到征服新世界和白银舰队的破坏。但阿里吉强调的是西班牙资本主义与热那亚的紧密的功能和共生关系，热那亚曾是西班牙帝国的财政来源，因此全过程地参与了这个新时刻。这个新时刻与意大利早期的城邦时刻处于一种辩证的关系中，在后来的断代史中不会再发生，除非想要假定一种通过竞争和否定的蔓延，就是说，采取措施让敌人接受你自己的发展，与你较量，在你失败时取而代之。

于是进入下一个时刻，即向荷兰的跳跃，向绝对基于海洋和水路贸易的制度的跳跃。那以后，资本主义的故事就耳熟能详了；荷兰制度的局限为沿着相同路线发展的英国资本主义奠定了更加成功的基础。在 20 世纪，美国成了资本主义发展的中心。阿里吉满腹疑虑，就日本能否构成尚未到来的另一个循环和另一个阶段，能否取代充满了内部矛盾的美国“帝国”（据华伦斯坦，这个词严格说来并不确切），划了一个问号。到此，阿里吉的模式也许没有用了，当代全球化的复杂现实所要求的是别的东西，是一个完全不同的共时模式。

但我们还没有讲到阿里吉的历史中最令人振奋的特征，即这个循环本身的内部阶段，资本主义在每一阶段的发展是怎样复制自身的，是怎样再造这三个时刻的系列的（这可以看做这一新的

“普遍历史”的局部目的论内容)。这三个阶段模仿了《资本论》中M—C—M的著名公式，其中，在积累的扩张辩证法中，金钱转变成资本，资本滋生额外的金钱。这个三阶段过程的第一个阶段与贸易有关，它以一种或另一种方式，往往还采取原始积累的暴力和残酷手段，繁殖了大量的金钱，最终实现了资本化。然后，在第二个经典时期，金钱变成了资本，投资于农业和制造业。资本占有了自己的辖域，将相关地区改造成了生产中心。但这第二阶段具有内部局限性，给生产、分配和消费施加了压力。这些是通过遍及整个第二阶段的利润的下降率运作的：“利润仍然很高，但却**是它们得以维持而不投入进一步扩张的一个条件。**”[5]

在这个时刻，第三阶段开始了，这也是我们最感兴趣的时刻。阿里吉对此——一种循环的金融资本主义的反复出现——的处理受到了布罗代尔的启发，布罗代尔说“金融扩张的阶段”始终是“**秋天的一个符号。**”[6]投机——抽取国内工业的利润，不完全为发掘新市场(市场已经饱和)，而是为金融交易中唾手可得的新的可观的利润——是资本主义现在用来反作用和弥补行将结束的生产阶段的途径。资本本身变成自由浮动的了。它脱离了生产的具体环境。金钱成为次要意义上的和第二度的抽象(它在首要和基本的意义上总是抽象的)，仿佛在民族阶段金钱仍然具有一定的内容。它是棉花钱，或大麦钱，纺织钱，铁路钱，等等。现在，仿佛在蝶蛹中躁动的蝴蝶一样，金钱脱离了具体哺育过它的场所，准备好了逃逸线。今天，我们再熟悉不过的是(但阿里吉向我们表明，我们的这点当代知识只不过是对死者的痛苦经验的复制，是资本主义各个阶段里失业工人、地方商人和行将就木的城市的经验的复制)，这个术语是直义的。我们知道，资本逃逸这种事情是存在的：停止投资，经过深思熟虑的或急于求成的为高利率的投资回收和廉价劳动而投向更青葱的草原。在疯狂地寻找高利润投资的过程中（早在 1966 年，保罗·巴兰和保罗·斯威奇的《垄断资本》就预见性地为美国描述了这个过程），[7]这一自由浮动的资本将在一个新环境中开始生存：不再是厂房和开采与生产的空间，而是在股票市场的地板上，为更大的利润而奔忙着。但这不是一个工业与另一个分支的竞争，也不是同一条生产线上一种生产技术与另一较先进的生产技术的竞争，而是以投机的形式出现：用德里达的措辞就是，价值的幽灵在硕大的、世界范围内的、支离破碎的幻影中相互角逐。[8]这当然是金融资本的时期，而现在清楚的是，根据阿里吉的卓越分析，金融资本不仅是一个"最高阶段"，而且是资本自身每一时期的最高和最后阶段。在循环期间，资本的回收在新的民族和国际资本主义地带枯竭了，因此寻求死亡并在"更高的"形式上再生，进入具有更大的、无法衡量的生产力的一个时期，在此期间，它注定还要经历三个基本阶段：移植，生产发展和最后的金融或投机阶段。

如我前面所指出的，在我们的时代，所有这些都可以得到戏剧性的强化，这都是信息"革命"的结果，强化通讯技术的结果，今天，资本的转移可以废除空间和时间，以虚拟的方式于瞬间跨越民族空间。大量金钱环绕全球的闪电般的运动产生了不可估量的影响，但它们显然也生产了新的政治障碍，在晚期资本主义的日常生活中也产生了新的不可再现的征候。

至于抽象问题——金融资本也属于这个问题的组成部分——也必须放在其文化表现中加以理解。过去一个时期里的真正抽象——金钱和数量在 19 世纪工业资本主义的大城市里的效应，希尔佛丁所分析的那些现象，乔治·西美尔在划时代的《都市与精神生活》一文中从文化上所诊断的那些现象[9]——产生了非常重要的效应，这就是我们所说的艺术的现代主义。在这个意义上，现代主义忠实地——甚至“现实地”——再造和再现了对列宁的“帝国主义阶段”的愈加严重的抽象和解辖域化。今天所说的后现代性表现了另一个尚未到来的抽象阶段的征候，它在性质和结构上都不同于以前的抽象，我曾援引阿里吉将其描绘为我们自己时代的金融资本主义：全球化社会的金融资本时代，以及由信息技术带来的各种抽象（除非用来区别于旧的、“生产”时代的动力，称它为后工业时代并不正确）。因此，关于金融资本主义的任何综合性的新理论都需要深入到扩大了的文化生产领域去测绘其效应；实际上，大众文化生产和消费本身——与全球化和新的信息技术一起——与其他晚期资本主义的生产区域一样，都具有深刻的经济性，都完全是后者普遍化了的商品系统的组成部分。

现在，我想推测一下这种新理论对于文化和文学阐释的潜在用途，尤其是对于现实主义、现代主义和后现代主义的历史或结构序列方面的潜在用途，因为近年来我们许多人都对此极感兴趣。无论好坏，这个序列中只有第一个——现实主义——成了马克思主义传统认真对待和分析的客体，而对现代主义的攻击总起来说是否定的和对立的，尽管偶尔不无局部的暗示性（尤其在卢卡奇的著作中）。我想要表明阿里吉的著作是如何使我们有资格建构一个关于这三个文化阶段或时刻的更好的、更具全球性的理论的。不言而喻，分析将在生产方式的（或简单说，在经济的）层面上进行，而不是在社会阶级的层面上，我在《政治无意识》中讨论过的阐释层面需要脱离经济框架，是为了避免范畴的错误。[10]阿里吉的著作给我们在这个领域的研究提供了新的主题和资料，新的、（或许应该简单说）比较复杂和令人满意的关于金钱在这些过程中的作用的阐述，尽管该书所提示的东西不免使人感觉庸俗。

实际上，近代古典时期政治思想家，从霍布斯到洛克，包括苏格兰启蒙运动的那些人，都比我们更明确地把金钱认同为重要的新生事物，重要的神秘事物，处于向现代性过渡的核心，就最广义而言，这个现代性就是资本主义社会（而不仅仅是狭义的文化术语）。在其经典著作中，C. B. 麦克佛森已经表明洛克的历史观是如何论述向金钱经济的过渡的，而洛克意涵丰富的意识形态定论表明他把金钱置于两个地方，一个是继文明社会的社会契约之后出现的现代性，另一个是自然状态本身。麦克佛森表明，金钱恰好使得洛克制定出非凡的强加于社会的双重系统，即自然和历史、平等和阶级冲突的系统，如果愿意，也可以说，金钱的独特本质使得洛克在作为研究人性的哲学家的同时，又能成为研究社会和经济变化的历史分析家。[11]

在马克思的文化分析传统中，金钱继续扮演着这个角色，在这种分析中，它往往不是一个经济范畴，而是一个社会范畴。换言之，马克思主义文学批评——姑且局限于这种批评——很少依据资本和价值来分析它的客体，而更经常地分析一个特定阶级，即资产阶级。这显然是一个悖论。人们可能会期待文学批评家致力于马克思著作的核心问题，即对资本主义历史根源的结构描述，但这样的努力似乎涉及太多的中介（毫无疑问这是奥斯卡·王尔德的抱怨：社会主义要求太多的黄昏）。因此，比较简单的就是在商人和商业阶级之间，在正出现的阶级文化以及各种形式和文本之间确立比较直接的中介。只有当交换、商业活动以及后来的新兴资本主义决定了史无前例的市民或城市商人以及更加普遍的资产阶级生活的出现时，金钱才真正进入了这个画面。（同时，现代的美学困境对于马克思主义来说几乎完全与想像的问题有关，即为另一个正出现的团体，即工业无产阶级想像一种等价的平行的阶级文化和艺术。）

这意味着，马克思的文化理论几乎完全转向了现实主义的问题，因为只有现实主义与资产阶级的阶级文化有关。而就大部分来说（除了一些著名的、标志性例子外），对现代主义的分析都采取否定的和批判的形式：后者怎样又是为什么偏离现实主义道路的？（的确，在卢卡奇手中，这类问题可能产生启示性的有时是意义重大的结果。）无论如何，我将援引阿诺德·豪瑟尔的《艺术的社会史》来简要阐述传统马克思主义对现实主义的关注。[12]比如，我将援引豪瑟尔注意到的在阿肯纳顿流产的革命时期，即中王朝（the Middle Kingdom）时期埃及艺术的自然主义倾向。这些倾向与僧侣书写传统形成了鲜明的对比，而我们对这个传统如此熟悉，以至于这些倾向对我们构成了新的影响因素。实际上，如果坚持一种非常古老的人类学和哲学传统，坚持认为宗教决定特定社会的精神，那么，阿肯纳顿要取代一神教的流产尝试或许是对此最充分的解释了。豪瑟尔正确地感到，宗教决定要求有进一步的社会决定，因此，他提出了商业和金钱对社会生活和新型社会关系的高度影响，这是顺理成章的。但这里有一个隐蔽的中介，豪瑟尔并没有指出来：这种认知的历史以及新的认知类型的出现。在这些正统的解释当中存在着非正统的内核，因为不言而喻的是，伴随着交换价值出现了对客体之物质属性的一种新兴趣。这里，以金钱为形式的等价关系（在标准的马克思经济学中，对此的理解是：一种本质上唯心主义和抽象的商品拜物教取代了具体的使用和功能）使人们对世界整体和由贸易所发展的一种新的、更活跃的人类关系发生了比较现实的兴趣。商人及其消费者不但要对其物品的感性性质，而且要对其对话者的心理和性格特征发生更强烈的兴趣。这些新的兴趣能产生新的认知，既是身体的又是社会的认识——新的观照和新的行为类型——最终将为不仅可行而且可向往的、为新的公众所欢迎的更加现实的艺术形式创造条件。

这是一种时代解释或阐释，不会满足想要细读个别文本的那些人。这个命题也屈从于晚期各阶段里激进的、出乎意料的辩证逆转。最重要的是，除了情节和人物明显的隐含意义外，与语言自身的叙述并没有什么明显的关联。把论述现实主义与语言之间关系的一个伟大理论家埃里克·奥尔巴赫与这个图式等同起来将是一种侮辱，尽管他的著作由始至终隐含地贯穿着扩大社会民主化的一种观念，并坚持把大众语言转换成书写，尽管这不是他的主旨。这不是华兹华斯对普通言语和说话者的强调，但我想要指出，这是一部巨大的教育小说，它的主人公就是在整个西欧语言中发展的句法（Syntax）本身。他没有引用马拉美："Quel pivot，j'entends，dans ces contrastes，à l'intelligibilité? Il faut une garantie La Syntaxe……"[13]然而，在从荷马到普鲁斯特的漫长岁月里句法的冒险成了《论模仿》的内在叙事：等级制句法结构的逐渐弱化，新句子伴随子句经历了如此的区别性演化，以至于现在每一个都能记录实在界（the Real）迄今为止未被认知的局部复杂性。这是奥尔巴赫的历史的大叙事和目的论线索，其众多决定因素仍有待于弄清楚，但显然包括了许多已经提到的社会特征。[14]

还应该注意的是，在这两种现实主义理论中，对新的艺术和认识范畴的掌握都绝对地从根本上与现代性相关（即便还不是与现代主义相关的话，然而，现实主义在此仍被看做是现代主义的第一阶段）。它们也包括断裂和创新时期伟大的现代主义主题，因为无论对于旧的程式化艺术的等级常规，还是对于前一个文学时期笨拙的遗传句法，这两种现实主义都坚持其必然是颠覆性和批判性的、破坏性的性质，必须清除一种无用的、杂乱的丰碑才能发展它们自己新的实验工具和实验室。

正是在这一点上，毫不谦虚地说，我想我能够为一种尚未成型的正统的马克思式现代主义理论作出两点贡献。第一点提出我们刚刚谈到的一个辩证悖论，即作为现代主义的现实主义，或从根本上作为现代性之组成部分的一种现实主义，因此要求用传统上描写现代主义本身的一些方式来描写之：如断裂，创新，新认知的出现，等等。我的命题是，把历史上相互区别和看起来不相容的现实主义和现代主义模式看做一个辩证物化的几个阶段，捕捉到一个前资本主义生活世界的属性和主体性、制度和形式，以便清除它们的等级或宗教内容。现实主义和世俗化是那个过程的第一个启蒙时刻；当从量向质飞跃时它就变成辩证的了。随着物化力量的增强，它们越来越广泛地渗入社会生活领域（包括个体主体性），仿佛第一次现实主义生成的力量现在把矛头掉转过来，要吞噬它一样。现实主义的意识形态和社会前提——比如，对稳定的社会现实的天真信任——现在已自行祛伪、祛魅和受到质疑；现代主义的各种形式——也是在同一种物化的压力之下生成的——已经取代了它们。而在这个叙事中，可以想见，后现代主义对现代主义的取代也被看做物化力量的进一步强化，这对现已成为霸权的各种现代主义本身是完全出乎意料的辩证结果。

至于我的另一个贡献，是在现代设定了一个特殊的形式过程，这对现实主义或后现代主义都没发生太大的影响，但却与二者发生了辩证的联系。关于现代主义形式过程的这一“理论”，我想要依据卢卡奇（等人）对现代主义物化的分析、解构和（最重要的）内在差异的论述。所以，在把现代主义设定在不同语境里的过程中，我发现依据自主化看待这个特殊过程很有趣和富有成效：以前属于一个整体的各个部分现在变成独立和自足的了。

这是在《尤利西斯》的各个章节和次要情节中看到的情形，也见于普鲁斯特的句子。这里，我想要建立一种亲缘关系，不是（像人们谈论现代主义的来源时所习惯做的那样）将其与科学联系起来，而是与劳动过程本身联系起来。这里，泰勒化这一了不起的现象（与现代主义同时产生）逐渐发挥了它的威力：劳动分工（很久以前亚当·斯密就将其理论化了）现在通过围绕效率原则（用意识形态的术语说）把不同阶段及其重新组织区别开来而成为一种特例独行的大众生产方式。亨利·布雷弗曼的经典著作《劳动与垄断资本》依然是探讨劳动过程的里程碑，在我看来对于现代主义的文化和结构分析充满了暗示意义。[15]

但现在，在有些人乐意称为后福特主义的时代里，这个特殊逻辑似乎站不住脚了；恰如在文化领域里一样，在现代时期看起来丑陋、不和谐、可耻、不得体或令人厌恶的抽象形式，现在也进入了文化消费的主流（从最广义上说，从广告到商品的风格化，从视觉装饰到艺术生产），也不再惊人眼目了。今天，我们的整个商品生产和消费系统就是建基于这些旧的、曾经反社会的现代主义形式之上的。对抽象的传统看法也似乎不适合后现代语境了；然而，如阿里吉所教导我们的，最抽象的和解辖域化的莫过于支撑和维持后现代性的金融资本了。

与此同时，似乎也清楚的是，如果自主化标志着现代的特点，那么，在后现代性中，它仍然未离我们而去。比如，欧洲人最先受到镜头的速度、剪辑和序列的冲击，这些都是美国经典影片的特点。这个过程在电视剪辑中无处不受到强化。今天，只有半分钟长的一个广告能够包括多得惊人的不同镜头或形象，却丝毫没有唤起现代主义的疏离和惶惑感，而这正是伟大的现代主义独立制片人斯坦·布拉卡其等人的杰作产生的效果。因此，极端破碎化的过程和逻辑仍然在这里派上用场，但却没有取得以前的效果。那么，我们是否要与德勒兹和伽塔里一起想像我们在此面对的是迄今为止被解码或公理化的资料的记录呢？德勒兹和伽塔里假定这是与晚期资本主义不可分割的一种运作，无论在哪里，晚期资本主义令人难以忍受的公理都被局部地转变为私人的乐园，私人的宗教，仍然带有旧的、甚或古老的局部编码系统的印记。然而，这种阐释却涉及令人难堪的问题。需要特别指出的是，德勒兹和伽塔里从经典存在主义发展出来的公理与符码之间的这种对立——现代世界上随处可见的意义丧失，继而是局部通过宗教倒退或把私有的和偶然的东西绝对化而重新给予意义的努力——究竟有哪些不同呢？

再编码概念所产生的相反影响在于，它不是局部的而是一个普遍过程；后现代性的各种语言是普遍的，因为它们是媒体语言。因此，它们不同于伟大的现代派孤独的偏执和私人的主题嗜好，这些偏执和嗜好只能通过一个集体评论和经典化的过程才能获得普遍化，实际上也就是它们的社会化。娱乐和视觉消费如果不被看做具有宗教本质的实践，那么，再编码的观念就似乎失去了力度。换个（更具生存意味的）方式，可以说，上帝之死与宗教和哲学的终结的丑闻把现代人置于焦虑和危机的情境之中，现在，一个更加人性化、社会化和“文化化”的社会似乎全神贯注于这种焦虑和危机。浸透和抵消这个社会的空间的不是新价值，而是消费主义的视觉文化。所以，仅举一例，荒诞派的焦虑重又被一种新的后现代文化逻辑所捕捉和控制，这个逻辑为消费者提供这些焦虑，就如同为他们提供另一种看上去更令人欣慰的展览一样。

因此，我们必须予以注意的正是这个新的断裂，也正是在这种理论化中，阿里吉对金融资本主义的分析才作出了标识性贡献，对此，我首先提议用抽象范畴，尤其是用特殊的抽象形式即金钱来加以检验。沃林格论抽象的开拓性文章将其与不同的文化冲动联系起来，然后得出结论说，抽象最终从愈益强化的同化中汲取力量，这是比较古老的、非比喻性的视觉材料向西方的“想像博物馆”的归化，并把这种博物馆与一种死亡冲动联系起来。但就我们的目的来说，重要的介入是西美尔的《都市与精神生活》，文中，新工业城市的过程，当然也包括金钱的抽象流动，决定着一个全新的、更加抽象的思维和认识方式，从根本上有别于旧的商业城市和农村的物体世界。这里的关键在于交换价值与金融等价效应的辩证转化。如果说后者曾经宣布和唤起了对物品属性的新兴趣，那么，在这个新阶段，等价所产生的结果就是摆脱了稳定物质及其统一认同的旧观念。因此，如果所有这些物体都成了商品一样的等价物，如果金钱消除了它们作为个别物体的内在差异，那么，人们似乎现在就可以购买其不同的、因此也是半自治的属性或认知特征了；而色彩和形状都从以前的工具中解放出来，以认知领域和艺术原材料的身份开始独立的生存。这就是第一个阶段，但只是位于抽象之开端的第一个阶段，即所说的美学现代主义，但就事后观点来看，应该把它局限在资本主义工业化之第二阶段的历史时期——即石油和电力，内燃机和汽车的新速度和技术，蒸汽船和飞机的时期——也就是世纪交错之前和之后的几十年里。

但在继续探讨这一辩证叙事之前，我们需要权且回到阿里吉的著作上来。我们已经谈到了阿里吉的想像方法，即把马克思的M—C—M 公式加以更新，使之变成了一个柔韧循环的历史叙事。人们记得，马克思是以另一个公式 C—M—C 的颠倒开始的，他所描写的商业是：“商品的简单流通以出售开始，以购买告终。”[16] 商人出售商品，反过来用获得的钱购买另一件商品：“当收到用商品换来的金钱时，整个过程就开始了，当为商品而放弃金钱时，这个过程就结束了。”[17]这不是像人们所随便想像的一条非常有利可图的轨道，除非你处于贸易地区之间，如盐和香料等特殊商品可以转换为金钱，这是普遍的等价法则的特例。除此之外，如刚才所说，物质商品自身的核心性决定着一种认知注意，它与物质的哲学范畴一起只能导向一种比较现实的美学。

然而，我们感兴趣的是另一个公式，即M—C—M，这将是商业（如果愿意，也可以说是商人资本）完全转换成资本的辩证空间。我来略去一下马克思的解释（《资本论》第一卷第四章），只是想看看第一个M如何被第二个M逐渐征服的：在这个时刻，运作的焦点不再是商品而是金钱，其冲动在于把金钱投入到商品生产，不是为投资而投资，而是为增加M的回收，现在叫做M。换言之，财富转换成了资本本身；这是资本积累过程的自主化，将其自身的逻辑既凌驾于个体企业家和个体工人之上，又凌驾于商品生产和消费的逻辑之上。

现在，我想用德勒兹的一个新词儿（这次是非常恰当的，是他最著名和最成功的一个词儿），在我看来它戏剧性地强化了我们所论述的这一划时代的转变。这个新词儿就是“解辖域化”，它将有力地澄清阿里吉所讲故事的意义，这个词已被广泛用于各种不同的现象；但我希望说明它的最重要也是最基本的意义在于资本主义本身的出现，把马克思在《资本主义与精神分裂症》中扮演的核心角色加以耐心的重构，就会表明这一点。于是，我们看到了最重要和最致命的解辖域化就是：德勒兹和伽塔里称作资本主义公理的东西破解（decode）了旧的前资本主义的编码（coding）系统，将其“释放”出来以建构新的更具功能性的组合。这个新术语产生的共鸣可以用目前流行的一个更轻浮、甚至更成功的媒体术语“解语境化”（decontextualization）来衡量；它恰好意味着从原有语境中（如果你能想像任何一种语境的话）

攫取的任何东西都可以在新的区域和环境中被“再语境化”（re-contextualization）。但解辖域化要比那绝对得多（尽管其结果可以在新的历史环境中重新捕捉，甚至偶尔能“再编码”）。它实际上暗指一个新的本体的和自由浮动的状态，在这个状态中，人们确实为了形式而压抑内容（再用黑格尔的语言来说），因此，产品的固有性质变得无足轻重了，成为一个纯粹的营销托词，而生产的目标已不再是哪个特定的市场，哪个特定组合的消费者或社会和个体需要，而是变成在定义上既没有语境或区域，实际上也没有使用价值即金钱的那个因素。因此，如阿里吉所表明的，在特定的生产地区出现了这样一个时刻，资本主义的逻辑——面对地方甚至外国市场的饱和——决定着对那种特定生产的抛弃，以及厂房和技术人员，逃向更有利可图的企业，同时在身后留下了一片废墟。

抑或这是一个双重时刻，而正是在展示这个解辖域化的两个阶段时，我看到阿里吉最根本的原创性，以及他为今天的文化分析作出的最具启示意义的贡献。有一种解辖域化，其中，资本转移到其他更有利可图的生产形式上来，往往总是在新的地理位置。然后，还有一种比较可怕的联合（conjuncture），其中，整个中心或地区的资本抛弃全部生产去寻求非生产空间的最大化，这就是我们所看到的投机，金钱市场和总的金融资本。当然，这里，“解辖域化”这个术语可以歌颂它自身的各种反讽；因为今天的一种特权的投机形式是土地和城市空间的投机。新的后现代信息或全球城市（如人们所称）就是这种最终解辖域化的结果，即这种区域的解辖域化——土地和地球的抽象化，商品交换的背景或语境变成了一种独立的商品。因此，土地投机只是一个过程的一面，其另一面在于对全球化本身的终极解辖域化，这里，如果把全球想像成一个新的更大的空间，以取代旧的民族或殖民空间，那就犯了大错误。全球化是一种虚拟空间（cyberspace），其中，随着信息在以前的地球上、在以前的物质世界上于瞬间从一个结点传到另一个结点，金融资本就已经达到了终极解辖域化。

现在，我想就这个新的金融资本的逻辑——与现代主义的抽象形式迥然有别的全新的抽象形式——提出一些设想，不难看到这个逻辑在今天的文化生产中运作，就是说，在人们所说的后现代性中运作。所需要的是对抽象的叙事，在这个叙事中，新的解辖域化的后现代内容之于旧的作为全球金融投机的现代主义自主化，就仿佛旧的金融业和信贷或 20 世纪 80 年代白热化的股票市场之于大萧条时期一样。我并不特别想要提到金本位的话题，这注定意味着一种坚实的、可触摸的价值，对立于各种纸张和塑料的形式（或电脑上的信息）。也许，金本位的话题只有在它也被当作一种特立独行的人为矛盾系统时才具有相关意义。我们想要加以理论化的是文化表征的本质以及这些表征于中运作的体制的变化。如果现代主义是一种被删除了的现实主义，如我已经指出的，即分隔和区别出某一初始的模仿起点的现实主义的话，那么，它就可以比作一种被广为接受的纸币，其通货膨胀式的起伏突然导致了金融和投机工具的出现。

我想要根据这个断片及其在这些不同的文化时刻中的命运来检验这个历史变化的时刻。关于这个断片的修辞自从施莱格尔斯（Schlegels）所认同的现代主义的黎明时起就已经为我们所用了。我认为可以把它看做是一个名词误用，因为所论的形象内容并不是断裂、未完成或极度破损的结果，而是分析的结果。但由于缺乏更恰当的词，人们出于方便而使用它，所以，在这个简短的最后讨论中我继续使用它。我想从肯·罗素（Ken Russell）看似笑话的评论谈起，即在 21 世纪，每一部科幻影片都不会长于 15 分钟，其含义是：在像我们自己时代的这种“夜秀”（Late

Show）文化中，我们过去为了理解故事的一系列形象而要求的详细准备，不管出于什么原因，现在都已经没有必要了。但实际上，我认为这可以用我们自己的经历来证明。仍然造访影院的人都意识到电影工业遇到的激烈竞争，因为顽固的电视观众已经改变了预演的结构。它必须发展和扩大，成为比以前广泛得多的综合笑料。最终，这些无法抵挡的诱惑（在主片之前上演 5 到 6 个，取代了旧的短片）把观众引向一个重大发现，即预演是你实际所需要的一切。你不再需要看“整整”两个小时的片子（如果不是为了消磨时间的话，尽管这往往是实情）。这与影片的性质也没什么关系（尽管可能与预演的性质有关，较好的预演都经过周密的安排，所讲的故事并不是“真片”里所讲的“真故事”）。这一新发展也与是否熟悉情节或故事没有太大的关系，因为，无论如何，在当代动作片中，故事不过是一个口实，而实际的悬念则是永久的紧张和爆炸。于是，这些形象在看似简短的精彩镜头集锦中通过预演提供给观众，它们本身极通俗易懂，不用让人费心猜测以前情节中的线索和关联。此时，预演既是独立的结构又是独立的作品，它与其最终产品的关系，就如同于放映之后写成并作为一种影印的备忘录而发表的一种小说化了的影片与它所复制的原片的关系一样。差别在于，在主片及其书面版本中，我们处理的是同类的完整的叙事结构，即由于这些新发展而变得过时了的结构。预演是一种新形式，一种新的极小主义，它给人的普遍满足不同于旧的预演。如此看来，罗素的预言就有不完善之处：不是在 21 世纪，这在 20 世纪已经开始了；不是 15 分钟，而只有二三分钟！

当然，他心里所想的完全是另一回事，因为他使人想起音乐电视（MTV）。音乐在视觉类像中的想像性再现是有其先驱的，不是迪斯尼和音乐动画片，而是电视商业广告，最好的广告片也能获得强烈的审美效果。但我想转向一个比较熟悉的方面（部分因为很难说明这种昙花一现的东西），而把一种旧的形象断片与这种新的并置起来。看来颇有教益的是把布奴埃尔的超现实主义影片《安达卢西亚的狗》（1928）和《黄金时代》（1930）的广为流传，或斯坦·布拉卡其的《狗、星、人》（1965）的另一种实验制作与德里克·加曼的史诗《最后的英格兰人》（1987）的垃圾债券加以对比。

事实上，我们应该顺便提及，加曼也像罗素一样对 MTV 的革新制作产生了形式上的兴趣，但与罗素不同的是，加曼抱怨这种新模式的时间限制，梦想对这种形象语言加以史诗般地利用，在 90 分钟长的《最后的英格兰人》这样的影片中，他把自己的梦想付诸于实践（布奴埃尔和布拉卡其的较长影片分别是 62 和 75 分钟，但这里所论的是其可比较的不确定性）。然而，即便在现代，碎片实践也产生了两种不同的、相互对立的倾向或策略：一方面是韦伯恩或贝克特的极小主义，另一方面是马赫勒或普鲁斯特无限的时间延长。这里，在人们所说的后现代里，我们或许想把罗素构想的 MTV 式的短片与犹如加曼的史诗诱惑或《万有引力之虹》这种文本的字面不确定性相并置。

但是，就关于金融资本的文化影响的这番纯理论探讨而言，我想要说的却是这种形象碎片的另一种属性。布奴埃尔处于古典现代运动的核心，因此把他的影片看做这一征候的实践是恰当的。德勒兹实际上以其显然颇具个性的分类把布奴埃尔的影片（以及斯特罗海姆的影片）称作自然主义："自然主义的形象，冲动的形象［本能冲动或力比多的形象］，实际上有两种符号：征候和偶像或物崇拜。"[18]因此，布奴埃尔影片中的形象碎片永远是不完整的，标志着难以理解的心理灾难、偏执和情感爆发，是不能翻译成任何语言的一种不可理解的语言的纯粹征候。布拉卡其的实践与此截然不同，属于一个不同的历史时期，实际上也属于一种不同的媒介，即实验电影（我在别处曾建议将其插入一种理想的实验视像而非电影的谱系）。这可以与音乐构成类比，是利用四分音，利用形象的分解碎片，这对于仍然习惯于西方视觉语言并为这种语言而训练的肉眼来说是不完整的：像是一种音素的艺术，而不是词素或音节的艺术。然而，这两种实践都决意要让我们面对结构上不完整的东西，不管多么辩证，这种不完整的东西都与某种缺失，与未给予或许永远都不能给予的别的东西具有一种构成性关系。

然而，在加曼的被不严谨地冠以超现实主义之称的《最后的英格兰人》中，我们真正面对的却是常识，是司空见惯的东西。这里无疑有一种情感格调：朋克主人公那种无能为力的愤怒，用铅管击打周围，厌恶皇家和英国官场生活的传统诱惑。但这些感情本身都是司空见惯的，脱离现实的。这里当然可以谈论主体之死，如果这意味着对某一痛苦的主体性（如在布奴埃尔的影片中）或对某一有机的审美取向（如在布拉卡其的影片中）的取代的话，平庸的媒介实体在银河系客观精神的空旷公共领域里漂浮着，过着福楼拜式的自主生活。但在俗套的模板上，这里的一切都是非个人的，包括那愤怒本身。我们看到了最熟悉的、平庸的关于反乌托邦式未来的镜头：恐怖主义者，罐装的（canned）古典和流行音乐，还有希特勒的演讲和可想而知的对皇族婚礼的戏仿。所有这些都被一种可画的视觉（painterly eye）程序化了，以便生成催眠的序列，出于纯粹视觉原因而用黑、白和色彩交替映现。这些叙事或伪叙事的碎片当然比布奴埃尔或布拉卡其影片中的碎片要长，但它们有时替换和摇摆，相互印证，如在《狗、星、人》中那样，同时生成一种梦境的感觉，那本身就是一种陈词滥调，根本不同于布奴埃尔偏执式的精确。

如何说明本身就意味着结构差异的这些质的差异？我不知不觉地回到了罗兰·巴特在《神话学》中提出的洞见上来：加曼的碎片是有意义的或可理解的，而布奴埃尔或布拉卡其的却不然。[19]巴特的伟大名言是，在当代世界上，在意义与经验或生存之间存在着一种不相容性。这也是他在《神话学》中实践的那种对纯粹意义的极端厌恶，以及对陈词滥调和意识形态的过剩的谴责。因此，可靠的语言或形象实践试图忠实于比较基本的偶然的无意义，这是从存在主义或符号学的角度提出的命题。与此同时，巴特试图要说明内涵意义是临时建基于字面意义的二度意义，以此表明了俗套影片中的意义过度。这是他后来抛弃的一个理论工具，但我们如果对此加以重新思考，尤其是在当前的语境下，必将裨益匪浅。

我想要说明，在现代，布奴埃尔和布拉卡其的现代，自主碎片的嬉戏仍然是无意义的。布奴埃尔的征候本身无疑有其意义，但只在一定的距离之外，而且不是对于我们，而是作为我们永远也看不到的地毯的另一面才具有意义。布拉卡其以不同的方式进入形象的分裂状态，但也是毫无意义的。但加曼的总体流动是有意义的，在他那里，碎片已经被重新赋予了文化的中介意义。这里，我认为，我们需要一个再叙事化(renarrativization)的概念，即对这些碎片重新加以叙事化，以补充巴特对大众文化初期对内涵意义的诊断。这里所发生的是，一个叙事以前的每一个断片，在没有整个叙事语境的情况下曾是不可理解的，现在却能够独立发出一个完整的叙事信息。它已经自主了，不是在我归于现代主义过程的形式的意义上，而是在新近获得的浸透内容、并在瞬间的反观中将其投射出去的能力上——于是便出现了后现代情感的消失。偶然性或无意义的情境，异化的情境，便由于这种对形象界的碎片进行文化的再叙事化而被取代了。

那么，这一切与金融资本有什么关系呢？我认为，现代主义的抽象与其说是这种资本积累的功能，毋宁说是资本积累环境里金钱本身的功能。金钱在这里既是抽象的（使一切都等价）又是空洞的，毫无意义的，因为其利润在于它自身之外。因此，它就像我一直讨论的现代主义形象一样是不完整的：它指向别处，指向自身之外，指向假定能使自身完整（也废除自身）的东西。它当然具有半自主性，但不是完全的自主，不是那种它在其中能建构一种独立的语言或维度的自主。但那恰恰是金融资本使之出现的东西：对既不需要生产（而资本需要）也不需要消费（而金钱需要）的金融实体的嬉戏，就像虚拟空间一样，能高高在上地生活在自身的内在共生状态之中，并在不援引旧的内容的情况下流通。但约定俗成的后现代语言的被叙事化的形象语言也同样；它们暗指独立于先前真实世界的一个新的文化领域或维度，不是因为在现代（甚或浪漫主义时代），文化已从那个真实世界里撤了回来，进入一个自治的艺术空间，而是因为那个真实世界已经被文化所浸透，被文化所占领，因此它已经看不到所缺乏的外部了。在那个意义上，俗套从来都不缺少外部，金融投机的总体循环流动也不缺少。它们当中的每一个都不知不觉地走向了毁灭，对此我将在另一个时间、另一篇文章中加以论述。

【注释】

[1] See Giovanni Arrighi, *The Long Twentieth Century: Money, Power, and the Origins of Our Times* (New York, 1994).

[2] See Rudolf Hilferding, *Finance Capital*, trans. Morris Watnick and Sam Gordon (1910; Boston, 1981), and V. I. Lenin, *Imperialism: The Highest Stage of Capitalism*, trans. pub. (New York, 1939).

[3] See Ernest Mandel, *Late Capitalism*, trans. Joris De Bres (New

York，1975).

[4] See Gilles Deleuze and Félex Guattari, *A Thousand Plateaus*, trans. Brian Massumi, Vol. 2 of *Capitalism and Schizophrenia* (Minneapolis, 1987), p. 461.

[5] John Hicks, *A Theory of Economic History* (Oxford, 1969); quoted in Arrighi, *The Long Twentieth Century*, p. 94.

[6] Ferdinand Braudel, *The Perspective of the World* (New York, 1984); quoted in Arrighi, The Long Twentieth Century, p. 6.

[7] See Paul A. Baran and Paul M. Sweezy, *Monopoly Capital: An Essay on the American Economic and Social Order* (New York, 1966).

[8] See Jacques Derrida, *Specters of Marx: The State of the Debt, the Work of Mourning, and the New International*, trans. Peggy Kamuf (New York, 1994).

[9] See Georg Simmel, "The metropolis and mental life," in Donald N. Levine (ed.) *On Individuality and Social Forms: Selected Writings* (Chicago, 1971), pp. 324-359.

[10] See Fredric Jameson, *The Political Unconscious: Narrative as a Socially Symbolic Act* (Ithaca, NY, 1981).

[11] See C. B. MacPherson, *The Political Theory of Possessive Individualism: Hobbes to Locke* (Oxfrod, 1964).

[12] See Arnold Hauser, *The Social History of Arts*, trans. Arnold Hauser and Stanley Godman (2 vols. New York, 1951).

[13] Stéphane Mallarmé, "Le Mystère dans les letters," *Divagations* (Paris, 1917), p. 289; trans. Bradford Cook, under the title "Mystery in literature," *Mallarmé: Selected Prose Poems, Essays, and Letters* (Baltimore, 1956), p. 32："在这些对比之中，智力的最保险的向导是什么？有哪些保证?"

[14] See Erich Auerbach, *Mimesis: The Representation of Reality in Western Literature*, trans. Willard Trask (Garden City, NY, 1953).

［15］See Harry Braverman，*Labor and Monopoly Capital*：*The Degradation of Work in the Twentieth Century*（New York，1974）.

［16］Karl Marx，Capital：A Critique of Political Economy，trans. Ben Fowkes（2 vols. Harmondsworth，1976），vol. 1，p. 249.

［17］Ibid.

［18］Gilles Deleuze，*Cinema* 1：*The Movement-Image*，trans. Hugh Tomlinson and Barbara Habberjam（Minneapolis，1986），p. 125.

［19］见 Roland Barthes，*Mythologies*，trans. Annette Lavers（New York，1972）.

（陈永国 译）

乌托邦和实际存在

乌托邦也许能够为那些在概念上无法与现实相区分而其存在却与现实相吻合的那些为数不多的现象提供一种景观。这种独特的实体具有社会功能吗？如果没有，那么，对这种现象的解释也许同样适用于当今全球化时代的特点，即存在两个世界的现象。在其中的一个世界中，社会分化是绝对的——苦难、贫穷、失业、饥饿、腐败、暴力以及死亡——程度严重，以至于那些致力于乌托邦思想的研究者们构建的美妙的社会计划都已经显得既无意义也不相关。在另一个世界里，我们看到前所未有的财富、生产领域的电脑化、一个世纪前人们根本无法想像的科学以及医学发现，以及难以计数的商业和文化享乐，所有这些似乎都已经使得关于乌托邦的想像和研究变得枯燥且陈旧，宛如技术时代之前人们对太空飞行的叙述。

在这样一种大规模的退化浪潮中，乌托邦这一术语却幸存下来，并且成为一个象征物，使我们分化出左派和右派两种倾向。在左派眼里，乌托邦代表着社会主义或共产主义，在右派那里则是“集权主义”或斯大林主义的同义词。的确，这两种用法互为重叠，其隐含的意思是：乌托邦无非是希望社会体制发生翻天覆地变化的政治；这里还隐含着一定程度的右翼调子，即社会体制（现在的自由市场）是人类本性中的一个组成部分，任何一种企图改变它的努力都将与暴力相随相伴，任何希望（有悖于人类本性的）变化的尝试都需要专制。事实上，我们的确面临着两种实践一政治：一方面在体制内对社会一民主改革进行的左派批判；

另一方面是提倡自由市场的基要主义。那么，为什么不直截了当地、开诚布公地对乌托邦的这些问题进行讨论，不把它们当作属于文学的第三个问题？的确，我们完全可以换一个角度看，甚至可以说，把乌托邦当作一个历史的、文本的、或者一个普通的问题对待，避免把乌托邦拉入政治使之更加复杂（不管何种情形，所有政治派别中的大多数重要人物常常用乌托邦一词来侮辱对方的政治立场）。

然而，乌托邦思想的衰弱根本上属于一个历史和政治征兆，这很值得我们进行分析，即便这种努力不是新颖的、卓有成效的治疗方案。首先，作为后现代性的重要特征，历史性以及历史差异想像的衰退，颇具悖论意义地与所有历史（或者历史终结以后）以外的某个地方的消失——我们称之为乌托邦——纠葛在一起。其次，当今要想像任何一种实践的、激进的政治方案，而又不带有只有乌托邦思想才能够保持的那种激进的、系统的他者性——不管多么微弱——这种想像是很困难的。这就是说，即使成功地复兴了乌托邦，我们也未必能够看到全球化时代的一种新的、有效的实践政治的大致轮廓；但是，如果没有乌托邦想像，就不会有任何一种实践的激进政治。

就让我们再次从文本乌托邦开始讨论，在那里，我们将遇到两种交替的方法，一种是因果的，另一种是存在的（或者甚至可以叫做历时的和共时的）。第一种与乌托邦世界有关，说得更确切一些，是涉及如何用这种或那种方法铲除世界“罪恶之源”。以托马斯·莫尔的作品为例。凡是阅读过他作品的人都欣喜于废除私有财产这一做法（这也是柏拉图的观念）。这一点使人们将莫尔和柏拉图视为共产主义思想的先驱者。然而，如果作进一步的分析，就那些将私有财产制度归结为人的本性并予以批判的人作进一步研究，就会发现一种完全不同的立场，即他们认为罪恶根源于金钱的原因，在于人的贪欲（心理罪恶）；为了实现一个更好的、更富人性的生活，必须用合理的乌托邦法律将这种贪欲进行铲除。关于社会等级以及平等主义的问题就是建立在这样一种解释之上，而这一点在莫尔的作品中被归结为金钱问题并予以重视。这种乌托邦思想由来已久，并深深地影响了后来的许多人，从蒲鲁东、亨利·乔治到梅杰·道格拉斯，一直到埃兹拉·庞德。但是，这一串名字已经向我们表明：将对金钱的谴责视为共产主义思想的开始并非完全正确。

可以说，莫尔迫切希望能够消除个人财产；马克思对财产进行批判的用意在于消除对集体生产方式的法定的个人占有；取消私有财产，其目的在于创造一种没有阶级的状态，而不仅仅为了消除社会等级和人与人之间的不平等现象。我想说得再深入一些，马克思思想中的一个重要的地方在于他没有将人类本性纳入考虑；这种思想既不是本质主义的，也不是心理意义的；它并没有对人的原动力作出假定，例如，激情或罪恶，占有欲，权力欲，贪欲以及骄傲。马克思的结构分析与当今的存在主义、建构论、反基础论、后现代信仰并无二致，它们摒弃了那种认为存在人类本性或人类本质的预定性。如果存在人类本性，它不是一种本性，而是一系列本性，因为所谓的人类本性是历史的，每一个社会都建构了特定的人类本性。按照布莱希特的观点并加以延伸，我们可以说，既然人类本性是历史的而非自然的，是人造的而不是写入基因或者DNA的先天之物，那么，人类就有可能改变，人类所面临的也不是末日或者命运，而是人类现实的后果。

马克思的反人文主义，（用另一个术语表述这种立场）或结构主义，甚或建构主义，是在莫尔的观点上向前迈了一大步。但是，当我们这样理解乌托邦的时候，就会发现，我们可以对乌托邦作出许多种不同的重新认识，至少在对这种或那种“罪恶之源”进行铲除这个问题上是这样：将后者视为一种结构的而非心理意义的东西。对于形形色色的差异，我们也可以用实际的—政治的方式进行衡量。例如，假定我问我自己，什么样的要求才是对我们现今制度提出的最激进的要求——完全改变现有制度，并建立一种在方方面面（心理的、社会的、文化的、政治的）都与以往制度完全不同的制度——没有失业，在世界的每个角落都没有失业现象。正如所有从经济层面为现有制度辩护的人们不知疲倦地告诉我们的，资本主义制度不可能不存在失业；它需要失业者作为一支备用军，以便展开正常运行，避免通货膨胀。消灭失业现象将成为一个破坏因素，因为资本主义同样需要一个边界，需要不断扩张，以便使自己生存并维持其内部动力。因此，要求消灭失业的乌托邦思想就成为一种循环，一个十分明显的原因是，消灭失业意味着制度必须得到改变，但是，为了实现这种状态，大家都得有工作。在我看来，这不完全是一个恶性循环；但是，它显然向我们揭示了乌托邦跳跃的空间，即我们经验意义上的现在和对想像的未来进行安排之间的空间。这样一个未来，无论是否属于想像的，人们都希望它能够来到我们的现在，并且扮演一个起着诊断以及批判作用的角色。把消灭失业看成乌托邦的一个基本要求，这就需要我们回到具体情形中，并对那些阴暗面进行分析，把它们看做失业的征兆和后果：犯罪、战争、堕落的大众文化、吸毒、暴力、厌倦、权力欲、娱乐欲、对极乐世界的向往、男权主义——所有这些都可以被视为社会无法为所有公民提供生产空间的后果。从这个意义上讲，乌托邦的循环特性不仅是一个政治视角，一个政治计划，同时也是一个进行批判和分析的工具。

我提出这个观点（当然，这一点在莫尔那里已经存在；[1]我也同样相信，虽然当我们谈论乌托邦的时候，我们还不能肯定

“信念”一词在莫尔那里究竟是什么意思），是为了将这样一种乌托邦与我在下面的讨论中提到的乌托邦进行区别，但在这里我不得不提到莫尔。我们不妨作这样一种假定：莫尔的乌托邦与金钱和人类本性毫不相关，他的乌托邦仅仅指理想化的社会和日常生活：岛屿分成 54 个城邦，30 个家庭一组，平等分配，平等住房，代议制，参议员轮流，选举王子，家庭的作用（饮食安排），婚姻，奴隶，农活，法律，等等。如果这是我们关注的焦点和兴趣，那么，我相信，我们应该首先注意到，先前意义上的乌托邦发生了根本的变化。我认为，我们将注意力放在“罪恶之源”的那个乌托邦，基本上是存在意义上的：作为个体，我们与金钱、贪欲、财产密切相关，所以，我们可以这样设想：假如没有这些，我们的生活会怎样？我想，我本人也不例外，因为对于我们大多数人而言，虽然我们有工作，但是我们常常担心会失业、入不敷出；对于由于长期失业带来的心理痛苦、道德败坏，对由于厌倦造成的病态心理、耗费精力以及生产力丧失，我们也并不陌生（即便我们倾向于用资产阶级的、内省的方法去理解这些问题也不例外）。

然而，当我们谈及我在前面提到的乌托邦政治计划时，观点就不再属于任何一个具体的人了：乌托邦的城民是统计意义上的人口，那儿不存在任何个体意义上的人，更不要说存在意义上的“生活经验”。假如莫尔告诉我们，乌托邦的城民“随和友好、富有创造力、喜欢休闲”[2]，或者，像亚里士多德描述的那样，“他们崇尚精神愉悦，并将此视为一切娱乐中的最高享受”[3]，这些说法都凸现了统计意义上的群体，而非个体。这种描述被赋予了人类学意义上的他者性，它从来不会使我们把自己与这些人发生哪怕一分钟的联想，也不会认为这些乌有乡中的个体拥有具体的存在密度，即便我们对他/她日常生活中的细节有所了解

（现在，日常生活一词在某种程度上已经替代了私人生活这个概念）。当然，我们可以说，在威廉·莫里斯（《乌有乡消息》）的乌托邦里，这种人格消解现象就没有了；他那些程式化的人物，虽然属于维多利亚时代的，离我们也不算太远。这是一个重要的缺陷，我想论述的是，莫尔这种不具名、缺乏个人特征的效果是乌托邦的基本内容，也是乌托邦的功能。这种始于莫尔的乌托邦文本具有的单一和枯燥特点不是文学上的缺陷，也不是一种严重的不足，而是所有乌托邦进程中的重要力量：它强化了我们今天偶尔称之为民主消解或平等主义的东西，不过，我倒愿意称之为平民化，在乌托邦政治过程中，我们大家都变得缺少主体性，精神特权以及精神私有财产丧失，所有的人变成了一种精神空白或精神缺损，作为主体，人在这样的空白和缺损中构成了人，但是人却消耗了大量的精力，以掩盖这种空白和缺损。

现在，让我们回到我一直努力区分的两种乌托邦视角以及关于罪恶之源和政治及社会安排上。我们应该用两种不同的方式看待其中的任何一种：作为愿望满足和作为社会安排。这两种方式显然都与享乐相关：虽然可能要经过某种拐弯抹角的方式，或者通过各种替代物，愿望的满足总是与享乐相关，这一点几乎由定义决定。因此，布洛赫很早以前就告诉我们，药物专利方面的广告正是利用了人们对长生不死以及对希望美化身体的愿望。这一点在各种各样的乌托邦那里表现得尤为明显，例如，传统农民渴望富饶的土地，妄想天上能够掉下馅饼，以及对天堂或人间天堂的各种幻想。

但是，构建的愉悦不一定十分明显：你必须根据工厂、建设者的设计以及其他许多综合因素来确定。此外，我们还得考虑微型化的种种特殊快感：用手工将巨大的东西变小，并且可以在家里进行试验，或者可以用各种各样的新方法、新信息进行改变，再造。铁路模型就是这样的代表，它们表达了未异化的劳动精神以及比写作（écriture）或嬉戏（play）更好的理念。

然而，每一个视角——愿望满足或者建构——都必须承认了不起的一般规律及其制约的作用；汽车修理厂以及小库房受制于引力、动力规则。书写文本也不例外：我建议把乌托邦话语与其他至少四种话语连起来考虑，即宣言，宪法，“君主的镜子”，讽刺模式，以及对这个堕落、充满罪恶的世界的摒弃的伟大预言——罗伯特·C·艾略特[4]视之为与乌托邦相对立的文学文本，关于这一点，我们也可以在莫尔的第一部书中找到影子。实际上，其中的其他两种也有一些痕迹：大家一定记得他的第一部书叙述了莫尔与旅行者希思洛第及其朋友们之间的对话，那段对话在第二部书中成为希思洛第对乌托邦的描述（但莫尔先写了第二部）。在第一部书中，作者首先以一种预言的方式对那个时代的种种罪恶进行了无情的讽刺；希思洛第拒绝了法庭提供给他为君主充当顾问的机会；它并没有指出通过哪一种方法才能实现彻底的变革，因此不符合阿尔都塞为宣言下的定义（包括马基雅弗利的《君主论》，一个几乎与莫尔的《乌托邦》同时出现的文本）[5]；至于宪法的描写——一种消遣，在 18 世纪革命时达到了登峰造极的地步，而在今天依然存在（东欧的情况就是一个例子）——第二部书中提到的机构隐约谈到了这一点，但在我看来却是一个根本的不同点。假如法律条款的目的在于消除或者防范那些被认为是犯法的具体行为，我想冒昧地提出这样一个观点：宪法同样是为了防范某些事件的发生，只不过这些事件是集体的，而非个人行为。的确，只要我们对那些最成功的宪法稍加注意，具体地讲，比如我们自己的宪法，我们就能明白，一部宪法所防范的是什么样的集体事件。宪法存在的目的就是为了对集体的革命和历史变革进行防范以巩固社会秩序。杰弗逊将反抗纳入这样一种文件，显然犯了一种常识性错误；但是，由于乌托邦属于历史之外的问题，宪法为了防范历史进行的各种限定以及条件就没有必要了，而且也是多余的了。只有在今天这个时代，我们才有了关于宪法的各种叙述，叙述着人们对乌托邦本身进行的革命；的确，这一过程比起乌托邦的建立显得更加令人兴奋。

由于时间关系，我无法对某些正确的文学话语作一番勾勒，也不能对这些各不相同的类型和模式进行结构分析，或者符号辨析，也无法就它们对我们眼下正在讨论的问题产生的意义进行具体分析。我要说的是，这样的分析有助于我们确定乌托邦与政治之间的关系，这里的乌托邦不仅是指作为文本的乌托邦，同时也是宽泛意义上的乌托邦思想和乌托邦冲动。正如我已经提到的，这是一种特殊的、具有悖论的关系。乌托邦不是太富有政治意味就是政治意味不足：这是眼下很常见的两种批评声音；大家一定记得希思洛第的叙述提到了这样一个事实：在参议院外讨论政治将被处死。[6]很幸运，这种现象没有发生在我们的现实中。原因十分明显，我们可以理解：政治在乌托邦里早已不存在，它与历史一样完全消失。宗派活动、党派、亚群体、特殊利益，必须以大众意志的名义被排除在外。惟一不能受到侵犯或者改变的是社会体制本身：而这一点正是所有体制，包括民主制度以及共产主义制度在内的一个基本条件。在议会制条件下，议会是不能更改的；在共产主义社会里，不能走回头路，允许自由企业存在。社会体制，就像任何机制一样，总是首先要自我保护，这是一种本能：这会不会是所有体制最终灭亡的原因？然而，将政治排除在外与另外一种“永远革命”的政治并不是势不两立：基姆·斯坦利·罗宾森（Kim Stanley Robinson）小说里市镇委员会上无休止的争论[7]，或者厄尼斯特·卡伦巴（Ernest Callenbach）在活命主义者党派会议上的辩论，其实也是使雷蒙德·威廉斯看到社会主义比资本主义更加复杂的那种关于差异的无休止的争论，或者使奥斯卡·王尔德抱怨说社会主义“浪费了太多的夜晚时光”的争论。在稍后的讨论中，当我们谈及乌托邦的辩证关系时，我们就会看到，这些东西似乎使莫尔与卡伦巴和艾考托皮亚所说的“大批的律师队伍”之间形成了某种对立[8]，但是，事实上，我们也可以用一种不同的眼光进行重新认识。

现在，我们有必要对乌托邦与政治的关系问题作一个比较满意的概括。我不妨说乌托邦诞生于政治悬而未决之时，我更想说乌托邦诞生于政治终结之时；或者，借用拉康的术语来表述，诞生于政治已经被逐出社会领域的时候[9]；还可以借用具有德里达意味的话来说，诞生于政治的密码化时候（encryptment，这是德里达从阿伯拉罕—陶洛克对弗洛伊德的狼人故事的分析中得来的词）。但是，比喻真的可以用来表达政治这种独特的自成一统吗？密封在社会中，然后被人遗忘，就像动植物的包囊一样？也许对我这番话的意思作一番解释比我直接回答要容易理解一些。政治总是与我们同时存在，而且总是历史的，并且总是处于变化、发展、分化、没落的过程中。我想阐述这样一种情形：政治形势显得既亘古不变又不断变化：在我们所能看得见的未来里，并没有为我们提供任何一种使我们改变现状的机会，即便是最小的机会或者希望，都没有。然而，在我们头脑里——也许正因为如此——所有机构的变化与重新组合并非不可思议。因此，我这里所谓的政治机构是一种不断的思想运动的目标和原材料，就像我在前面提到的家庭技术；不过，在现实生活中看不到丝毫的改革可能，更不要说革命了。这种处于麻木状态的现实事实上可能是新的、纯粹知识层面和构成主义者的自由的前提，对于这种悖论，我们可以这样解释：当接近革命前期动乱的时代时，社会体制显得即将失去其合法性，统治精英对自己感到怀疑，感觉到行将分崩离析，而民众的要求日趋高涨，充满信心，与此同时发生的是，那些愤懑和要求也变得越来越具体，并且越来越迫切。当我们集中于更加具体的不公平现象时，社会体制在一些关键问题上的机能不良就显得更加清楚。但是，乌托邦想像在这种时候无法自由展开：与智力一样，政治思考也是在具体问题上才能得到训练，两者都拥有具体内容，具体情况要求我们将历史特殊性看做一种布局和构造；大范围的政治思索浪潮以及偏离正题的枝节问题总是让位于具体行为（即便后者会让你碰得头破血流）。[10]

这么说是否意味着乌托邦主义在涉及政治的时候就变得完全不合实际？我们同样可以用积极的眼光看待非实践思想的可能性和条件。因为，在总体上，人类历史在大多数时候都显现为无力状态，当这种或那种国家权力体制完全建立起来的时候，任何反抗都显得无法想像，更不必说反抗的可能性和通彻性了。人类历史上的这些时候大多处于非乌托邦情形，人们无法对未来或者激进的变革产生乌托邦想像。

为了描述乌托邦时刻，我认为我们有必要将政治进行一种特殊的悬置处理：悬置政治，这种将政治与日常生活，甚至与人的存在进行分离的做法——将政治置于不变的固定状态——正是这种特殊的外部性才成为暴风雨前的宁静，成为台风中心的宁静区域；我们才能构建无法想像的思想自由，可能实现的革命或者几乎不可能实现的废除。我试图勾勒出托马斯·莫尔描述的情形特征，在资本主义前夜（路易斯·马丁的描述[11]），绝对的君主制和新的民族国家的出现（菲立普·韦格纳的描述[12]）；我试图对 18 世纪的特征作出描述，卢梭对新宪法的无穷遐想，我们今天总是将他的名字与浪漫主义和力比多发生联想；卢梭的那些遐想几乎占据了他所有的思绪，虽然仅仅在几年以后就发生了大革命，但是在卢梭生活的时代，他的那些遐想依然让人觉得不可思议。我想起了19世纪末的那个进步时期以及美国民粹主义者提出的乌托邦思想；还有20世纪60年代的乌托邦主义。这些都是社会大动乱时期，但是都显得缺乏领导力量，也没有原动力或方向：现实显得富有可塑性，而社会体制却不是如此；正是由于无法改变的社会体制与充满动荡的现实世界之间的距离，为乌托邦自由运作以及理想主义思想在人们头脑里成为政治想像开创了一个时刻。假如这一点代表了关于乌托邦在某种历史语境中成为可能的似是而非的描述，那么，剩下来要做的事就是去思考：这一点是否同样适用于我们现在这个时代？

因此，乌托邦需要与政治机构保持一定距离，这有助于乌托邦围绕着政治机构展开关于社会重建和结构重组的各种无穷无尽的想像。然而，这些想像的内容是什么呢？这类似于弗洛伊德对梦的解析，应该考虑第二手的阐述或者无穷尽的多种因素，但是，同样必须考虑的是由无意识或欲望产生的巨大压力。难道我们可以忽略这样一种愿望而又不失去一切使乌托邦富有生机并对我们的力比多和存在发出呼吁的东西？可能不行。因此，我希望对这个问题提供一种十分简单的回答，这种回答不使用“更加完满”、“大体上不错”、“幸福”或者诸如满意、满足等其他传统口号。

不过，我首先必须对另外一个复杂的立场作出解释，这个立场曾让我的读者感到困惑，同样也困扰着路易斯·马丁那部杰作的读者，而我的许多思想受到马丁的启发。这种立场是：乌托邦多多少少有些消极意义；我们越是无法想像的时候，乌托邦就越显得真实不虚；用我自己的话来说，乌托邦的目的不在于帮助我们想像一个更美好的未来，而在于揭示我们在想像一个更加美好的未来时候的无力，或者说，它揭示我们生活在一个非乌托邦的现在，既没有历史性也没有将来性，揭示我们被困在一个意识形态终结的制度中。对任何一个健康的、具有优良传统的乌托邦，我们不得不采取一种失败主义者的立场，不是一种自卫的立场，而是总会联想到虚无主义或者神经质；无论如何，带有美国意味，我想，我可以从以下两个方面对其基本的合理性进行解释：意识形态和恐惧。

意识形态并不是一个特别复杂的问题。它源于这样一种认识：我们所有人都生活在意识形态之中，我们受到意识形态的束缚，都受制于阶级和阶级历史，虽然我们一直努力抵制或者试图逃脱。有人对意识形态透视或阶级立场理论不太熟悉，因此，我有必要附加一句：不管你是左派还是右派，进步的还是反动的，工人还是老板，或者属于下层阶级、边缘人群、少数民族，或性别歧视的受害者，人人都受制于意识形态。

就目前而言，这种情况产生一个有趣的现象：它意味着，不仅所有的乌托邦源于一种具体的阶级立场，而且，乌托邦根本性的主题化——根据框架确定的罪恶之源的种种分析——同样反映了一种具体的阶级—历史立场或者视角。当然，乌托邦极力想像自己超越一切直接的决定，并为这个堕落的社会现实中我们能够想像的一切罪恶和痛苦找到一种万能的解决方案：查尔斯·傅立叶的无边的乌托邦，还有黑格尔的社会—政治思考，都是这样的例子；在黑格尔非凡的思考体系中，我们看到一种想像的能量，它力图囊括所有可能的具有特性的形态。傅立叶是一位小资产阶级分子；甚至最远的水星的木围，以及他最广泛的绝对精神，都是意识形态的乌托邦。无论现实存在的缺陷和瑕疵多么不可计数，超越阶级或者带有后意识形态意味，想像的解决必然与这种或那种意识形态视角密切相关。

这样一个认识有助于解释乌托邦思想史上的各种争论和差

异。通常的情形是，它们以成对或对立面的形式出现，我想对其中的一些做些概述。我们可以从上述讨论中已经涉及的一些情况谈起：比如，我对普遍就业（universal employment）的想像。想像一个没有劳动、“没有工作”的未来，劳动变成一种令人愉悦的乌托邦：马克思的女婿就写过一本叫做《懒惰的权利》。20世纪60年代（马尔库塞[13]）曾经想像过通过创造奇迹的工业来解决全球饥饿问题，而这正是那个时代的中心问题之一。

再来看另外一个已经提到的主题，我们同样可以看到存在着一些对立面，一些政治以及政治术语在乌托邦语境中的运作：我们尚未揭示某些乌托邦希望将政治一了百了，而另一些却表明政治争论、辩论永远存在，而且是社会生活的核心内容。

是否可以将这些对立面视为乌托邦历程中的某些特性表征？它们是否反映了乌托邦历程中某些基本动力？我们再来看一些这样的对立面：几年以前——当自然依然完好，在我们发展不平衡的社会里依然可以看到农村，那个时候，农村依然是农夫们的田野，而不是工业时代的农业场地——几年前乌托邦投射（以及科学幻想作品中）中最具持久魅力的一个对立结构之一是农村与城市之间的对立。人们的想像是否重新回到了农村，转向关于田野景象的想像，或者回到其对立面，那种不可逆转的城市化，无一例外地想像大都市、熙熙攘攘的人群，以及各种各样的城市生活、性欲、消费品到文化？代表这种意义的象征名字有许多，例如：海德格尔与萨特；在科幻作品领域里，有勒奎恩和德拉尼。也许最新的形式涉及技术以及对自然的怀旧渐趋弱化，或者对史前地球生态的激情，同时，以往那种对生产和自然的普罗米修斯般的胜利已不再令人骄傲。这个时候，性别问题也进入了乌托邦图景，值得一提的是自20世纪60年代第二阶段女性主义以来出现的各种女性主义乌托邦：男性乌托邦是否能提供什么丰富的内容在这里也许不再是一个问题，尽管我认为军事科幻小说的兴起与社会希望通过战争获得的各种满足是一个值得考虑的问题。

最能体现农村与城市这一对立的也许在于人为计划与有机增长之间的矛盾——这并不保证对立面的任何一方的支持方在意识形态上依然立足于同样的立场。当然，这又回到了政治与意识形态领域的一个古老话题，我们得追溯到埃德蒙·伯克《对法国革命的反思》，以及那场革命本身。的确，在人类历史上，人们第一次提出了将人类——一个人类？抑或一个党派？抑或一个阶级？或者大众意志？——的意志置于社会机构之上，根据计划和抽象的理念或者理想对社会进行重新规划和构建。伯克对这种狂妄的设想进行了无情的鞭挞，这表明了他对那个时代的权力、缓慢发展以及文化（词源意义上）的肯定，因此，他似乎站到了国家一面，也就是我们前面讨论涉及的对立面中的一方；但是，也许今天的情况有所不同。今天，城市与农村无规则地疯狂发展（什么时候“森林”一词开始替代了“神秘”?）；在晚期资本主义时期，自然以及绿色革命——也许该追溯到新石器时代本身——都受制于这样一种仔细计划以及工程行为。无论如何，将市场看成一种无拘束的自然发展，这样一个观念又重新回到了政治思考中，而左派生态学竭尽全力地主张将政治力量与自然或者地球，进行联合考虑以促进生产力的可能性。时间与空间在这一点上都成了问题：因为计划同时也是时间的计划，伯克式的保守派希望通过计划释放其内在的节律和节奏，使之成为存在，如海德格尔说的那样；同时，其恶魔般的机器——市场的时间性——有规律地吞噬着生态计划者希望独立出来的空间，结果，让它由空间存在的逻辑支配。我们现在已经了解——但自从波利亚尼的经典著作《伟大的改革》以后就已经知道——如果要建立一种无约束的市场自由，就需要极大的政府干预；这个道理在生态政治学那里得到了更加明显的验证。

较弱一些的对立面，至少就我们当前而言，就是人与自然对立面中的自然。生活在今天市场制度下的人们错误地将自然看做人的天性，生态论似乎更加无法指望自然的力量，除非它是以灾难启示的形式出现，比如，全球变暖，或者出现了新型病毒。现在一切在传统乌托邦视角下显得过时的东西，都试图对这种平衡进行重新调整，并试图对早已不再引人关注的种种大自然理论进行强化；时下，草坪、园艺风光以及相应的提倡自然美的各种版本都已经成为商品并且批量生产（而前面提到的“人类天性”则同样具有弹性意义并且可以替代）。

两种更具特点的对立构成了当今的乌托邦思想：一种是我们称之为弗朗西斯式的乌托邦，换言之，匮乏和贫困乌托邦，其根据是这样一个显而易见的事实：地球越来越无法维持人类的生存，更不要说其他生命形式；另外，它还基于这样一个信念，即假如世界末日不会来临，那么，像我们这样富裕的社会必将转向另一种伦理，而目前的情形似乎说明了这种趋势将不可避免，因为大批的饥饿者围绕着第一世界国家，已经成为他们的敌人。然而，与此相对应的不仅仅是60年代就有的富足梦，而且还有富有历史渊源的消费狂热。上帝死了，意义消亡了，随之而来的是满足欲望的普遍的消费主义。这种对立面听上去像一种政治选择，而且总有一天会如此：就目前而言，我们毫无办法；乌托邦计划就在于一种富有想像的同情，一种想像的承诺，对这些现象一一进行想像。

因此，作为第二种基本的对立，也是对这一内容的一个临时性总结，我想谈谈唯名论危机以及普遍性危机这两个具有哲学意味的问题。我们很难认为这是一种抽象的现象，因为它在政治上包含着多种东西，决不亚于无政府主义的复苏，而它的主题性则要通过差异和身份政治来衡量，通过提倡从小的无领导的种族群体到公有社会的不同经济制度来衡量。所有这种现象的对立面是极权主义，而“团体”显然也是一个纳粹词；然而，在我们当前的语境中，我们可以认为普遍论包含着共识和伟大的民族运动，或以往的大规模的集体运动；对于这些运动，我们当然应该经常说一些赞美之词，因为这些运动强调团结，具有平等品质。这个问题在今天的政治理论中具有绝对重要的位置，我之所以提出来，并不是为了表明我的态度，而是想把这些现象放在乌托邦层面进行讨论，使两个对立面得到澄清，也许还可以因此避免国家—民主和自由话语中的混乱。很显然，当我们站在对立面的一方看待这些问题时，我们发现，与这些问题相关的所有立场都被歪曲了：当我们从当前霸权无政府主义立场看待时，普遍性、身份以及同一性都被当作了斯大林主义，或者伊斯兰原教旨主义；如果把国家视为最终的统一，站在这个角度看，后者总是被当作捣乱分子和反社会因素，或者颠覆秩序的煽动者。但是，也许不像蒙田的“水星的本围”（epicycle of Mercury），我们应该从火星的距离来看待这一切，以基姆·斯坦利·罗宾森的视角来看[14]，国家与游牧的列宁主义以及伊斯兰的“种族团体”并存，后者穿过新近登陆的星球，游荡在一望无边的沙漠地带。这是一幅具有启发意义的图景，很容易使人联想起黑格尔的公式：同一性和差异性的统一，同一组对立面中的不统一，这两种概念同时并存（或者宣称它们各自的统一性和差异性，永远如此）。

我并不想在这里提供什么解决的方法，而是提出一种具有否定意义的建议，这是意识形态分析的基础。我们必须认识到，若把它们从对立面中隔离出来单个地或者孤立地看，这些乌托邦立场都具有深刻的意识形态意义。若把它们一一地看，每一项都是真实的存在，并且反映了意识形态的阶级立场；我们也不能根据它们的阶级来源判断这些投射出来的社会形态或幻想——穷人和下层阶级的幻想也是意识形态的产物，充满了仇恨情绪，与奴隶主与奴隶之间的关系一样。只有当阶级消亡以后，才有可能对社会关系进行真正意义上的重构。

通过否定，乌托邦对立面使得我们能够抓住每一方面的真理时刻。换言之，每一方面的价值是有差异的，这种差异并不在于自身的存在内容，而在于对它的对立面进行的意识形态批判。因此，对于大自然的看法，其真理在于它揭示了崇尚城市的自满情绪：但是，其对立面同样正确，对城市的看法揭示了所有的怀旧情绪及其在拥抱大自然中贫困的东西。另外一种思考方式是必须牢记这些乌托邦都是想像，它们的对立面具有想像所具备的一切价值，它们作为不曾实现之物而存在，事实上，它们通过这种形式得以存在。然而，这种运作方式并不符合对立面的双方最终以某种不可能的综合而统一的辩证模式（格雷马斯称之为“综合项”[complex term]）。如果是辩证的，那么，这是一种否定的辩证，每一项都通过否定对方而成立，也正是在这种双重否定中我们才能发现其政治及哲学意义。不过，对立面的双方不能互为消解；一旦它们消亡，我们将会回到现状，回到当前存在的领域，而乌托邦幻想的功能和价值正是首先否定现状和当前的存在，实际上，正如我们已经能够看到的那样，它进行了双重的否定。

这是不是说，我们无法构建实在的或者肯定的乌托邦景象，无法包容那些在我们集体社会无意识中并存的一切矛盾性？作为结论，下面我想谈谈对乌托邦的恐惧，乌托邦冲动给我们带来的焦虑。针对这个关于实在的问题，我想先提出一个在我看来更严肃的问题，这个问题由于包含着关于无法回答的问题本身的问题而显得有些困难：或许可以称之为零度乌托邦公式。对此阿多诺给了如下一个发人深思的答案：

> 若有人问解放社会的目的是什么，答案总是满足人类各种需要或者使得生活变得富裕。这个无法避免的问题不合逻辑，同样，要求有一个保证的答案也是一种意识形态，而且也是无法避免的……其真正的感情在于一种粗略的回答：社会解放的目的是为了让人人有饭吃，再没有人挨饿。除此以外的其他任何一种回答都依照人的生存需求状况给出，〔换言之〕根据人的自身利益构建的社会体制习惯给出。[15]

阿多诺在著述中对这最后的结论作了哲学阐述。他提出，意识形态成见以及阶级社会的变形标志着它具有自我保护的本能，而这种特点由它自身产生并灌输到我们的头脑当中。[16]乌托邦的特点在于弱化这种强大的自我保护倾向，尽管这个特点现在已经不再重要。

对生活在当代的人们而言，这一论点显然有些吓人，它向我们揭示了人类面临的危险和脆弱。我下面要说的正是这种恐惧。讨论这一问题，我们需要走出意识形态分析的初级层面，正视因整个社会体制发生改变而产生的巨大的焦虑。科幻小说为我们描绘了关于这种变化的一种景象：有人警告一名犯人（或者说实际上是还有挽救余地的犯人），只有他愿意将自己的整个人格——所有的过去以及对过去的记忆和影响，构成他现有人格的所有影响——完全改变以后才有可能获得拯救：经过这个手术以后，剩下的只有意识，可是，我们需要什么样的理性或者想像才能把它称作“同样的”意识？这种景象实在让我们感到恐惧，如同我们想到死亡时的感觉一样，阿多诺提出自我拯救这个问题不是毫无道理的：这两种状态之间存在着什么样的差异？

乌托邦带给我们的焦虑也与此类似；因此对乌托邦的悖论作

一番思索对我们不无启示。乌托邦取得的成就会不会将先前存在的乌托邦冲动一笔勾销？正如我们已经看到的那样，它们都取决于目前状态强加在我们头上的特征和意识形态，而这些届时会完全消亡。但是我们称之为我们个性的东西又恰恰由这些东西构成，由各种苦难和变化构成，正如各种快感以及满足一样。我担心的是，如果后者不完全消亡，我们不能想像前者的消亡，因为这两者在因果关系上密切相连：就存在而言，根本没有挑选或选择，两者不弃不离。我想提供两个十分形象的例子，以说明其中的两难处境：它们是迷醉以及性。

的确，人类历史上任何一个社会都没有像我们现在这样出现了各种沉溺、上瘾，赌博当然不是我们现在的发明，但是我们有各种各样强迫性的消费。后现代，或者说晚期资本主义，至少带来了认识论意义上的好处，即它揭示了商品的最终结构无非是让人们沉溺（如果愿意，我们也可以说它生产了形而上学意义上的迷醉概念）。那么，假如瘾君子希望得到某种解药呢？结果只有这种或者那种不良信仰，抑或是自我欺骗：像神经病患者一样（据我所知，那是萨特用过的一个例子），开始精神疗法，但是没有几次以后就结束了，以此证明自己事实上无可救药。

至于性，它显然要比上瘾自然一些，甚至可以引用人类学研究者们（包括福柯本人）的例子来说明这一点。他们认为，性虽然无处不在，但性在原始部落社会里并非十分重要；用一个带有嘲讽意味的现代比喻：性就像一杯水。性只是一个生理现象，它本身没有意义；在我们复杂的现代社会中，性被赋予了许多象征意义。那么，从我们自己性化的存在内部想像人类的性活动，这种活动如此无拘无束然而又缺乏多重意义的满足，它究竟意味着什么？勒奎恩从一种不同的角度进行了有益的探索：在一个名为冬天的星球上，生活着这样一个人群，他们只有在某个特定的时间段（就像动物的发情期）才产生性。第一个到这个星球上访问的人对这种现象的反应颇具启发意义：

> 第一位访问者〔大使〕——假如有人被派去那里——必须了解：除非他非常自信，或者年岁已高，否则他的自尊心必然会受到挑战。男人希望自己的生育能力得到尊重，女人则希望自己的女性气质得到欣赏，不管这种尊重或者欣赏是否通过一种间接的方式表达。在冬天的星球上，这些东西都不复存在。所有的人都被当作人得到尊重和评判。这是一种令人震惊的体验。[17]

值得一提的是，乌托邦恐惧与性机能丧失的恐怖，或者说欲望的丧失，有着密切的关系：乌托邦社会中的人没有性别，这一点在反乌托邦传统中一直如此，约翰·布尔曼的著名的电影《扎多兹》（Zardoz）就体现了这一特点。此外，还有必要提一下，我在前面讨论中谈到的上瘾以及性，正是人类文化的象征，也是用于表明人与其他动物之间的根本差别：竞争和激情或疯狂——不正是这些东西颇具悖论地构成了人的思想或者精神，说明人不仅仅是一种生物或者物质形式？从这个意义上讲，我们也许应该从阿多诺称之为“好动物”的人这样的乌托邦中抽离出来，这样的理解颇具人性，而且易于理解。

我还希望表达一些我尚未谈到的东西：就是说，乌托邦并非虚构，虽然它们不是存在之物。事实上，乌托邦是我们几乎听不到的信息，它来自可能永远不会存在的某种未来。借用马吉·皮埃西描述的抽象的乌托邦来表述——它们是来自未来的时间旅行者，向我们发出关于未来的警示：如果没有我们，没有我们的现在，未来将永远不会形成存在：

你们也许不明白……你们中的每一个人也许都不会理解我们，你们在你们的生活和时间中挣扎。属于你们时间里的你们，你们的努力也许以失败告终……〔但是〕我们必须努力奋斗以求得生存，并存在下去，成为即将到来的未来。这就是我们接触你们的原因。[18]

【注释】

[1] 值得指出的是，在莫尔的作品中，基督教以及僧侣传统倾向于把劳动视为一种活动或者生产行为，而不是责任：在乌托邦思想中，人文主义文本明显地带着伊壁鸠鲁学派思想（“我们所有的活动，即便是那些道德行为，至少看上去快乐、愉悦才是目的”。[Thomas More complete works, ed. Edward Surtz and J. H. Hexter, Yale University Press, 1965, Volume Ⅳ, p. 167]）。这些东西似乎表明了对基督教禁欲主义的厌恶，倾向于肯定人们对快乐的向往。

[2] Ibid., p. 179.

[3] Ibid., p. 175.

[4] R. C. Elliott, *The Shape of Utopia* (Chicago, 1970); see also *The Power of Satire* (Princeton, 1960).

[5] Louis Althusser, “Machiavel et nous”, in *Ecrits philosophiques et politiques*, vol. II (Paris: Stock, 1995).

[6] More, op. cit., p. 125.

[7] Kim Stanley Robinson, *The Pacific Edge* (NY: Tor, 1990).

[8] Ernest Callenbach, *Ectopia* (Berkeley: Banyan Tree, 1973), p. 110. 比较埃德蒙·伯克对革命社会背景的思考（《反思法国大革命》）：“大体上讲，其构成成分是：外省的革命倡导者、当地司法部门的小资产阶级、乡村律师、公证人、乡村煽动者。我看到这一名单的时候，对他接下去要说的内容就已经十分清楚了……”

[9] 因此，我们可以把斯蒂芬·格林布拉特对托马斯·莫尔的虚构（*in Renaissance Self-Fashioning*）所作的著名阐述归于对政治的孤立或者

加密。

[10] 佩里·安德森（Perry Anderson）让我想到这样一个道理：绝大部分极端的乌托邦思想都源于动荡的革命内部；而温斯坦利的预言（英国革命）则构成了我们今天称之为"偶然社群"的意识形态指导方针；赛德（Sade）的"Français，encore un effort"（La *Philosophie dans le boudoir*，1795）则是更加贴切的反文化的思想实验；Babeuf 的思想则是一项政治方案。我们也许还可以对各种乌托邦的差异进行反思，这些乌托邦产生于所谓的资产阶级革命时期，它们以某种隐含的方式谴责资产阶级革命的局限性；还有一些乌托邦属于社会主义革命时期，提倡这些思想的人相信社会主义革命本身的方向和精神。（Chayanov；Platonov's *Chevengur*；even Yefremov's *Andro-meda*）

[11] Louis Marin，*Utopiques*（Paris：Minuity，1973）.

[12] Phillip Wegner，*Imaginary Communities：Utopia，the Nation and the Spatial Histories of Modernity*（California，2002）.

[13] See *Eros and Civilization*（Boston：Beacon，1974）.

[14] See his Mars trilogy（Bantam）：*Red Mars*（1993）；*Green Mars*（1995）；*Blue Mars*（1996）.

[15] T. W. Adorno，*Minima Moralia*（London：Verso，1974），pp. 155-156.

[16] T. W. Adorno and Max Horkheimer，*Dialectic of Enlightenment*（Stanford，2002），pp. 22-23.

[17] Ursula K. LeGuin，*The Left Hand of Darkness*（NY，1969），p. 95.

[18] Marge Piercy，*Woman on the Edge of Time*（NY，1976），pp. 197-198.

（王丽亚　译）

科幻小说和德意志民主共和国

霍斯特·海德曼：《德意志民主共和国的乌托邦幻想文学：1945—1979 文学叙述问题发展论》[1]。慕尼黑，费尔海姆·芬克出版社，1982。

依我之见，这部篇幅不长的著作对德意志民主共和国时期（更确切地说，自 1945 年起的民主德国地区）的科幻小说的流变首次作了全面、深刻而富有成效的研究，因而它显然具有下列若干意义：首先，它向那些对民主德国文学尚感陌生的人介绍了一些那里的长篇小说、短篇小说和作家（兴许我就是感到陌生的一个例子，我只读过布劳恩夫妇［the Brauns］——即冈特［Gunter］和乔安娜·布劳恩［Johanna］夫妇——的作品，他们的作品和民主德国其他同类作品相比在艺术上成就卓著，就像莱姆［Lem］之于波兰科幻小说和斯特鲁加茨基夫妇［the Strugatskys］之于苏联科幻小说，他们的作品无疑是一流的）。此外，书中还详细地记录了德意志民主共和国批评界的辩论，以及恰当地旁证了苏联和西方科幻小说的沿革。

然而这部简史也可以作为具有普遍理论意义的作品来阅读，它在一个犹如封闭的、空间和时间上都极为有限的实验室环境下，描述了我们文学图画的勃勃生机。能有机会目睹文学史的绝对开创实属罕见。在此描述的绝对开创也并非绝对，因为 1945 年幸存下来的人承载着各不相同的早期传统（在我们的语境里，德国太空历险中的卡尔·梅［Karl May］是汉斯·多明尼克

[Hans Dominik] 的法西斯主义作品，在第二次世界大战后不久还能在图书馆和旧书店里买到)。然而历史的断裂是决定性的，这在民主德国比在联邦德国明显，而且提出了重新开始和创造一种全新的文学的问题，这要比在其他大多数文学史背景中提出此类的问题更加强烈。

显然，民主德国发展过程中最大的特点是社会制度本身的转型，这使海德曼这本书具有特殊的理论意义。这本书还给西方读者提出了若干极大的难题，兴许有利于揭示我们在此领域存在的偏见（在这点上我看到了海德曼对民主德国的眼光并不带冷战思维，这令人振奋。他对民主德国的社会主义目标及其成就表现出同情和欢迎，同时又给予深思熟虑的批评和评判，力求按照历史的眼光来理解和解释，而不是像通常那样先入为主地确信)。

德意志民主共和国（其经济地位在东方仅次于苏联，并且比许多西方国家都强大）的新闻界大抵是所有“社会主义”国家中最差的（我不想对“社会主义”这个术语进行辩论，这一术语经常可被鲁道夫·巴罗 [Rudolf Bahro] 的委婉语“实际存在的社会主义国家”来取代)。在我们的政治无意识中，民主德国的意素语码（seme）很可能就是指“官僚政治”，我们习惯上给予尊敬的东欧集团的其他国家（甚至在罗马尼亚!）并没有为争取独立和自治而赋予“官僚政治”以活力。然而甚至包括它的邻国，人们会有这种感觉，与我们相伴随的东西就像与马克思时代的资本主义政治经济学家和理论家相伴随的东西一样：“他们相信曾经有过历史，但是这种历史已不复存在。”通货膨胀标志着第一世界的历史之在，革命和反革命标志着第三世界的历史之在；但是在第二世界，尽管有许多定时炸弹，似乎一切都静止不动——一切都那么坚如磐石，都那么“极权”，跟任何古典记忆中的“东方专制主义”一样非历史（ahistorical)。对东边世界的这种总体态度——加上伴随这种态度而来的完全信息闭塞——当然不可能为面对这些社会构成的文学史做好充分的准备。

人们逐渐会质疑（而且我们很快就要看到，这些问题在科幻小说语境中是中心问题），历史也许会在后革命社会中表现为不同的形式，因此历史的活力也与西方所展现的样貌不同。在西方，历史最终是由资本主义的经济循环，即复苏、高潮和危机的经济循环所控制，这些往复的经济循环的“长波”塑造了政治和文化史的上层建筑趋势（尽管我们的历史学家们很少从适当的经济视角来叙述那些故事）。但是“社会主义”（无论它应该是什么，“实际上”是什么，可能会变成什么样子）的首要特征肯定是努力建立一种这样的社会，在这个社会中，“经济”和市场的产品不再按照“自然”的时间和节奏运转，而是处于计划和人的决定之下：这就是从列宁到毛泽东等每一个社会主义者所遵循的著名的“政治第一的原则”，它在那些古怪的思辨性文本中占据极为明显的地位，但又自相矛盾地被否定掉，其中某个叫葛兰西或者卢卡奇的人暗示，马克思主义的使命就是要废除其自身，并且，事实上，如果对社会主义的更新有任何意义的话，就必定意味着要废除由马克思本人剖析的资本主义的价值规律。

于是（马克思主义）历史学家的问题便是：如何书写具体的和“总体化”的有关东方社会的发展史而又避免简单地求助于陈旧的纯粹的政治史中去？计划经济的被取代究竟是意味着某种新的经济活力，还是仅仅让我们回到另一种意义的“政治首要原则”，即党的决策以及计划者的各种规划、试验和陷于困境的“政治首要原则”？归根结底，在意识形态层面上，我们所拥有的是为我们所熟悉的脱离经济分析而转向政治结构分析的反马克思主义转向（其中最有名的是对如今被理解为十足的权力及其各种“贪欲”的官僚政治和斯大林主义本身的分析）；而在历史书写和时期描画层面上，我们会不可避免地面对一种实质上循环的模式，此模式可用“自由化”和“压抑”的循环交替来表示。海德曼本人的叙说并没有完全摆脱这种诱惑：

> 真正意义上的循环模式可以归因于德意志民主共和国的文化政治和文学生活的发展：党对作家们提出要求，而他们在个人作品中难以迎合这些要求；而在文学创作和公共论争中，这些要求被政府的辩护者们颂扬而被反对者所质疑。于是党使其思想不再那么绝对化(relativizes its thinking)了，变得更加宽容；作家们利用这种新到来的自由来提高批评性讨论的调门，针对这些批评性讨论的某些越轨行为，官方的文学政治通过压缩创作条件的框架和实施新的限制来应对。(25)

然而，关键的问题是，“循环”的每一环节都增加了新的历史性内容和意义：这种模式因此而被一种非常不同的、并且在继续延伸的、更具线性发展的历史的律动所削弱并失去信任，今天东欧各国的演化（尤其是20世纪60年代以来的演化）使这种历史律动不可避免。

但是海德曼也给我们提供了某种视角，这在他的著作中远非无足轻重的。他把德意志民主共和国的发展分成四个鲜明的阶段：第一阶段是新兴国家的初创时期（德意志民主共和国于1949年成立，其成立是对西部占领地区通货改革的回应）。这个阶段仍然印有左派联盟的痕迹，并由反法西斯主义者和在纳粹时期流亡中发展起来的民主文化运动占主导地位。在这个阶段，还没有意识到德国会长期分裂，也没有意识到从前的东部地区需要创造自己的文化和政治、意识形态结构。

第二个阶段从1950年开始，无疑当时冷战色彩最浓厚：这个阶段的特征是不计其数的优秀人才（绝大多数是专业人才）流失到了西方，围城心理逐渐产生（带有各种众所周知的恐惧特征），以及在这种状况下重建经济的各种极端困难问题的困扰（那些年里最重要的文学—政治事件是1959年的彼得斐尔德［Bitterfeld］会议，该会议从理论上对文化作品的各种问题进行了讨论）。

在这两个阶段，科幻小说大体上归属于“娱乐文学”范围，与“娱乐文学”的命运休戚相关；并且，尽管所采取的态度冷酷而具清教徒色彩，这一问题也并非没有意思。对于党的理论家们来说，“娱乐文学”在两点上值得怀疑。首先，从历史上讲它与商品化写作相关联，这种写作“淫秽而刺激感官”，为获利而创作并迎合低级趣味（这是党对阿多诺的“文化工业”的低水平的翻版）。对于德国人来说，显而易见，这一“传统”的生存冲动就像被资本主义玷污一样完全被纳粹主义玷污了，而它在联邦德国的继续生存被归入于美国大众文化的阵营，结果也同样不能令人接受。与此同时——甚至可能更优先——引出了一个更大的问题，即在剥削业已废除（或即将在短期内废除）的社会主义中，是否还真正需要消遣和娱乐。这是一个恶性循环：如果需要——要是人们由于工作而精疲力竭，被他们的周围环境和状况弄得垂头丧气，以至需要“消遣”的话——那么实际上按定义，剥削并没有结束，他们则不能被视为生活在“社会主义”之下。这不是某种无关痛痒的理论问题，因为在新的制度下人们将不得不决定是否要创作这些书籍，以及这些书籍将采用什么形式的问题，因为替代这些有意识的政治选择的市场供求机制在那时已不复存在。同时（可以说，这标志着德意志民主共和国的情况和苏联的情况不一样），这是个全新的、迫在眉睫的、必须重新理论化的问题：正如市场在这里不复存在一样，30 年来这样或那样的立场能够诉求的革命或反革命的文化“传统”也不复存在了。于是，“解决的办法”是对两方面作最坏的打算：“消遣”吝啬地被允许（大多基于旧德国的范式，诸如多明尼克作品中的范式），但是注入了“拔高的”宣传内容（例如，在外太空的帝国主义者与进步主义者的斗争的形式）。

德意志民主共和国历史的第三个阶段从 1961 年柏林墙的修建开始算起。柏林墙的修建有效地抑止了最当下的内部问题，保证了经济和社会在更稳定的基础上继续发展。海德曼合乎逻辑地用 1971 年昂纳克取代乌布里希（Ulbricht）的领导权作为这个“稳固时期”结束的标志（也标志着持续至今的第四阶段或称为“自由化阶段”的开端）。但是应该注意到这些发展跟东西方关系的全面解冻同步出现，跟 20 世纪 60 年代更普遍的世界范围内的文化变革也同时出现。如果说，在此刻，民主德国的科幻小说家们开始在莱姆的早期作品（始于 50 年代中期）中发现新的、可能的形式自由，并且开始利用苏联科幻小说（至少起自叶弗列莫夫[2]［Yefremov］1956 年出版的《天女星座流星群之谜》［*Andromeda*］）更加广泛、更加从容的形态的话，那么应该注意到，20 世纪 60 年代的头几年在西方尤其是美国的科幻小说中也出现了一个巨大的范式转换，即旧的“黄金时代”范式式微和像迪克这样的小说家和“盎格鲁—美国新浪潮”的涌现。我指出这一点是因为——即使如我已经观察到的那样，存在着奇特的双重标准，根据这种双重标准，我们倾向于把东欧历史理想化——这种诱惑持续地使人们认为民主德国的人们在某种意义上“赶上了”我们其余的人，使我们按照压制和自由化的循环而不是按照世界范围内的变革来设想问题，这种变革已经深刻地塑造了所有的大众文化的风格及其语言。（这里还应该注意到斯普特尼克［Sputik][3] [1957] 现在提供了一种在社会主义国家里为科幻小说作为一种文学类型获得承认而斗争的独特合法性。)

在全面回顾了 1945 到 1979 年最令人感兴趣的长短篇小说的风格之后，海德曼这本书的核心篇章论析了从德意志民主共和国角度来看的未来视野的本质，以及这种文学叙述特征的演变和独特性，最后还分析了民主德国科幻小说发展同恩斯特·布洛赫(Ernst Bloch) 的乌托邦思想影响之间的关系（恩斯特·布洛赫从 1948 年起在莱比锡任教，直到 1961 年他退休移居西方为止。他总是在乎自己迁居西方与移民和持不同政见无关)。若是没有目前这一卷作为一个出发点，这些篇章就无论如何作不出结论，也的确不可能作出结论。

尤其，有关形式的那一章的不足之处至少部分地代表了所有文学史都必然会面临的一个更为普遍的困境：要做到把以单个文本为基础的结构分析与对形式转换和演化的更加长期的叙述协调一致是十分困难的，这个困难涉及各种形式是否有它们自己的能够讲得出个来龙去脉的历史的问题。关于这一点，除了别的之外，海德曼也频繁地记录了主人公集体，以取代更具个人主义色彩的西方英雄。他还对并未在德意志民主共和国被排除的乌托邦特征问题作出精确的评论：“乌托邦散文暗含着对未来人类本性转换的表达，实际上它倾向于极端的理想化。这一点尤其表现在那些将‘旧’人性和‘新’人性结合在一起的作品之中”(130)。对于风格特色或革新的抱怨逐渐消解，其原因是晚近一些小说中形式上的尝试不断增加，这尤其表现在第一人称叙述的小说上，它们得益于 60 年代和 70 年代两个德国在“高雅文学”语言形式上的更为普遍的断裂，取而代之的是被一位批评家贴切地称之为“牛仔裤散文”的语言。这一章忽略了类型学方面的考察（可能是因为科幻小说叙述的一种广泛的类型学已经使用于整理早期历史上的对那些作品的概览）；但是它强调近年来糅合了理想和现实的哥特色彩的模式（此模式的合法性来自苏维埃和俄罗斯的幻想文学及其德国浪漫主义传统）在主流德意志民主共和国文学和科幻小说中的出现。

在这些叙述中，对未来的总体“把握”比之于形式考察更难期待。尽管官方强调工作的重要性，但在这些小说中，未来的劳动过程并没有得到多少文学上的关注；社会组织仍然是预料中的集权化、等级化，尽管明显地缺乏对某个未来共产党的描述（与主流作品中党的作用形成鲜明的对比［参见118页］）。正如在西方（直到新浪潮出现），着重强调未来的科学和技术，对文化方面却未相应的强调：

> 在未来的社会主义制度下，人们确定无疑地以文明和人道的方式共同生活，但是他们很少追求文化兴趣或活动。空闲时间作为一笔日益增值的财富主要用于更好的个人教育或者基本属于科学或技术类型的创造性工作。在那里难得有人闲逛进未来的电影院。艺术的未来基本上无人提及，即使提及也只是以一种最陈词滥调的方式：“艺术家们的作品创造达到了前所未有的高度。”(123～124)

写布洛赫的那一章记录了在泛社会主义世界中最富意义的一场论辩，它表明了恩格斯对乌托邦社会主义的批判（为列宁和斯大林所赞成）和布洛赫对乌托邦马克思主义构想——这种新乌托邦主义的构想包括了对过渡时期的性质、实现的手段、简明扼要的革命必要性的“科学”分析——之间的张力。（类似的辩论在英国社会主义迥异的背景下重新出现，如在佩里·安德逊的《英国马克思主义的争论》一书中，E. P. 汤普森（E. P. Thompson）为威廉·莫里斯所写的伟大传记，尤其是莫里斯本人的政治活动和他在《乌有乡的消息》中对“过渡时期”革命性的坚持，与传记作者本人的观点形成了对立性争论。）

1955 年，布洛赫的著作在德意志民主共和国戏剧性地获得了官方的赞誉，在他 70 岁诞辰之际，出版了《纪念文集》，紧接着，就有了一系列预料之中的、对他整个哲学的否定性的公开批评。然而，这样一些争论和指责应该在特殊的东欧社会主义的“公共论域”的背景下来理解，因为只有在这种公共论域中，才能解读公开的或者正式的批评，就像解读所说的不同看法影响日增的现象。无论如何，海德曼认为布洛赫作为哲学家离开民主德国很久后他的乌托邦哲学仍然在继续传播，而且特别是，随着当时科幻小说的发展，其哲学迎来了一个幸运的历史时机，此刻，科幻小说需要而且准备好了聆听其哲学的教诲。

海德曼历史性地鸟瞰了一场重要的横跨 30 年的转向：从科幻小说历险故事即“简单的星际飞行”，“宇宙中的阶级斗争”和“宇航员和考古学”（这最终都涉及古代外星人来访的踪迹［第 65 页起］）等更为人熟知的范式，转变到他称之为乌托邦道德故事或寓言的一种更为复杂的可能性文学文本，正如罗伯特·C·爱略特（Robert·C·Elliott）告诉我们的，这种可能性文本包括讽刺以及幻觉的冲动等。

最近的德意志民主共和国作品中有两个有趣的特征值得特别关注：首先是出现了与我们迥然有异的女性主义科幻小说（第 99 页起），包括像克里斯塔·沃尔夫等这样的主流作家也积极参与其中；其次，日益偏爱在社会主义框架中的知识分子尤其是作家的角色和功能（第 100 页起）。同时，虽然我已相当抽象地谈到有关“经济的”内容，但是显然，东欧各国的科幻小说作品也和任何别的地方一样受制于物质条件；这方面，海德曼的书也提供了许多内容，包括出版商的、书迷俱乐部的（开始于1972年，比相应的联邦德国的“佩里·罗丹”俱乐部或美国协会的水平要高一些）、读者群的（总的来说，在知识分子中包含了比西方要高得多的比例）有关信息。

海德曼就与西方对照下的德意志民主共和国科幻小说所力求得出的基本点仍然有一个通过阅读来体验的具体方面，但是尽管如此，我们仍然可以用模糊而贫乏的词汇来说明这一点：即德意志民主共和国的科幻小说对未来有着乐观的眼光，或者按照东方世界的说法叫做进步主义的人道主义。这一点可以通过参考科幻小说最具表现力的主题之一，也是最大的难题之一，即对外星诸生命形式及其“第一次接触”的描写而非常充分地展示出来。在德意志民主共和国，正如在东方世界其他任何地方一样，一种新的传统被叶弗列莫夫开创，他的反叙述的《蛇心》（*Cor Serpentis*，1964）“回应”了莫瑞·莱斯特尔[4]（Murray Leinster）著名的《第一次接触》（*First Contact*[5]，1945）：大体上，西方的版本表现出一种独特的、事实上无处不在的“迫害狂式”对外星人具有敌意、好战、迫在眉睫的威胁的怀疑（一种广泛贯穿于“正式的”冷战阶段的有限岁月里的传统主题）。然而，在叶弗列莫夫的作品中，就像在大部分东欧科幻小说中一样，外星人更可能是宽厚的和充满博爱的善良意愿的[6]（没有滑入另一西方主题，即认为他们是超智慧的，能够解决我们的所有问题）；叶弗列莫夫的小说（被翻译过来收入到阿西莫夫选定的苏联科幻小说集之一中）也提出一种巧妙的办法来解决莱斯特尔那种不祥的首次战略打击的困境。东西方叙述范式的和平“交换”最令人感兴趣，值得我们的科幻小说课程更加给予关注。同时，海德曼的总结性对照（主要是并恰当地限制在两个德国的科幻小说中）很有启发意义。他建议“对德意志民主共和国的乌托邦—幻想文学的预测是可行的”（166）。他评论道：“两个德国科幻小说的发展是如此不同，以至至少在现阶段，那种将两者合为一体的理论仍然很不现实”（165）。确实，这样一种评论对于我们那些认为科幻小说——除了个别文本的文学成就不论外——具有很大价值的人（对于这些人，科幻小说就是一种文化征候，一种在特殊的历史时刻把握社会制度冷暖的特权途径）来说很有启示意义，也证实了日渐广为流传的感觉：德意志民主共和国取得了合法性和国家地位，正在沿着自主发展的道路前进，将为我们提供许多新的事物（包括一种新兴的、不同类型的科幻小说）。

然而，最终，这种历史是否有效必须由我们自己的好奇心（和沮丧）来检验：结果是阅读书末大量的参考文献，稍带点不耐烦，却又急切地阅读一系列我们根本不知其名的作家（除了布朗夫妇）：格哈特·布兰斯特尔（Gerhard Branster）、格恩特尔·孔纳特（Günter Kunert）、艾尔特老特曼·摩格纳（Irmtraud Morgner）、弗兰克·特伯（Frank Töppe）、卡尔—亨兹·图施尔（Karl-Heinz Tuschel）、赫伯特·齐尔吉伯（Herbert Ziergiebe）等，仅只顺便提到几位。然而，我自己的大学图书馆，比德意志民主共和国更年轻 20 岁左右，却没有一本这种书，也没有出版于东方世界的任何一本杰出的科幻小说文集。在文章的最后，作出这样一种结论是恰当的，那就是真诚地公开号召有人能够认真地翻译苏联科幻小说，至少要像西伯里翻译莱姆的作品或者像麦克米伦翻译苏联科幻小说（实际上现在已经包括了斯特鲁加茨基夫妇的所有重要小说）那样负有抱负地去做。但是，此种要求的历史性反讽把我们带回到了起点，即东西方之间的“差别”，因为市场体系（具体说来，科幻小说在美国的商业性出版）似乎臭名昭著，根本不能满足这类重大的文化需求。

【注释】

[1] 本文是对此书的一篇书评，文中引文均出自此书，出现时只标注页码。——译注

[2] Ivan (Antonovich) Yefremov (1907—1972)，苏联侦探小说家。长篇小说《天女星座流星群之谜》是苏联最受欢迎的科幻小说。描写的是2850年的宇宙图景，其中共产主义已经实现，人类与其他星球居民建立了友好关系。——译注

[3] 斯普特尼克即Sputnik，是苏联1957年发射的世界第一颗人造卫星的名称，意为"旅伴"、"伴随者"。——译注

[4] Murray Leinster (1876—1975)，美国侦探小说家。——译注

[5] 短篇小说写的是人类的太空船在星际空间遇上外星人，双方都不知道该如何接触。人类认为外星人心存敌意，为了避免他们找到地球并且带来灾难，双方在交换太空船后彼此朝相反的方向行进，约定在规定时间、规定地点再次交换太空船。——译注

[6] 这篇苏联短篇小说中认为任何能够到空间旅行的人类必定是热爱和平、富有协作精神的。他们第一次接触就交换图书馆而不是太空船，彼此回到自己的星球，并且约定在一定的时间和地点再次会面。——译注

（李平　译　周枫　校）

作为社会关系寓言的技术

2001年3月18日，沃尔夫冈·诺伊豪斯对詹姆逊进行了访谈，沃尔夫冈·诺伊豪斯问，詹姆逊答。以下是二人的对话。

问：给我印象非常深的是您在论文中谈到“后现代多维空间”已经超越了个人的观察和认知能力的范围，我们的思维或许不能“描绘跨国的、去中心的全球性宏大关系网络，作为独立的主体，我们发现自己正陷在这个网络中。”我认为在20世纪80年代初，您对资本主义新的“世界空间”的描述是一种全新的描述。17年后，您又是如何看待这些趋势的前景的呢？

詹姆逊：我认为我那时所说的“跨国的”这个词非常有特色。因为在那时候，被我们今天称作“全球化”的这一现象尚未充分显露，而描述这一现象的新词也没有出现。我想对我那时的描述补充一点的是，后现代性和全球化是绝对不可分的。全球化是后现代性的另一个方面。尽管后现代性的一些特点，比如“空间性”和“不可描绘性”趋于全球化这一方向，但我想在当前，全球化这个词和这一现象能使我们更好地理解后现代性是一种什么样的文化，并且知道后现代性，准确地讲，就是全球化的文化。

问：在后现代的话语中，许多理论是有关主体性这一概念的，尤其是有关去中心的主体性这一概念（比如福柯和德勒兹）。与此同时，对主体来讲，掌握全球化整个体系的新的可能性是否已经出现？

詹姆逊：福柯或德勒兹的理论都和我的第三点主张相近，即主体性的不可表现性。我不敢确定"去中心"是否必然意味着哲学上的某些东西。当我们将意识和中心主体性抛在脑后时，福柯仍保持着一个现代主义者的姿态，对我们所获得的语言的无意识持有非常玄妙的美学观点。德勒兹对主体性以这种去中心方式的传播有着更为有趣的理解，但我一直认为去中心有两种方式。一种是对去中心的孤独主体的个人主义表现，另一种是集体表现。随着全球化以及科技的发展，我们现在似乎能更好地理解主体如何并未真正消解，而是将自身扩展到无数网络中，这些网络正是其他主体性的网络。实际上，甚至个体的主体性本身就是一种集体现象。因此，我想推动当代对后现代主体性的描述向着集体表现的方向发展，而不是向个体的、去中心的主体方向发展。

问：对"分化的主体"的理解就是描述主体性过程的进一步尝试。您是如何理解这一点的？

詹姆逊：这是人们必须关注的另外一件事情，在法国，在结构—精神分析盛行时期，非常有用的一点是他们开始谈到主体地位。于是乎，人们突然间意识到我们每个人都占据着许多不同的主体地位。比如在政治上，美国的一个黑人不仅仅是黑人，而且或许还是一个女性，具有性别方面的特点等等。我们都占据着许多不同的主体地位。我发现这也是非常有用的一种描述。

问：您一直在试图描述晚期资本主义时期中的美学表现的"逻辑"。在金融资本中，这样一种关于新形式的表现是如何发生作用的？

詹姆逊：我认为这种表现已转向到"抽象"的概念上。抽象在现代主义时期是非常重要的，但是这种抽象正如立体主义等派别的抽象一样，是从可视物体中获得的抽象。我认为，由于金融资本的作用，我们现在拥有一种新的抽象形式，这种形式就是对现实的抽象。后现代转向现实主义艺术，而没有转向现代艺术的这种表面上的回归，不是一种远离抽象的运动，而是转向全新的抽象类型——形象的抽象——的一种运动。在我看来，这已成为现代艺术的核心问题和现象。这就是为什么这种抽象不复存在于语言艺术中，而是存在于视觉艺术和空间艺术中。

问：在您早期使用的术语中，有一个词叫做“认知图绘”。在当今，您会发现一个共同的趋势是构建模型和模拟。您能对此给予评论吗?

詹姆逊：我认为这里绝对存在一种联系。或许我最初使用的这个术语选择得不很恰当，因为我们确实要绘制地图。但我的观点是地图在认知上讲是不可绘制的，因为它本身不是真正的表现，而是表现的替代品。您谈到的所有这些模式都是用可见的东西来克服语言表现所产生的问题。

我最初所说的全球性的绘制是指这种新的系统是如何将经济上甚至政治上和社会上看似过于庞大的东西连接在一起。人们对在民族国家时期或是帝国主义网络时期中事物是如何运转的或许会有较为满意的答案。人们可以亲眼目睹它们或将它们挑出来，做成更现实主义的模型。或者以现代科技而不是后现代科技为参照。现代科技是可见的，比如发动机、飞机等。但计算机技术是不可见的，人们无法以它为参照。科幻小说的作者们——我想人们知道“网络小说”，它们非常有意思——力图克服这一新的全球网络化世界的不可表现性。像所有的艺术作品一样，其中有成功，也有失败。

问：我想回到您对抽象的理解这一问题上。在当代的文化生产中，我想人们可能会注意到“超美学”的各种不同趋势。一件艺术品生产的本身就是这件艺术品的主题。您对此是如何理解的?

詹姆逊:我想人们应该把这个与较早的现代作品的所谓自省性加以区分。这种自省性经常关注的是作品，并且经常将作品本身视为艺术作品。这样做是因为，作为客体，作品处于某种社会隔离中，它们不得不为自己进行宣传，将自身称为新的艺术作品。现在，艺术作品本身的框架被解体。一切都分解成了世界。因此，艺术中占主导地位的将不是绘画，而是例如叫做设置的一些东西。这些同以往的作品相比占据大得多的空间的艺术作品，它们扩散到作品以外的世界中，并且真的不懂得把内在的、独立的审美艺术作品同它所处的外部世界进行区分。真正需要考虑的是——这也不是什么新的观点——作为客体的艺术作品的解体以及它向外部世界的播撒。

问:您曾经写到科技是其他别的事物的象征。但另一方面，您又分析了由新科技带来的新的层面上的抽象。您能对此再进一步地进行解释吗?

詹姆逊:许多思想史经常将科学或技术看做某种最终的决定性事例。我认为这是一个错误，因为我们总是私下里——或许自己并没意识到——把科技看做社会关系的一种象征。象征可以有各种各样，尤其在现代时期，飞机、汽船、汽车等是巨大能量的象征。今天，计算机技术更是网络的象征。但我认为，它也意味着人类关系的一种新的模式。为了发现科技描绘中所包含的相应的社会关系的象征层面，人们对科技描绘必须经常加以关注。

问:顺便问一个问题，您对因特网是如何理解的?

詹姆逊:它当然是一种新出现的集体性。至于它是什么样的集体性，人们如何利用这种集体性，对这些我们还不清楚。我们正处在过渡时期，处在新事物兴起的时刻。这使得各种各样的事物成为可能，而这在现代时期是绝对无法想像的事情。这种集体性具有一种与以往不同的时间性，一种取消空间的瞬间性。它使金融资本、货币转让成为可能。但它也使各种集体关系成为可能，这在以前是不可能的。以前，如果谈到集体性，你会想到许多人聚在一起，或者通过无线电联系在一起。但现在却是一种全新的关系，我们尚未知晓这对我们意味着什么，是好还是坏。

问：一些文化科学家们谈到后现代性的临近终结和“技术—现代”文化的诞生，这是一种以新的科技质量和整个社会科技关系系统为基础的新的文化转向。如果您读一读威廉·吉布森的新小说《明日的集会》，您就会有这样的印象：吉布森对所谓“科技特性”的想法非常着迷。这是一个有关真正的人工智能的发明及其对社会产生的未知影响的非常具有推测性的概念。

詹姆逊：我是一个马克思主义者，我认为最终的现实是经济的现实和社会的现实。这就是为什么我把那种科技上的赞美也看做某种象征。当人们说后现代性已经结束了，他们是指与一定艺术类型或风格（尤其是建筑风格）有关的后现代主义已经结束。显然，那些事物改变了，某些后现代主义已被淡忘。但我想说的是，像这种以科技为表征的后现代性才刚刚开始发展，吉布森描绘了其中的一部分并力图通过艺术将它表现出来。

问：您曾经说到经济与科技之间的矛盾。资本主义的经济秩序对科技潜力的实现越来越成为一种限制。那么您对科技的乌托邦含意是如何看待的？

詹姆逊：当然，关键词是“矛盾”。任何体制，尤其是我们的体制，都知道自身存在特定的矛盾，然后力图去解决它。这种解决需要付出很大的努力。进步力量试图以集体方式去解决它，其他力量试图以资本方式解决它。这里关键的一点是信息具有私有性质。但在网络化时代的今天，人们很难获得知识产权。这是资本主义的一个非常基本的矛盾。国家必须通过国家力量控制信息的所有权，否则，这种所有权会变成一种力量，打破现有秩序，并以某些方式最终废除这种私有特性。因此，这是一种非常有趣的矛盾，它很难被解决。

（林 慧 译）

理论干预和文化批判*

人们常常认为，先锋派（包括政治上的）的黯然失色不只是后现代转向的偶然特征；但并不常说伴随而来的替代——作为新的关怀和新的研究领域或客体的一般表达的选集和论文集，对伟大的先锋派宣言的替代，对伟大杰出的个体文本或陈述的观念本身的替代。经过一段较长的历史时期之后，现在可以非常清楚地看到它在女权主义里的某些表现。在凯特·米莱特和她之前的西蒙·波伏瓦最初的一连串的文章之后，女权主义文学理论开始以系列选集的形式出现，这个过程在简·加洛普的《1981 年前后》里颇有启示地记录了下来。正如黑人女权主义文学理论一样，黑人文学理论差不多也遵循着同样的模式。最近，美国的墨西哥研究也已经按照这种选集的方式构成。事实上，这些选集绘制出一幅有争议的观点的图示，而不是把一系列的观点连接起来，制定一些准则，或提出一些方针。这种以有争议的观念对文化—政治路线的替代（被认为构成它的客体，只是认识它们或反映它们）是当前的一种历史征象，它可以解读为一种非政治化和学术实践的附录，就像从乏味的恪守教条的问题和论点中解放出来一样。

最近，两个新的领域恰恰已经以这种方式令人震惊地出现。它们分别称作文化研究和后殖民研究，两者本质上都把它们的斗争投射到学术领域——采取提出问题的形式，包括课程和专业，

---

* 此篇文章系作者为刘康和唐小兵合编的《现代中国的政治、意识形态和文学话语》写的前言。

教职，经典，什么是学术著作，谁在大学和基金会掌握权力，等等。两者也都通过诉诸更大的政治运动和潮流寻求合法化，例如分别诉诸多元文化主义和反对帝国主义。最后，两者在某种程度上都是对新形成的独特的社会学一些层面的社会学的表达。一系列的选集和理论文选构成它们各自的课程，虽然这些现在似乎频频更迭，超过了简·加洛普在叙述中有力地划分的历史阶段。

所有这一切看来也与大量的理论有某种关系，虽然有人告诉我们理论已经死亡（包括马克思主义和“现代主义”，或一向与之密切相关的种种现代化理论），已经被更实际的或经验的、历史的（新历史的?）以及改良主义的或微观政治的计划代替。但是，这种非理论化（颇像非马克思主义化和非毛主义化，甚或像非规则化）即使不是误导的结果，看来也大大地被夸大了，因为它也许可以更好地理解为某种理论化的转换：以一种本质结构是问题的理论化代替其载体是先锋派宣言的理论化。一个有争议的问题仍然是一种理论的实体，只是它必须以一种不同于传统的表征方式或哲学方式来理解。

不过，理论仍然要加以判断，它作为一种历史原创性的事实的出现，以某些基本的方式与前面提到的各种新的运动相关，也与 20 世纪 60 年代行动主义失败以后学术界的左派知识分子的构成相关。甚至一些看上去与政治最不相关的理论形式——例如符号学——也以社会、历史和传记的方式与左派政治运动相联系，这可以在文化和知识的历史里记录下来，并为未来的研究提供某种非常有趣的问题。不过，我想到的是一种更基本的关系——即从理论本身出现的最开始我们所有的人就都介入到理论之中；就其实践标志着脱离当时新批评的经典做法而言，这种关系本身就是政治的；而且对它的选择也标志着一种与其他年轻学者的直接的密切关系，就像是共济会成员的握手。后来意识形态大分裂的开始更多的不是影响而是揭示理论本身内部的潜在意义，但那种分裂不是左派和右派之间的分裂——因为除了少数例外，右派在构成上似乎总是对理论敌视——而是左派和自由主义者及自由人文主义者对理论形式的看法的分歧，而且并没有提出什么麻烦的政治问题。同时，所有的概念创新变成了收获，成为更一般的学术通语，同时开始扩展到文学领域之外，在其他学科引发同样的过程。

然而，当理论到达那些新的空间之际——这是我讲这个故事的观点——政治化已经发生。它不可能在无知的情况下重复同样的发展过程。两个阶段——理论作为政治和理论立场的政治化——从此消失，简言之，在它的新的领域，"理论"面临着"不平衡发展"或"非共时性"的奇特的历史和结构现象，就像人们以各种方式所说的那样。

但是，从发展方面看，非共时性在空间里有一种等同或对立的数量，但对它我们没有一个合适的术语，而这种现象也在这里发生作用。实际上，我所谈的故事是一个北美的故事，假如在任何荣誉或成就的意义上不是"后殖民的"，它肯定在一定程度上是边缘性的，因为美国总是所有这些理论的接受的一方，而这些理论如果不是法国的理论，肯定是欧洲大陆的理论，甚至当大部分通过英国共同说英语的人的中介时亦不例外（他们本身同时也变成了欧洲人）。其结果是，在一系列不同的传统意义上，理论在这里一向都不是美国的，因此可以预见，在理论的时代结束之际，本土的理论家会开始重新肯定真正的美国传统（皮尔斯，实用主义，杜威），催促我们不要再追逐外国的神灵。

因此，我们需要一个全球的或地理学的术语来表示年代顺序的非共时性如何以空间甚至民族的形式展现自己：巨大全面的"影响的焦虑"席卷了各种不同的民族问题，不论它们是什么，只要它们不是在吞噬“民族主义”本身的心脏。但这个词的问题（寻求某种概念）——不可避免地与我们在这里试图理论化的空间怪圈纠缠在一起——它不只是把我们纳入一种民族—国家和跨国权力结构之间的对立，它还提供一种难以容忍的对立面（因为基本上没有人真正喜欢它们的任何一面，而每个人都能够对它的任何一面作出有力的论证）；于是，论证在这里达到顶峰，然后沿着道德化的和“选择的一面”的山坡滑下，并作出这样的论证。以约翰尼斯·费边令人尊重的“同时代”的概念为例——即在不平等的文化和社会构成之间没有统治关系的概念——它肯定具有解决伦理问题并体现一种理想的长处，但却必须以完全抛弃问题为代价（纯粹是我们坏的、西方的、中心/边缘的思想的结果），而这正是我们需要坚持分析的问题。不平等的关系问题是实实在在的现实，而我们自己的思想（包括一厢情愿）也许并不那么重要。但是，急切的“权力”创新也并不是非常有用：我们这里需要这些关系（仍然是屈从和等级的关系）中某种几何学的东西，这种东西在葛兰西关于既定语言和文化领域的不平等声誉的概念里似乎已经潜在而尚未发展，而语言和文化领域在霸权构成中发挥重要的作用。这里民族文化的概念（及其与经济和政治权力的神秘联系，这种联系从来不是直接的，如在希腊和法国看到的那样）被塑造成某种类似地球引力的东西，它的规则和更复杂的表现现在需要编纂整理。然而必须补充的是，这样一种几何学一定不能是欧几里得几何学，以便容纳类似非共时性的现象甚或弗洛伊德的回溯行为现象：它必须允许“外来者原则”，其中新来的理论突然构成了一套可疑的问题，而对旧的理论的赞同者变成了一个令人生厌的监狱工场。最后，它必须塑造这种辩证本身的蛙跳式的效果，（至少最近）经济现代化表明了全新的大工厂优于原先的工厂。但这种“非欧几里得”方面的特征在于这样的事实："外国理论"和外部或国际影响对早期的理论是一个外部问题，至多是一种偶然的形式，但现在变成了内容本身，应该列入理论研究的客体，并在这个过程中创造出一种新的理论领域。

这个过程可以在当前这个论文选集里看到，它是我最近几年看到的最丰富、最激励人的论文选之一，这个选集对其得意地自称已经吸收了的"西方理论"，一开始就提出各种怀疑和问题。我的感觉是，由于在中国研究领域里年轻一代的文学理论家的贡献，我们远远超出了关于西方影响的争论，那些争论在 20 世纪早期的中国是痛苦的、残缺的，而在许多其他"第三世界"国家的争论里，仍然可以找到它们的影响。

对于从一个过去常常证明是死胡同的出发点进行这种新的开始的可能，存在着多种原因。首先，从中国来的年轻的学者（尤其是自他们自己的教条消逝以后）不必面对传统的重压（包括中国的经典，以及前结构主义或"前理论"时期西方的文学经典），如像他们的香港或台湾地区的同事们（以自己非常不同的方式）那样，更不用说具有从欧洲殖民者继承下来的思想和教育传统的其他第三世界国家的学生。至于前现代的民族文化传统，社会主义明显地打破了那些旧模式的框框，只是后来才强制性地打破了它自己的（毛主义的）模式。因此，在今天的世界上，中国处于一种明显独特的境遇，在这种境遇里，尽管知识分子中间有些人空前地沮丧，但沉积在各种（社会主义的和非社会主义的）现代化范式中的集体希望仍然完好无损，而所有的教条主义此后却无一例外地受到怀疑。知识分子面临着机会，可以产生一种使命感，颇有启示地不同于东欧的情况；在东欧，一种对西方政治和经济范式的教条信念，与对现代化作为整个社会进步的前景的彻底失望结合在一起。

其次，在这本著作里，也许有意思的是提出了中国学者与在其他文化中详细阐述的“后殖民”立场相对拉开距离的姿态。实际上非常可能的是，在中国，全盘接受的西方范畴与其他地理和文化区域的“中心”或“欧洲中心主义”的概念并不具有同样的作用。也许美国应该被视为更具中心的地方，因为这些知识分子正是从美国而非欧洲“引进”他们的理论的，尽管这些理论的原产地并非北美。不过，美国的文化声望并不包括我们与欧洲相联系的那些高雅文化或哲学的成就，实际上主要是一些大众文化的成就，包含着不同类型的危险和帝国主义，而中国并没有怎么经历这些，即使经历也是以不同的方式。

最后，新的理论与后现代主义同时到达中国，包括各种国内的文学后现代主义（例如，在这个选集的书页里随处可见莫言的名字便是一个迹象）。但是，后现代主义不像现代主义，现代主义特定是西方的，是一种舶来品，而后现代主义本质上可以是本国产的，而且总是本国产的，它对差异的多样性的赞赏，直接构成了地方文化生产对引进文化的权威，不论这种引进是来自国外还是来自国家权力中心。后现代主义理论也不能说完全是西方的，因为它进入欧洲本身也是一种引进，最初出现在边缘领域，从边缘的、如今是非理论的或反理论的建筑领域衍生出来。

在当前的语境里，非常有意思的是各种后现代的意识形态如何鼓励并促使对主体性进行新的反思，如何形成对“主体”的新的争论——这些争论本身可能是必须的，或者是整个后现代争议的必要的组成部分，但不能说已经僵化成教条或信念。例如，对于无中心的主体的每一种肯定，都可以发现一种同样有力的对“身份”的肯定。因此，后现代当中的主体性问题，在柏拉图的意义上（以及在其他意义上）对于辩证法是一个庞大的竞技场。

在某种官僚主义的马克思主义气候里，对主体性的要求被当作一个急迫的政治问题而受到压制——这种情况在西方最近对革命传统的概括中是一个反复出现的插曲，而到这种概括截止的时刻，萨特对意识的强调，葛兰西的复苏，以及雷蒙德·威廉斯和其他人对马克思主义文化维度的坚持，都同时并存（矛盾的是，在这个时期西方左派听到的关于毛主义的谣传，似乎为这种特殊的斗争提供了新的理论和政治弹药）。但是，意识和文化的争论在毛泽东之后的中国以独创的、激励人的新方式展开，其中不仅有“西方”（假如仍然存在这样一个西方）肯定要学的东西，而且其他学科（和其他国家的文化）也肯定有许多要学的东西。首先，中心从荒诞地称之为“边缘”那里有一些基本的东西要学，因为我们仍然可以称作中心（至少在这方面）的东西，其构成的盲目性的本质特征是在它内部压制所有那些对集体和政治的坚持，而当这些以各种不同的他者出现时，则被确定为“民族主义”。但是，在这本书里可以发现的那些明显的或明显是中国的对心理主体的各种质疑已经表明，如果不联系事实上不可分割的集体的或民族的或群体的主体问题，就不可能探讨主体问题，而按照我的看法，精神的或主观的或个体的主体观，都产生于集体的或民族的主体问题。因此，这本选集对一系列关于主体性和身份的争论构成了一种重要的干预，不论美国国内是什么样的多元文化，相关的争论也很少考虑在其他社会构成甚至在其他生产方式中可能存在的实际而有效的差异。

（王　珊　译）

文化研究访谈录

2000年夏天，王逢振乘詹姆逊在纽黑文老家休假之际，通过传真和电子邮件的方式，对詹姆逊进行了一次访谈。王提出书面问题，詹姆逊以录音方式作答。访谈的录音是詹姆逊的秘书朱安整理的，后经过他本人修订。

问：许多批评家指出，正如现代性不同于现代主义一样，后现代性也不同于后现代主义。我们是否可以说，现代性和后现代性是更广泛的概念，近似于通常所说的时代精神或一种弥漫的情绪，而现代主义和后现代主义指的是表现的风格或特定的原则？可是，按照您的看法，后现代主义并不指具体的风格特征，而是指晚期资本主义的文化逻辑，或者阿尔都塞所说的生产方式。这似乎与上面所说的现代性与现代主义、后现代性与后现代主义之间的差别相矛盾。您如何限定这些术语之间的关系？

答：这是一个很中肯的问题，但我认为那种混淆取决于文化对美学的同化。当我说我不想把我的后现代主义概念限定为风格特征时，我只是想表明在建筑中被称为后现代的某些当代那种类型的艺术的一些特征——例如色彩，古典类比的运用，以及人们在麦克尔·格雷夫的作品中所发现的那种总的装饰精神。然而，这种后现代的风格确实是惟一可能表明后现代主义是一种潜在的文化逻辑的形式。所以我想通过那种特征指出某种比任何经验层面上的风格更深刻的东西，或者比个人作品的生产及其历史的语言更深刻的东西。现在，在那一方面，如果后现代主义表征整个文化，那么你们可以说，后现代性就是类似其基础的某种东西，即新时期技术的、社会的、经济的特殊性。简言之，人们可以说，后现代性是新的传播技术的领域，是新技术在世界上所激活的一切事物的领域，包括商业生产和其余的一切。因此在我看来，有一个进行这种区分的地方，而这种区分也是人们对现代主义和现代性所做的同样的区分。

问：后现代主义与现代性是不可兼容还是可以在同一时间段内共存？当哈贝马斯重新把现代性说成是一个未完成的计划时，似乎特别与非西方国家相关。正如特里·伊格尔顿不久前所说，关于现代性与后现代性之间的争论在非西方文化中至关重要，这些文化被拉进后现代西方的轨道，但本身却还没有充分经历欧洲式的现代性。在《时间的种子》里，您对公民社会的形成和衰微做了类似的评论。另外世界上还有一些事实：虽然后现代主义在西方是支配性的文化逻辑，虽然跨国资本以后现代的意识形态和生产方式日益渗透到先前的第三世界，但后现代主义在大多数周边国家尚未变成主要的生产方式。是否我们可以说那些文化更接近现代性，或者更迫切地需要现代性？是否世界只允许一种现代性？通过与西方现代性和后现代性的接触和对抗的催化，以前的第三世界国家能否获得非西方形式的现代性？

答：诚然，有一种看法认为，后现代性是现代性的一个阶段，但若是如此，它就是一种通过断裂和差异的继续，而不是通过一种不断发展的同一性和进化的继续。我曾说过，现代性是未完成的现代化的社会状态，而后现代性对应于其现代化趋于完成。我们可以通过考虑农业和传统的农民从更简单的方面来理解这点。不论在什么地方，只要伴随着工业资本主义的因素还有传统的农民存在，尤其还占人口的多数时，我想人们就仍然处于类似现代性的事物之中。后现代性的特点是整个国家生产中农业份额的减少，传统的农民转变为农场工人，当然这些发展也伴随着与化肥、遗传学等相关的各种技术的发展。在这种意义上，显然中国是个现代社会而非后现代社会，而且可能还应该加上在一些更纯粹的农民和农业领域里残存的前现代的现象。这里的关键是，这些不是排他的范畴，不是像一些小盒子或隔间那样可以把整个农村置入其中；应该说，它们是一些历史地交叠的范畴。它们可以共存，而且肯定有些现代国家在城市里有一种薄的后现代性的层面，在这种城市里，电脑和各种现代技术及商业方式同时存在。但无论如何，我认为人们可以分辨出什么是支配性的特征。

我想补充的是，现代性的口号在我看来是个错误的口号。我认为它产生于某种意识形态的境遇，其中资产阶级关于进步、现代化、工业发展以及诸如此类事物的看法，最终一无所获，而且社会主义的观念也从中消失。在这种境遇里，全球资本主义为其卫星国提供的一切，只不过是那种旧的现代性的概念，仿佛所有那些国家长期以来一直都不是现代的，而在这种轻蔑的意义上成为现代国家好像会带来什么附加的利益。当哈贝马斯谈及未完成的现代性的设想时，我想他考虑的是民主、社会自由和诸如此类的那些因素，这些是资产阶级设想中的乌托邦因素，从未真正得以实现。当然，人们可以继续使用他的语言。在那种意义上，现代性变成了一个乌托邦问题，但这不是我使用它的方式。

问：虽然每个国家从过去到现在、从旧到新都有自己的发展轨迹，虽然每个民族都有自己独特的现代性的条件，但为什么从开始到现在一直都根据西方的历史来限定现代性呢?

答：我真的不认为每个国家有它自己独特的现代性的条件。这就像说世界上每个国家都能发明一种新型汽车，一种新型电影，一种新型电脑，等等。可以肯定的是，文化的起点不同，存在着产生现代性的特殊的地域环境，因此人们付出的努力不同。但我想强调的是世界各国正变得相似或标准化的方式，而不是赞颂这些文化差异的方式。人们还可以证明，文化差异不论有多么深刻的社会基础，现在也正在变成平面化的，正在转变成一些形象或幻象，而那种深厚的传统不论是否曾经存在，今天也不再以那种形式存在，而是成了一种现时的发明。人们可以因此而谴责传媒，但它看来确实就是后现代性的一种逻辑，是它内部深层历史的消解。

问：您是否可以谈谈中国与现代性的关系？一般认为，如果中国尚未充分经历西方式的现代性，那么您如何界定中国 1919 年以后的时期，或至少从 1949 年中国出现社会主义以来的时期？社会主义是现代性的一个方面么？毛泽东主席是不是个现代主义者？

答：人们可以说，社会主义或共产主义就是现代主义，但在那种情况下，人们必须看看自己能否想像一种后现代的社会主义或共产主义。中国显然已经经历了一个极其快速的变革过程，因此这些是中国人将不得不为自己回答的问题。我的感觉是，最近中国历史的突破太不寻常，毛的时代仿佛像五四运动一样成为遥远的过去，中国的某些部分——城市部分——正处于迅速变成后现代的过程，尤其在后现代性意味着历史或历史感或历史性消失的那种意义上。

问：为什么革命常常以悲剧为结局？为什么很多革命都未能达到它们的目标？我们是否还需要革命？我们应该如何评价革命？我们可否说革命的失败同它的成功一样促进了历史的进步？

答：人们可以坚持认为以前所有的革命都失败了，也可以坚持认为这些革命依次以这种或那种方式不可挽回地改变了世界。我认为人们不应该过于集中考虑过去的革命，因为今天我们作为个人的真正任务是在我们所处的独特的、不同的环境条件下，想像将来的革命会采取什么样的新的形式，但是革命毕竟是表示激进社会变革的一个词，如果人们期望这样一种事情或认为它非常重要，那么我想他们就很难放弃革命这个词，尽管在某些情况下出于策略用别的词代替它也许是明智之举。革命失败是因为反革命的强大力量大大超过了那些进行这些实验的地方，最后使这些地方改变了性质并征服了它们。华勒斯坦曾经指出，在一个特定时期，地球上只能有一种世界制度，因此我们过去认为是一种替代的制度其实只是一种反霸权统治的冲动。任何革命都还没有强大到单凭自身就足以使它变成一种制度的地步。另一方面，马克思坚持认为，革命不是人民因理性思考而决定要做的事情，革命变革的准备在于社会经济进程本身的深层基础。真正使革命在其可能时刻出现的是历史，虽然非常明显的是，人民自己必须意识到那些可能性并主动选择它们。

问：理论是否可以翻译？我们的意思是，理论是否具有普遍的适用性？如果理论不可翻译，不同文化的人们之间何以能互相理解和交流？如果理论可以从一种历史现实转换到另一种历史现实，就像意义可以从一种语言转换到另一种语言那样，那么为什么当某个民族把引进的理论运用于他们自己的历史时，要么强行破坏历史以适应理论，要么强行破坏理论以适应历史？

答：理论是否能够翻译？非常清楚，若要理论有跨越国界的兴趣，必须先有某种文化和思想境遇的共同性。如果你们像我一样，相信晚期资本主义和全球化进程使那些境遇不断趋同，逐渐倾向于使所有国家面对一种相似的境遇，那么在我看来，即使理论不可绝对地从一个地方照搬到另一个地方，至少它肯定是可以翻译的。实际上，这个问题本身就是个理论问题。在一种全球性的境遇中，我们都关心理论的翻译性这一事实表明，我们已经在运用理论，已经在跨越国界分享这些理论的条件。非常清楚，理论是由问题和争论构成的，而不是由地域性的解决构成的。那些理论确实通过翻译而常常被修改，法国理论到达美国后被修改了，美国理论到达中国后也被修改了。某种世界性的阶级斗争可以在理论里表现出来，理论也可以成为知识分子突出其民族差别并为之斗争的场所，我不否认这些，理论仍然是这种情况发生的地方。

问：在当前的文化研究里，意识形态是个关键的术语。自从阿尔都塞和威廉斯以来，它已经被作了不同于传统马克思主义的限定。意识形态不再用于表示一套人们可能屈从或超越的错误观念；它无处不在，到处蔓延，作为社会物质生产进程的组成部分（威廉斯的观点），意识形态成了文化的一个主要成分，而且，作为对历史这种不在场的事业的再度分化（阿尔都塞的观点），意识形态成了对不可再现的历史的一种认知的测绘。这里的问题是，意识形态何时变成了一种不可逃避的牢房？在阶级社会里是否一切真理都是意识形态的？历史绝对拒绝再现的看法本身不也是一种意识形态么？如果是，对于先于意识形态的历史我们使用什么术语呢？就意识形态的政治或争论而言，我们用什么标准来判断一种意识形态优于另一种，或者比另一种更忠实于历史？

答：意识形态的问题是个大问题，我这里不可能详细回答。我自己的看法是，有两种谈论意识形态的方式——一种肯定，一种否定——而对意识形态概念的有效运用则需要对两种方式都加以考虑，而且很可能需要同时考虑。否定的意识形态理论是错误的意识：我想我们都知道这点；我只想说的是，在本世纪的进程中，虽然很多时候试图取消意识形态的概念，把它作为错误的意识，并试图用一种更微妙复杂的模式取而代之，但我认为在我们这个时代，在里根主义之后，显然重又出现了一种庸俗马克思主义的错误意识的概念，最明显的物质动机在政治计划和新闻报道中发生着作用，而这种意识形态的错误意识在我们这个时期非常活跃和流行。从另一种观点出发，即肯定的方式，人们也可以说意识形态是任何群体行动所依赖的理论。在那种意义上，它是一种肯定的东西。因此，在美国，由新批评派（许多是现代主义诗人）与这个国家现代主义诗歌的伟大时代相联系而发明的现代主义概念，正好就成了这样一种肯定的意识形态。这是一种群体理论，它确证那个群体的行为合乎道理。如果你的群体与那个特定群体的立场相对，你就会认为这种理论是否定的，就像当时以及后来作家和批评家所做的那样。但是，当你把意识形态理解为一种理论和实践的必要成分和一个生产阶段时，你就只能欣赏这种意识形态积极的、充满活力的性质。然而，包括作家在内有多少群体在这个社会里是积极的？我们又有多少机会以那些肯定的方式来理解意识形态？你们问题的其余部分表明，现在存在着多种意识形态，我同意你们的看法。正如我在其他地方说过的，在考虑历史判断时，我只有要求辩证的矛盾心理。如果后现代性是资本的一个必然阶段，我想以道德化的方式来对它判断是徒劳无益的，相反，我们再次需要从它内部那些生产性的因素来审视它。所以，虽然否定的意识形态判断肯定有一席之地，但这种运作也需要政治和社会的分析，需要对我们未来至关重要的事物有一种积极的意识。

问：正如后现代主义被宣称是历史的终结一样，它也是个“意识形态终结”的世界。但是按照特里·伊格尔顿的看法，这当然只对后现代的理论家才真实。对美国的福音派信徒，对埃及的原教旨主义者，对反爱尔兰自治者的英国人或英国的法西斯分子，这很难说是真实的。虽然有些意识形态可能已经破产（如新斯大林主义），但仍有一些不断蔓延（尤其是种族主义、新殖民主义、自由市场竞争等）。请问，你如何考虑这种不寻常的反讽：在一个由强有力的意识形态控制的世界上，知识分子却断言意识形态政党已经过时？如果权力、欲望和局部利益是现实的实质，那么为什么谈到意识形态时仿佛有某种超越它们的东西，仿佛它们总是可以改变的？

答：对，我同意历史的终结和意识形态的终结确实只是过渡阶段。虽然我要说，更重要的是历史性的终结这一概念——伴随着可能是集体行动感的衰减，出现了历史感的衰减，因此也出现了信仰的衰减，不再那么相信曾经支配政治舞台的旧的社会意识形态。对于那种弱点，我想我们应该尽量从社会的、政治的、历史的观点来审视，而不是从这些相当愚蠢的主张经验主义的真理来审视。

问：是否可以说，不论明确还是含蓄，有意识还是无意识，任何理论化的行为都包含总体化行为？如果理论化总是包含总体化，那么是否可以说，总体化是一种"原罪"，非总体化不是不加区别地取消总体化，而是解构某种目标话语的总体化，在建构自己的论点和叙述中重新引入总体化？如果总体化本身不可避免，那么了解总体化服务的对象，了解它所压制和破坏的事物，是不是更恰当、更合政治逻辑？我们是否可以说，总体化本身没有任何错误，错的是它被用于什么目的？

答：我一向不理解总体化这个术语何以被否定地加以运用，也不理解为什么会对它进行各种讽刺谩骂。让我只是谈谈我是如何理解总体化的。首先，它是一个哲学术语，萨特在《辩证理性批判》里最先提出，用以描述实践是人类改变现实世界的一种方式。那是一种相对局限的和技巧的用法。我不认为它是萨特更好的创见之一，但它肯定与这种奇怪的概念怪物无关，尽管在这个问题里批判的客体到处都有所反映。我想说的是，今天总体化的主要力量是晚期资本主义。正如马克思曾经表明的，这是一种制度，它必然扩展或毁灭。它处于市场、生产、技术以及其余一切的不断扩展状态，我们所称的全球化只不过是那种扩展的最近的形式。非常确切地说这就是一种总体化。这个词并不包含资本主义是一种总体性，而是说明它是一个扩展的过程。我们过去常常用帝国主义一词表示它的某些特征，但现在它似乎不再那么适用，甚至在科索沃战争期间也是如此，因为我们根本不知道从对南斯拉夫的轰炸中赢得多少经济利益。然而可以肯定的是，人人都可以看到全世界经济扩展的过程。就此而言，我不知道为什么人们不可以使用总体化这个词，为什么竟不敢对这种扩展进行批判。我确实认为，它是一个产生标准化的过程——某种令人哀伤的事情。它也有肯定的特征，无论如何，这种扩展是人们必须以某种方式与之妥协的东西，即使只是为了看看它内部隐含的新的可能性，但是，那种说批判它就是错误的看法，我认为不是一种应该谴责的看法就是一种天真的看法。

问：您可以谈谈性别、种族和阶级的关系吗？

答：关于性别和种族作为历史和政治的要素的新的意识，不论在政治上还是在理论上无疑都非常重要。我倾向于认为，围绕这些现象组织的政治运动，如女权主义和黑人运动，已经开始表明社会阶级再次变得像以前一样重要，而在种族和性别讨论中最缺少的则是社会阶级。这三个因素，至少在美国，应该说在我们的政治和社会现实里总是存在，因此人们不可能将它们分开。自从 20 世纪 60 年代以来，性别和种族理论所表现的倒退，恰恰是那些理论似乎以这些其他的决定因素取代了社会阶级的原动力量，但社会阶级并没有消失，而且在当前的政治动向里，随着绝大多数美国公众的日益贫困化和很少数人的极其富有而出现的两极分化，毫无疑问阶级必然会作为一种生活现实而再度活跃起来。

问：由于世界历史的不平衡发展，东西方或第一世界和第三世界之间仍然存在着巨大的差别和不同。从前的殖民地国家和半殖民地国家似乎在意识形态和文化上仍然落后于西方。简言之，西方正在重又征服东方或第三世界，但这次不是诉诸武力，而是通过跨国资本、西方的技术以及从前的第三世界国家自己对西方文化的赞同或不加批判地接受。在这种变化了形式的帝国主义之下，是否可以说我们生活在一个后殖民的时代？人们如何使后殖民与新帝国主义的一些事实统一起来？

答：我同意这种对第一世界和第三世界关系的判断。正如我前面的回答已经暗示过的那样，我认为全球化绝对是一个扩张的过程，但与旧的帝国主义扩张属于完全不同的类型。我对后殖民这个词的所有含义是这样一种看法：人们不再根据以前的殖民化和帝国主义结构来分析第三世界国家，而必须以一种适合它们的方式来面对当代的社会现实。因此人们倾向于认为，今天后殖民国家的问题不是殖民主义精英或帝国主义占领军的问题，而是经济制度的问题，是这种制度对先前民族相对独立的地区可能做些什么的问题，例如印度或者已被新形式的商业完全破坏了自足的农业社会的地区。就再现而言，你不可能用再现占领军或殖民当局的相同方式再现多国公司或跨国公司以及它们各种重要的政治团体，如国际货币基金组织等。由于同样的原因，人们也不再以同样的方式意识到这些敌人。它们不是具有人性特点的实体。它们必须以新的方式来考虑，而正是这个问题限制了对我们一直讨论的那种扩张的危险的政治意识。

问：在新葛兰西主义的文化政治里，知识分子的作用是什么？在知识分子与学者之间是否有重大区别？如果一个人深知自己学科的学术规则，并证明在该学科的知识、分析和写作方面颇有成就，那么他似乎就是一个合格的学者；但是，除非一个人对知识和文化有更强烈的正义感和责任感，对社会生活作出批判的反应，否则他就不能被视为是合格的知识分子。一个人该如何做才能同时成为学者和知识分子？如果有许多学者不具备上述那些知识分子的品质，你认为这种失误的原因是什么？是否既有个人的原因又有机制的原因？

答：当然，知识分子的地位部分地是由大学的机制结构造成的，是由公共领域发生的事件造成的，也是由迄今独立的报纸以及支配我们传播方式的大量的金钱等状况造成的。在这些实际是国际垄断的传媒的条件下，旧的公共领域几乎不复存在，我看不出为什么知识分子由于能够克服这些经济生活的事实而应受谴责。诚然，正如你们的另一个问题所表明的（该问题詹姆逊未答——译注），众多大学也受到攻击。但由于人文学科在大学里是最少获利的部分，因此随着当前科学和社会科学的发展，它们很可能也是最后被公司化或私有化的部分。所以，作为教师我们仍然可以对广大公众和新的一代产生影响，但我认为想像或幻想具有全球影响的情境在政治上永远是一个错误。人们在一系列各不相同的层次上进行政治活动，每个层次都有其局部的影响，或者没有影响，但甚至在一种他们缺少各种接触媒体途径的情境里，我也看不出为什么知识分子不应该产生影响。事实上，在一个商业社会里，在一个像美国这样的反知识分子的环境里，我认为维护知识分子的地位非常重要。我们知识分子作为严厉的批评家和否定的媒介的形象，基本上源于法国传统。我们并非总能达到那种标准，但我觉得十分重要的是保持其前瞻的活力。

问：特里·伊格尔顿曾说，相信普遍价值的可能性虽然不错，但允许普遍价值繁荣的那种物质条件尚未形成。你对此作何反应？如果你同意伊格尔顿的观点，你能否勾勒一下促成普遍价值的物质条件？

答：我不知道伊格尔顿是在什么样的语境里说那番话的。我自己觉得我们的任务仍然是意识形态的批判，包括那些普遍价值。在我看来，谈论普遍价值总是使讨论非历史化，而这是我们今天最不需要的东西。此外，我认为全世界的文化差异直接说明了普遍价值非常令人怀疑，至少会断送我们都可能介入其中的一些十分有意义的争论。如果这意味着像是反对死刑那样的经验主义的事物，那我完全赞同。如果这意味着人人都有争取幸福的权利那样伟大的事物，我也完全赞同。但是，我认为更有效的是列出社会期望的价值，就是说，普遍的就业，义务教育，公费医疗，以及诸如此类的事物。其余的东西可以随它自己。

问：我们想花些时间讨论民族主义和国际主义。辩证地看，民族主义和国际主义本质上并不是固定的。在某些历史时刻，民族主义是进步的话语，但在另一些时刻，它被用作国家或宗教意识形态的一个部分。同样的相对性对国际主义也适用。它可以指国际的交流、对话和理解的过程，也可以指跨国资本的逻辑。在什么情形下，民族主义和国际主义是解放性的，政治上是正确的？在什么条件下这些话语是压迫性的、反动的？

答：民族主义的问题一向混乱，浑浊不清。我认为民族主义可以是一种肯定的或乌托邦的力量，就像本尼迪克特·安德森所描述的那样，但条件是它仍然是一种反抗的运动。在全球化的世界上，在一个美国称霸的世界上，最有成效的是与社会革命相联系。因此民族主义至少有推进自治甚或分离（萨米尔·阿明语）的肯定的作用。当民族主义互相支持时，人们会有一种更清醒的观点，正如最近几年我们在许多实例中所见到的那样。这里我想说，斯拉沃·齐泽克对不同群体身份或民族主义彼此之间关系的分析非常有启示意义。最后，在我看来，集体计划——如果有的话——最终都受到民族主义限制的阻碍，因此最好为一种社会变革的计划开发那些力量，而不是像过去那样普遍反对社会变革。

问：在分析审美效果时，您提出对世界形势的“认知的测绘”：民族—国家继续其非同步的存在；世界不同地区的电影在征象上带有各自的立场倾向。通过将世界上一系列文化的观点相结合，你获得了一种更大的世界制度的总体感，并指出了形成关系研究的原因：“对第三世界文化的研究必然使我们对自己产生一种来自外部的新的看法，只要在整个世界资本主义制度内我们自己是正在有力地发生作用的构成的力量（也许不完全知道）。”你是否在寻求某种超越“欧洲中心主义”的东西？是否在揭示反第一世界主义的一些特点？随着全球经济的扩展，在什么意义上“认知的测绘”对理解民族主义的“奇怪的不合时宜”仍然是一种重要的方式？

答：按照我的概括，认知的测绘肯定包含对民族境遇和国家竞争对手的注意，但这里的问题是，人们要测绘的是一种关系系统而不是孤立的现象。因此，在存在民族国家制度的时期，似乎这可能成了某种认知测绘的范围。我认为你们提到的意识形态，欧洲中心主义或反第一世界主义，在面对新的全球化条件时已经完全过时，实际上我所考虑的恰恰是全球化的情况，因此我创造了这样的口号：如何考虑它，如何想像它，如何从政治上意识到它，如何再现它——这些也许是任何认知测绘的四个方面——或者说一种概念，一种日常生活的意识形态的形象，一种正在提高或正变得明确的对现象的政治意识，并最后在可能存在或必须创造的情境中寻求再现的方式。于是，在这里，按照这样一种扩展了的认知测绘的概念，人们会发现对一种经济类型的理论认识，对集体主体性的种种分析，对政治行为的质疑，以及对美学的再现的问题。我想只有把这个概念扩展到那种程度才有意义，而且只有它得到理解，它才成为一个问题和一种责任，由于我们周围的世界最近几年已经发展，今天我们确切理解这个世界时所面临的困难使那个问题和那种责任显得更加迫切了。

图书在版编目（CIP）数据

文化研究和政治意识/（美）詹姆逊著；王逢振主编；蔡新乐等译．—北京：中国人民大学出版社，2018.5
（詹姆逊作品系列）
ISBN 978-7-300-21606-5

Ⅰ．①文…　Ⅱ．①詹…②王…③蔡…　Ⅲ．①文化理论-研究　Ⅳ．①G0

中国版本图书馆 CIP 数据核字（2015）第 153863 号

詹姆逊作品系列
王逢振　主编
文化研究和政治意识
［美］弗雷德里克·詹姆逊（Fredric Jameson）　著
蔡新乐 等　译
Wenhua Yanjiu he Zhengzhi Yishi

出版发行	中国人民大学出版社		
社　　址	北京中关村大街31号	**邮政编码**	100080
电　　话	010－62511242（总编室）		010－62511770（质管部）
	010－82501766（邮购部）		010－62514148（门市部）
	010－62515195（发行公司）		010－62515275（盗版举报）
网　　址	http://www.crup.com.cn		
	http://www.ttrnet.com（人大教研网）		
经　　销	新华书店		
印　　刷	涿州市星河印刷有限公司		
规　　格	150 mm×228 mm　16 开本	**版　　次**	2018 年 5 月第 1 版
印　　张	28.5 插页 2	**印　　次**	2018 年 5 月第 1 次印刷
字　　数	341 000	**定　　价**	88.00 元

版权所有　侵权必究　　印装差错　负责调换